André Mumot

Muttertag

André Mumot

MUTTERTAG

Roman

eichborn

Dieser Titel ist auch als Hörbuch und E-Book erschienen.

MIX
Papier aus verantwortungsvollen Quellen
FSC® C083411

Eichborn Verlag in der Bastei Lübbe AG

Originalausgabe

Umschlaggestaltung: Massimo Peters
Einband-/Umschlagmotiv: © shutterstock/Alexander Trinitatov/
Kaponia Aliaksei/Komkrit Preechachanwate/Miloje
Satz: Greiner & Reichel, Köln
Gesetzt aus der Adobe Garamond Pro
Druck und Einband: CPI books GmbH, Leck-Germany

ISBN 978-3-8479-0610-0

1 3 5 4 2

Sie finden uns im Internet unter www.eichborn.de
Bitte beachten Sie auch www.luebbe.de

Für J. R.

Inhalt

Prolog
11

Erster Teil
WENN MAN VOM TEUFEL SPRICHT
19

Zweiter Teil
VERLASSENE ZIMMER
103

Dritter Teil
PU
179

Vierter Teil
EIN LETZTER WILLE
269

Fünfter Teil
DAS PERFEKTE MUTTERTAGSGESCHENK
343

Sechster Teil
EINE UNENDLICH TRAURIGE MOTTE
469

Epilog
485

Denn vor allem eins liegt uns immer am Herzen:
Wir wollen uns nicht fürchten.

Friedrich Bergmann: Über die Verdrängung

Prolog

Und wenn sie sich wehrt? Sie bleiben stehen, werfen einander unschlüssige Blicke zu, flüstern kurz miteinander. Sie schauen sich um im Raum und dann zögerlich zu ihr hinüber. Wird sie diesmal tun, was man ihr sagt? Sie muss. Einer stellt sicher, dass die Tür verschlossen ist, nickt einem anderen zu, der das Futteral öffnet und die Schärfe einer Klinge prüft. Dann geht er auf sie zu. Erst mal rauf mit ihr. Die Treppe hoch, auf die leere, dunkle Bühne. Notfalls werden sie sie zerren, notfalls wird sie eben geschleift. An den Haaren gezogen, wenn es nicht anders geht. Aber, nein, das Mädchen wehrt sich nicht – diesmal nicht. Fast könnte man meinen, es hätte sich schon an all das gewöhnt. Noch ist es stumm, noch sagt es kein Wort. Es krümmt sich kurz, es schaut mit großen starren Augen zur Decke hinauf. Es konzentriert sich, lauscht, nickt.

* * *

Wenn ich es einmal gekonnt habe, *denkt das Mädchen*, kann ich es wieder tun. Schneiden und trinken. »Da.« Jetzt hält er mir einen dieser Gegenstände vors Gesicht. Noch einmal sagt er: »Da!« Ich nicke. »Du musst das Messer nehmen.« Es ist kalt. Ich schließe die Augen und spüre, dass mein Herz schneller und schneller schlägt. Aber das heißt doch, dass ich am Leben bin, oder nicht? Dass ich immer noch am Leben bin. Ich versuche, mich auf die Stimme zu konzentrieren, aber es gelingt mir einfach nicht. Zu viel Bewegung. Etwas flattert dicht an mir vorbei, und ich zucke zusammen, schreie auf. Es ist ein Vogel, einer von diesen Vögeln, die nicht wissen, wohin, die mit den Flügeln schlagen und zur Decke aufsteigen. Weil dort Rettung sein müsste. Eine Hand umfasst meine Schulter. »Hör zu«, sagt er leise, und ich spüre kalt die Klinge. Ich weiß nicht, ob ich es richtig mache, aber jetzt tue ich, was sie wollen. Jetzt spreche ich. Mein Herz klopft, und kurz öffne ich die Augen. Stewart sitzt in einer Ecke. Ich kann ihn kaum erkennen, aber er hat beide Hände vor dem Mund gefaltet und die Ellenbogen auf die Knie gestützt. Ich kann seine Spannung spüren, weiß, dass er jetzt sehr viel von mir erwartet. Es ist kalt, seit sie das Feuer gelöscht haben. Die abgezogene Haut ist verbrannt, nur noch bittere, stinkende Asche. Aber ich bin am Leben, vielleicht bin ich immer noch ich, und als der Schrei ertönt, schreie ich mit, als wäre es das Selbstverständlichste der Welt. Der Raum ist hoch, das Echo fällt auf uns herab. Das Blut ist so dünn. Dünn ist es, und es sieht nicht rot aus, nicht so rot, wie ich es mir vorgestellt habe. »Es genügt noch nicht«, sagt er. Stewart nickt in seiner Ecke. Also weiter.

* * *

Jetzt wartet er schon eine ganze Weile. Noch immer keine Bewegung auf der Straße. Ein bisschen Regen, Tropfen wie hauchfeiner Staub im Laternenlicht. Schon wieder schaut er auf die Uhr. Pünktlich sind sie nicht.

Der unordentliche Haufen auf dem Beifahrersitz zieht seinen Blick immer wieder an – die Notizblöcke, die Karten, die Kopie eines medizinischen Gutachtens, die Kamera. Bilder von Luisenburg: das Gelände, aufsteigende Rasenflächen, Bänke, die Umgebung. Die Zufahrtsstraßen. *Das frisch eingesetzte Fenster.*

Jetzt steigt er aus, hält sich an der Fahrertür fest. In so einem Moment, denkt er, würde es sich lohnen, Raucher zu sein. 23 Uhr 19. Es ist kalt, niemand hier. Die fensterlosen Gebäuderückseiten der leerstehenden Farbenfabrik versperren ihm die Sicht auf die Straße. Aber sie ist da, schlängelt sich durch das vereinsamte Gewerbegebiet mit den weit auseinanderstehenden, kalten Lichtquellen und den ausgeschalteten Ampeln. Ein viel zu breiter Fluss aus aufgesprungenem Asphalt, der sie zu ihm bringen wird. Er dreht sich um. Irgendwo dort ist die Raststätte, dahinter die Autobahnauffahrt, dahinter mitteldeutscher Wald.

Die Müdigkeit macht ihm zu schaffen. Gewiss wird er angespannt und überfordert wirken, wenn sie hier eintreffen. Dabei kann er so jung, so frisch, so hoffnungsvoll aussehen. Auf seiner Website zum Beispiel gibt es mehrere Fotos von ihm, die ein Freund aufgenommen hat. Auf einem davon hält er den Kopf leicht abgewandt und schaut wissend und halbwegs amüsiert in eine erfolgversprechende Zukunft. Den Text hat er selbst verfasst, sich aber dazu entschieden, sich in der dritten Person vorzustellen: *Morten Rheinberger hat Medienwissenschaften, Philosophie und Politologie studiert, schreibt für verschiedene Musikzeitschriften, Tageszeitungen und Magazine.*

Er muss daran denken, dass bei ihm zu Hause noch Konzertkarten an der Pinnwand im Flur hängen. Seine Gedanken suchen Halt in der kommenden Woche, haken Verabredungen ab. Im Kalender stehen Termine, die er ganz lässig abwickeln kann – wenig Geld, aber leicht verdient. Das hier ist was anderes. Sogar Veltheim sitzt ihm mit der Geschichte im Nacken, spornt ihn an. Und das, obwohl er zu den Redakteuren gehört, die grundsätzlich nicht zur Begeisterung neigen. Weil er eigentlich nichts anderes ist als ein undankbarer Besserwisser, der einem die Artikel zerpflückt und am Telefon schon aus Prinzip so kurz angebunden ist, dass man besser gar nicht erst anruft.

Aber auch einer wie Veltheim, denkt Morten Rheinberger, hat seine hellen Momente. Neulich jedenfalls hat er ihm beim Vier-Augen-Gespräch in einem schlecht gelüfteten Konferenzraum die Hand auf die Schulter gelegt und »Gerne mehr« gesagt. Aber gleichzeitig hat er ihm klargemacht, dass er die Artikel erst veröffentlichen und entsprechend bezahlen wird, wenn die Recherche abgeschlossen ist und er gesicherte Fakten auf dem Tisch hat.

Jetzt! Das Geräusch eines näher kommenden Wagens? Nein, immer noch nicht, bloß ein fernes Rauschen, das sich in den verwaschenen Lauten der Nacht verliert. Wieder sieht er sich um. Gut gewählt ist dieser Treffpunkt in jedem Fall. Abgeschieden und auf fast schon lächerliche Weise bedrückend. *Respekt!* Er hört sich auflachen, versucht es mit Sarkasmus. Zugleich bemüht er sich, nicht daran zu denken, was er heute Nacht womöglich zu Gesicht bekommen wird. Er muss Beobachter bleiben, einen kühlen, wertfreien

Blick bewahren. Er glaubt noch immer, dass er eine Geschichte schreiben und nicht Teil einer Geschichte sein wird. Gute Artikel sollen das werden, Artikel, die ihm Respekt verschaffen, die den hoffnungsvollen Zukunftsblick auf seiner Website rechtfertigen und es ihm ermöglichen, bessere Aufträge zu bekommen, bessere Honorare und die Option einer Festanstellung.

Er könnte jetzt im Backstagebereich eines Konzertes stehen, mit einer Bierflasche in der Hand, aber stattdessen steht er hier, bärtig und besorgt, trommelt mit den Fingern auf dem Autodach herum und hebt den Blick. *Na also.* Diesmal gibt es keinen Zweifel. Das Motorengeräusch, gleichmäßiges, lauter werdendes Rauschen. Die Sache kommt jetzt in Gang und ein Zurück nicht mehr in Frage. *Deep Throat*, denkt der Freelancer. Er denkt immer noch nicht: *Das hier ist nicht meine Liga. Das hier sollten andere tun.*

Ein alter Corolla. Auf dem Beifahrersitz eine Frau. Am Steuer ein Mann. Als dieser aussteigt, kann er erkennen, dass hinten noch jemand sitzt. Zu dritt?

Nun also professionell sein. Nicht nervös, sondern genervt aussehen. Gutes journalistisches Handwerk. Seine Stimme lässt ihn nicht im Stich, als er den Mann anspricht, der bei laufendem Motor auf ihn zukommt, ihm fahrig die Hand drückt und den Blick nicht von ihm abwendet. »Da sind Sie ja. Ich weiß nicht, ob Ihnen das klar ist, aber ich habe nicht die ganze Nacht Zeit.«

»Verständlich«, sagt der Mann und nickt etwas zu nachdrücklich. Auch er scheint nervös. Glatte dunkle Haare, durchtrainiert, Mitte dreißig? – nicht das, was Morten Rheinberger erwartet hat. »Es wird nicht lange dauern. Nehmen Sie mit, was Sie brauchen, wir setzen Sie nachher wieder hier ab.«

Er greift nach dem Notizblock und hält mit fragendem Gesicht die Kamera hoch.

Der Mann schüttelt den Kopf. Die Frau auf dem Beifahrersitz hat sich umgedreht, scheint sich mit der Person hinter ihr zu besprechen.

»Es wird sich für uns lohnen und auch für Sie«, sagt der Mann. »Aber wir müssen uns beeilen.«

Morten Rheinberger steigt ein, und schon hat sich der Corolla in Bewegung gesetzt, gleitet geschmeidig unter den kalten Laternen dahin. Mit vier Insassen verlässt er den Parkplatz und das menschenleere, in Nieselregen gehüllte Gewerbegebiet mit seinem verwaisten Baumarkt, dem vierstöckigen Möbelhaus und der schlauchartigen Waschanlage. Auf seinem unbeirrten Weg rauscht der Wagen an der Raststätte vorbei, wo weitgereiste LKW schwer nebeneinander ruhen. Die Auffahrt aber lässt er aus, biegt stattdessen ab und verschwindet auf einem Schotterweg, der direkt in den mitteldeutschen Wald hineinführt.

Scheinwerfer zwischen dünnen Ästen, hier und da zuckt etwas. Motorengeräusche in angespannter Stille, aufgescheuchte Bewegungen im Unterholz, erstarrtes Verharren. Von alledem bekommt der gerade Zugestiegene aber sowieso schon nichts mehr mit.

* * *

Sie geben keine Ruhe. Eins folgt aufs andere. Ich hab es einmal gekonnt, ich kann es wieder, auch wenn ich würgen muss. »Es genügt noch nicht«, sagt er. Stewart nickt mir zu. »Weiter«, sagt er. »Weiter.« Es ist so kalt. Ich höre über mir das Flügelschlagen, immer im Kreis, manchmal tiefer, aber eigentlich nach oben, weiter in die Höhe, dorthin, wo der Himmel sein müsste und wo kein Himmel ist. Und noch etwas. Die Tür. Jemand ist hereingekommen. Sie schauen einander an, nicht mich. Mich schauen sie nicht an. Das Mädchen wird nicht angeschaut. *Da draußen ist jemand.* Ich verstehe sie nicht, aber ich weiß es, so wie ich weiß, dass es begonnen hat zu regnen. Ganz nah. Vor der Tür, die sie verriegelt haben, steht jemand. Nicht nur einer, es sind mehrere. Ich wende den Kopf. Sie geben mir ein Zeichen. Nein, jetzt können wir nicht aufhören. Ich habe das Blut an den Händen und am Kinn und die Stimme in mir. Jetzt nicht. Stewart ist aufgestanden, er berührt mich, ich schüttele ihn ab. Nicht jetzt. Da ist die Tür. *Sollen sie kommen*, sage ich. *Sollen sie kommen, sie werden es bereuen.*

Erster Teil

WENN MAN VOM TEUFEL SPRICHT

Der Greis aber sitzt, schaut auf nichts,
und die leere Luft und der vergebliche Sonnenschein
spielen um ihn.

Adalbert Stifter: Der Hagestolz

1

Manchmal blieb er mitten auf dem Bürgersteig stehen. Dann drehte er sich nicht um, ließ den Blick nicht schweifen. Der alte Mann machte nicht den Eindruck, als hätte er etwas bemerkt. Vielleicht war er einfach erschöpft. Oder ganz in Gedanken. Nicht auszuschließen, dass es mit seiner Gesundheit nicht zum Besten stand. Er sah älter aus, als er es laut der Unterlagen war. Man konnte sehen, dass sein Mund Worte formte, dass sich seine Stirn zerstreut zusammenzog. Dann ging er weiter. Langsam, mit erhobenem Kopf. Er wartete an der Ampel, überquerte die Straße. Manchmal humpelte er stark, manchmal kaum.

Es waren einsame Wege, aber wie es aussah, legte er sie mit großer Selbstverständlichkeit zurück. Die Spaziergänge waren eine Angewohnheit, die ihm in Fleisch und Blut übergegangen zu sein schien, und er nahm sie zeitig auf. Morgens sahen ihn seine Beobachter im ersten Stock des Hauses, das er im Starenweg bewohnte, erst das eine, dann das andere Fenster öffnen, und dann lehnte er sich eine Weile auf das Fensterbrett und schaute stumm hinaus. Hinter ihm war leise Musik zu hören, vermutlich waren da auch die Stimmen seiner Gäste. Da er immer wieder für Momente die Augen schloss, sah es aus, als versuche er sie zu ignorieren. Vielleicht wünschte er sie fort.

Später trat der alte Mann auf die Straße. Er kaufte sich an einem Kiosk in der Pestalozzistraße zwei Tageszeitungen (eine regionale und die Frankfurter Allgemeine) und tauschte kurze, aber freundliche Floskeln mit dem türkischen Besitzer aus. Sein Lächeln hatte etwas sehr Gewinnendes, aber man sah es nicht oft. Er betrachtete beide Titelseiten noch im Stehen, vor dem Kiosk, seufzte, faltete die Zeitungen zusammen und steckte sie sich unter den rechten Arm.

Sie sind lang, die Tage in Kronstedt, und er durchwanderte sie in konzentrischen Kreisen, kehrte zur Mittagszeit in den Starenweg zurück, wo er hinter seinen nun geschlossenen Fenstern verschwand, nur um zwei Stunden später wieder in der Schlegelstraße aufzutauchen. Er überquerte sie erneut, ging Richtung Pestalozzistraße. Gestern hatte er am Nachmittag eine Dreiviertelstunde im Café Teichgräber gesessen, an einem Fensterplatz mit Blick auf die Fußgängerzone. Er hatte Tee getrunken, aber nichts verzehrt. Er hatte nicht gelesen, sich mit niemandem getroffen, bloß mit strengen Augen vor sich hin gebrütet.

»Und, wie möchtest du im Alter leben?«, fragte die Frau, als sie abends im Hotel das Protokoll des ersten Tages abschloss und die Fotos hochlud.

Ihr Kollege schnaufte durch die Nase, lächelte sie an und fügte nach einer Weile leise hinzu: »So jedenfalls nicht.«

Sie nickte und lächelte auch.

Später, das erfuhren sie von der Ablösung, gab es eine kleine Überraschung. Sie hatten ihn in den eigenen vier Wänden vermutet, als er gegen 21 Uhr 30 noch einmal im Starenweg aufgetaucht war. Schlank und hoch aufgerichtet, kaum humpelnd und in seinem dunklen Mantel große Schritte machend, als habe er es eilig. Es war nicht bemerkt worden, dass er zuvor das Haus verlassen hatte. Für einen weiteren abendlichen Spaziergang? Oder gab es doch jemanden, den er besuchte? Es war nicht wirklich von Bedeutung. Noch war es lediglich vonnöten, sich einen Überblick über seine Gewohnheiten zu verschaffen.

Heute war es erheblich wärmer als gestern, auch heller. Aber er trug denselben Mantel, der ihm schwer von den Schultern hing. Eine Angewohnheit vieler alter Leute: sich zu warm anzuziehen, lieber zu schwitzen, als zu frieren.

Als er sich auf eine Bank setzte, direkt am Eingang des Pestalozziparks, zu dem es ihn bereits gestern am späten Vormittag gezogen hatte (und in dem er bei mildem Wetter wahrscheinlich oft saß), kamen sie ihm versehentlich sehr nah, und kurz blickte er von seiner Lektüre auf. Zwei Krähen mit grauem Halsgefieder hüpften über die Wiese. Auf einer Bank gegenüber saß eine ältere Dame, die in einer abgegriffenen Taschenbuchausgabe von *Bleak House* las, und der Blick des Alten streifte teilnahmslos den Mann und die Frau, die zu dicht aufgeschlossen hatten.

Ihr Lapsus war erklärlich: Gestern war er weiter in den Park hineingegangen, hatte sich erst in der Nähe des kleinen Spielplatzes niedergelassen, bei der Kletterburg aus dunkel angelaufenen Holzbrettern und den zwei Schaukeln, deren schwere Gummireifen heute wie gestern gleichgültig über dem Boden baumelten und Schatten auf den plattgetretenen Sandboden warfen. Da sie ihn nicht noch einmal aus den Augen verlieren wollten, beeilten sie sich zu sehr, ihm zu folgen, und bogen zügig ab. Als sie an seinem Platz auf der Bank vorbeikamen, lachten sie und bemühten sich, nicht in eine andere Richtung zu schauen.

Ein Pärchen in mittlerem Alter. Vielleicht registrierte er, dass der Mann etwas älter war als die Frau, über vierzig wohl. Einige blonde Locken fielen ihr in die Stirn, sie trug ein blaues Halstuch, und kurz drückte sie den Kopf an die Schulter ihres Begleiters, der seinen Arm um ihren Rücken gelegt hatte. Sie sahen verliebt aus und sprachen weiter über Unwichtiges. (»Wann sollen wir denn da sein?« – »Weiß ich noch nicht, klären wir nachher, ich rufe an.«)

Der alte Mann auf der Bank schaute eher durch sie hindurch als sie an, hielt den Kopf schräg. Seine scharf geschnittene Nase bildete eine nachdenkliche Diagonale, dann senkte er den Blick, straffte die aufgeschlagene Seite, las weiter.

2

Natürlich ist es schlimm, wenn man plötzlich bemerkt, dass man verfolgt wird. Weitaus schlimmer aber ist es, wenn man es nicht bemerkt. Das sollte Philip Steinert später lernen. Noch aber war es für solche Lektionen zu früh. An diesem hellen Freitagvormittag hatte der Sechzehnjährige, dessen Blick verbissen nach vorn gerichtet war, eine eigene Mission. Natürlich hatte er nicht mitbekommen, dass sein Stiefbruder vor vier Tagen, mitten in der Nacht, von einem leeren Parkplatz aus verschleppt worden war – wie denn auch?

Er setzte einen Schritt vor den anderen, schwitzte ein wenig und hatte keine Ahnung, dass bereits vor geraumer Zeit eine Schlinge ausgelegt worden war, die sich nun langsam zusammenzog. Immer enger legte sie sich um ihn und um das, was man mit viel gutem Willen seine Familie nennen konnte. Philip wusste nicht, dass ein Mann, der von seinen Auftraggebern nur Dezember genannt wurde, erst vor wenigen Stunden das alles entscheidende Signal gegeben hatte und dass nun in seiner unmittelbaren Umgebung (Pestalozzipark, Schlegelstraße, Starenweg) die entscheidenden Schritte eingeleitet wurden, damit im richtigen Moment alles sehr schnell gehen konnte.

Philip Steinert konzentrierte sich auf den Weg und auf seine Verabredung. Dass Harry zugesagt hatte, dass er tatsächlich bereit war zu kommen, war ein gutes Zeichen, ganz bestimmt.

Die Musik in den Ohren trieb ihn vorwärts: Dritte Sinfonie, erster Satz. Philip befand sich seit etwa zwei Wochen in einer Bruckner-Phase. Fatalistisch donnerndes Orchester bei stechendem Sonnenschein. Wahrscheinlich war alles zu spät, wahrscheinlich war nichts mehr zu retten, aber er musste wenigstens versuchen, die dummen Entscheidungen der anderen rückgängig zu machen. Überließ er es seiner Mutter und ihrem Eigensinn, würde sich alles nur immer weiter auflösen. Aber er kannte ihre wunden Punkte, und den wundesten von allen würde er jetzt einfach an die Hand nehmen und bei ihr abliefern. Die überfällige Konfrontation herbeiführen.

»Wann kommst du nach Hause?«, hatte seine Mutter gefragt. »Wir sehen uns doch noch, bevor ich fahre?«

Er hatte nicht aufgeschaut, bloß tiefer in seinem Rucksack gegraben und kurz genickt. *Nach Hause!* Für diese Formulierung brauchte man viel Humor. Nein: *Notunterkunft* war das Wort. Auf mehr ließ Philip sich nicht ein, auch wenn er mit ihr nun schon seit einem halben Jahr als Hausgast eines tattrigen Rentners im Starenweg Zeit vertrödelte und auf eine Rückkehr wartete, die seine Mutter gerade endgültig zu versauen schien.

Jetzt packte sie schon wieder ihren Koffer, so wie damals, als sie plötzlich in seiner Tür gestanden und zu ihm gesagt hatte: »Wir gehen. Es ist vorbei.« Ihm drehte sich bei der Erinnerung der Magen um.

Es funktionierte eben nicht: an nichts zu denken. Philip verzog das Gesicht, konzentrierte sich auf das an- und abschwellende Misterioso in seinen Ohren. Auch die Berliner Philharmoniker unter Daniel Barenboim gaben nicht auf, sondern ihr Bestes (er hatte sich eine Einspielung von 1996 heruntergeladen), also marschierte er weiter und bemühte sich, die deprimierende Umgebung noch deprimierender zu finden: Die schlecht gepflegten Fachwerkhäuser auf dem Marktplatz, den er gerade überquerte. Die halb leerstehende City-Passage, in der nur noch der Ein-Euro-Shop, der Zeitschriftenladen und Ögeleks Döner-Pizza-Currywurst-Imbiss Kunden anzogen. Das rot-grüne Schild des »Wurst-Basars«, vor dem eine Frau an einem weißen Plastikstehtisch mit abwesendem Blick Pommes aufspießte und sich in den Mund schob. Dann der Obstladen, »Weißgerbers Frischeparadies«, dessen Auslage ein intensives Aroma ausströmte und wenigstens den Kronstedter Fruchtfliegen einen Freudentag bescherte.

Hier musste er einen Bogen machen, denn das marode Kopfsteinpflaster der Fußgängerzone wurde gerade gegen schlichte Sandsteinplatten ersetzt. Für einige hundert Meter ging Bruckners Pizzicato im Dröhnen einer Pressluftmaschine unter. Die vier Punks, die vor der Apotheke ihre großen schwarzen Hunde kraulten, schauten nicht auf, als Philip an ihnen vorbeizog. Einer zerquetschte eine leere Bierdose und ließ sie scheppernd fallen.

Die Sonne schien warm an diesem Tag, und Philip fiel auf, dass er das elende Kronstedt bisher hauptsächlich bei Wind, bei Schneeregen und dann bei Regen, bei grauer, öder Lichtlosigkeit erlebt hatte. In den letzten Tagen waren die Temperaturen gestiegen, aber auf eine dumpfe Weise, als wären Frühling und Sommer von einem schwül behangenen Herbst überholt worden. Heute jedoch stocherte die Sonne gut gelaunt in den Gassen der Altstadt herum, und auch die kastenförmigen Nachkriegsbauten an der Hauptstraße, die man irgendwann orange und rosa und hellblau gestrichen hatte, machten einen aufgeräumten, selbstbewussten Eindruck. Man hätte es fast hübsch finden können hier. Aber das kam überhaupt nicht in Frage. Das Ziel musste lauten: *Abgang. Bloß nicht eingewöhnen.*

Philip war während des Umzugs nach Kronstedt schrecklich frustriert gewesen, konsequent schlecht gelaunt und manchmal beklommen. Er hatte Magenschmerzen gehabt, und ihm war noch öfter übel gewesen als sonst. Psychosomatik, klar. Auch Ohrgeräusche. Kein hochfrequentes Piepen, aber ein dumpfes Klopfen, gegen das er sich nachts wütend in die Kissen drückte. Im Grunde hatte sich seitdem nichts geändert. Immerhin hatte er Caro gefunden, mit der sich reden ließ, mit der er gemeinsam düstere Schwarz-Weiß-Fotos schoss für ihr Tumblr-Blog und mit der er lachte. Aber meistens fühlte er sich elend. Vor allem, wenn er seine Mutter mit größter Begeisterung vom neuen Lebensabschnitt sprechen hörte. Oder wenn sie sagte: »Das Klopfen in den Ohren liegt nur an den kleinen Kopfhörern, die du dir ewig in den Gehörgang schiebst!« Der Sonnenschein half auch nicht, denn der ließ ihn schwitzen, und das hasste er wie die Pest.

Er entdeckte den dunkelgrünen Jaguar an der Ecke Moltkestraße und atmete angespannt ein. *Es hat nicht mehr den geringsten Sinn,* dachte er kurz, schüttelte aber den Kopf. *Nein, so wird das nichts. Positiv denken! Du willst dein Leben zurück, also streng dich an. Die beiden brauchen einen Anstoß. Vielleicht haben sie nur gehofft, dass der andere den ersten Schritt macht. Und wenn sie dann sehen, dass er möglich ist, der erste Versöhnungsschritt, fallen sie sich in die Arme oder lachen wenigstens und stellen fest, wie dämlich sie gewesen sind in letzter Zeit.* Er klopfte gegen die Scheibe der Beifahrertür.

Ein Arm wurde ausgestreckt, die Tür ging auf. Jetzt sah Philip genau das zuversichtliche Lächeln, das er erwartet hatte.

»Wie geht's dir?«, fragte der Mann. »Steig ein.«

Philip pulte sich die weißen Stöpsel aus den Ohren und ließ sie über den Pulloverrand baumeln, wo sich noch einige hohe Töne bemerkbar machten. Er schloss die Tür von innen und erschauderte wegen des stechenden Geruchs des hellbraunen Leders und der hochgedrehten Klimaanlage. Es war, als würden kalte Hände den schweißnassen Pullistoff unter seine Achseln drücken.

»Hi«, sagte er. »Cool, dass du hergekommen bist.«

»Ist Barbara noch da?«

Philip nickte.

»Und, wie ist sie drauf?«

»Total euphorisch.«

»Gut. Dann ist sie vielleicht etwas zugänglicher. Was ist das denn nun für ein Job?«

»Der Alte hat ihn ihr besorgt. Vertretung für zwei Wochen. Bis nach Ostern. Aber sie geht natürlich davon aus, dass 'ne feste Sache draus wird.«

»Ist ja vielleicht nicht das Schlechteste.«

»Von wegen. Das ist da irgendwo in so einem beschissenen Kaff im Harz. Fünf Häuser und ein Hotel.«

»Und? Fährst du mit?«

»Ich? Auf keinen Fall.«

»Willst du lieber bei deinem Großonkel bleiben?«

Philip schüttelte den Kopf. *Ach, Scheiße. Warum war das denn so schwierig?*

»Es wird sich schon eine Lösung finden«, sagte Harald Rheinberger, den seine Mutter vor knapp drei Jahren kennengelernt und vor fünfzehn Monaten geheiratet hatte. »Wann fährt sie denn?«

»Gegen drei, glaub ich.«

»Gut. Ich habe gestern Abend extra noch mal versucht anzurufen. Sie hat aufgelegt.«

»Ich weiß.«

»Und ist ihr Onkel auch da?«

»Keine Ahnung. Der kommt und geht.«

»Na ja. Vielleicht hab ich Glück.«

Er startete den Motor, und Philip schaute nervös aus dem Fenster. Er sah die Moltkestraße, die Back-Factory, das türkische Sportwettenlokal, das Matratzenoutletcenter. Und als er sich unter dem Gurt zurechtrückte, fiel ihm ein Tulpenstrauß auf dem Rücksitz auf. Ein weiterer Hoffnungsblitz durchzuckte ihn. *Keine Rosen. Aber was ist denn gegen Tulpen einzuwenden? Blumen, immerhin.*

»Vielleicht kriegt sie sich ja wieder ein, vielleicht könnt ihr euch einigen«, sagte er.

Harald Rheinberger nickte. Und nach einer sehr langen Pause fügte er hinzu: »Hab ich dir von Susanne erzählt?«

Philip schloss die Augen.

»Sie ist jetzt bei mir eingezogen.« Harald Rheinberger schaute angestrengt durch die Windschutzscheibe. »Du musst mich navigieren. Links, oder?«

»Ja, links.«

»Weißt du, mit der Zeit finden wir alle unseren Weg.« Harry lächelte, schaute aber nur ganz kurz zu ihm herüber.

Mir ist schlecht, dachte Philip, dessen Mission gescheitert war, bevor sie überhaupt angefangen hatte. *Ja, jetzt ist mir schlecht.*

»Wir beide können uns wenigstens wie vernünftige Menschen unterhalten«, sagte Harry, während er den Blinker setzte. Es stimmte. Aber das, stellte Philip düster fest, machte die Sache auch nicht leichter.

3

Es war ein schweres ratterndes Dröhnen, das in den Ohren wehtat. Ein Krachen, ein Aufbrechen, ein harsches Splittern, das seine Schallwellen zwischen den Häusern hindurchschickte und die Passanten dazu brachte, die Zähne zusammenzubeißen, während sie ihre Schritte beschleunigten. Nach ein paar Metern wurde es besser. Aber das röhrende Bersten der alten Steine wummerte ihnen hinterher, huschte ihren Füßen unterirdisch voran, ließ den Boden vibrieren. *Hoffentlich ist das bald geschafft*, dachte Reinhard Weißgerber, fuhr mit seiner Rechten in den Fruchtfliegenfeiertag und zupfte einige nicht mehr einwandfrei aussehende Trauben aus der Auslage seines Frischeparadieses. *Ist ja nicht mehr auszuhalten, dieser Lärm.*

Für ein verirrtes Erdbeben hätte man es halten können, dieses unnachgiebige Grollen unter den Füßen, das immer wieder kurz pausierte, nur um weitaus hämischer von vorn zu beginnen. An der Ecke zum Rathaus, das den Übergang zum Marktplatz markierte, blieb jetzt ein Mann stehen. Er ließ kurz den Blick schweifen und fuhr sich mit einer nachdenklichen Geste über den kahlen Schädel. Als er sich orientiert hatte, setzte auch das erbitterte, feindselige Dröhnen wieder ein, und neuer Staub stieg über dem Beben auf. Vielleicht bäumte sich ja der Untergrund auf, vielleicht empörte sich etwas da unten, vielleicht waren es doch zu viele Fremde, die der kleinen Stadt an diesem Tag ihren Besuch abstatteten, sodass sich ihre Atmosphäre änderte und sie sie abwerfen, von ihrem Fußgängerzonenrücken abschütteln wollte.

Im Grunde waren es ja immer dieselben Gesichter, dieselben geschobenen Fahrräder, dieselben Kinder, dieselben Angestellten, dieselben Rentner. *Immer jemand, dem man zunicken, dem man Guten Tag sagen kann. Immer jemand, der immer kommt, der von links nach rechts oder von rechts nach links geht, um seine Einkäufe zu erledigen. Da vorn, Frau Trümer, schaut gar nicht rüber heute. Hat's eilig.*

Reinhard Weißgerbers Blick fuhr unzufrieden über die Baustelle, die in den letzten Tagen immer näher gekommen, von Tag zu Tag lauter geworden war, über den vibrierenden Helm des Bauarbeiters, seine Ohrschützer, die Zigarette im Mund, den Steinstaub, den der Presslufthammer aufwirbelte, und blieb an dem Mann hängen, der zielstrebig an ihm vorbeimarschierte. Nie gesehen. Man konnte nicht alle Kronstedter kennen, aber dieser Typ mit seiner Glatze war eindeutig nicht von hier.

Sie war nicht völlig abgeschnitten von der Welt, die kleine Stadt. Viele durchfuhren sie, hielten, um zu tanken, vielleicht um kurz etwas zu essen. Manche hatten geschäftliche Termine, andere besuchten ihre Verwandtschaft, selten aber gingen irgendwelche Fremden zur Mittagszeit durch die Fußgängerzone, vorbei an Weißgerbers Frischeparadies, vorbei am Wurst-Basar, und betraten Hans Jerkes Rathausapotheke, in der das Pressluftdröhnen nur noch gedämpft zu hören war.

Hier ließ der neue Kunde seinen Blick wandern, begleitet von einem abschätzigen Zucken um die Mundwinkel, über die Auslagen und Werbeaufsteller *(Nachts weniger müssen müssen)*.

»Guten Tag«, sagte Hans Jerke. Seine beste, seine servilste Stimme, mit einem kleinen Lachen auf dem zweiten Wort. Als Antwort erntete er nur ein flüchtiges Nicken ohne Blick. Also beeilte er sich, die alte Frau Trümer abzufertigen, die ebenfalls kurz gestutzt, inzwischen aber wieder ihren Faden aufgenommen hatte. Mit leidender Stimme und in unnötiger Ausführlichkeit berichtete sie davon, dass sie schon seit Tagen vergeblich versuchte, ihren Mann zu Dr. Aschenbrenner zu schicken. »Dieses Augentränen ist nicht normal, das kann mir keiner erzählen.«

Er reichte ihr das Wechselgeld und die Packungen Marcomar und Lefax, die sie umständlich in ihrer Handtasche verstaute, bevor sie sich enttäuscht Richtung Tür aufmachte. Sie hatte sich wohl Rat von ihm erhofft. *Ein andermal.* Sie hatte die Apotheken-Umschau mitgenommen. Vielleicht gab die aktuelle Ausgabe ja Aufschluss darüber, wie man Ehemänner vom Weinen abhielt.

»Bittschön«, sagte er in die Stille. Feste Freundlichkeit. »Kann ich helfen?«

Der glatzköpfige Mann, der gerade interesselos das Mandel-Johanniskraut-Pflegeöl von Dr. Hauschka betrachtet hatte, schaute auf und kam ihm entgegen. Der Gang gemessen, wiegend, fast zu selbstbewusst. Ein Sportler.

Hans Jerke war von Natur aus kontaktfreudig und aufgeschlossen – zumindest hielt er sich dafür. Und er wusste, dass es dort draußen einen anderen Menschenschlag gab, mit dem er sich verbunden fühlte. An den Wochenenden fuhr er regelmäßig in die größeren Städte, zwei, drei Mal pro Jahr auch nach Berlin. Für Ostern hatte er bereits in seinem Stammhotel in der Motzstraße ein Zimmer gebucht.

Der trainiert unentwegt, dachte er. *Vielleicht sogar ein bisschen zu viel. Bildest dir ordentlich was drauf ein, was? Aber wenn ich nicht diesen unvorteilhaften Kittel anhätte, könntest du erkennen, dass ich auch nicht so schlecht in Form bin.* Er ging drei Mal pro Woche im Kronstedter Hallenbad schwimmen, außerdem joggte er regelmäßig über den Wall und an den Ruinen der alten Stadtmauer entlang. Aber dieser Typ hatte etwas an sich … eine unbeeindruckte und zugleich beeindruckende Souveränität. *Als wäre er beim Film: Stuntman, das wäre vorstellbar.* Die polierte Glatze, die auf kraftvollen Testosteron-Überschuss schließen ließ, der Bartschatten, die dezent vorspringenden Brustmuskeln, die Oberarme, die sehr breit aussahen unter dem schwarzen Pulloverstoff. Aber sehr beweglich, nicht zu massig. Konnte auch Kampfsportler sein. Kein Boxer, eher in den asiatischen Disziplinen zu Hause. Nicht allzu grobschlächtig, schlanke Gesichtszüge. Aber ... doch, da war ein etwas primitiver, ein gemeiner Zug um den Mund. *Eigenartig,* dachte Hans Jerke, *dass so etwas manchen Männern gut steht, dass es nicht so abschreckend wirkt, wie es eigentlich müsste.*

Der Kunde hatte immer noch nichts gesagt und legte nun zwei Rezepte auf den Tresen. Aber vielleicht huschte dabei ja der Anflug eines Lächelns über seine Lippen.

Verstehen wir uns? Hans Jerke grinste vor sich hin, nahm die beiden Papiere und musterte zuerst die Adresse des Arztes, der sie ausgestellt hatte. »Hab ich mir doch gedacht. Sie sind nur auf der Durchreise, was?«, sagte er. »Travemünde. Hab ich mal für einen Tagesausflug besucht. Schön da. Aber auch nicht die ganz große Welt, oder?«

Der Typ zog seine Lippen ein. Nein, das war kein Lächeln, nicht einmal der Anflug eines Lächelns. Genau genommen schaute er ihn sehr ungemütlich an, also drehte sich Hans Jerke rasch um. Was war denn so schwer daran, nett und verbindlich zu sein? Schicksalsergeben trat er in den hinteren Bereich, wo die zahllosen Holzschubladen bis zur Decke reichten. Er musste sich bücken, um das erste Präparat herauszuziehen. Das zweite musste er einen Moment lang suchen und schließlich sogar die Trittleiter benutzen. Als er wieder nach vorne kam, zogen sich für einen Augenblick seine Brauen zusammen, während er die beiden Medikamente betrachtete. Mit dem linken Handrücken schob er seine Brille die Nase hinauf und versuchte, eine Verbindung herzustellen.

Der Mann vor dem Tresen hatte weder seine Position verändert noch seinen Blick. *Komm mir nicht dumm,* sagte dieser Blick. Trotzdem sprach Hans Jerke ihn noch einmal an. »Die sind sehr stark.

Beide. Ich nehme mal an, sie sind nicht für ein und denselben Patienten?«

Der Mann zuckte mit den Schultern. Kalt.

»Das würde sich nämlich gar nicht miteinander vertragen.« Er legte die beiden Packungen auf die Wechselgeldschale aus Kunststoff, und schon im nächsten Moment hatte der mutmaßliche Kampfsportler aus Travemünde die Medikamente in einer fließenden Bewegung eingesackt.

»Na ja, Ihr Arzt muss es ja wissen«, sagte Jerke noch und fühlte sich kein bisschen kontaktfreudig und aufgeschlossen mehr.

Der glatzköpfige Mann verließ die Rathausapotheke mit seinen selbstbewussten, wiegenden Schritten, und von der Position hinter dem Tresen aus konnte Hans Jerke nicht mehr sehen, wie er vor der Tür verächtlich ausspuckte und einen großen Bogen um die Punks an der Ecke machte. Er konnte nicht sehen, wie sein Kunde am Frischeparadies vorbei über den Marktplatz ging und schließlich um eine Ecke bog, wo ein dunkler Audi parkte. Auch die Rückscheiben waren dunkel, das Kennzeichen allerdings widersprach der Ostseeherkunft seiner Rezepte. Der Wagen war in Düren zugelassen. Aber was sollte das schon heißen?

Als der Mann die Tür öffnete, schlugen die Glocken der Michaeliskirche. Die Tauben, die gleichzeitig vom Boden abhoben, klangen, als schüttelten sie im Abflug ihr Gefieder aus, und nachdem er sich umgeschaut und tief eingeatmet hatte, war sein Gesicht deutlich härter geworden. So hart, dass ein Menschenkenner wie Hans Jerke vielleicht die Spur einer Verunsicherung darin erkannt hätte.

Im Wagen roch es schlecht, aber der Mann, der in Sachen Kampfsport tatsächlich nicht ganz unbewandert war, auch wenn es sich bei ihm keineswegs um einen Stuntman handelte, durfte die Fenster nicht herunterkurbeln. Dumpfe Laute drangen an sein Ohr. Ein Atmen. Ein Nach-Luft-Schnappen. Ein hohes Fiepen, das sich durch zu enge Nasenscheidewände kämpfte.

Er reichte die beiden Medikamente auf den Rücksitz durch. Sie wurden ihm aus der Hand gerissen. »Haben Sie noch Wasser?«, fragte er. Er konnte die schiefstehende, halbvolle Flasche sehen. Aber er wollte freundlich klingen.

»Sind das die stärkeren?«, fragte die Stimme.

»Scheint so«, sagte der Mann und schaute durch die Frontscheibe nach draußen.

4

Das Sonnenlicht fiel durch die großen Fenster auf der Südseite des Starenwegs, als die Glocken der Michaeliskirche schlugen, und nur wenig Staub flirrte sichtbar in den Strahlen. *Frühling, jetzt ist der Frühling da,* dachte Barbara Rheinberger und roch zufrieden an der frisch gewaschenen Unterwäsche.

Ins Innere des Hauses waren bisher keine neugierigen Blicke von außen gedrungen. Es gab keine Fotos von diesen Zimmern in den Akten, aber es gab auch nicht viel zu sehen. Bücherschränke aus schwerem, dunklem Holz, Zeitschriftenstapel, Stehlampen mit altmodischen, gelblichen Schirmen, Tapeten, deren schemenhafte Blumenmuster sich nur noch erahnen ließen. Es hingen einige Stiche an den Wänden, es gab ein paar ausgestopfte Tiere, einen Eichelhäher zum Beispiel, aber keine persönlichen Fotos. Auf einem Schränkchen mit schwerer Steinplatte im Flur, neben dem Schirmständer, stand ein Telefon mit geringelter schwarzer Schnur, von dem aus in den vergangenen Tagen nur wenige Anrufe getätigt worden waren. Philip Steinert hatte zwei Mal kurz mit seiner Freundin Carolin Hille telefoniert und Barbara Rheinberger mit ihrem zukünftigen Chef, dem Hotelier Wolfgang Seitzer. Als sie jetzt aus dem Badezimmer kam, mit den Slips, denen sie heute Morgen eine energische Handwäsche verpasst hatte, warf sie einen kurzen, dankbaren Blick darauf.

Es war Frühling, und die Sonne schien zum Fenster hinein. Der Eichelhäher stand tot auf seinem kleinen Stückchen Ast, streckte aber die Brust vor und sah zufrieden aus. Ja, die Dinge wandten sich zum Besseren. Wenn die Bezahlung stimmte (und davon war auszugehen), würde sie auch an Philip einiges gutmachen können – wenn sie es schaffte, seine Trotzphase zu durchbrechen. Trennungen sind für die Kinder am schlimmsten, aber er war sechzehn, Herrgott. Er sollte sich nicht so anstellen. Harald war nicht einmal sein Vater.

Entscheidend war: nicht mehr abhängig sein. Wenn sie wieder was verdiente, konnte sie ihm das bieten, was er sich wünschte, mit ihm wegfahren, es sich gutgehen lassen. Vielleicht würde sie sich sogar überwinden und mit ihm in eines dieser stinklangweiligen Klassikkonzerte gehen, die er wohl nur deshalb so toll fand, weil er ihr in pubertärem Protest zeigen wollte, dass er sich nicht für gewöhnliches Fußvolk hielt. Aber egal: *Such dir was aus,* würde sie sagen: *Mozart meinetwegen oder Beethoven oder was auch immer. Egal! Nur keine Opern.* Sie wusste: Die dauerten Stunden.

Barbara Rheinberger, geborene Steinert, atmete tief ein und legte die Slips neben den Koffer. Sie hatte sie ausgewrungen und vor Stunden zum Trocknen über den Heizkörper gelegt, aber sie waren noch klamm. Unzufrieden musterte sie den Kleiderhaufen auf dem Korbstuhl, den sie noch sortieren musste. Sie zog ihren blasslilafarbenen BH heraus, den mit den weißen Punkten, untersuchte ihn kritisch und steckte ihn in den Koffer. Sie ließ den Blick durch den Raum gleiten, bis er auf ihren Laptop fiel, den sie aufgeklappt auf eine Kommode gestellt hatte, um immer mal wieder, auf dem Weg von einem Zimmer ins andere, einen Blick hineinzuwerfen. Sie hatte an diesem Vormittag, auch das ging aus den Protokollen hervor, nach verschiedenen Begriffen gegoogelt, die mit dem Harz und dem Hotel zu tun hatten, sie hatte Google Maps geöffnet und zwei persönliche Nachrichten auf einer kostenpflichtigen Dating-Plattform geschrieben. Es gab noch einen weiteren Rechner in der Wohnung, ein weiteres MacBook, das ihrem Sohn gehörte und auf dem sich in letzter Zeit, neben dem üblichen E-Mail-Verkehr mit einem Schulfreund in Kassel und seiner Freundin Carolin Hille, wenig Berichtenswertes getan hatte: Vor allem war Musik gestreamt worden. Außerdem hatte er einige Mediatheken von Fernsehsendern sowie pornografische Inhalte aufgerufen – nichts, was bei einem 16-Jährigen auffällig gewesen wäre.

Barbara Rheinberger prüfte, ob man ihr geantwortet hatte – *nein, noch nicht* –, hörte unten die Tür und klappte ihren Laptop zu.

Sie war sich nicht immer sicher gewesen, aber heute schien es ihr eindeutig: Es war die richtige Entscheidung gewesen, mit Philip zu ihrem alten Onkel zu ziehen, der jetzt von einem seiner Spaziergänge nach Hause kam. Sie erkannte ihn an den langsamen Schritten, daran, wie er sich die Treppe hinaufbemühte.

Als er es nach oben geschafft hatte, begann Richard Korff umständlich damit, sich aus dem schweren Mantel zu winden. Sie kam ihm entgegen und half ihm. Dann hängte sie den Mantel an die Garderobe und strich liebevoll einen der Ärmel glatt.

»Kommst du voran?«, fragte er. Er hatte etwas aus seiner Tasche genommen, ein Buch, wie es aussah, und steuerte nun das Wohnzimmer an, wo immer noch eines ihrer Tops an einem Bügel an der Türklinke hing. Seufzend ließ sich der alte Mann in einen Sessel fallen.

»Ja, ich hab eigentlich so gut wie alles zusammen«, sagte sie und folgte ihm. »Und das Wetter ist ja herrlich. Das ist doch ein gutes Zeichen. Ist es warm draußen?«

Er blickte einen Moment auf das Taschenbuch in seiner Hand und schaute dann zu ihr auf, als habe er sie nicht verstanden. »Ja … ja, es ist recht warm geworden. Das stimmt.«

»Bist du eigentlich selber schon mal dort gewesen?«

Keine Antwort.

»Im Hotel, meine ich.«

»Wie? Nein.« Eine mit traurigem Lächeln unterlegte Pause. »Aber, weißt du, Wolfgang, also der Herr Seitzer, hat mir oft davon erzählt. Es muss wirklich sehr schön sein.« Er zögerte, blickte zu ihr auf. »Was ist mit Philip? Hast du noch mal mit ihm gesprochen?«

Sie schüttelte den Kopf. »Er stellt einfach auf stur, er will nicht mitkommen.« Ihre Stimme klang jetzt angespannter. »Aber ich werd ihn mir noch mal vorknöpfen, wenn er wieder da ist.«

Onkel Richard lächelte wieder. Sie liebte es, wenn er diese entschuldigende, stille Sanftmut ausstrahlte. Und es rührte sie.

»Er ist ein bisschen überfordert im Moment«, sagte sie. »Aber wir müssen uns ja alle irgendwann anpassen und lernen, uns einzufügen.« Gut klang das und sehr vernünftig, allerdings spürte sie ein Ziehen im Magen, wenn sie sich vorstellte, wie Philip sie zum Abschied anschauen würde. Mit diesen braunen Vorwurfsaugen, die gegen jede physische Wahrscheinlichkeit immer noch größer und größer wurden. Man konnte doch erwarten, dass er sich seinem Alter entsprechend verhielt. Inzwischen wischte sie regelmäßig seine Rasierschaumreste aus dem Waschbecken, und wenn sie sich nicht täuschte, hatte sie ihn erst kürzlich beim Onanieren erwischt. So ein hektisches Zusammenzucken und Wegdrehen war ja wohl eindeutig. Ein muffiger, schweißiger Geruch. Natürlich hatte sie die Tür sehr schnell wieder zugemacht, und sie war sich auch nicht hundertprozentig sicher. Er hätte ja längst eine Freundin haben müssen – sechzehn Jahre, mein Gott! – da kamen noch ganz andere Sachen auf sie zu – natürlich – aber das war nur gut und richtig.

Sie legte ihrem Onkel eine Hand auf die Schulter. »Auf jeden Fall möchte ich, dass du weißt, wie dankbar wir dir sind. Wir beide, weißt du.«

»Es ist schon in Ordnung, wirklich.« Er legte seine Hand auf ihre, aber sein Blick wanderte durch den Raum.

Ach, das alles war wirklich nicht leicht. Umso nötiger schien es ihr, festzuhalten, was übriggeblieben war. Familie war ein großes Wort, und es hatte ihr hauptsächlich Probleme eingebracht. Sie selbst hatte ihren Vater nie kennengelernt, und ihre Mutter hatte mit schmallippigem Eifer jedes einzelne Foto von ihm aus sämtlichen Alben entfernt. Kostbare Leerstellen waren das, heimlich betrachtet unter knittrigem, trübem Schutzpapier. Klebeecken wie Wunden, wahrscheinlich aber Illusionen, wie sich Barbara später, bei gesteigerter Lebenserfahrung, eingestanden hatte.

Ihr nicht vorhandener Vater war dann irgendwann bei einem Verkehrsunfall aus einer Landstraßenkurve geschleudert worden. Aber das hatte Barbaras Leben kaum betroffen. Keine Beerdigung, an der sie hätte teilnehmen können, außerdem das von ihrer Mutter verhängte Trauerverbot. Übriggeblieben war der wütende Kinderzimmerwunsch, es selbst besser zu machen. Und sehr bald, ja, in Philips Alter, zwischen picklig-tumben Jungs mit großen, schnellen Händen (zwischen Jungs, wie Philip heute einer war?), bei herumgereichten Joints und kichernd aufgerissenen Kondomverpackungen, hatte sie feststellen müssen, dass es nicht leicht werden würde.

Leicht aber war gewesen: Nach Jahren ohne Richtung ein Kind zu bekommen von einem Mann, den schon das bloße Wort Verantwortung die Beine in die Hand nehmen ließ. Anschließend hatte sie das Gefühl gehabt, immer angeschaut, immer beobachtet zu werden: Die Blicke des Winzlings, die Hunger- und die Liebesblicke, die Erwartungsblicke rund um die Uhr und dazu noch der wissende Blick ihrer Mutter im Nacken. Dieses *Es musste ja so kommen.*

Leicht war es auch gewesen, die Flucht zu ergreifen. Eine unbeschwerte, mutige Abenteurerin hatte sie sein wollen, die in Bewegung blieb und sich von den Augen, die so voller Erwartung auf sie gerichtet waren, nicht irritieren ließ. Ja, vielleicht war das Ergebnis ein Abenteuer gewesen, aber meistens hatte es sich bloß wie ein unübersichtliches Chaos angefühlt. Immerhin hatte sie dabei gelernt, die eigene Mutter zu verstehen. Zu spät allerdings. Ein plötzlicher Krebs hatte die schmalen Lippen der alten Frau Steinert zu Strichen werden lassen, und die letzten Versöhnungsgelegenheiten waren bei viel zu kurzen Krankenhausbesuchen ungenutzt verstrichen.

Die Panik dieses Verlustes steckte immer noch tief in Barbara und war, das wusste sie selbst, zu ihrem Motor geworden. Eine Niederlage nach der anderen hatte sie in der Folge einstecken müssen, Niederlagen, über die sie selber staunte und die fast immer Männernamen trugen.

Es musste ja so kommen, hatte ihre Mutter gesagt, leise, aber so unüberhörbar, dass es ihr immer noch in den Ohren klang. Und jetzt? Jetzt konnte Barbara Rheinberger die Worte nachsprechen, denn auf ärgerliche Weise schien sich alles zu wiederholen. Ihre eigene kaputte Jugend brachte eine weitere kaputte Jugend zustande, und tatsächlich kam ihr der vaterlose Philip oft wie ihr Spiegelbild vor.

Das war eine Erkenntnis, über die man mal einen Ratgeber schreiben sollte, einen ehrlichen: Familien sind Teufelskreise. Aber jetzt ließ sich ihrer vielleicht unterbrechen! Alles sah besser aus, seit sie ihn wiedergefunden hatte: Onkel Richard, der ihr nach dem Tod der Mutter als Verwandtschaftsrest geblieben war und für den sie jetzt die Thermoskanne aus der Küche holte. Dem sie Tee eingoss und der die Tasse, die sie ihm reichte, dankbar entgegennahm. Nur ein Fremder im Grunde, der immer abwesend geblieben war, und mit dem sie jetzt stellvertretend Versöhnung feierte. Die Stimme ihrer Mutter zwischen verkniffenen Lippen: *Mein Bruder. Ach, der. Der sitzt in Schottland und will auch nichts mehr von uns wissen.* Na schön: Verwandtschaft auf dem Papier, aber immerhin Verwandtschaft. Ein paar Briefe aus dem Ausland, auch später kein echter Kontakt. Doch damit musste man sich ja nicht abfinden, dabei musste es ja nicht bleiben. Das hatte sie bewiesen. *Wir gehören ja trotzdem zusammen.*

Jetzt gewährte er ihr Unterschlupf, half ihr auf die Beine. Ein schlanker, feiner, ja, im Grunde sehr eleganter und empfindlicher älterer Herr. Sie atmete tief ein, während er in seinem Wohnzimmersessel saß und am Tee nippte. Man sah ihm seine Lebenserfahrung an, seine Bildung, man sah immer, wie er nachdachte, wenn man mit ihm sprach.

Er legte das Taschenbuch vor sich auf den Tisch, das er offenbar auf seinem Spaziergang mitgenommen hatte. Es war ein Roman von Charles Dickens, wie ihr auffiel: *Bleak House*. Er hob jetzt den Kopf, lächelte sie an, und sie erwiderte sein Lächeln.

Die Erinnerung war nur schwammig, als warmes Gefühl aber sehr stark: der Bruder der alten Frau Steinert, den Barbara als Kind staunend gemustert hatte, der sie auf den Schoß genommen und ihr Witze erzählt hatte. Sie wusste das im Grunde nur aus den Erzählungen ihrer Mutter. Das war vor seinen Jahren in Schottland gewesen, vor seinen beruflichen Abwegen, die ihn zu so einem scheuen Einzelgänger gemacht hatten. Aber er war nicht stehen geblieben und voller Selbstmitleid versauert. Er war ausgezogen, in die Welt hinaus, er hatte Dinge gesehen, etwas herausgeholt aus dem Leben, trotz aller Hindernisse. Schon damals, als sie noch klein gewesen war, das immerhin fiel ihr wieder ein, hatte er das schlimme Bein gehabt, das ihn noch heute quälte. Sie hätte es ihm gern massiert. Das

Angebot stand, aber er wollte nicht. Sein Schamgefühl ließ das wohl nicht zu. Oh, der gute alte Mann, der Rest Familie, den sie aus der Vergessenheit geborgen hatte und der festgehalten werden musste. Sie küsste ihn sacht auf die Schläfe, und er zuckte zusammen, lächelte aber weiter und schaute nickend zu ihr auf.

»Möchtest du noch eine Tasse?«, fragte sie.

Er wandte sich ab, blickte Richtung Fenster und rappelte sich mit zusammengezogenen Augenbrauen auf. Auch Barbara hörte das Geräusch. Unten war ein Auto vorgefahren, und nacheinander knallten zwei Autotüren zu.

Richard Korff öffnete das Fenster, lehnte sich hinaus und drehte sich zu Barbara um. »Philip kommt.«

»Mit dem Auto?«

»Mit deinem Mann.«

5

Da hängt er schon wieder und glotzt, dachte Philip, nachdem er tief die frische Luft eingeatmet hatte. Zu Harry sagte er nur: »Wenn man vom Teufel spricht.« Sein Großonkel schaute vom ersten Stock auf den dunkelgrünen Jaguar hinunter. Jetzt hob Richard Korff eine seiner furchtbar dünnen Hände und winkte den beiden kurz zu. Lächelte angestrengt. Aber es war ja sein Haus. Warum sollte er nicht die Nachbarschaft beobachten, wenn es sonst nichts für ihn zu tun gab? Zumal seine aufdringliche Nichte einen Großteil seiner Wohnung blockierte – samt Sohn und jeder Menge ungelöster Lebensfragen.

Philip musste einen Schritt zur Seite tun. Er stand einer alten Frau im Weg, die sich umständlich an ihm vorbeischob. Aus ihrer Handtasche, die sie eng an den Oberkörper presste, ragte die eingeknickte Ecke einer Tageszeitung. Undeutlich murmelte sie eine Entschuldigung. Sowieso: super Nachbarschaft. *Florierendes Absterben links und rechts*, dachte Philip und warf Harry einen bitteren Blick zu: *Willkommen in meinem Leben. Totale Vergreisung. Krückenstedt.*

Letztes Paradies der Rollatorenschieber. Direkt um die Ecke erhob sich der Altenheimkomplex mit seiner unendlichen Zahl übereinandergestapelter Mini-Balkone: die so genannte Speicherresidenz. In besseren Zeiten – lange war es wohl her – musste hier ein Speicher gestanden haben, randvoll mit Getreide oder irgendetwas Nützlichem, von dem es nun keine Spuren mehr gab. Heute wurden hier die Greise gespeichert, und eingefallene Gesichter schauten über die extra hohen Brüstungen. Hinter anderen standen rauchende Pfleger, blinzelten in ihrer Pause dem Sonnenlicht entgegen und sahen aus, als wünschten sie sich weit weg. Hin und wieder hörte man lauter werdende Stimmen, manchmal ein unbeherrschtes Stöhnen. Alle zwei Wochen spielte eine Zwei-Mann-Combo im Innenhof Volksmusik, und wer konnte, sang mit.

In dem schlanken, spitz aufragenden Reihenhaus, dem sich Philip Steinert und sein Stiefvater jetzt näherten, war irgendwann einmal ein Geschäft geführt worden. Der verblichen grüne Schriftzug ließ sich in geschwungenen Buchstaben noch immer gut entziffern: »Antiquitätenkontor«. Das Schaufenster neben der Eingangstür war jetzt von innen mit einer fleckig grauen Pappe verdeckt. Dahinter, im ehemaligen Laden, befand sich nur noch ein dunkles Lager aus Gerümpel, ein Wirrwarr aus hölzernen Möbelbeinen, aus alten Büchern und eingerissenen Kartons, die einen unguten Geruch verbreiteten. Nicht zu vergessen: Seit einem guten halben Jahr standen dort auch die Koffer, die seine Mutter und er mitgebracht hatten, und warteten, wie Philip, auf den Auszug. Immerhin: Einer von ihnen, der Mutterkoffer, würde bald die Berge sehen.

»Na, das wird wohl nichts mehr mit der Überraschung«, sagte Harry. Er griff sich gequält an die linke Schulter.

Philip ging die vier Stufen zur Haustür hinauf und steckte kopfschüttelnd den Schlüssel ins Schloss. Als sie, am ehemaligen Antiquariat vorbei, die mit dunkelgrünem Teppich ausgelegte Holztreppe zum ersten Stock hinaufgestiegen waren (jeder Schritt ein Knarren), stand der Alte bereits an der Tür zur Wohnung, als wolle er sie in Empfang nehmen. Philip aber sah ihm an, dass er einfach nur der nächsten Ruhestörung tapfer ins Auge blickte.

»Herr Rheinberger, das ist ja eine Überraschung«, sagte Richard Korff und stützte sich unsicher mit der einen Hand auf das Geländer, während er mit der anderen fahrige Bewegungen machte. Vermutlich sollten sie einladend wirken. »Sie haben sogar Blumen mitgebracht. So ein bisschen Natur im Haus macht alles viel freundlicher, finde ich.« Dazu nickte er mehrere Male mit dem Kopf und wirkte, wie meist, ziemlich geistesabwesend. Humpelnd ging er ihnen voran in die Wohnung. »Kommen Sie doch rein«, sagte er.

Aus dem provisorischen Zimmer von Philips Mutter, dem ehemaligen »Lesezimmer«, drang dumpf Musik. Sie hatte das Radio angestellt. *Cause what you don't understand is I'd catch a granade for ya, yeah, yeah, yeah …*

»Vielen Dank, Herr Korff«, sagte Harald Rheinberger gedämpft und suchte mit unruhigen Augen den Flur ab. Philip schaute ihn skeptisch an. Er sah aus, als fühle er sich gar nicht wohl in seiner Haut. Für gewöhnlich hielt er sich natürlich in anderen Sphären auf, in weitläufigen Büros und in Fabrikhallen, wo er in kollegialem Ton mit Produktionsleitern sprach oder die Verbesserungsvorschläge der Ingenieure diskutierte. Harry hatte vor zweiundzwanzig Jahren eine mittelständische Schraubenfabrik übernommen und stellte inzwischen hauptsächlich Kleiderbügel her – aus biegsamem Draht –, die er in gigantischen Mengen vor allem an osteuropäische Wäschereien verkaufte.

»Ich würde gern mit meiner … mit Barbara sprechen«, sagte er jetzt.

… throw my hand on a blade for ya …

Man musste das ja nicht unnötig in die Länge ziehen. Also öffnete Philip die Tür und sagte: »Hi. Besuch ist da.«

Seine Mutter drehte sich nicht um. Konzentriert schminkte sie sich vor einem kleinen Spiegel, den sie auf einen wackligen Bücherstapel gestellt hatte.

»Hallo, Spätzchen.« Sie meinte Philip, nicht Harry.

Dieser klopfte mit dem Zeigefinger gegen den Türrahmen und räusperte sich.

Ein kurzer Blick über die Schulter. »Harald. Warum hast du nicht angerufen? Du hast Glück, dass du mich erwischst.« Und nachdem sie die Kappe auf den Eyeliner gestülpt hatte, fügte sie ohne Betonung hinzu: »Blumen. Wie nett.«

Philip schob sich an Harry vorbei und sah sich um: Auf dem Sofa der große Koffer, geöffnet, aber noch nicht gepackt. Darum herum zwei benutzte Wassergläser, eine innen wie außen braun gesprenkelte Kaffeetasse mitten auf dem Fußboden. Ein Joghurtbecher, in dem der Löffel steckte. Auf dem Korbsessel in der Ecke eine undurchschaubare Unordnung aus benutzten und unbenutzten Kleidungsstücken und einigen Handtüchern. Waren das Kekskrümel auf dem Teppich? Philip musste sich sehr zusammenreißen, um nicht sofort aufzuräumen.

»Hallo, Barbara.« Harry blieb in Türnähe stehen. Er steckte eine Hand in die Hosentasche, hielt mit der anderen die Blumen fest und begann mit ziemlich angespannter Stimme zu sprechen. »Ich dachte, ich komme einfach mal persönlich vorbei und schaue, wie ihr euch hier eingerichtet habt.« Unangenehme, zu lange Pause. Er seufzte. »Ich habe gestern angerufen.«

»Ja?« Sie stand auf, schaute sich um, suchte irgendwas.

»Aber das hat ja offensichtlich keinen Zweck, wenn du dich immer verleugnen lässt oder auflegst.«

Sie nickte zufrieden. Weil sie ihren Schmuck gefunden hatte.

»So können wir nicht regeln, was geregelt werden muss«, sagte Harry.

»Es muss nichts geregelt werden.« Mit größter Ruhe legte sie ihre Ohrringe an. »Setz dich irgendwohin, Philip, du machst mich nervös.«

Sonst noch Wünsche? Philip blieb stehen und verschränkte die Arme. Harry sah ihn an. *Das hätten wir uns schenken können*, sagte sein Blick. Ob er ihr wohl erzählen würde, wer inzwischen bei ihm eingezogen war?

»Also«, setzte Harald Rheinberger mit geschäftsmäßiger Stimme an. »Du hast letzte Woche den Betrag zurücküberwiesen. Das habe ich nicht verstanden. Ich würde das gerne klären.«

»Aha.«

»Ich habe mir freigenommen und bin den ganzen Weg hierhergefahren, um die Sache mit dem Unterhalt noch mal abzusprechen. Ich habe gehört, dass du einen Job gefunden hast.«

Philip betrachtete eingehend den ungesaugten Fußboden. Er musste nicht aufschauen, um zu merken, wie ihn der Blick seiner Mutter traf.

»Harald …«, sagte sie. Nur ein kläglicher Versuch, ihn zu unterbrechen.

»Es ist toll, dass du wieder Arbeit hast. Meinen Glückwunsch. Aber ich möchte das aus der Welt schaffen. Es gibt Dinge, die stehen dir einfach zu. Punkt. Wenn wir das nicht besprechen können wie erwachsene Menschen, dann muss es eben schriftlich geregelt werden. Aber bisher ist nichts von deinem Anwalt bei uns eingegangen. Vielleicht hast du ja noch nicht den richtigen gefunden. Ich kann dir wen empfehlen, überhaupt kein Problem.« (Natürlich hatte sich Philips Mutter keinen Anwalt genommen, natürlich hatte sie auch die Briefe von Harrys Anwälten nicht aufgemacht. Geregelt wurde also gar nichts.)

»Wie soll das aussehen, wenn das mit dem festen Job im Harz nichts wird?«, fragte Harald Rheinberger mit einer Stimme, die kurz davor war, laut zu werden, und Philips letzte Hoffnungen zunichte machte. »Willst du dann hierher zurück? Das ist ja nun wirklich keine Lösung. Ich meine, mal realistisch betrachtet. Ihr müsst doch in eine vernünftige Wohnung ziehen, Barbara, und ich finde – ganz im Ernst: Du solltest dich nicht derart bockig anstellen, nur um hier irgendwas zu beweisen …«

Sie blickte ihn an, atmete hörbar ein und verschränkte angespannt ihre Arme. Äußerlich schien sie in guter Verfassung zu sein. Die rotblonden Haare fest am Hinterkopf zusammengebunden, die helle Bluse eng anliegend. Schlank, beherrscht, mit unübersehbaren Tränensäcken unter den Augen. Philip, der dieses Gesicht besser kannte als jedes andere, konnte spüren, wie es in ihr brodelte, meinte sogar, ein Zucken ihrer Unterlippe zu erkennen. Aber sie sprach langsam und mit ernster Freundlichkeit. »Diese Diskussion hat keinen Zweck. Im Augenblick reicht mir, was ich in der Vertretung verdiene und was ich zurückgelegt habe.«

»Na, ich bin sehr beeindruckt. Aber es geht ja nun mal nicht nur um jetzt und heute, sondern um die Zukunft.«

»Ach, die Zukunft. Ich lebe in der Gegenwart. Solltest du auch mal ausprobieren.« Sie schaffte es zu lächeln. »Ich weiß, du hast ein schlechtes Gewissen, und du wünschst dir natürlich, dass dir das abgenommen wird.«

Er machte ein grunzendes Geräusch, verdrehte die Augen, riss sich aber zusammen. »Ich möchte lediglich, dass wir miteinander sprechen.«

»Du willst es hinter dir haben. Aber hier geht's nicht um Geld. Ich will kein Geld von dir, keine Wohnungen, keine Anwälte, und ich glaube auch nicht, dass du ernsthaft was anderes erwartet hast.« Ihre Augen waren sehr groß und ihre Wangen sehr rot. »Das ist alles völlig unnötig, Harry«, fügte sie hinzu. »Uns geht es sehr gut. Mach du ruhig mit deinem Leben weiter, und wir leben unser Leben. Im Hier und Jetzt. Es ging früher auch ohne dich.« Noch ein Lächeln zum Abschluss, etwas verkrampfter diesmal.

Philip erhob sich, machte weit ausholende Schritte und bückte sich hier und da. Er spürte einen ganzen Pfeilregen aus Blicken im Rücken, sammelte aber unbeirrt das Geschirr und den Joghurtbecher mit den eingetrockneten Resten auf und marschierte in die Küche. *Warum sprach sie immer von ihnen beiden? Warum lehnte sie für sie beide ab? Was bildete sie sich eigentlich ein?* Er war, wie eh und je, das Anhängsel, weiter nichts.

Wenn er die Augen schloss, so wie jetzt, glaubte er manchmal, sich selbst sehen zu können: als kleinen Jungen, dessen Finger sich in die Hand seiner Mutter hakten und dessen Arm immer länger wurde. Er stand an der Spüle in der Korffküche und sah sich zugleich mit ihr durch irgendwelche fremden, unübersichtlichen Fußgängerzonen irren, verwirrt Treppenhäuser zu Einwohnermeldeämtern hinaufstürzen, immer wieder mit erhitztem Gesicht und Schweiß auf der Stirn vor neuen Schulhöfen ankommen und in neuen Wohnungen. Die furchtbaren Momente, wenn neue Männer sich herabbeugten und sagten: »Das ist also der kleine Philip?« (Klaus, Martin, Gerd – oh Gott, der dämliche Gerd!) Hände auf seinem Kopf, scheue und deshalb grobe Männerberührungen. Lebensabschnittsgefährten für ziemlich kurze Lebensabschnitte, die ihre Unsicherheit überspielten und mit tiefen, lauten Stimmen Sachen sagten wie: »Warum ist er denn so schüchtern, der Kleine?« Vier Umzüge in den letzten zehn Jahren. *Immer in Bewegung bleiben.* Vier neue Versuche, neue Anfänge in wechselnden Städten, und jetzt das. Endstation Elefantenfriedhof.

Unschlüssig schaute er sich in der Küche um, sammelte auch hier zwei Teller und ein nutellaverkrustetes Messer ein und schüttelte Brötchenkrümel in den Mülleimer. Dann schüttete er Allzweckreiniger auf einen kleinen Schwamm und begann, Korffs Küchentisch damit zu wischen. Der zitrussüße Hygieneduft beruhigte ihn jedes Mal.

In Harrys Haus, nicht weit entfernt von der Kasseler Wilhelmshöhe, hatte es mehrere Flure und Treppen gegeben und hohe, rauschende Bäume vor den Fenstern. Dort hatten nicht nur zwei leise brummende Miele-Spülmaschinen zur Verfügung gestanden, sondern – Höchststufe der Dekadenz – freundliche, festangestellte Damen und Herren, die tagsüber vorbeikamen und einem die Hausarbeit abnahmen. Goldene Zeiten!

Philip schnaufte, wusch den Schwamm aus. Gut, man sollte sein Herz nicht an materielle Dinge hängen und auf keinen Fall und um Gottes willen sowieso überhaupt nicht an Miele-Spülmaschinen, aber er hatte dort ein großes Zimmer mit weißen Wänden und Parkettboden bewohnt und über ein eigenes Bad verfügt. Mit Handtuchwärmern und Fußbodenheizung. Er war mit erträglichen Leuten zur Schule gegangen, hatte seine Ruhe gehabt. Auch Harry war auszuhalten gewesen. Vor allem hatte er sich ihm auch nicht in verlogener Kumpanei aufgedrängt. Nein, sie waren bloß höflich zueinander gewesen, hatten Abstand gewahrt.

Einmal waren sie miteinander einkaufen gegangen (für die Hochzeit): Schuhe, weißes Hemd, einen Anzug, die dünne, dunkle Krawatte, die er nicht selbst binden konnte und die Harry ihm gebunden hatte. In diesem grauen Anzug, der ihm Schultern und eine schmale Taille gegeben hatte, war er später über die langen Flure und die breiten Treppen hinuntergegangen, war auf die Terrasse getreten, hatte sich gezeigt und dabei erwachsen und sicher ausgesehen. Das Staunen in den Augen seiner Mutter war ihm nicht entgangen. Die Frage in ihrem Gesicht: *Nanu, was haben wir denn da? Kommt da so ein richtiger, eigenständiger Mensch daher!*

Nun waren ihnen nur zwei Laptops geblieben, ihrer und seiner, als überlebenswichtige Kommunikationsmittel. Alles andere hatten sie bei ihrem zornigen Abschied zurückgelassen. »Kommt überhaupt nicht in Frage«, hatte seine Mutter gesagt. »Wir gehen, wie wir gekommen sind.«

Was war das? Ein dumpfer Aufschrei? Ob seine Mutter die Beherrschung verlor? Womöglich schlug sie mit einem original Rheinberger-Kleiderbügel auf den Noch-Ehemann ein. *Das wär eigentlich jetzt genau das Richtige*, dachte Philip, *so ein kleiner Ausbruch häuslicher Gewalt*. Er selbst war ja mehr der Ich-fresse-meine-Probleme-in-mich-rein-Typ, der Junge mit dem Klopfen in den Ohren und den Ringen unter den Augen. Aber so langsam hatte selbst er Lust, irgendwas zu zerschlagen, Rentner-Tassen oder Rentner-Blumenvasen, oder jemanden zu treten oder so. Besser mal nachsehen.

»Das macht mich noch wahnsinnig!«, keuchte Harry, und seine rechte Hand grub sich tief in die linke Schulter. »Diese verdammte Arthrose!« Das war es also. Keine Gewalt nötig. Er hatte früher Tennis gespielt und Squash. So hatte alles angefangen: Philips Mutter hatte Harry massiert. Erst beruflich, dann weniger beruflich. Jetzt überhaupt nicht mehr.

»Habt ihr vielleicht ein Aspirin für mich?« Harald Rheinberger, der immer noch mit der linken Hand den Tulpenstrauß umklammerte, kniff die Augen zusammen, während die anderen drei, Philip, seine Mutter und der alte Mann, ihn eine Weile verdutzt anschauten. Philip konnte spüren, wie seine Mutter sich fragte, ob er bloß wieder seine Mitleidsnummer abzog.

»Also gut«, sagte sie schließlich. »Aspirin haben wir reichlich.«

6

Die Tulpen standen als windschiefes Friedensangebot in einer viel zu kurzen Vase auf dem Küchentisch, den Philip gerade gewischt hatte. Darum herum hatte sich eine recht beschauliche Familienszene gruppiert. Niemand redete mehr mit angespannter Stimme, und die Musik war ebenfalls abgestellt worden. Aber Philip traute diesem Frieden nicht. Seine Mutter hatte die Lippen gespitzt und die Augenbrauen zusammengezogen, und der Alte, Philips Großonkel, schaute unbeteiligt ins Leere. Nur Harry lächelte dankbar in die Runde, während er an seinem sprudelnden Glas nippte.

»Ich möchte einfach, dass wir uns gut vertragen. Diesen Unfrieden halte ich nicht aus«, sagte er.

»Vielleicht hättest du dir das vorher überlegen sollen«, entgegnete Philips Mutter. Sie trat nach, aber immer noch angenehm sachlich, wie Philip fand. Er warf ihren baumelnden Ohrringen einen Seitenblick zu.

»Ich glaube, wir haben alle viel gelernt in dieser Zeit«, sagte Harald Rheinberger. »Man kann eben nicht … nicht jeden Fehler vermeiden. Aber wenn man es dann eingesehen hat, sollte man wenigstens versuchen, das Beste daraus zu machen. Das Beste für alle Beteiligten.« Er lächelte vorsichtig, Philips Mutter lächelte nicht.

Es war hell und warm in der Küche, das Gespräch fand in einem fast schläfrigen Ton statt, und die einzelnen Beiträge halfen niemandem weiter. Dass es aber dieses Gespräch war, das den Stein ins Rollen brachte, konnte Philip nicht ahnen, kaum recht mitbekommen. Später aber erinnerte er sich beklommen daran. Auch wenn er sich nicht mehr besinnen konnte, über welche Wege Harrys müdes Geplauder zu der Stelle gelangt war, an der er schließlich seufzend sagte: »Ich habe Morten Ihre Telefonnummer gegeben, Herr Korff. Ich hoffe, Sie haben nichts dagegen, wenn er sich bei Ihnen meldet.«

Offenbar überrascht, ins Gespräch mit einbezogen zu werden, schaute der alte Mann auf.

»Ja, es hat mich auch gewundert. Ich weiß im Moment wirklich nicht, was mit ihm los ist, aber gestern Abend hat er mich angerufen – er bräuchte dringend Ihre Hilfe, Ihre Expertenmeinung. Und ich soll Sie persönlich fragen, ob es Ihnen recht wäre. Ich hab ihn natürlich gefragt, warum er nicht einfach direkt hier anruft, aber irgendwie kann man kein vernünftiges Wort mit ihm reden. Wahrscheinlich will er mich nur provozieren. Was weiß ich.«

Harry zuckte mit der schmerzenden Schulter. Drei Augenpaare blickten ihn groß an.

»Ich wusste gar nicht, dass ihr euch kennt ...« Barbara Rheinberger legte ihrem Onkel die Hand auf den Arm. Er schaute sie an und machte, wie Philip fand, keinen besonders hellen Eindruck.

»Er sagte, Sie wären auf unserer ...« Harry stockte. »Sie wären auf unserer Hochzeit miteinander ins Gespräch gekommen.«

»Ach ... ja.« Jetzt dämmerte es wohl in dem alten Kopf. Philip machte das alles sehr ungeduldig. Er überlegte, wie oft er Harrys achtundzwanzigjährigen Sohn aus erster Ehe gesehen, wie oft er mit ihm gesprochen hatte. Nicht sehr oft. Vor allem an das eine Mal erinnerte er sich, an das große Fest. Diese aufwändig ausgestattete Hochzeit mit den weißen Partyzelten auf grüner Wiese und einer verloren wirkenden Pferdekutsche auf dem Parkplatz war damals schon peinlich gewesen. Aber im Nachhinein war der Gedanke daran wirklich unerträglich. Der alte Mann, *der gute alte Onkel Richard*, war ja der einzige Verwandte gewesen, den seine Mutter hatte auftreiben können (von Philip selbst mal abgesehen). Zusammen mit vier alten Freundinnen hatte er das schwache Gegengewicht abgegeben zu rund hundert anderen Gästen, die alle zum Bräutigam gehörten.

Obwohl ihm von Philips Mutter eine handschriftliche Extraeinladung zugekommen war, hatte Morten Rheinberger die Trauung in der barocken Dorfkirche ausgelassen und war dann ziemlich überraschend irgendwann am späten Nachmittag auf der anschließenden Feier aufgetaucht. Vorher hieß es, er würde wohl schmollen und sich nicht blicken lassen.

Plötzlich aber hatte der aufsässige Morten in enger, schwarzer Lederjacke und mit einem halb gefüllten Teller am kalten Buffet gestanden: unzugänglich, aber nicht unfreundlich, mit einem ironischen Lächeln für seinen neuen Stiefbruder und zwei kurzen, wohl nicht sehr ernst gemeinten Wangenküssen für die neue Stiefmutter. Es war nur eine oberflächliche Begegnung gewesen, dennoch hatte Philip in diesem Augenblick eine Verbindung gespürt: Beiden war wohl schon klar gewesen, dass der ganze Aufwand sich nicht lohnte. Ein flüchtiger Blick über weiße Tischtücher und zwischen angelaufenen silbernen Kerzenständern hindurch, der deutlich sagte: *Wir kennen unsere Eltern. Es sind Spinner.*

»Na, so was. Das ist ja eine Überraschung. Bitte, Herr Rheinberger, was hat Ihnen Ihr Sohn denn gesagt, was er von mir erfahren möchte?« Der alte Mann versuchte offensichtlich, seine Gedanken zu ordnen.

»Ja, also … Sie wissen ja, er schreibt für Zeitungen.«

Richard Korff nickte.

»Und jetzt ist er wohl gerade auf einer Recherchereise, wie er es nennt. Es scheint irgendwie um Wildtiere zu gehen, oder was weiß ich. Wilde Tiere auf dem Vormarsch in die Großstädte, kann das sein? Wildschweine, Füchse. Keine Ahnung.« Harry seufzte. »Na ja, und Sie haben ihm ja wohl gesagt, dass Sie sich in Zoologie gut auskennen. Jedenfalls möchte er sich gerne mal mit Ihnen treffen und Sie zum Thema Biber interviewen.«

Der Alte hob die Brauen. »Biber?«, fragte er ungläubig.

»Ja, so hat er's mir gesagt. Sie seien da doch Experte.«

»Experte in Zoologie?« Philips Mutter schüttelte den Kopf.

»Oje«, stammelte der alte Mann und griff sich mit der knochigen Hand an die von Adern überzogene Schläfe. Er lächelte matt. »Ja, jetzt erinnere ich mich an das Gespräch auf eurer Hochzeit. Aber, ach, da hat Ihr Sohn wohl etwas falsch verstanden, fürchte ich.«

»Dieses ausgestopfte Ding im Arbeitszimmer auf der Kommode. Ist das nicht ein Biber?«, warf Philip ein. Ihm wurde wieder einmal bewusst, dass er nicht die geringste Ahnung hatte, wofür sein Großonkel eigentlich Experte gewesen war. Hatte es nicht irgendwas mit Philosophie zu tun gehabt? Oder Psychologie? Dozent im Ausland war er jedenfalls gewesen, an irgendwelchen Unis. Und jetzt? Jetzt saß er meistens oben im zu selten gelüfteten Arbeitszimmer bei trübem Licht und brütete über seinen Zeitungen. Und wenn man ihn störte, schaute er einen gequält an und versuchte zu lächeln. So wie jetzt.

»Ja, das ist ein Biber«, sagte der alte Mann. »Ich habe in der Tat eine Schwäche für diese Tiere, für ihre Geschicklichkeit, ihre Effizienz, ihre Anpassungsfähigkeit. Und davon muss ich wohl damals gesprochen haben, nehme ich an. Aber ein Experte … du liebe Güte, das kann ich nun wirklich nicht behaupten.« Er schüttelte den Kopf, schnalzte mit der Zunge.

»Na, wie auch immer, ich habe es Ihnen ausgerichtet. Es kann also passieren, dass er sich irgendwann direkt bei Ihnen meldet, wenn er aus der Versenkung auftaucht. Er hat von mir Ihre Nummer bekommen. Drauf verlassen würde ich mich allerdings nicht. Wahrscheinlich will er sich nur wichtigmachen. Ich weiß nicht, was ich mit dem Jungen anstellen soll.«

»Ihr hattet ja immer eure Schwierigkeiten«, sagte Philips Mutter. Sie schien froh zu sein, ein Gesprächsthema gefunden zu haben, das nichts mit ihr selbst zu tun hatte.

Harald Rheinberger zog die Stirn kraus, schüttelte den Kopf und sah noch unglücklicher aus als zuvor. »Ich verstehe ihn einfach nicht. Erst ruft er mich vor zwei Wochen an und will eine wirklich lächerlich hohe Summe Geld von mir. Sofort. Fragen unerwünscht! Und als ich zu ihm sage, du spinnst wohl, taucht er komplett ab. Was ist das denn für eine Art? Sogar seine Mutter hat mich angerufen – du weißt ja, das tut sie nur, wenn's gar nicht anders geht. Und sie beschwert sich bei mir, dass er nicht zu ihrem monatlichen Treffen gekommen ist, obwohl er das eigentlich nie auslässt. Seit ich ihn kürzer halte, weil er sich so unverschämt aufführt, steckt sie ihm immer Geld zu. Das weiß ich ja. Er ist telefonisch nicht mehr zu erreichen, Handy immer ausgeschaltet, lässt alle hängen, und dann kriege ich solche Anrufe.«

Philips Mutter zuckte mit den Schultern. »Vielleicht will er irgendwie ganz neu anfangen, die Brücken abbrechen.« Philip schaute sie böse an. *Natürlich: Für so was hatte sie Verständnis.*

»Und dann frag ich ihn gestern am Telefon, was mit ihm los ist, warum er sich nicht meldet, und er sagt, er macht 'ne Recherchereise.

Na und? Ist das ein Grund, uns alle zu beunruhigen, frag ich ihn. Und was sagt er? Ja. *Ja!* Einfach so.« Harry schaute auf.

Richard Korff schnalzte schon wieder mit der Zunge. Eine ganz besonders nervtötende Angewohnheit.

»Na ja, hoffen wir, dass es sich wirklich nur um eine Geldgeschichte handelt«, sagte Harry und stand auf. »Wenn es bloß ums Geld geht, kommt er schon von allein wieder. Davon ist ja genug da.« Ein eindringlicher Harry-Blick.

Auch Philips Mutter erhob sich, schüttelte aber den Kopf. »Wir machen es so: Deine Blumen nehme ich an, aber dein Geld kannst du behalten oder deinem Sohn geben, wenn er in Schwierigkeiten steckt.«

»Aber wenn ihr eine eigene Wohnung …«

Sie unterbrach ihn mit fester Stimme. »Vorläufig sind wir hier sehr gut aufgehoben, Onkel Richard sei Dank.«

Der alte Mann schien am Küchentisch, neben den traurigen Friedenstulpen, aus seiner Starre zu erwachen, zupfte sich verlegen murmelnd am Ohr und lächelte tapfer. Dabei hatte Philip noch genau seinen verstörten Blick vor Augen, als er von jetzt auf gleich sein so genanntes »Lesezimmer« freiräumen musste, um den Habseligkeiten seiner Nichte Platz zu machen. Immerhin hatte für Philip ein eingestaubter Gästeraum mit ordentlichem Bett zur Verfügung gestanden. Ob seine Mutter wirklich glaubte, dass sie hier erwünscht und gern gesehen waren?

Ächzend machte Harry kreisende Bewegungen mit seiner linken Schulter, verzog das Gesicht und steuerte die Wohnungstür an. Vielleicht war er ja nur hierhergekommen, um sich von Philips Mutter massieren zu lassen.

»Er war unmöglich am Telefon, furchtbar patzig und kurz angebunden«, sagte er noch und meinte offenbar nach wie vor seinen verzogenen Sohn. »Und dann kam er mir doch irgendwie ganz unglücklich vor, richtig verzweifelt. Man denkt ja gleich an Drogen oder Gott weiß was. Aber er ist schließlich volljährig, ich kann doch auch nichts machen.« Harrys Rede war in ein Murmeln übergegangen, und niemand schien ihm mehr zuhören zu wollen.

»Wir haben ja alle unsere Probleme«, sagte Philips Mutter, und es klang abweisend und vorwurfsvoll zugleich.

Harald Rheinberger gab ihnen allen zum Abschied sehr förmlich die Hand. Philips Mutter nickte, Richard Korff lächelte müde, und Philip dachte an das goldene Luxusleben, das hier mit Schulterschmerzen und Schuldgefühlen die Treppe hinunterwankte und unten in den Sportwagen stieg, um davonzufahren. Die Tür schloss sich, seine Mutter stöhnte auf. Es hätte auch sein Leben sein können.

7

Das Licht auf dem Korridor war kühl, und eine der Leuchtstoffröhren blieb dunkel. Sie musste ausgewechselt werden. Das ließ sich auf der Liste vermerken. Das Schloss an der Tür funktionierte immerhin noch einwandfrei. Sie stand jetzt weit offen, und einer der Männer schob einen metallenen Rollwagen in den kleinen Raum. Es waren einige der Gegenstände darauf, die hier aufgestellt werden sollten. Die kleine Halogenlampe für den Schreibtisch zum Beispiel. Er schloss sie an, überprüfte, ob sie brannte. Einen Block mit Papier legte er daneben. Und drei Stifte, stumpfe Filzstifte. Neben das Bett, dessen Matratze noch nicht bezogen worden war, stellte er das kleine Radio mit CD-Player. Dabei musste er einen größeren Schritt machen, weil der Kollege noch den Boden wischte. Und dann: der Karton. Er öffnete den Deckel, schaute hinein und wunderte sich kurz. »Schau dir das an.«

Der andere richtete sich auf, stützte sich am Stiel des Schrubbers ab und wischte sich mit dem Arm über die Stirn. Seine Hände steckten in giftgrünen Gummihandschuhen. Noch war es drückend hier. Er schaute in den Karton.

»Musik«, sagte der Mann mit der Checkliste. Er legte eine CD zurück in den Karton, stellte ihn neben das Bett und fragte: »Seid ihr im Badezimmer fertig?«

Ein Nicken, ein prüfender Blick über sieben Quadratmeter: die schmucklose graue Wand ihm gegenüber. Kein Bild würde daran aufgehängt werden, und kein Fenster war vorhanden, durch das man hätte nach draußen schauen können, wo es grün war und der Himmel hoch und blau. Es gab ein Fenster, ein praktisches, auf der anderen Seite, und die Scheibe bestand aus dickem, festem Glas. Aus sehr dickem, sehr festem Glas. Es wies auf den Flur, auf dem die Leuchtstoffröhren gelbes und grünliches Licht abgaben. Alle außer einer. Ein Blick auf die Uhr: schon nach zwei.

Der Mann legte sein Klemmbrett mit der Liste auf den Tisch, zog den Rollwagen näher, öffnete die Werkzeugkiste und blickte hinein. Die kleine Apparatur befand sich noch eingeschweißt in einer durchsichtigen Plastikhülle. Er benutzte ein Teppichmesser, um sie aufzuschneiden. Das winzige schwarze Ding, das er daraus hervorzog, wog fast nichts in seiner Hand.

Sein Kollege wrang ein Tuch aus, und schmutzig graues Wasser tropfte in den großen blauen Eimer.

Der Mann zog sich den Stuhl heran, der vor dem Schreibtisch stand, stieg darauf und begann, die weiße Lüftungsklappe an der Zimmerdecke aufzuschrauben. »Kannst du mir das mal abnehmen?«, fragte er seinen Kollegen, als er die Klappe abgelöst hatte. Dann entsperrte er den Mechanismus, sodass die Lüftung wieder funktionierte, und begann damit, die kleine Kamera einzusetzen. Seine Finger waren müde, im Badezimmer war er schneller gewesen.

»Sind wir durch?«, fragte der Kollege und streifte sich knallend die Gummihandschuhe ab.

Der andere streckte die Hand aus, ließ sich die Klappe geben und nickte. Wer immer dieses Zimmer bewohnen sollte, es war jetzt bereit.

8

Sie klopfte und wartete nicht auf Antwort. Eine ihrer Angewohnheiten. Philip schaute vom Laptop auf und nahm die Kopfhörer aus den Ohren. Er hatte sowieso schon auf sie gewartet.

Seine Mutter schaute sich um, seufzte und setzte sich mit übereinandergeschlagenen Beinen auf sein Bett.

»Geht's los?«, fragte Philip.

Sie schüttelte den Kopf. »Hab noch ein bisschen Zeit. Dieser Bekannte von Onkel Richard kommt um kurz nach drei und fährt mich zum Bahnhof.«

»Schön.« Philip wandte seinen Blick dem Display zu, bewegte sich mit den Pfeiltasten durch die Playlist.

»Ja, das ist *wirklich* schön.« Manchmal konnte sie sich regelrecht gefährlich anhören. »Und ich finde, du könntest dich ruhig ein wenig freuen. Es geht voran.«

»Ja, ich weiß.«

»Weißt du, was *ich* wirklich schön fände?« Sie klang sanfter, stand auf, trat hinter ihn und legte ihm die Hände auf die Schultern.

»Was?«

»Wenn du mit Onkel Richard über Ostern zum Hotel kommen würdest, wenigstens für einen Tag. Damit wir uns da sehen.«

Das fehlte grade noch. Er zuckte mit den Schultern und schaute sie nicht an. »Vielleicht hab ich Zeit.«

Sie lachte kurz, ging zum Bett zurück. »Wenn du von etwas zu viel hast, dann ist es Zeit.«

Es war ja klar. Natürlich musste sie schnell noch die nächste Runde einläuten, bevor sie das Weite suchte. Mutterpflicht. Misstrauisch überquerten ihre Blicke den unsichtbar über den Teppich verlaufenden Gefechtsgraben. Es stand ihr ins Gesicht geschrieben, dass sie noch einmal ausholen wollte: *Wie stellst du dir das vor? Wann gehst du zur Schule zurück? Was soll das Ausbildungsgerede? Du willst doch gar keine Ausbildung machen! Natürlich brauchst du ein Abitur, natürlich wirst du studieren! Was denn sonst? Du willst mich nur ärgern. Erpressen willst du mich, du kleiner Stinker!*

Das, was er hier gerade durchzog, nannte sie sein »freiwilliges asoziales Jahr«. Es war ihm egal. Vier Wochen lang war er nach ihrer Ankunft in Kronstedt aufs hiesige Gymnasium gegangen. Nach den Weihnachtsferien war er aber endlich zur Vernunft gekommen. Mit dem Zeugnis der zehnten Klasse, das er sich in Kassel verschafft hatte, verfügte er über einen Realschulabschluss, und damit hatte er, wie er fand, vorläufig seine Pflicht und Schuldigkeit getan. »Jetzt bist du dran«, hatte er zu ihr gesagt.

Nein, es war nicht seine Absicht, sich alle paar Monate auf neue Städte, neue Schulen, neue Mitschüler einzustellen, nur weil es sie weiterzog, weil sie »Wassermann« war, wie sie sagte. Wenn es gar nicht mehr anders ging, fand sie astrologische Ausreden: *Wassermänner sind nicht zu halten, müssen raus in die Welt, können sich nicht festlegen, dazu sind sie gar nicht in der Lage.* Aber Philip war Widder. Und Widder, das wissen alle, die sich Horoskope aus den Fingern saugen, können die Arme verschränken, vorwurfsvoll schauen und dagegenhalten. Bis seine Mutter, die Wassermannfrau, definitiv klärte, wo sie ihr Leben verbringen wollte, rührte er keinen Finger mehr.

Er behauptete, über eine Ausbildung nachzudenken, hatte sich sogar zu einem sinnlosen Termin beim Jugendamt bereiterklärt, der zum Glück nicht lange gedauert hatte und angenehm schwammig geblieben war. Er wusste, dass seine Mutter das wahnsinnig machte, weil er doch gute Noten hatte, weil schon in wenigen Jahren ein Zahnarzt aus ihm werden könnte oder ein Architekt oder ein Jurist oder wenigstens ein unkündbarer Oberstudienrat. (Ihre beste Freundin war eine unkündbare Oberstudienrätin.) »Wir könnten auch einfach nach Kassel zurückgehen«, hatte er gesagt, aber das hatte sie ungerührt abgelehnt.

Immer waren sie zusammengeblieben, seine Mutter und er, all die Jahre. Und jetzt? Philip war sechzehn. Er konnte sich dazu entscheiden, eigene Wege zu gehen. Davor hatten sie beide Angst. Aber wie es aussah, beide nicht genug.

»Du triffst dich mit dieser Caro heute Abend?«

Er nickte. »Mit dieser Caro.«

»Schön. Sehr schön. Wenigstens lässt du andere Menschen an dich heran, das ist gut. Ich möchte auf keinen Fall, dass du dich hier verkriechst – oder zum Außenseiter wirst oder so.«

Er schnaufte bloß verächtlich.

»Du kannst sie bestimmt auch mal hierher mitbringen. Ich

spreche mit Onkel Richard, der hat bestimmt nichts dagegen.« Sie überlegte wieder, wippte mit dem Fuß. »Na ja, vielleicht lieber nachmittags, wenn er spazieren geht. Ihr versteht euch gut, oder? Caro und du?«

Pause.

»Ist sie hübsch?«

»Ich würde hier eigentlich gern was lesen.«

»Und ich würde mich gern mit dir unterhalten.«

»Worüber?«

»Zum Beispiel darüber, dass ich es nicht besonders loyal finde, wenn du dich hinter meinem Rücken mit Harry verbündest.«

»Ich hab mich nicht …«

»Du hast ihn angerufen, oder?«

Philip zuckte mit den Schultern.

»Das ist so kindisch. Ich hätte dir den Hals umdrehen können vorhin, ganz im Ernst.«

»Wir haben uns nicht verbündet. Und selbst wenn: Hätte ja eh keinen Zweck, oder?«

Sie schüttelte den Kopf.

Philip senkte den Blick, weil plötzlich jede Spannung aus dem Oberkörper seiner Mutter zu weichen schien. Wenn er ehrlich war, konnte ihm niemand so viel Angst einjagen wie sie. Nicht wenn sie drohte, nein. Wenn sie ihre Kraft verlor, wenn sie schwach wurde. »Es ist eigentlich ganz einfach«, sagte sie. »Und, weißt du, Philip, dir bleibt auch nichts anderes übrig, als das zu verstehen. Wer mich nicht so nimmt, wie ich bin, mit dem kann ich mich auch nicht arrangieren. Ist das klar?«

Er schaute auf. Sie hatte ihm nicht erzählt, warum sie nicht hatte bleiben wollen, warum das Kassel-Experiment gescheitert war, was Harry getan oder nicht getan, was er gesagt oder nicht gesagt hatte. Die beiden waren bloß immer gereizter gewesen, immer stummer beim Essen, und manchmal hatte Philip sie über den Flur hinweg gehört. Harry murmelnd, seine Mutter mit lauter, ungeduldiger Stimme. Es spielte aber auch keine Rolle, denn das war der übliche Lauf der Dinge, und der führte immer steil bergab. Entscheidend war für Barbara Rheinberger, geborene Steinert, sowieso nur eines: *Immer in Bewegung bleiben*. Keine Versöhnung. Der eine ging in die eine, der andere in die andere Richtung. Unvermeidlich: Seine Mutter im Harz, Harry in Kassel mit einer Frau namens Susanne. Und er? Interessierte das wen? Nein. Keine Sau.

»Das ist eine Lebenslektion, und die kann man sich gar nicht zu früh zu Herzen nehmen.« Sie schaute an ihm vorbei zum Fenster. Muttertier. Wassermannfrau. »Am Ende bleibt dir nur der Stolz. Es ist nie richtig, sich für andere zu verbiegen, das ist es nicht wert.«

Ratgeber-Weisheiten. »Gut zu wissen. Gilt das auch für mich?«

»Ja, sicher.«

»Dann muss ich mich auch nicht *für dich* verbiegen.«

Sie lächelte. »Nein, du solltest wissen, was für dich selbst das Richtige ist. Und du weißt es ja auch ganz genau. Du bist alt genug.«

Nicht schlecht, aber durchschaubar. Trotzdem: Das alles ließ sich nur aushalten, wenn sie den Eindruck machte, unangreifbar über allem zu stehen. Also sagte er, ohne sie anzuschauen: »Ich fand's gut, dass du so ruhig geblieben bist vorhin.«

»Ja, ich bin auch ganz zufrieden mit mir.« Sie nickte, legte ihm noch einmal kurz die Hand auf die Schulter und drückte leicht zu. Frieden. »Ist doch wirklich nicht zu fassen, dieser Mann. Kreuzt hier mit 'nem Blumenstrauß auf! Als würde er 'ne alte Tante besuchen. Fehlt nur noch die Mon-Chéri-Packung.«

»Vielleicht macht er sich bloß Sorgen um uns.«

»Und dann dieses ganze Gerede über seinen komischen Sohn.« Sie winkte ab und verzog das Gesicht. »Um den hat er sich sonst doch auch nicht gekümmert. Nein, nein, Verantwortung zu übernehmen ist nun wirklich nicht seine starke Seite. Das erzählt er uns doch nur, weil er demonstrieren will, dass er auch leidet. Jetzt, wo keiner mehr da ist, in seinem großen Haus, und ihm hilft, sein Geld auszugeben.«

Um irgendwas zu tun, und um den Namen Susanne aus seinem Kopf zu verbannen, zog Philip den Kopfhörer aus dem Laptop und wickelte sich das weiße Kabel um die Finger.

»Aber wenn er dann hier wieder auf der Matte steht, hat er Pech gehabt. Ich sitze bestimmt nicht in der Gegend herum und warte auf ihn. Für mich geht's jetzt weiter. Für uns.«

Philip schaute sie zweifelnd an und spürte, wie es in seinem Magen rumorte. Er hörte das nicht zum ersten Mal, und er wusste, was auf all das folgen konnte. Er wusste, dass sie nicht aufgeben, dass sie von vorn anfangen würde, mit irgendjemandem. Irgendwann, vermutlich bald, in zwei Monaten oder in zwei Wochen, würde sie vor ihm stehen und sagen: *Das ist der neue Job. Das ist der neue Mann. Das ist die neue Stadt.* Philip nickte beklommen. »Dann lassen wir's diesmal aber etwas langsamer angehen, oder?«

Ihre Augen verengten sich einen kurzen Augenblick. Natürlich wusste sie genau, was er meinte.

»Mach dir mal keine Sorgen, wir kriegen das alles hin«, sagte sie. *Wir. Ja, genau.*

»Der Wagen ist da«, sagte Korff, und beide zuckten zusammen.

Der alte Mann stand in der Tür, mit einem entschuldigenden Lächeln auf dem Gesicht. Seine Handfläche berührte den Rahmen, und er schnalzte leise mit der Zunge.

Barbara Rheinberger erhob sich fahrig und Philip ebenfalls. Sie umarmte ihn, griff mit der linken Hand in seine Haare. Es war eine fast ruppige Geste, als wolle sie ihn grob durchschütteln oder noch einmal ernsthaft überprüfen, ob er auch nicht auseinanderfiel, wenn das Leben mal richtig zupackte. Aber er wusste doch, dass dieser Griff im Grunde vor allem sagte: *Lass mich jetzt nicht im Stich, Kleiner, mach es mir jetzt bitte nicht so schwer.* Sie trat zurück, blickte ihn mit sehr offenen Augen an. *Ist alles okay?* Er nickte, und als er in den Flur trat, wo ihr Koffer neben der Garderobe stand, schluckte er und zog finster die Augenbrauen zusammen.

»Ich melde mich, wenn ich angekommen bin«, sagte seine Mutter.

»Tu das«, sagte Korff. Philip schaute ihn an. Die Stimme des Alten war unerwartet munter, weniger heiser als sonst. Er sah erleichtert aus, das war eindeutig. *Er will uns hier weghaben. Alles fällt auseinander*, dachte Philip. *Jeder geht in seine eigene Richtung.*

9

Die Sonne spiegelte sich noch einmal in den oberen Fenstern der Speicherresidenz, sagte gleißend Guten Abend. Aber der Himmel, der sein fahles Blau über die Straßen drückte, wurde hinter dem verwinkelten Gebäudekasten zusehends dunkler. Es war auch schon kühler geworden, als der anthrazitfarbene Audi RS3 mit dem Dürener Kennzeichen durch die Pestalozzistraße fuhr und eine Parkbucht ansteuerte. Der Mann mit der Glatze, der mittags noch die Rezepte aus Travemünde eingelöst hatte, trug Handschuhe, als er ausstieg. Der Gast, den er fuhr, atmete hinten auf dem Rücksitz und sagte nichts. Das Sprechen fiel ihm schwer, aber die Medikamente schienen ihn immerhin ruhiger zu machen, weniger aggressiv. Der Fahrer ging ein Stück zu Fuß. Er bog mit seinen gleichmäßig federnden Schritten in den Durchgang zwischen zwei eng beieinanderstehenden Häusern, überquerte ein Rasenstück, durch das sich einzelne Steinplatten schlängelten und auf dem zwei zugeklappte Sonnenschirme in schweren weißen Kanisterfüßen steckten. Kleinstadtgärten, in denen zwei Fliederbäume weiß und voll blühten und ihren starken Geruch an den Abend abgaben. Er ging am Zaun entlang, dessen Holzbretter schließlich von dickem Maschendraht abgelöst wurden. Es gab immer eine schwache Stelle. Eine sehr niedrig angebrachte Pforte mit einem Holzschild daran, ein Schuppen, in dem Hacken, Rechen, Gießkannen untergebracht waren. Dahinter lag der gepflasterte Hof. Es waren nur wenige Meter. Der Mann schaute sich um. Sein Blick war entspannt. Vielleicht sah jemand aus einem Fenster. Selbst wenn. Er machte ein paar Schritte am Drahtzaun entlang und blickte zufrieden in den kleinen Innenhof, in dem der alte Mann – *Korff* – seine Mülltonnen stehen hatte. Eine große blaue für das Altpapier und eine schwarze. Und, ja, er konnte es sehen: Es gab eine Hintertür, durch die man vermutlich auch in den ehemaligen Laden hineinkam. Er blickte auf, zu den rückwärtigen Fenstern. *Starenweg 8.* Es würde leicht werden. Der Mann mit der Glatze maß mit dem Blick den Weg ab, den er zurückgelegt hatte. Dann nickte er.

10

»Wellness ist unsere Berufung«, sagte Caro und kniff für einen prüfenden Blick die Augen zusammen. *»Sie wollen auftanken, neue Kraft finden und mal so richtig die Seele baumeln lassen?«*

Philip grunzte kurz. »Nein, danke, auf keinen Fall.«

»Lassen Sie sich von uns verwöhnen: Wir helfen Ihnen Ihre innere Stärke ganz neu zu entdecken. Bei uns können Sie sich entspannen, etwas für Ihre Gesundheit tun und sich ganz wie zu Hause fühlen. Du, vielleicht sollten wir das machen.« Caro drehte sich vom Bildschirm weg, schaute Philip an und grinste.

Ganz wie zu Hause.

»Was – machen?«

»Ostern da hinfahren, zu deiner Mutter. Die bringt uns doch bestimmt umsonst unter.«

Philip betrachtete die Fotos auf der Website: das Hotel in dunkler Abendatmosphäre, erleuchtete Fenster, dahinter eine schwarze Walderhebung. Auf einem Flur ein weißes Klavier vor orangefarbener Stofftapete, darauf eine üppig gefüllte Blumenvase. Ein Blick von einem Balkon hinunter auf einen Außenpool. Ein Tisch im Frühstücksraum: weiße Stoffservietten in schlanken Gläsern, ein Gefäß, gefüllt mit Sand und einer Kerze.

»Guck mal, was die hier alles anbieten«, sagte Caro. *»Badefeste und Wärmerituale.«*

Und dann, zwei Klicks weiter – *Wir sind ganz für Sie da* – das Team: Lächelgesichter und weiße Kittel, Lockenfrisuren und – noch unsichtbar, aber mental vermutlich bereits voll dabei – seine Mutter.

»Auf gar keinen Fall. Keine zehn Pferde kriegen mich da rein«, sagte Philip.

Caro lachte. »Du bist so undankbar. Jetzt mach dich mal locker!« Ihre Augen suchten die Reaktionen in seinem Gesicht ab, und jetzt lachte er auch.

Auf dem kleinen Couchtisch standen noch Teller. Ihrer war leer, in seinem klebte ein unappetitlicher Rest von asiatischen Nudeln, Mohrrüben und mit Sojasoße gebräuntem Hühnerfleisch. Ohne sich viel Gedanken zu machen, hatten sie all das vorhin in den Wok geworfen, während Caros Eltern zusammen mit einem apathischen Foxterrier namens Flipflop im angrenzenden Wohnzimmer vor dem Fernseher gesessen hatten. Ernste Polizistenstimmen und kreischende Reifen in dem einen, brutzelndes Fettspritzen in dem anderen Raum.

Inzwischen hockten die beiden schon eine ganze Weile unter den Dachschrägen in Caros Zimmer, unter dem *Give us back Curt Cobain and we will send you Lady Gaga*-Plakat, und tranken klebrigsüßen Pfirsicheistee aus dem 2-Liter-Tetrapack. Kein Laut war draußen auf der Straße zu hören und kein Laut im Haus, denn ihre Eltern schliefen wohl schon. Sie würden morgen früh aufstehen, den Campinganhänger beladen und für den Rest der heute angebrochenen Osterferien ans Steinhuder Meer aufbrechen. Ohne Caro, aber mit Flipflop. Das bedeutete, Badefesten und Wärmeritualen stand in den nächsten Tagen nichts im Wege.

Ist sie hübsch? Die Frage seiner Mutter. Er schaute Caro an, ihre kurzen schwarzen Haare, den schwarzen Lidschatten, ihren aufmerksam den Bildschirm abtastenden Blick, dessen grimmige Ironie er sehr anziehend fand. War bald achtzehn (einmal sitzengeblieben), machte gerade den Führerschein. Die Übungsbögen flogen hier überall herum. Multiple-Choice-Fragen und hübsche kleine Bilder von Kreuzungen und Ampeln. Zumindest war sie nicht sportlich gebaut. Genau genommen wog sie deutlich mehr als Philip. Caro hatte Gewichtsprobleme.

Und er selbst? Vorhin hatte sie ihm Fotos gezeigt, die sie vor drei Tagen im Abendlicht von ihm gemacht hatte. Blasse Haut mit einigen neuen Sommersprossen. Rötungen um den Mund herum. Haare, die schwer und glatt anlagen und dann im Nacken ganz unpassend anfingen, Locken zu bilden. Wenn man genau hinsah, konnte man den leichten rötlichen Schimmer erkennen, den seine Mutter ihm vererbt hatte. Es gefiel ihm nicht, was er da sah, und es machte ihn ungeduldig. Ob das, was er sich Tag für Tag anschauen musste, nachdem er den Dunst vom Spiegel geföhnt hatte, nur ein Zwischenstadium war? Er fragte sich das oft, vor allem, weil sein Hals so dünn war und so unproportioniert wirkte. Sechzehn war er – ob er wollte oder nicht, er musste sich also mit der Frage beschäftigen, was männlich an ihm war und was nicht und ob das eine Rolle spielte. In jedem Fall war es ein Zeichen von Männlichkeit, wenn bei seinen Altersgenossen Kopf und Hals ineinander übergingen, eine kräftige Einheit bildeten und keinen Widerspruch.

Schlimmer noch als der schmale Hals erschien Philip die Weichheit seiner Gesichtskonturen, die mild gepolsterten Wangen, die kurze Nase, das sanfte Kinn. *Babyspeck oder Schicksal?* Würden die weichen Linien seines Gesichtes irgendwann den Rückzug antreten zugunsten von Ecken und Kanten, die besser zu ihm passten? Sein Gefühlsleben, fand Philip, bestand jedenfalls hauptsächlich aus spitzen Winkeln.

Die gute Nachricht: Caro hatte offenbar nichts dagegen einzuwenden. Sie hatte ihn nach seiner plötzlichen Ankunft im Kronstedter Goethe-Gymnasium ausgewählt, anders konnte man es nicht ausdrücken. Nach einer Weile der stillen Prüfung und der skeptischen Musterung aus der Distanz hatte sie sich im Chemieraum neben ihn gesetzt, später auch in Englisch und Deutsch. Dann hatte sie es übernommen, ihn mit knappen, aber sehr aufschlussreichen Sätzen über ihre Mitschüler sowie über die zur Verfügung stehenden Pädagogen aufzuklären. Vor allem hatte sie ihm klargemacht, dass er in einem Umfeld wie diesem mit seinen ordentlich in die Hose gesteckten hellblauen Hemden und seiner Verschlossenheit nicht erwarten dürfte, irgendwelche Freunde zu finden.

»Das habe ich auch nicht vor«, hatte Philip achselzuckend erwidert, während sie nebeneinander durch die Waschbetonkorridore gegangen waren. Vorbei an Türen und noch mehr Türen, an herumwuselnden Unterstuflern und vorbei am Schülercafé, in dem es immer nach den Trockensuppen stank, die man mit kochendem Wasser in ihren vorgesehenen Aggregatzustand bringen konnte.

Als er nach den Weihnachtsferien nicht zum Unterricht zurückgekehrt war, hatte es sie erstaunt. Vielleicht beeindruckt. Seitdem trafen sie sich nachmittags und abends. Er begleitete sie, wenn sie mit einer klobigen schwarzen Canon Fotos für ihr Blog schoss.

Meistens leerstehende Geschäfte, Baustellen, Schlaglöcher. Aber sie hatte eben auch welche von ihm gemacht, auf denen er sehr dünn und ernst aussah, und die wurden nicht online gestellt.

Sie näherten sich einander, schauten amerikanische Fernsehserien und konnten sich nicht auf einen gemeinsamen Musikgeschmack einigen, lachten aber darüber. Philip spürte immer noch eine gewisse Hemmung in ihrer Gegenwart, und im Gegensatz zu vielen ihrer Mitschüler gaben sie einander keine High-Fives und umarmten sich auch nicht, wenn sie sich trafen.

Vielleicht warteten sie beide auf irgendetwas, auf ein Signal des anderen zum Beispiel, aber Philip sah sich vorläufig nicht im Stande, es zu geben. *Ich habe doch noch Zeit*, dachte er manchmal. Trotzdem: Hin und wieder erschien es ihm, als hätten all die Umzüge seines Lebens mit den verschiedenen Partnern seiner Mutter, an deren gläsernen Couchtischen er gesessen und in deren Gästezimmern er provisorisch gewohnt hatte, gar nicht wirklich in die geriatrische Endstation des Starenwegs geführt, sondern hierher, zu ihr: in das freistehende, geklinkerte Einfamilienhaus mit Vorgarten und Blautanne vor der Tür, mit Vater Hille und Mutter Hille und dem Hille-Hund – alle drei angenehm gleichgültig, alle anwesend und abwesend zugleich. Noch genauer: in dieses Zimmer unter dem Dach, wo unaufdringlich *Tomte* aus den Computerboxen dudelte und Caro gerade neuen Eistee in die Gläser goss und ein Paket Schokokekse aufriss.

Ob sie wohl ahnte, wie sehr ihn das Leben ihrer Familie anheimelte, wie neidisch er die Selbstverständlichkeit ihres Alltags beobachtete?

Er wusste ja, dass er jetzt selbst für Ordnung sorgen musste. Nächste Schritte einleiten. Eigene. Irgendwann vielleicht das Abitur. Irgendwo. Ein Studium? Nicht unbedingt. Er würde sehr glücklich sein in einem x-beliebigen Amt, in einer Bank, bei einer Versicherung, zwischen sauber abgehefteten Papieren und Zahlen.

Wenn er nicht schlafen konnte im deprimierenden Gästezimmer des alten Korff – also recht oft –, plante er all das. Auf dem Rücken lag er da und richtete sich Räume ein, tapezierte Wände oder verlegte glänzendes Parkett, malte sich einen berechenbaren Alltag aus und eine glänzende, nach Zitrone duftende Edelstahlküche, in der die Miele-Spülmaschine freundlich ihre Alltagslieder summte und in der man jederzeit vom Fußboden essen konnte. Er würde, natürlich, das musste so sein, eine Familie haben: eine Verlässlichkeitsfrau, zwei Verlässlichkeitskinder und einen Verlässlichkeitshund, der neben ihm auf einem Sofa lag, während er Zeitung las. Oder so. Und eine Blautanne vor dem Haus.

»Der sieht ziemlich gut aus, oder?«, fragte Caro mit anerkennend heruntergezogenen Mundwinkeln.

Philip zuckte mit den Schultern. Auf dem Bildschirm war jetzt der Kopf eines jungen Mannes zu sehen. Die schwarzen Haare umspielten in lässiger Unordnung die hohe Stirn. Markante Wangenknochen, an die ein hauchdünner Vollbart grenzte. In der Mitte braune Augen und ein Blick, der unbestimmt, aber leicht amüsiert ins Leere ging: Morten.

»Morten Rheinberger«, las Caro vor, »hat Medienwissenschaften, Philosophie und Politologie studiert, schreibt für verschiedene Musikzeitschriften, Tageszeitungen und Magazine.« Es waren noch drei weitere Fotos auf seiner Seite, und auf einem hielt er den Kopf leicht abgewandt. »Ist doch eigentlich schade, dass du zu dem keinen Kontakt hast«, sagte Caro. »Der ist doch bestimmt ganz cool.«

Als Philip nicht antwortete, sondern bloß mit den Schultern zuckte, klickte sie weiter. *Arbeitsproben*. »Hier sind Artikel von ihm. CD-Kritiken. *Mando Diao. We Are Scientists.* Nicht schlecht. *Decemberists*? Nie gehört.«

Weitere Klicks. Philip kannte keine der Bands. Einer der Links führte ins Archiv der »About«. Caro hatte jetzt mehrere Fenster nebeneinander geöffnet.

»*Spiel mit dem Feuer. Auf einem Sportplatz im Berliner Wedding lernen Kinder aus Hartz-IV-Familien professionelles Feuerschlucken.* Und was ist das? *Stimmen aus der Dunkelheit. Geisterjäger von heute holen mit technischem Know-how Hirngespinste in die Wirklichkeit. Unser Autor Morten Rheinberger war dabei – hat sich gegruselt und gestaunt.* Na, das klick ich doch mal an.«

Philip schüttelte den Kopf.

Caros Augen bewegten sich vor dem Bildschirm hin und her, aber das Lesen hinderte sie nicht daran, weiter mit Philip zu sprechen: »Und das ist das schwarze Schaf im Geld-wie-Heu-Clan?«

»Sieht wohl so aus. Aber … keine Ahnung. So aufregend find ich das eigentlich gar nicht …«

»Hey! Der twittert! Letzter Tweet? Ist schon drei Wochen her. Na ja, bloß 54 Follower, da scheint er sich zurückzuhalten. Zu busy.« Neben den Kürzeln tauchten winzige Bilder auf, verfremdete Mini-Fotos, hauptsächlich Symbole. Eine Comic-Krähe, ein ausgefranstes Kreuz, ein Auge mit blutroter Träne, daneben die Nachrichten. Caro klickte eine davon an. »Ich glaube, der ist so 'n bisschen Gothic. Hat hier so einen Link drauf.«

Klick. Der Bildschirm schwarz. Grinsende Totenköpfe, die sich in einer Flash-Animation über ein schreiendes Frauengesicht schoben. »Übel. Satanisten-Chat und so. Was schreibt er denn? *Liebe Nachtmahrin, lieber Nachtmahr. Schon was Neues gehört in Sachen Wiederkehr?* Und hier: *@asteroth-goes-dark. Bitte Conventiontermine angeben, bin dabei!* Hat keiner replyed.«

Philip warf noch einen Seitenblick auf Caro. Man musste wohl davon ausgehen, dass sie nicht viel halten würde von seiner Lebensplanung, davon, dass er sich gern in einem Haus wie dem ihrer Eltern zurückgezogen hätte von all dem umtriebigen Auf und Ab, das da draußen Ansprüche an ihn stellen wollte. Vermutlich hatte sie andere Pläne. Sie sprach, wie so viele, wie irgendwie fast alle, immer von Berlin – vielleicht, weil die A2, zu der es auch in Kronstedt eine Auffahrt gab, auf direktem Wege dorthin führte.

Na gut, das Haus und die Blautanne und die Spülmaschine sollten nicht an einem von Gott und der Jugend und jedem Geschmack verlassenen Ort wie Kronstedt stehen, aber eins war klar: Er würde abends vor einem Fernseher sitzen, mit stillen, zufriedenen Menschen um sich und einem stillen, zufriedenen Hund. Und das Bild würde bleiben, an Scheidungen und Umzüge war nicht zu denken, sein Leben würde im Stillstand ankommen. *Ganz wie zu Hause.* Endlich.

»Sag mal, hast du noch was zu trinken da?«, fragte er sie.

»Klar. Warte, ich hol uns was aus der Küche.«

»Ich komm mit«, sagte Philip. Er stand auf, lächelte breit, und kurz fiel sein Blick auf die Uhr neben Caros Bett.

11

Gleich halb zwölf. Die Frau konnte ein Gähnen nicht unterdrücken. Der Mann auf dem Beifahrersitz lachte, rückte näher und drückte ihre Hand. Es dauerte nicht sehr lange, bis sich seine Lippen auf ihren Hals legten, erst zaghaft und dann drängender. Er flüsterte ihr irgendwas ins Ohr. »Lass das«, sagte sie, noch lachend, riss sich dann aber doch sehr ruckartig los von ihm und schaute ihn an. *Nicht jetzt.*

»Entschuldige«, sagte er.

»Können wir uns vielleicht mal aufs Wesentliche konzentrieren?«

»Ist ja gut.« Er sah überrascht aus. Und verletzt.

Sie seufzte angespannt, schob sich Haare hinters Ohr, berührte ihn dann kurz am Arm.

Er nickte Richtung Straße. »Da«, sagte er leise. Sie folgte seinem Blick. *Starenweg 8.*

Oben im ersten Stock brannte Licht, noch immer. Jetzt aber sahen sie den Schatten. Der alte Mann hatte die Gardine zur Seite geschoben. Seine Silhouette war schwarz und schlank, sehr genau zu erkennen. Dann ging das Licht aus. Nichts mehr.

12

Stockdunkel ist es im Zimmer. Vor den beiden zugigen Fenstern stehen mehrere Bäume im Wind, und dahinter ducken sich noch weitere Gebäude in die nächtliche Abgeschiedenheit. Keine Straßen sind da, keine Wagen, keine Menschen, die draußen vorübergehen. Irgendwo, vielleicht sogar im unteren Stockwerk, bellt kurz ein Hund. Und hier, in diesem Zimmer, unter den Decken, die über das Bett gebreitet sind, rührt sich etwas. Ein Atem wird schneller, und ein Körper wirft sich hin und her, sodass es im Dunkeln wirkt, als verändere er ständig seine Form und seine Größe, bis er schließlich zusammenzuckt. Noch schnelleres Atmen, fast ein panisches Keuchen, aber dann, nach einem kurzen Augenblick, beruhigt sich die Gestalt auch wieder. Eine Hand kommt unter der Decke hervor, tastet sich voran, der Lampe entgegen. Schon im nächsten Augenblick ist es heller, und sie richtet sich auf in ihrem Bett, das jetzt viel zu breit wirkt für sie. Insgesamt ein großzügiger Raum, wenn auch sehr funktional und unpersönlich eingerichtet. Geschwitzt hat sie, das T-Shirt klebt ihr am Körper, und die Haare fallen ihr in die Stirn. Schmal sieht sie aus und zart und nicht sehr groß. Doch ihr Gesicht ist eingefallen, grau. Einen Schluck Wasser trinkt sie. Dann atmet sie tief durch und stellt die Flasche wieder neben die Medikamente, die auf dem Nachttisch liegen. Ihr Blick fällt auf die Uhr.

13

Halb zwölf, *denkt das Mädchen.* Bald ist es so weit. Noch heute Nacht, und dann bekomme ich die Nachricht. Das behaupten sie zumindest, aber ich kenne das schon, ihr großes Gerede. Sie sollen mich nicht für dumm verkaufen. Sie sollen mich nicht behandeln, als wäre ich zurückgeblieben. Nur weil ich so jung aussehe. Ob Clem recht gehabt hat mit meinem Alter? Es wäre schön, wenn wenigstens mein Geburtstag keine Erfindung wäre. Wie so vieles andere, was er mir weismachen wollte. Um mich zu beschützen.

Clem. Ständig denke ich an Clem, sehe sein Gesicht vor mir, sehe ihn auf dem Treppenabsatz stehen. Aber er ist ja schon lange nicht mehr da. Was er wohl sagen würde, wenn er jetzt hier reinkommen und sehen könnte, wie ich auf meinem Bett liege. »Bist du krank?«, würde er mich fragen. »Bist du wieder krank?«

Die Zeit vergeht so langsam, immer so schrecklich langsam. Also gehe ich ins Bad, sitze auf dem Klo, auf der eiskalten Brille, und starre die Fliesen an, weil nichts zu hören ist. Gar nichts. Dann lasse ich warmes Wasser laufen, das sich gurgelnd im Ausguss dreht. Dann kaue ich an den Nägeln und lausche in mich hinein. Da drin, in mir, tut sich immer irgendwas. Vielleicht habe ich wieder Fieber. Aber es ist bloß die Anspannung. Das Warten. Allein sein und warten und nur hören, was in mir drin ist. Ach, wenn nur die Tür aufgehen und Clem zu mir kommen würde. Er würde mit sanfter Stimme zu mir sprechen, und seine Schritte würden kaum zu hören sein, weil er nie hart auftritt, immer ganz behutsam einen Fuß vor den anderen setzt. »Mein Mädchen«, würde er sagen. »Bald bist du wieder gesund.« Mich weiter belügen würde er.

Seit gestern Nachmittag hetzen sie da unten herum und telefonieren, schlagen die Autotüren. »Endlich«, sagen sie. Die beste Spur. Die Spur, die uns zu ihnen führen wird. Sie sind ganz aufgeregt. Stewart ist trotzdem zurückgeflogen. Und das hätte er wohl kaum getan, wenn er der Meinung wäre, dass bald was passiert. Aber ich gönne ihm den Flug, die Angst, die er dabei aushalten muss. Das war sowieso das Beste, seit langer Zeit: seine Panik auf dem Flug hierher. Wie er sich zehn Stunden lang in den Sitz gedrückt hat, wie sich seine zittrigen Finger an seinem Buch festgekrallt haben. Er hat nicht gelesen, bloß so getan. Immer spielt er sich auf damit, dass er Geld hat und Einfluss. Damit, dass er ein Eingeweihter ist, der vor nichts zurückschreckt. Und im Flugzeug wird er bei jedem Wackeln zum Kleinkind.

Fantastisch war das. Ihn nicht aus den Augen zu lassen. Mich an seine Schulter zu lehnen, ihm zuzuflüstern: Du, mich würde das nicht wundern, kein bisschen, wenn dieser alte Blechkasten jetzt abstürzt. Ich habe ihm, hoch oben über dem Atlantik, die angespannten Gesichter der Stewardessen gezeigt und leise gelacht, weil er versucht hat, sich seine Unsicherheit nicht anmerken zu lassen. »Kann gut sein, dass wir abstürzen«, habe ich zu ihm gesagt, dicht an seine Schulter gekuschelt, als wir noch über die Hälfte des Weges vor uns hatten, »aber mir wird nichts passieren. Ihr werdet in tausend Fetzen gerissen, und ich werde nur lachen.«

Normalerweise hat er es gern, wenn ich ihm davon erzähle, wie ich mir Katastrophen vorstelle. Er liebt es, wenn ich im Schneidersitz vor ihm hocke und meine Träume übertreibe, wenn ich entsetzliche Details dazu erfinde – er hält sie dann für bedeutsamer, wichtiger und notiert sich jedes Wort. Aber da oben, in der Luft, fand er es nicht besonders lustig, als ich ihm ausgemalt habe, wie die Menschen schreien würden auf dem trudelnden Weg nach unten, wie die Gepäckstücke und die Sauerstoffmasken nutzlos auf uns niederprasseln würden. Seine Angst ist erbärmlich!

Hier, wo er und seine Leute fremd sind, wo sie sich auf meine kaum zusammenhängenden Erinnerungen verlassen müssen, hat sich einiges verändert. Stewart sieht oft gehemmt aus, er lächelt nicht mehr, macht ein grimmiges Gesicht, damit man nicht merkt, wie überfordert er mit allem ist.

All die Namen, die sie mir geben, die absurden Titel. Ich kann sie nicht mehr hören. Drüben war ich *The German Girl.* Bin es noch für manche, sagt Stewart. Sie sollen das Maul halten. Wir haben uns jetzt auf Nora geeinigt. Vorläufig. Weil Clem mich Nora genannt hat.

Sie brauchen mich, sind auf mich angewiesen wie auf nichts sonst in der Welt, und doch bilden sie sich ein, dass ich so eine Art Gefangene für sie bin. Ich habe es Stewart am Telefon gesagt: *Sie sperren mich ein.* Dieser Widerling Roth hat den Nerv, mich einzusperren. Zu meiner eigenen Sicherheit? Dass ich nicht lache! Was kann mir schon passieren? Die Kraft, die mich schon einmal hinaufgezogen hat, mich zurückgerissen hat, um mich zu bewahren, diese Kraft wird mich wieder halten.

Roth und sein Idiot von einem Arzt können mich nicht einsperren. Sie wissen nicht, dass ich nachts mein Zimmer verlasse, dass ich unbehelligt durch den Garten spaziere, unten in ihre Fenster hineinschaue, dass ich sie beobachte. Dass ich es bin, die ihre Hunde nervös macht und kläffen und jaulen lässt – dass ich immer genau weiß, was sie tun. Auch Stewart sage ich nichts davon. Noch nicht. Erst sollen sie ihre Suche beenden, erst sollen sie mir erklären, wer ich bin und was mit mir los ist.

Angeblich steht der Durchbruch bevor. Heute Nacht. Roth beruhigt mich, sagt: *Bald wissen wir mehr*. Weiße Spucke sammelt sich in seinen Mundwinkeln. Mir wird kotzübel, wenn ich ihn anschauen, wenn ich seinen Angstschweiß riechen muss. Der Mann, den sie Dezember nennen, hat angeblich etwas in Erfahrung gebracht. Deshalb sind sie aufgebrochen. Jetzt hat es vielleicht schon begonnen. Wie spät ist es denn? Ich kann nicht mehr warten. Sie sollten mich nicht so wütend machen, das ist ein Fehler. Wie lange noch?

14

Niemand unterwegs, natürlich. In ihren Häusern lagen die Kronstedter, sie schliefen und träumten schlecht oder von besseren Zeiten. Philip hatte nichts anderes erwartet und schaute auf seinem Heimweg missmutig zu den wenigen beleuchteten Fenstern hinauf. Aus einigen blitzten immerhin noch blaue Fernsehlichter in die Nacht. Ein ziemlich kühler Wind strich hinter ihm her und durch die Straßen, und manchmal zupfte er ihn im Nacken. Die Hände hatte er in den Hosentaschen, den Blick nach vorn gerichtet.

Sehr genau lauschte er auf die Geräusche der Umgebung, denn, wenn möglich, wollte er nicht von marodierenden Besoffenen überrascht werden, die er in der Nähe des Marktplatzes vermutete. Mehrere dunkle Kneipen und eine winzige Proletendisko gab es dort, von der in der Schule oft die Rede gewesen war. Im Venice hingen für gewöhnlich Kevin Meier und seine Freunde ab, kifften tiefgebeugt mit über den Kopf geschlagenen Kapuzen auf dem Vorplatz, tranken Smirnoff aus der Flasche und spuckten weißen Speichel auf den Boden.

Philip war einmal mit Caro dort gewesen, sie hatten im Schwarzlicht mit den Schultern gezuckt, eine Weile miteinander gelacht und sich wieder verzogen, als zum zweiten Mal *Summer of 69* gespielt worden war.

Philip überquerte den unbeschrankten Bahnübergang und kam an mehreren Bushaltestellen vorbei. Nachts verkehrten grundsätzlich keine Busse auf Kronstedts Straßen. Warum auch? Immer mehr schrumpfte die Stadt, die in ihren besseren Tagen 30 000 Einwohner gezählt hatte, und blickte dabei trotzig auf ihre lange Geschichte zurück, in der Stadtwälle und romanische Kirchen sowie eine kleine, aber verheerende Schlacht im zweiundzwanzigsten Jahr des Dreißigjährigen Krieges eine Rolle spielten. Inzwischen trauerte man hauptsächlich um den in den 90er Jahren stillgelegten Braunkohletagebau und erlaubte es in erzwungener Knausrigkeit nur jeder zweiten Straßenlaterne, ein unzureichendes, orangefarbenes Licht auf die Bürgersteige zu werfen.

Es herrschte Maschinenruhe im Neubaugebiet, das im Osten mit austauschbaren Einfamilienhäuschen einen flachen Hang erklomm – dicht am Wald, durch den sich die Autobahn Richtung Hauptstadt zog. Aber nicht nur nachts stand hier alles still, auch tagsüber klafften provisorisch umzäunte Löcher, warteten darauf, mit Beton gefüllt zu werden, und schluckten gähnend die Regenschauer. Firmen waren pleitegegangen, Investoren hatten Gelder eingefroren, und das Outlet-Center, von dem sich die Stadtkämmerer einen wirtschaftlichen Aufschwung erhofft hatten, war an den Rand der nächstgelegenen Großstadt gezogen.

Bürgerinitiativen kämpften mit schlecht besuchten Aktionstagen voller Hüpfburgen und Würstchenständen für den Erhalt des innenstädtischen Einzelhandels, und an der westlichen Ausfallstraße war vor kurzem in einem ehemaligen Geschäft für Kleinkinderbedarf eine Bedürftigen-Tafel eröffnet worden. Gegen Mittag stellte sich dort täglich eine kleine Schlange von Menschen mit Jutebeuteln auf, die von den alteingesessenen Anwohnern als Beispiele des allgemeinen Verfalls betrachtet und abfällig gemustert wurden. Aber das sind die Tage, in denen sich die optimistischen Presslufthämmer in das Kopfsteinpflaster der Fußgängerzone graben, die Tage, an denen sich die Wolken vor die Sonne schieben und an ihr vorbei und an denen immer alles so aussieht, als ginge es weiter, einfach weiter.

Nun aber ist alles still, ist alles dunkel und leblos, und die Zeiger von verschiedenen Uhren bewegen sich durch die Nacht. Teilnahmslos schalten Digitalanzeiger von einer Ziffer zur nächsten, während beinahe alle Autos in Kronstedt ihren Ruheplatz bis zum Morgen gefunden haben und leer sind, weil ihre Halter vor Fernsehern sitzen oder in Betten liegen. Aber hier und da kann man noch einen Motor hören, ein Fahrzeug sehen, das vor einer Ampel bremst, die von Gelb auf Rot schaltet. Und man könnte in einem Auto am Straßenrand einen Mann entdecken und eine Frau, wartend, tuschelnd. Man könnte sehen, wie sie die Aufmerksamkeit verlieren, obwohl genau dies doch ihre Aufgabe wäre: aufmerksam zu sein. Auch der Audi mit Dürener Kennzeichen steht wieder in einer Parkbucht, nicht weit entfernt von der Stelle, wo er bereits am frühen Abend niemandem aufgefallen ist.

Die Gärten hinter den Häusern sind gepflegt, die Hecken gestutzt, und der Flieder scheint in der Nacht noch stärker zu riechen. Es ist, als könnte er nie damit aufhören, Aufmerksamkeit auf sich zu ziehen. Jetzt ist es also so weit. Es gibt immer eine schwache Stelle. Die Pforte lässt sich leicht öffnen. Und die Hintertür neben den zwei Mülltonnen? Nein, mit den richtigen Gerätschaften ist es kein Problem.

15

Philip drückte den Lichtschalter. Mit der plötzlichen Helligkeit, die auch durch die Milchglasscheibe der Haustür auf die Straße fiel, schien sich der Treppenaufgang vor ihm in einem trüben, ungesunden Gelb in die Höhe zu ziehen. Er blinzelte, seufzte und fühlte sich müde, während er von innen abschloss. Einmal. Zweimal. Sein Blick streifte die Tür zum ehemaligen Antiquariat, aber er blieb nicht dort hängen. Nur ein vertrautes schwarzes Loch. Er stapfte die Treppe hinauf zur Wohnungstür, wobei er die Schlüssel des Bundes durch seine Finger gleiten ließ und sich nicht umdrehte.

Warum auch?

Wer dreht sich schon im eigenen Treppenhaus um?

Wer geht schon davon aus, dort nicht *wie immer* allein zu sein?

Eines der Lieder, die Philip bei Caro gehört hatte, ging ihm nicht mehr aus dem Kopf. War es einer der alten *Tomte*-Songs gewesen?

Er versuchte, sich an eine Textzeile zu erinnern, aber es gelang ihm nicht. Ein bisschen schlecht war ihm. Zu viel Zucker? Zu viel Sojasauce? Als er die Wohnungstür öffnete, machte er das Flurlicht wieder aus. Da er den alten Mann nicht wecken wollte, ging er im Dunkeln Richtung Küche. Wasser trinken, das war jetzt eine gute Idee.

Im Kühlschrank standen nicht allzu viele Lebensmittel, aber die auf einem Teller liegenden Aufschnittscheiben verbreiteten einen unangenehm zwiebligen Geruch. Philip holte die Sprudelflasche heraus und schloss die Kühlschranktür. Seine Gedanken waren immer noch auf der Suche nach diesen Zeilen. Die Musik hatte ihm nicht gefallen, auch die Stimme des Sängers nicht, aber irgendetwas hatte sich bei ihm festgesetzt. Vielleicht würde er die Lyrics noch nachgoogeln. Es hatte etwas mit dem Leben in der normalen Welt zu tun oder Leben in einer gewöhnlichen Welt, genau, *Leben in einer gewöhnlichen Welt*. Aber als er den Deckel von der Flasche schraubte und sich umdrehte, zurück in die Dunkelheit des Raums, um zu seinem Zimmer zu gehen, durchfuhr es ihn. Es war, als wenn sich ein Gedanke nach vorn schob, an der kalten Sprudelflasche und an dem Song vorbei, ja als wenn sein Unterbewusstsein albernerweise zu ihm sagte: *Achtung. Da steht jemand. Direkt vor der offenen Küchentür steht jemand im Dunkeln und wartet auf dich.*

Was für ein Quatsch.

Aber wäre es nicht total verrückt, wenn das stimmen würde, wenn es wirklich so wäre?

Der Schock folgte beim zweiten Hinsehen, nach einem Blick, der eigentlich nur bestätigen sollte, dass natürlich niemand dort stand. Philip stieß einen sehr lauten Ton aus, und im nächsten Augenblick raste sein Herz so stark, dass ihm kurz die Luft wegblieb.

Erst konnte er gar nichts herausbringen. Dann stellte er die Flasche ab, streckte die Hand zum Lichtschalter aus und sagte: »Gott, hast du mich erschreckt.«

Da war etwas nicht in Ordnung. Etwas war ganz und gar nicht in Ordnung. Philip wich einen Schritt zurück, machte das Licht an. Etwas war mit seiner Mutter, irgendwas war passiert. Korffs Gesicht sah in der plötzlichen Helligkeit, die ihn zwang, kurz die Augen zu schließen, anders aus als sonst. Sehr ernst, sehr ausdruckslos.

»Ist … ist was passiert?«

»Ich habe versucht, dich anzurufen. Du hast dein Handy ausgeschaltet«, sagte der alte Mann. Das war schlimm. Ganz schlimm. Philip spürte, dass sein Großonkel beunruhigt war. Mehr als beunruhigt. Dass er nicht wusste, wie er in dieser Situation mit Philip sprechen sollte. Also fing Philip an, und seine Stimme überschlug sich leise: »Ich hab es ausgestellt, nachdem meine Mutter angerufen hatte. Sie ist gut angekommen, das … das sollte ich dir ausrichten. Was ist denn los?«

Warum war er noch wach? Warum lag der alte Mann nicht in seinem Bett? Warum trug er noch seine Strickjacke? Warum wandte er jetzt den Blick ab, runzelte die Stirn. Warum war er so beunruhigt? »Ist was mit ihr, ist was passiert?«

Jetzt schaute Richard Korff auf, sah ihn verwirrt an, konzentrierte sich. »Mit ihr? Mit deiner Mutter? Nein. Nein, das ist es nicht. Aber … Philip?«

»Was ist denn?« Es kribbelte in seinem Hinterkopf, sein Kiefer verspannte sich.

»Als du eben hier angekommen bist, da standen doch drei Autos auf der anderen Straßenseite, hintereinander.«

»Was?«

»Hast du die Wagen gesehen? Saßen Leute darin, ist dir jemand aufgefallen? Haben in einem der Wagen, im mittleren, ein Mann und eine Frau gesessen?«

Philip spürte, dass sein Herz noch schneller schlug, statt sich zu beruhigen. Das war doch verrückt, vollkommen verrückt.

»Philip, ist dir irgendwas aufgefallen auf der Straße?«

Sein Mund war verkrampft, das Sprechen bereitete ihm Mühe. »Nein, ich habe überhaupt nicht auf irgendwelche Autos geachtet. Keine Ahnung. Was soll das denn?« Erst jetzt fiel ihm etwas auf. Sein Großonkel hatte ein Telefon in der Hand, ein klobiges schwarzes Mobiltelefon, das Philip noch nie gesehen hatte. Er starrte es an, hatte plötzlich das Gefühl, das habe etwas zu bedeuten. Korff besaß kein Handy. *Er hat mit Technik nichts am Hut,* das sagte seine Mutter immer. *Er gehört wirklich noch in eine andere Zeit.*

»Pass auf, Philip. Es ist eine Situation eingetreten, die ich dir nicht erklären kann. Aber ich möchte dich jetzt bitten, mir gut zuzuhören.«

Philip wollte etwas sagen, er wollte ein richtiges, ein normales Gespräch führen. Ohne diesen beunruhigten Tonfall. Aber das ging nicht. Er hatte Angst.

»Ich wusste nicht, wo du warst, sonst hätten wir das alles in Ruhe klären können. Aber wir können nicht hierbleiben. Ich sehe zu, dass ich dich morgen zu deiner Mutter bringe, aber jetzt müssen wir ...« Er brach ab.

Philip wollte, dass er weiterredete, während gleichzeitig eine Stimme in seinem Kopf darauf bestand, dass das alles komplett seniler Blödsinn war. Aber alles passierte gleichzeitig, und im selben Moment glaubte auch er, das gehört zu haben, was seinem Großonkel das Wort abgeschnitten hatte.

Nein, das kann nicht sein, dachte Philip. *Es kann nicht sein, dass noch jemand hier im Haus ist.*

Philip blickte sich um, sah die Digitalanzeige des Radioweckers auf dem Brotkasten: 01:45. Wenn sein Großonkel vorgehabt hatte, jemanden anzurufen (*die Polizei,* dachte Philip, *wir müssen doch die Polizei anrufen*) – mit einem Mobiltelefon, das er angeblich gar nicht besaß –, dann hatte er es sich inzwischen anders überlegt. Jetzt war es eindeutig. Die Geräusche kamen von der Wohnungstür, die Philip nicht abgeschlossen, aber zugezogen hatte. Es war kein Rütteln, eher ein zielgerichteter Druck. Er schaute Richard Korff an, dessen Augen weit geöffnet waren und der eine Hand erhoben hatte, um ihn vom Weiterreden abzuhalten.

Die Lippen des alten Mannes bewegten sich zu einem undeutlichen Murmeln. Vielleicht sagte er: »Das würden sie doch nicht tun.« Aber Philip war sich nicht sicher.

Korff machte einen Schritt zum Flur, und Philip musste ihm folgen. Vielleicht konnte er zu seinem Zimmer laufen und dort aus dem Fenster klettern? Es gab einen schmalen Sims, und womöglich konnte man es auf das Nachbardach schaffen …? Er hatte eines Nachts darüber nachgedacht, was er tun würde, wenn es in der Wohnung brannte – schließlich ließen alte Leute gern mal irgendwas auf dem Herd stehen oder vergaßen, Kerzen zu löschen. Er hatte sich überlegt, wie er entkommen könnte, und in diesem Moment, da es dumpf in seinen Ohren zu klopfen begann, sprach sich das aufgeschreckte Adrenalin in ihm eindeutig für eine Flucht aus.

Aber das würde der alte Mann nicht schaffen, nicht mit seinem schlimmen Bein. Philip musste allein hier raus und die Polizei von seinem Handy aus verständigen, das könnte gehen. Aber er stand nur im Flur, schaute zur Wohnungstür, spürte, dass sie sich jeden Augenblick öffnen würde, und nahm kaum wahr, wie der alte Mann die Tür zum Wohnzimmer öffnete, dort das Licht an- und sofort wieder ausschaltete.

Ja. Die Tür. Die Tür öffnete sich jetzt.

Ein Mann stand dort, schwer und groß und breit und in der matten Helligkeit, die aus der Küche in den dunklen Flur drang, nicht genau zu erkennen. Er hatte wohl eine Glatze oder sehr kurz geschnittenes Haar, und er stand einfach so in der Wohnungstür und schaute sie an. Philip spürte die Hand seines Großonkels auf der Schulter, und er zuckte zusammen. Er konnte sich nicht rühren und hatte das Gefühl, dass seine Muskeln jeden Moment auch noch den letzten Dienst einstellen würden.

»Was soll das?«, fragte Richard Korff. Seine Stimme klang ungewohnt hart, sie kam Philip fremd vor. Und er dachte nur: *Zu spät. Ich hätte mich beeilen müssen, ich hätte laufen müssen, ich hätte hier nicht stehen bleiben dürfen.*

»Ich komme, um Sie abzuholen«, sagte der Mann.

Philip spürte, wie die Hand auf seiner Schulter ihren Druck verstärkte.

»Ich werde die Polizei rufen«, sagte Richard Korff.

»Nein, das werden Sie nicht. Sie haben einen Minderjährigen in Ihrer Obhut.« Es war eine völlig neutrale Stimme, und Philip glaubte nicht, dass ihm jemals etwas solch eine Angst eingejagt hatte.

»Komm«, sagte sein Onkel leise hinter ihm und setzte sich tatsächlich Richtung Wohnungstür in Bewegung.

Philip machte einen Schritt, auch wenn er glaubte, gar nicht dazu in der Lage zu sein. War dieser Mann, der Einbrecher, bewaffnet? Situationen, die es nur in Filmen gab. Eine *Aktenzeichen-XY*-Folge schoss ihm durch den Kopf, die er mal mit seiner Mutter angeschaut hatte. Ein Einbrecher in der Wohnung einer alten Frau. Erst hatte er mit ihr gesprochen, dann hatte er sie niedergeschlagen. Das hier, dieser merkwürdig taube Moment, war genau so, aber zugleich auf entsetzliche Weise selbstverständlich. Sie kamen dem glatzköpfigen Mann näher, und Philip sah jetzt, dass der Mann selbst sehr angespannt aussah. Als sie neben ihm standen, sagte er leise: »Kommen Sie mit.«

Philip spürte, wie sich eine schreckliche Kälte in seinen Beinen ausbreitete, als sie auf die erste Treppenstufe traten. Er hielt sich am Geländer fest und schaute nach unten. Es war dunkel, aber er sah sofort, dass sich da unten jemand bewegte, eine Gestalt vor der Antiquariatstür, die ein stückweit offen stand. War das vorhin auch schon der Fall gewesen?

»Was soll das?«, fragte Korff, und der Mann mit der Glatze sagte nur: »Weiter.«

Die Gestalt unten schnaufte. Philip konnte einen Atem hören, sah, dass sich dieser Mensch auf eine merkwürdig verzögerte, stockende Weise bewegte, so als müsse er sich selbst einen Anstoß geben. Als wäre er krank.

»Erklären Sie mir das! Was haben Sie vor?«, fragte Richard Korff leise, aber mit dieser harten, neuen Stimme.

»Runter mit Ihnen«, sagte der Mann.

Im nächsten Moment zuckte Philip zusammen, und dann erstarrte er. Korff hatte – schon wieder – den Lichtschalter gedrückt, und Philip sah den Mann, der unten an der Treppe auf sie wartete, in plötzlicher Deutlichkeit. »He! Lassen Sie das«, sagte der Glatzköpfige, und dann wurde es wieder dunkel. Philip hatte genug gesehen. Zu viel.

16

Die drei Wagen standen noch immer an ihrem Platz, schräg gegenüber vom Starenweg 8, der hinterste, der seit gestern nicht mehr bewegt worden war, an der Ecke Schlegelstraße, in der groß und dunkel, nur mit einem kleinen Licht am Eingang, die Speicherresidenz aufragte. Der vordere Wagen gehörte einem der Nachbarn, der um zwanzig nach sieben von seiner Arbeit bei der Innungskrankenkasse nach Hause gekommen war und längst schlief. Im mittleren Fahrzeug, einem roten VW Polo, saßen der Mann und die Frau. Jetzt zuckte sie kurz zusammen, weil er sich hektisch bewegte und an ihr vorbeischaute.

»Da! Schon wieder«, sagte er.

Sie folgte seinem Blick aus dem Wagenfenster zur anderen Straßenseite. »Was?«

»Das Licht. Da war Licht im Flur, ganz kurz.«

Sie räusperte sich, sah ihn an und schob sich eine Haarsträhne zurück hinters Ohr. Er griff nach dem kleinen Funkgerät, das vor ihr auf der Ablage über dem Handschuhfach lag. »Soll ich …«

»Warte noch«, sagte sie.

Er öffnete die Wagentür.

17

Es gab so viele Fragen. Und nur so wenig Zeit. Philip versuchte, seine hin und her rasenden Gedanken in eine Reihenfolge zu bringen. Sie entglitten ihm, entwichen immer wieder zu seinem Vorhaben, aus dem Fenster zu klettern – *zu spät!* –, während ihm klar war, dass sie sich Stufe für Stufe auf die Tür des Antiquariats und den Mann zubewegten, der dort stand, der im Dunkeln auf sie wartete und dessen Anblick er so schnell nicht vergessen würde. Er spürte die Hand seines Großonkels auf der Schulter. Richard Korff hatte das Licht im Wohnzimmer an- und wieder ausgeschaltet und eben noch einmal das Flurlicht. Warum? Um den Mann unten sehen zu können? Noch eine Stufe. Seine zitternden Knie. Das Licht. Philips Blick glitt zur Haustür hinüber. *Hast du die Wagen gesehen? Saßen Leute darin, ist dir jemand aufgefallen?* Philip machte einen Schritt, dachte an das Licht, und im selben Augenblick spürte er einen neuen Druck an seinem Rücken. Sein Großonkel, direkt hinter ihm, bohrte etwas Dünnes, Hartes zwischen seine Schulterblätter und ließ es langsam tiefer sinken. Noch ein Schritt. Das Ganze dauerte nicht lang, sie waren ja gleich unten, wo der andere Mann – der Kranke – asthmatisch atmete und nicht sprach. Zum Glück war es dunkel. Philip blickte zur Haustür, dann zu dem Typen, der sich vor der Antiquariatstür scheinbar nur mit Mühe aufrecht hielt. Und dann verstand er. Das, was ihm sein Großonkel in den Rücken bohrte und nun langsam tiefer und tiefer an seiner Wirbelsäule entlangfuhr, während sie beinahe unten am Treppenabsatz anlangten, war ein Schlüssel. Es musste der Haustürschlüssel sein. Philip nahm ihn so unauffällig wie möglich entgegen, indem er den linken Arm nur ein Stück weit anwinkelte, mit den hochgereckten, zitternden Fingern tastete und den Gegenstand zu fassen bekam. Aber wie sollte er das schaffen, wie stellte der Alte sich das vor? Sein Hinterkopf kribbelte, sein Nacken versteifte sich, es pochte in seinen Schläfen.

18

Sie sah, vom Wageninneren aus, ihren Kollegen mitten auf dem Starenweg stehen, auf der leeren Straße, sah, wie Björn Weidenheim nach links und rechts schaute, dann hinauf zu den dunklen Fenstern von Nummer 8. Zum ersten Mal, seit sie gemeinsam in Kronstedt angekommen waren, um zu beobachten, um Fotos zu machen, um zu protokollieren, überfiel sie ein wirklich ungutes Gefühl. Zum ersten Mal kam ihr der Gedanke, all das vielleicht nicht ernst genug genommen zu haben. Sie sah Björn dort stehen, sah seinen breiten, kräftigen Rücken, und ihr fiel auf, dass er seine Waffe gezogen hatte. Sie biss sich auf die Lippen und griff nun doch nach dem Funkgerät.

19

Die Tür zum Antiquariat war offen. Der Mann, der davorstand, schwankend, angestrengt atmend, war ihnen jetzt sehr nahe. Er stank. Süß, vielleicht nach Alkohol, aber da war noch etwas anderes, Ekelerregendes. »Machen Sie schneller«, sagte dieser Mann, der schon recht alt sein musste, mit einer belegten, heiseren Stimme. Richard Korff schob sich vor Philip, sagte: »Lassen Sie den Jungen hier, das ist doch vollkommen unnötig.«

Der Mann mit dem schweren Atem gab ein Geräusch von sich, das einem Lachen nicht unähnlich war.

»Los jetzt«, sagte der Glatzköpfige und fasste Korff am Arm, zog ihn auf die Tür zu. Er sprach leise. Philip hatte es begriffen. Sie wollten nicht gehört werden. Sie wollten nicht *von draußen* gehört werden. Der Alte schaute ihn an. Ein Blick, der ihm durch und durch ging. Eine *Aufforderung*.

Aber der andere, der Kranke, der ein Fiepen durch die Nase abgab, war dicht bei ihm, kam noch näher. *Sie werden mich festhalten, das schaffe ich auf keinen Fall.* Philip umklammerte den Schlüssel in seiner linken Faust, wich zurück. Der Mann packte zu. Philip fühlte die feste Umklammerung an seinem Handgelenk, dicke, schwere Finger. Rasender Ekel überfiel ihn – *nein, der soll mich nicht anfassen, auf keinen Fall* –, und im selben Augenblick stürzte er zu Boden. Er versuchte sich abzufangen, und – *nein, nein, nein!* – der Schlüssel glitt ihm aus den Fingern, flog mitsamt dem kleinen Lederbund, an dem er befestigt war, durch die Luft, durch die Dunkelheit und traf – *nein, nein, nein!* – irgendwo vor der Tür mit einem leichten Klirren auf dem Fliesenboden auf.

»Philip!«, rief sein Großonkel sehr laut.

Der Mann griff nach seinem Bein, aber Philip wich aus, kroch auf die Tür zu, während sein ganzer Körper zu pochen schien und er glaubte, keine Luft mehr zu bekommen. Aus seinem Mund kam ein Geräusch des zitternden Abscheus, das nicht wirklich wie ein Schrei klang. Er blickte sich um, und es sah im Dunkeln so aus, als bäume sich der schwer atmende Mann auf.

Philip wandte den Kopf Richtung Haustür, und auch wenn er kaum glauben konnte, dass sich hinter der trüben Scheibe tatsächlich ein Schatten abzeichnete, dass dahinter jemand stand, rief er wild und atemlos um Hilfe. Korff sagte sehr laut: »Geh von der Tür weg, Philip!«

Das Nächste, was er spürte, waren die Hände des alten Mannes, die ihn jetzt an der Schulter packten, während ein fester Druck gegen das Fenster der Tür knallte. Das Glas war massiv, aber Philip duckte sich, hob die Arme über den Kopf, und dann gab die Scheibe tatsächlich nach. Während die Splitter laut neben ihm herabregneten, feine Nadelstiche in seinem Nacken, griff er nach dem Schlüssel. Die Hand hinter der zerschlagenen Scheibe, draußen auf der Straße, hielt etwas umklammert. War das wirklich eine Waffe, eine echte Schusswaffe, die jetzt durch das Loch in der Scheibe in den Flur gehalten wurde?

»Sehr gut«, sagte Korff, nahm Philip den Schlüssel ab und fügte, wieder sehr laut, hinzu: »Ich schließe die Tür auf.« Philip schaute auf, sah die Tür des Antiquariats, sah, dass die beiden Gestalten, der Mann mit der Glatze und der … Kranke, nicht mehr davorstanden. Konnte das wahr sein? Es ging ihm zu schnell, all das ging ihm zu schnell, und schon wieder hörte er sich einen dieser Töne ausstoßen, keinen Hilfeschrei mehr, sondern einen der Laute, die man in einem Alptraum von sich gibt, aus dem man einfach nicht erwachen kann.

Er wurde hin und her geworfen, immer war da jemand, der an ihm zog, in die eine oder andere Richtung. Jetzt der Mann, der durch die Tür gekommen war und noch immer eine Waffe in der Hand hielt. Die erste Schusswaffe, die Philip im wirklichen Leben zu Gesicht bekam, die nicht wie ein irreales Requisit in einem Polizistenholster steckte. Aber als er sich das klargemacht hatte, befand er sich schon draußen auf der Straße, drückte sich schwer atmend gegen die Hauswand, spürte seinen Großonkel neben sich und sah eine Frau, die ihn drängend ansprach: »Was ist passiert?«

»Sie sind zu zweit. Im Laden oder auf dem Hinterhof, sie wollen hinten raus.« Korffs Stimme, hart, beherrscht.

Ein dumpfer Knall war zu hören, ein Aufprall womöglich, vielleicht eine Stimme, aber wenn es so war, verstummte sie sehr schnell. Philip schaute die Frau an, die offenbar vorhatte, dem Mann mit der Waffe ins Haus zu folgen.

»Bleiben Sie hier«, sagte Korff.

»Nein, *Sie* bleiben hier«, antwortete die Frau, aber Philip hörte, wie unsicher sie war. Er war sich sicher, dass sie Angst hatte. Mit festerer Stimme fügte sie hinzu: »Es ist Verstärkung unterwegs, rühren Sie sich auf keinen Fall vom Fleck.«

Es war nicht zu Ende, nein, es war noch nicht zu Ende. »Hast du ein Handy?«, fragte Richard Korff, als die Frau im Haus verschwunden war. Er nickte, holte es zitternd aus seiner Tasche. Der alte Mann nahm es ihm ab, ließ es auf den Boden fallen, griff – schon wieder – nach Philips Arm, und ohne irgendetwas zu verstehen, lief Philip mit ihm über den menschenleeren, nachtschlafenden Starenweg davon.

20

Nicht viel mehr als ein schwarzes Loch: das Antiquariat. Kisten stehen im Dunkeln, auf mehreren Tischen liegen Bücherstapel. Auch ein, zwei Koffer lehnen in einer Ecke an der Wand. Hier hat bis vor kurzem noch ein weiterer gestanden, aber nun sieht man nicht, dass der Staub weggewischt wurde, man sieht fast nichts im schwarzen Loch. Björn Weidenheim hält die Waffe in beiden Händen vor sich ausgestreckt. Eben noch hat er sich umgedreht und überprüft, dass niemand direkt hinter ihm ist. Er weiß, dass er zurückgehen sollte zu dem alten Mann, zu dem Jungen und zu Vera. Er hat keine Ahnung, wie viele Menschen, wie viele potentielle Angreifer hier auf ihn warten, aber er möchte wenigstens jemanden sehen, Bericht erstatten können, wenn er wieder aufgetaucht ist aus dem schwarzen Loch. Sie haben sich sofort verzogen, als er die Scheibe eingeschlagen hat. *Sie sind vorsichtig.* Er bewegt sich einen kleinen Durchgang entlang, der, wie er weiß, auf den Hof führt, auf dem die Mülltonnen stehen. Kein Ausgang, keine Straße, nur Gärten. Zäune,

Mauern – das hatten sie geklärt, das hatten sie als unerheblich eingestuft. Er ärgert sich und zögert. Die Tür ist offen, die Tür, die nach draußen führt. Ein Spalt Nachtbläue, die heller ist als die Schwärze im schwarzen Loch. Kühle Luft vor ihm, die ihn anzieht. Hinter ihm hört er etwas, es könnte Vera sein, die ihm folgt. Das sollte sie nicht tun. Dies hatte sein letzter Einsatz für Müller sein sollen. Aber doch ein anderer, nicht *so* ein Einsatz. Und dann spürt er die Gegenwart eines Mannes auf seiner linken Seite. Jemand ist hinter ihm. Also doch. *Aufgelauert haben sie mir, sie sind doch nicht einfach abgehauen, diese verdammten Schweine.* Er hört einen angestrengten Atem, fast ein Keuchen, das in den vorangegangenen Sekunden vermutlich mühsam unterdrückt wurde – *wie bei einem Triebtäter, der es nicht mehr aushält hinter seinem Busch und zuschlagen muss*, denkt er – und dann, in dem Moment, da er herumwirbelt, fühlt er ein Gewicht in seinem Rücken. Er ist noch einigermaßen im Training, aber es geht zu schnell. Der Mann ist schwer, und seine Hände bohren sich tief in Weidenheims Oberarm, ziehen ihn herum, renken etwas aus. Es tut weh. Und da ist noch jemand. Björn Weidenheim will zuschlagen, aber er sackt in den Knien ein, hat keine Gewalt mehr über seine Hand, und aus irgendeinem Grund, das stellt er noch fest, ist auch die Waffe nicht mehr da, wo sie sein sollte. Auf dem Boden muss sie liegen, dem er sich jetzt nähert – ob er will oder nicht. Im nächsten Moment knallt er mit dem Kopf auf den Fliesen auf. Er sieht schwarze Schuhe vor sich, dann sind Hände an seinem Hals, heben ihn hoch, und dann schlägt sein Kopf noch einmal auf. Ein wacher Lebensrest in ihm bemerkt, dass er gepackt und geschleift wird. Sein sich kurz anstrengendes linkes Auge sieht vor sich noch einmal einen schwarzen Lederschuh. Nur eine kurze Strecke geht es voran Richtung Hof, wo die Luft kühl ist, an ihm zieht. Aber zu dem Weg über den Fliesenboden gehört leider eine steinerne Stufe, die ihm noch einmal mit ungebremster Wucht gegen die Schläfe knallt. Als Zwölfjähriger hat er nach einem Sturz vom Fahrrad eine Gehirnerschütterung erlitten, und kurz blitzt mitten im markerschütternden Schmerz, mitten im Zusammenzucken, dieses Wort in ihm auf, eine Erinnerung: *Gehirnerschütterung.* Er merkt nicht, dass seine Zähne zusammenschlagen und er sich ein Stück seiner Zunge abbeißt, spürt nur, dass er blutet. Er empfindet den Schmerz als stechende Hitze in seinem Kopf, aber noch wird er nicht bewusstlos. Er kann nicht klar denken, aber im nächsten Augenblick schon hat er das Gefühl, dass jemand auf ihm hockt, auf seinem Rücken – schwer, sehr schwer –, und dann breitet sich erneut eine betäubende Hitze in seinem Nacken aus. Der Schmerz ist jetzt so stark, dass er sich nicht mehr zusammenreißen kann. Er lallt noch einige Laute, schmeckt das salzige Blut in seinem Mund, das er ausspucken möchte, um nicht daran zu ersticken, und verliert endlich Kontakt mit der dunklen, grausamen Welt. Als er die Augen wieder öffnet und verschwommen Vera an seiner Seite wahrnimmt, die etwas in ihr Funkgerät spricht, kann er keinen zeitlichen Zusammenhang mehr herstellen. Er fühlt noch einmal das Brennen in seinem Kopf, ein Kribbeln, das sich von hinten kommend über sein Gesicht ausbreitet. Und dann nichts mehr.

21

Es war noch nicht zu Ende, aber irgendwann musste es doch zu Ende sein. Philip versuchte sich zu beruhigen, versuchte, langsamer zu atmen. Er trank Tee, der heiß war und rot und nach nichts schmeckte. Der Raum war niedrig, und er sah, dass die Fenster mit Außenrollläden verdunkelt waren. Das schwache Lampenlicht würde also nicht sichtbar sein auf der Straße, durch die sie eben noch gerannt waren. Und er sah die Frau, die ihm vage bekannt vorkam. Er war ihr in letzter Zeit dann und wann auf der Straße begegnet, war ihr erst heute morgen vor dem Haus beinahe in die Arme gelaufen, aber das dämmerte ihm erst sehr viel später. Sie war alt, sicher über siebzig, aber so etwas konnte er schlecht einschätzen. Ihr graues Haar trug sie kurz geschnitten, sie war rundlich, und bei ihrer keuchenden, schwitzenden Ankunft hatte sie ihn mit großen, besorgten Augen angelächelt. Ein Lächeln, das ihm gutgetan hatte, obwohl er es nicht verstand. Er war ihr dankbar für den Unterschlupf, den sie ihnen zur Verfügung stellte, obwohl etwas in ihm panisch gegen all das protestierte.

Er sah Richard Korff und die Frau an, die ihn wiederum mit ernsten Gesichtern musterten. Jetzt steckten sie die Köpfe zusammen. Er verstand nicht, was Korff sagte, aber er sah die gerunzelte Stirn, die hin und her huschenden Augen. Die Frau nickte. Philips Blick wanderte durch die winzige Wohnung mit der tiefen Decke, in der die Möbel alt und abgenutzt waren und muffig rochen und wo es eine Küchenecke gab, samt Waschbecken und zwei Kochplatten.

Philip saß mit angezogenen Beinen auf einem roten Sofa mit prall gewölbter Sitzfläche, und direkt neben ihm verbreitete eine Stehlampe mit hellrosa Fransen am Schirm ein einigermaßen beruhigendes Licht. Er rückte näher an sie heran, näher ans Licht, umschloss die wärmende Tasse mit beiden Händen und trank noch einen Schluck Tee. *Ich bin ein Komplize*, dachte er plötzlich, *ich hätte an Ort und Stelle bleiben sollen, wie man es uns gesagt hat.* Aber er war ja nicht gezwungen worden, sondern selbst gerannt. *Weil man dort wegmusste, weil es zu gefährlich war, weil alle Instinkte angesprungen waren, weil der ganze Körper sich entschlossen hatte, dass nur Flucht in Frage kam.* Es war alles so schnell gegangen, aber etwas war doch eindeutig gewesen: Es sah nun ganz und gar nicht mehr so aus, als würde der alte Mann, der gute alte Onkel Richard, unter einer Gehbehinderung leiden. Richard Korff hatte ihn am Arm gepackt und war in erstaunlicher Geschwindigkeit davongestürzt.

Die Panik. Die machte es erklärlich. In blinder Panik war Philip mit ihm geflüchtet, dicht hinter ihm, als wäre das, was ihm nun so falsch vorkam, das einzig Richtige: den Starenweg hinunter, um die nächste Ecke, dann mit durchdringenden Seitenstichen über die Straße, durch eine Haustür – zu der der Alte den Schlüssel gehabt hatte –, über ein enges Treppenhaus hinauf in den zweiten oder dritten Stock, hinein in diese Wohnung, wo die alte Frau plötzlich vor ihnen gestanden hatte, eine Hand an den Halsansatz gelegt. Sie war entsetzt gewesen, hatte Philip kurz an der Schulter berührt, ihn angeschaut und dann gesagt: »Kommt rein, setzt euch hin, mein

Gott.« Ein leichter Akzent schwang in ihrer Stimme mit, etwas Süddeutsches vielleicht.

Philip sah sie an, sah, wie sie Richard Korff mit ihren alten Augen fragend musterte. Sie war ihm als Frau Kujawski, Elisabeth Kujawski, vorgestellt worden, und sie wandte sich wieder mit leiser Stimme an Philips Großonkel, der in der Mitte des kleinen Raumes an einem Tisch saß und, noch immer sichtbar aufgewühlt, mit zwei Fingern an der weißen Tischdecke herumzupfte. Sie zog die Augenbrauen zusammen, schüttelte den Kopf. »Hatte ich also recht«, sagte sie. »Ihr seid beschattet worden.«

»Zum Glück, muss man wohl sagen«, erwiderte Korff und warf einen besorgten Blick auf Philip.

Sein Kopf schmerzte, sein Herz schlug immer noch schrecklich schnell, und er stellte fest, dass er wütend war. »Sind wir gerade vor der Polizei weggelaufen?«, fragte er.

»Nein, keine Polizei, aber etwas in der Art.«

»Versteh ich nicht.«

»Es werden wohl verdeckte Ermittler gewesen sein.« Richard Korff schaute zu der alten Frau auf.

Elisabeth Kujawski zuckte mit den Schultern, dann nickte sie.

»Was ist das hier eigentlich für eine Scheiße?«, stieß Philip aus. »Bist du bei der Mafia, oder was?« Es hatte aggressiv klingen sollen, aber seine Stimme kam ihm jämmerlich vor.

»Es tut mir leid, Philip«, sagte sein Großonkel ernst, erhob sich und trat einen Schritt auf ihn zu. Es entstand eine Pause, in der Philip den eindringlichen Blick des alten Mannes auf sich spürte. Die rechte Seite seines Gesichtes lag im Schatten, und er begann zögerlich zu sprechen. »Die Situation ist jetzt natürlich sehr unangenehm.«

»Unangenehm?«

»Das hätte vermieden werden sollen. Unbedingt. Aber wie du sehr gut weißt, war ich nicht darauf vorbereitet, euch aufzunehmen. Ich hätte das gar nicht tun dürfen, aber ich habe die Gefahr unterschätzt.«

Die Kujawski goss sich Tee ein, trank einen Schluck und blickte dann in ihre Tasse.

»Es haben sich in den letzten Tagen neue Umstände ergeben, und mir war klar, dass es Probleme geben könnte. Also habe ich mit einem meiner alten Kontaktleute gesprochen und dafür gesorgt, dass deine Mutter aus der Schussweite kommt, dass sie in Sicherheit ist.«

Das Wort Schussweite war schlimm genug, ein anderer Gedanke aber noch weitaus schlimmer. »Na, ganz toll«, sagte Philip, »und was ist mit mir?«

Der Alte seufzte, und jetzt sah Philip, wie zögerlich, fast traurig, ein Lächeln über sein Gesicht huschte. »Ich habe es ja versucht. Aber du weißt selbst, es war nicht mit dir zu reden. Ich hatte mir fest vorgenommen, es in der Abwesenheit deiner Mutter zu tun. Dir klarzumachen, dass du nicht hierbleiben kannst. Es wäre unvermeidlich gewesen. Weißt du, deine Mutter ist sehr mit sich beschäftigt. Sie sieht, was sie sehen will. Es ist direkt erstaunlich manchmal. Bei dir ist eher das Gegenteil der Fall, Philip.«

Was sollte das sein? Ein Kompliment?

»Du hast beobachtet. Du hattest bereits zu viel mitbekommen, Fragen gestellt. Erinnerst du dich? Was meinen Beruf anbelangt, die Vergangenheit.«

Nein, Philip konnte sich im ersten Augenblick an nichts erinnern und schüttelte widerwillig den Kopf. Dann fiel ihm ein, wie er an einem Sonntagnachmittag nachgehakt hatte. *Wo denn genau in Schottland? Und wie lange? Und seit wann bist du zurück?* Noch eine Frage und später noch eine, immer wieder, ohne sich viel dabei zu denken. Er hatte nur provozieren wollen. »Jetzt lass ihn zufrieden, also wirklich«, hatte seine Mutter ihm zugezischt, sich für ihn entschuldigt. Ja, es stimmte: Der alte Mann hatte sich gewunden und irgendwann mit schwacher Stimme und einem finsteren Blick gesagt: »Mit der Vergangenheit beschäftige ich mich nicht. Ich habe damit abgeschlossen, und ich möchte auch nicht darüber reden.«

Richard Korff schaute ihn an. »Ich wusste nicht, mit wem du über mich sprechen, wem du etwas erzählen würdest. Du hättest nicht nur mich und andere Personen in Gefahr bringen können, sondern vor allem dich selbst. Also hatte ich beschlossen, die Abwesenheit deiner Mutter zu nutzen, um dich auf gewisse Risiken aufmerksam zu machen.«

»Scheiße. Auf was denn für Risiken?«

Er seufzte wieder. »Es ist schwierig, Philip. Ich möchte dich nicht verwirren.«

Philip öffnete nur Mund und Handflächen und schüttelte fassungslos den Kopf.

»Es hat alles seine Richtigkeit, glaub mir. Im weitesten Sinn geht es darum, dass ich …« Er machte eine kurze Pause, drehte sich um und setzte sich wieder an den Tisch, »… dass ich, Elisabeth und einige andere Kollegen früher mit Aufgaben betraut waren, die konsequente Geheimhaltung erforderlich gemacht haben.«

»Und zwar nicht für die Mafia«, fügte die alte Frau hinzu, und Philip glaubte, neben der Sorge und der Erschöpfung einen Anflug von Belustigung in ihrer Stimme zu hören.

»Nein, nicht für die Mafia«, stimmte sein Großonkel zu. Er schaute Philip mit klaren Augen an. Merkwürdigerweise war es ein guter Blick. »Wir gehörten lediglich einer Kommission an, die den inländischen Nachrichtendienst in bestimmten Sachfragen beraten hat. Die beiden Herrschaften, die uns vorhin zur Seite gesprungen sind, dürften von derselben Stelle kommen, aber sicher bin ich mir nicht. Heute wird das alles etwas anders organisiert, mir fehlt die Übersicht. Aber es war damals wie heute eben inoffiziell, und wir unterstanden immer strikter Geheimhaltung. Verstehst du das, Philip?«

Er schüttelte den Kopf. Was er verstand, war die Tatsache, dass alles immer verwirrender, immer unwahrscheinlicher, immer absurder wurde und dass die beiden alten Menschen und das, was sie sagten, in keiner Beziehung zueinander zu stehen schienen. *Inoffiziell? Geheimhaltung?*

»Das muss ja zu viel sein für den Jungen«, sagte die alte Frau. »Das können wir doch alles später besprechen. In Ruhe.«

Philip wollte etwas einwenden, doch er sah, wie Korff zusammenzuckte. Auch Elisabeth Kujawski wandte rasch den Kopf. Ein

Geräusch, das lauter wurde, das sich näherte. Ein Wagen, draußen auf der Straße.

Korff machte schnelle Schritte auf das Fenster zu, durch das sich wegen der Außenrollläden kein Blick werfen ließ. Es war so irritierend, wie zügig er sich bewegte, wie unvermittelt er reagierte. Philip drückte sich gegen die Rückenlehne des Sofas, dicht an die Lampe heran, war jetzt so nahe am Licht ihrer Glühbirnen, dass der Rest des Raumes noch dunkler zu werden schien. Das alles war nicht gut, gar nicht gut. Jetzt hob Korff die Hand, und noch bevor Philip begriff, dass das Brummen vorüberzog, dass der Wagen vorbeifuhr, ohne anzuhalten, sah er, wie sich Elisabeth Kujawski erleichtert entspannte. Sie trat auf Korff zu, nickte und legte ihm kurz eine Hand auf den Unterarm. Dann sprachen sie leise miteinander, während sie in die Küchenecke traten. Der Alte schüttelte mehrmals energisch den Kopf.

Philip fuhr sich mit der Zunge über die Lippe. Seine Beine kribbelten, aber er stand jetzt doch auf, ging auf die beiden zu. Die Kujawski runzelte die Stirn, griff nach einem Geschirrhandtuch und bemühte sich, ihn anzulächeln. Kurz musste er daran denken, dass er nie eine Großmutter gehabt hatte. Zumindest hatte er seine Großmutter vor ihrem Tod nie kennengelernt. Rein äußerlich hätte sie vielleicht in die Rolle gepasst, aber doch nur äußerlich. *Eine Großmutter, die sich hinter verschlossenen Rollläden versteckt, die bei jedem vorbeifahrenden Wagen zusammenzuckt?*

»Was soll das alles?«, fragte Philip. »Was habt ihr damals gemacht? Ich will das wissen.«

»Na schön.« Richard Korff zog die Stirn in Falten. Er klang nicht wie sonst, nicht selbstmitleidig, nicht schwach. »Es ging darum, die Aktivitäten von ziemlich gefährlichen Leuten zu beurteilen. Wir haben uns Feinde gemacht, und von einem bestimmten Punkt an war es erforderlich, dass wir uns für eine Weile zurückzogen. Ich bin ins Ausland gegangen …«

»Schottland«, unterbrach ihn Philip.

»Richtig. Nach Schottland. Und zurückgekehrt bin ich erst, als die alten Geschichten endgültig erledigt zu sein schienen. Abgeschlossene Fälle, verstehst du? Aber wie das eben manchmal so ist. Dinge werden wieder aufgerührt, es gibt Leute, die keine Ruhe geben wollen. Auch nicht nach all der Zeit.«

»Warum auch immer«, ergänzte die Kujawski und suchte Korffs Blick.

»Wart ihr beim Geheimdienst, oder was?«

»Ach, um Himmels willen, wie sich das anhört«, sagte Elisabeth Kujawski. Sie klang so barsch, so peinlich berührt, dass Philip begriff, dass es stimmen musste, so lächerlich es auch war. »Wir haben unsere Arbeit gemacht, eine ganz einfache, simple Arbeit. Eine Beratungstätigkeit, mehr nicht. Hauptsächlich Papierkram.« *Hauptsächlich.* »Möchtest du noch eine Tasse Tee, mein Junge?«, fragte sie jetzt mit diesem leichten Akzent, der ihren Worten eine zusätzliche Härte verlieh.

»Nein.«

Es kam ihm vor, als schmelze langsam der Eisklotz, der im Moment des Schocks seinen Kopf ausgefüllt und gänzlich verstopft hatte. Aber die Kälte drang nun in ihn ein, während er versuchte, all das zu etwas Sinnvollem zusammenzusetzen. »Aber …«, begann Philip, »wenn die beiden da oben Kollegen gewesen sind von euch, oder was auch immer, warum sind wir denn nicht dageblieben, warum sind wir abgehauen?«

Korff nickte. »Es wäre nicht sicher genug gewesen. Ich traue diesen Leuten nicht allzu viel zu. Wir mussten da weg.«

»Das ist doch eine einzige Scheiße«, sagte Philip. »Wenn das alles stimmt, dann kann ich doch jetzt nach draußen gehen, zurück zum Haus – zu dem Mann und der Frau, wenn sie noch da sind, und ihnen alles erzählen. Oder ich kann zur Polizei gehen. Das wäre doch das Sinnvollste! Wenn das alles seine Ordnung hat, wie du sagst, warum kann ich dann nicht zur Polizei gehen?«

»Das kannst du natürlich«, sagte Richard Korff sehr ruhig. »Aber es wäre mir lieber, du würdest es nicht tun, Philip. Ich werde dich nicht aufhalten, aber ich bitte dich, mir erst einmal ganz in Ruhe zuzuhören.«

Philip schaute ihn an. Er fröstelte. Diese furchtbare Kälte, die sich in ihm ausbreitete. All das waren Dinge, mit denen er nichts zu tun haben wollte. Nur raus wollte er aus dieser muffig riechenden, nach außen abgedunkelten Wohnung, diesem *Versteck*, weg von diesen wirren Alten, die ihren Tee tranken und ihre absurden Geschichten vortrugen, als würden sie die selbstverständlichsten Dinge der Welt erklären. Aber da war etwas anderes, etwas, das in seine Gedanken hineindrängte und ihn zögern ließ. Die Vorstellung, auf die dunkle Straße zu treten – wie spät war es jetzt? Zwei Uhr? Und da draußen rannte womöglich noch immer irgendwo dieser Mann mit der Waffe (Pistole? Revolver?) durch Kronstedt – verfolgte den anderen. Die Gestalt am Fuß der Treppe, die ihn gepackt, die sich auf ihn geworfen hatte. Er richtete den Blick auf seine Schuhe, versuchte, nicht an das Bild zu denken, das vor ihm aufgetaucht war in dem Moment, als Richard Korff das Licht angeschaltet hatte. *Um den Leuten vor der Tür ein Signal zu geben.* In diesem Licht: der Mann vor der Antiquariatstür. *Der Kranke.* Philip atmete tief ein – wann würde er sich beruhigen können? –, und dann fiel ihm ein, wie ihm sein Großonkel, der ihm jetzt so ernst gegenübersaß, den Schlüssel in den Rücken gebohrt hatte. *Um mir zu helfen, um mir die Flucht durch die Haustür zu ermöglichen, auch wenn es niemals funktioniert hätte.* Ihm war so kalt, er fühlte sich so schwach, und ihm stieg das Wasser in die Augen. »Vielleicht trinke ich doch noch eine Tasse«, sagte er mit belegter Stimme.

»Sehr gern!« Die Frau schenkte ihm aus der kleinen weißen Kanne mehr von ihrem rotbraunen Tee ein, der noch immer dampfte. Er nahm die Tasse entgegen. Er spürte die Wärme an seinen Fingern, trank aber nicht, sondern setzte sich bloß wieder auf das Sofa.

»Wenn wir uns für die Ermittlungen zur Verfügung stellen – was wir im Übrigen jederzeit tun können –, werden sie uns vorläufig in Gewahrsam nehmen, wir werden verhört und anschließend möglicherweise weiter beschattet«, sagte Korff, dessen Gesichtsfarbe immer fahler aussah im schummrigen Licht. »Du hast jetzt sehr viel mitbekommen, Philip, zu viel. Ich vermute, man hat uns längst als eine Art Köder benutzt für die andere Seite. Ich schätze das gar nicht. Primitive Methoden.«

»Wer sind denn diese anderen?« Philips Stimme wurde dünner, sein Bauch krampfte sich zusammen.

»Weißt du, ich möchte dich nicht mit Einzelheiten belasten …«

Die Kujawski stellte geräuschvoll die Teekanne auf ein Stövchen, nahm neben Korff Platz und sagte: »Das ist ja nun nicht mehr zu ändern.«

»Was wollen denn diese Leute von dir?«, fragte Philip. »Der Typ unten an der Treppe sah aus … er sah *schlimm* aus.«

»Ja, dieser Mann schien nicht gerade in guter gesundheitlicher Verfassung zu sein.« Philip sah, wie Korff der alten Frau einen Seitenblick zuwarf, den diese nicht erwiderte.

»Kanntest du diese Leute?«, fragte er.

»Nein.«

»Sind das Terroristen, oder was soll das?«

Der Alte seufzte wieder. »Wenn es sich um dieselben Leute wie früher handeln sollte, sind es schlicht Kriminelle, Mitglieder von Vereinigungen, die jenseits der Legalität agieren. Ich weiß nicht, was da jetzt vor sich geht, und ich kann es nur herausfinden, wenn ich über den entsprechenden Handlungsspielraum verfüge. Trotzdem«, sagte Korff und schüttelte den Kopf, »ich habe zu lange gewartet. Und ich hoffe, jetzt ist es noch nicht zu spät, um einzuschreiten. Schließlich muss ich irgendwie auf den Hilferuf reagieren, der uns heute Mittag erreicht hat, nicht wahr?«

»Was denn für ein Hilferuf?«

»Na, von deinem Stiefbruder. Morten ist sein Name, oder irre ich mich? Ich dachte, du hättest das bereits durchschaut.«

Wieder schnürte sich Philip die Kehle zu. Ein Wahnsinn, ein einziger Wahnsinn.

»Er hat durch seinen Vater eine Nachricht an mich weitergeleitet, du warst doch dabei. Er hat behauptet, er habe mit mir auf dem Hochzeitsfest gesprochen. Das stimmt aber nicht. Ich habe nie auch nur ein einziges Wort mit dem jungen Mann gewechselt. Ich weiß nicht mal, wie er aussieht. Ich weiß nicht, wo er wohnt, wie ich ihn erreichen kann. Er ist Journalist, nicht wahr? Ich fürchte, er hat sich da in etwas hineinrecherchiert, das für ihn gefährlich geworden ist.

Er bräuchte dringend meine Hilfe, hat sein Vater gesagt. Ich kann das nicht anders deuten. Es macht mir Sorgen, große Sorgen. Außerdem scheint mir das der einzige konkrete Hinweis zu sein, dem wir nachgehen können.«

Philip starrte vor sich hin. Worte, Erinnerungen, Argumente, alles wirbelte durcheinander, aber ein Bild trat schließlich daraus hervor: *ein Tier. Die Zähne. Die schwarzen, toten Knopfaugen.* Er schaute auf. »Der Biber. Er wollte mit dir über Biber sprechen …«

»Er muss bereits einiges herausgefunden haben, um diese Anspielung machen zu können«, sagte die Frau ernst.

Korff nickte. »Das Tier war gewissermaßen unser Maskottchen damals. Es ist mir schleierhaft, wie er dahinterkommen konnte.«

Elisabeth Kujawski stand wieder auf, konnte ihre Unruhe nicht verbergen. Sie kam auf Philip zu, lächelte bedrückt. »Am besten, du ruhst dich hier noch ein, zwei Stunden aus. Ihr werdet beide früh aufbrechen müssen. Glaub mir, es ist das Vernünftigste, wenn du deinen Onkel jetzt ein wenig auf dich aufpassen lässt. In seiner Gesellschaft bist du vorläufig am sichersten.«

»Du musst aber auch hier weg, Elisabeth«, sagte der alte Mann.

Sie schaute ihn eindringlich an, seufzte. »Ich glaube nicht, dass sie bereits von mir wissen.« Sie winkte ab, kam seinem Einspruch zuvor. »Nein, nein, schon gut, ich weiß es ja. Wir wenden uns wieder an Rudi, würde ich sagen.«

Korff schnalzte mit der Zunge, sah Philips verständnislosen Blick, versuchte zu erklären. »Zum Glück haben wir noch einige alte Kontakte, auf die wir zurückgreifen können, wenn es hart auf hart kommt.«

Aber Philip beschäftigte etwas ganz anderes. »Und mein Handy? Das hast du mir abgenommen, damit sie … uns nicht orten?«

»Oh, diese mobilen Kommunikationsmittel von heute sind ja im Grunde nichts anderes als Peilsender. Sie hätten uns längst ausfindig gemacht.«

»Aber ich muss Caro Bescheid sagen, sie wartet morgen auf mich!«

Die Kujawski wandte sich um. Ihre Stimme schwankte: »Du liebe Güte, was hast du deiner Freundin denn erzählt?«

Die Formulierung »deine Freundin« kam ihm, so wie sie es sagte, etwas merkwürdig vor.

»Eigentlich gar nichts. Aber ich sollte mich bei ihr melden. Wenn ich nicht auftauche, ruft sie bestimmt die Polizei.«

»Du musst sie beruhigen, aber du solltest sie vorläufig im Unklaren lassen. Für solche Fälle sind wir durchaus ausgestattet«, sagte Korff, holte das Handy aus seiner Hosentasche, legte es vor sich auf den Tisch und tippte mit dem Zeigefinger darauf. »Wir werden sie morgen von diesem Telefon aus anrufen. Auch deine Mutter. Damit sie sich keine Sorgen macht.«

»Hältst du das für richtig?«, fragte Elisabeth Kujawski. »Sie werden garantiert ihr Telefon anzapfen, sie wahrscheinlich auch verhören.«

»Das macht nichts. Wenn Philip ihr eine entsprechend vorbereitete Nachricht zukommen lässt, kann Barbara wenigstens glaubhaft machen, dass sie von allem nichts gewusst hat.«

Philip schüttelte den Kopf. Das konnte unmöglich wahr sein. Sie würden seine Mutter verhören? Er sah sie vor sich, er hörte ihren Protest. Sie würde wahnsinnig werden vor Sorge. Das … das konnte er doch nicht zulassen. Im nächsten Moment schreckte er zusammen. Wieder eine Hand auf seiner Schulter. Korff stand über ihm, sah ihn beinahe aufmunternd an. »Es wird sich alles klären. Bald haben wir das überstanden.« Philip wollte es nicht, aber er nickte. Er zog die Knie gegen den Oberkörper.

»Ruh dich aus«, sagte die Frau.

22

Oben. Philips eiskalte Hand auf dem Geländer. Und plötzlich das helle Licht. Da unten ist jemand, unten vor der Tür des Antiquariats. Die Gestalt, die dort wartet – lauert –, zuckt zusammen, schaut zu ihnen herauf. Der Hals dreht sich langsam, schwerfällig. Der Mann atmet hörbar, asthmatisch. Ein Rasseln in der Brust. Wie kann das sein? Er ist krank, natürlich ist er krank. Und … missgebildet? Etwas stimmt nicht mit den Proportionen. Nein. Gar nichts stimmt. Es sieht fast so aus, als säße sein Rumpf schief auf der Hüfte. Und dann. Seine Hände. Die Hände, mit denen er nach Philip greifen wird. Zuschnappen, zudrücken. Man kann diese Hände sehen im kurzen Moment, in dem alles hell ist, weil der Mann sie reflexartig anhebt. Sie sind blau. Blau, fast schwarz. Als wären sie lückenlos mit Hämatomen übersät. Und dann der Kopf. Nicht daran denken, nein. Es scheint ein dickes Geschwür über seinem rechten Auge zu sitzen, ein klobiger Brocken grauen porösen Fleisches. Und irgendwas Entsetzliches stimmt nicht mit seinem Mund, als wäre da eine gewaltige Hasenscharte nicht behandelt worden. Hasenscharten hat Philip schon gesehen. Aber das ist doch anders, schlimmer, gar kein Vergleich … als hätte sich die Haut vorm Oberkiefer zurückgezogen, als wäre … Philip öffnet die Augen, sein Herz schlägt wieder schneller. Nein, aufhören. Das muss aufhören. Er sieht Korff und die Frau, ihm gegenüber, sie sitzen am Tisch. Leise sprechen sie, tuscheln, stecken die Köpfe zusammen, und der alte Mann zupft geistesabwesend an der weißen Tischdecke. Philip kann sie nicht verstehen. Er kann das alles nicht verstehen.

23

Wenn ich die Augen zumache, wird es schlimm, *denkt das Mädchen*. Sehr, sehr schlimm. Also bleibe ich wach. Ich lasse den kleinen Fernseher laufen, den sie mir hier aufgestellt haben. Ich versuche es mit und ohne Ton, sehr leise und sehr laut, und manchmal drehe ich mich weg und schaue nur die Farbblitze auf der gegenüberliegenden Wand an.

Nur nicht wieder aus dem Fenster sehen wie letzte Nacht. Wenn schon keiner auf mich aufpasst, muss ich es wenigstens selber tun. Vielleicht lohnt es sich ja heute, Geduld zu haben. Jetzt sind sie vielleicht schon am Ziel. Bald werde ich es wissen.

Und dann dieser Wind. Er rüttelt und klopft das Haus und den Garten ab, fast als würde er mich suchen. Zweige schlagen gegens

Fenster, und ich kann das gar nicht überhören, egal, wie sehr ich mich anstrenge. Letzte Nacht hab ich stundenlang nach draußen gestarrt, zu den Mauern der anderen Gebäude, in denen alle Fenster tot sind. Und dann kommen die Lichter, sie vibrieren in der Finsternis, kommen und gehen, geben Zeichen, die ich entschlüsseln muss. In meinem Kopf nehmen sie eine Bedeutung an, die mich erschreckt. Rufe von draußen, die mir gelten? Ein Flehen? Und wenn ich jetzt den Kopf zum Fenster drehen würde, wo die Äste ihren Rhythmus peitschen, würde ich ganz die Kontrolle über mich verlieren.

Ich habe doch wieder Fieber.

Seit einer Stunde zittert mein linker Fuß. Ich hab ihn massiert, ihn geknetet, ich habe mit der Faust auf die angespannten Sehnenstränge auf dem Spann eingeschlagen. Aber er zittert, hat sich selbständig gemacht. Ich kann mir schon denken, was als Nächstes kommt.

Mir tränen die Augen, ich versuche aber trotzdem, mich auf den Shoppingsender zu konzentrieren. Zwei zähnebleckende Männer preisen mir eine Tapezier- und Streichrolle an, die man in einen Bottich taucht, damit sie die Farbe aufsaugt. Immer weiter gibt sie Farbe ab – *sie hält und hält und hält*, sagt der Mann mit wahnsinnig fröhlicher Stimme. Ich wäre jetzt sehr gern bei ihm und würde mit ihm Wände streichen, weiter und weiter streichen und nie mehr aufhören. Aber meine Zehen zucken, und mein ganzer Fuß zuckt, und ich muss aufspringen und im Zimmer auf und ab rennen und mich am Kopf kratzen. Ich kann nicht aufhören. Lieber mal die Fingernägel anschauen, ob sich schon Blut erkennen lässt. Das geht so nicht, das geht nicht, das darf nicht sein. Ich kauere mich in eine der Ecken, zwischen Wand und Nachtschrank, klemme meine flatternden Hände unter die Achseln und stemme meinen Oberkörper mit aller Gewalt gegen die Knie, während meine Füße, jetzt beide, weiterzittern.

Heute Nacht, heute Nacht, haben sie gesagt. Wie soll ich da schlafen? Wie soll ich mich da beruhigen? Roth, der widerliche, stinkende Roth, hat mir versichert, nach dem letzten Fehlschlag würden sie jetzt zu härteren Bandagen greifen. So drückt er sich aus. *Härtere Bandagen.* Was sie eigentlich vorhaben, sagen sie mir natürlich nicht. Nur so viel: Morgen früh wird mir Bericht erstattet. Sie sind jetzt ganz nah dran, bald kennen sie den Aufenthaltsort. Es wird auch Zeit, denn das, was in mir ist, wird immer ungeduldiger. Es drängt und drängt und frisst mich auf von innen. Sie haben ja keine Ahnung, wie gefährlich dieses Hinauszögern für sie werden kann.

Auch Stewart windet sich am Telefon. Er will mir verdammt noch mal nicht sagen, wann er zurückkommt, und ich habe den Verdacht, dass er mich bloß hier abgeliefert hat, dass er jetzt nichts mehr mit der ganzen Sache zu tun haben will. Er hat eine Scheißangst und überlässt mich meinem Schicksal und macht sich aus dem Staub. *Kommst du zurück?*, habe ich ihn gefragt. Ich habe die Frage durchs Telefon geschrien, und er hat mir gesagt, ich solle mich beruhigen – ja, klar! – und Roth vertrauen. Ausgerechnet! Roth wird schon das Richtige tun, bis er selbst wieder hier bei mir sein kann, sagt er. Ich habe ihn ausgelacht, ich habe ihn einen Feigling genannt. *Ich weiß, wovor du Schiss hast*, hab ich zu ihm gesagt.

Und dann hab ich nicht mehr gekonnt. Ich hasse mich dafür, aber ich habe geweint am Telefon. »Was ist nur mit mir los?«, hab ich gefragt, geschluchzt. Und ich wette, Roth, der widerliche, abartige alte Roth, hat hinter der Ecke gestanden und gelauscht und sich diebisch gefreut über so ein offensichtliches Zeichen von Schwäche. Aber ich konnte es nicht ändern, ich habe in den Hörer geschluchzt – da unten in diesem beklemmenden, stinkenden Wohnzimmer mit den staubigen Farnen in den rot bemalten Töpfen und dem Bild im Goldrahmen, auf dem blaue Berge zu sehen sind und ein hellbrauner Hirsch, der den Kopf in die Höhe streckt und ruft.

»Ich halte das hier nicht aus, Stewart«, habe ich wohl gesagt, aber gemeint hab ich was ganz anderes. Es war eine Drohung, und ich glaube, Stewart hat sie verstanden. *Es* hält es nicht aus, das, was in mir ist und nicht mehr warten kann. Ich kann es spüren, manchmal glaube ich, ich kann es spüren, wie eine langsam kriechende Masse in mir, eine zweite Haut unter meiner Haut, die sich voranschiebt. Aber das ist das, was passiert, wenn man immer allein gelassen wird, wenn niemand mehr da ist. Wenn man Fieber hat. »Ich komme zurück«, hat er gesagt. Ja, schön, aber wann? Verdammt! *Wann, Stewart, wann setzt du deinen feigen Hintern in den Flieger?* Wenn es zu spät ist?

Endlich hab ich ihm, ganz leise, dann doch noch die Frage gestellt. Die Frage, die immer in meinem Kopf herumkreist, seit ich hier bin, seit ich Roth kennengelernt habe. War Clems Tod damals ein Unfall, oder waren sie hinter ihm her? Hatten sie ihn nach all den Jahren aufgespürt? Erst hat Stewart gar nichts dazu gesagt. Nur schon wieder so eine feige Stille, in der er noch viel weiter weg war als sowieso schon. Und dann die Antwort: »Ich glaub nicht.«

Ich sehe Clem noch vor mir. Clem, den alle für meinen Vater gehalten haben, sehe ich jeden Tag. Ich sehe ihn, wie er auf der Straße liegt. Wie er, grau und dünn, verdreht und blutend vor unserem schäbigen kleinen Bungalow auf der Durham Avenue liegt. Und ich höre auch immer noch die quietschenden Reifen, das Geräusch des aufheulenden Motors. Dieses Geräusch, dieses alles zerschneidende Heulen war der Anfang von allem, was danach kam und was bis jetzt nicht aufgehört hat und was ich nicht mehr lange aushalten kann.

Was ist damals wirklich passiert, was? Ein unbedachter Moment, ein zerstreutes Über-die-Straße-Stürzen. Er schaut nicht links, nicht rechts, er hört nicht gut, hört nicht, was sich ihm nähert. Clem! Clem!

Dabei hat er mich immer gewarnt. Hat zu mir gesagt: »Pass auf dich auf. Niemandem darfst du trauen, mit niemandem über dein Leben sprechen, immer nur über die letzten Jahre, nie über die frühe Zeit, über die Kindheit.« An die ich mich ja sowieso nie wirklich erinnern konnte. »Die Leute müssen nicht alles über uns wissen, mein Schatz.« Seine zittrigen Hände auf meiner Stirn, sein gehetzter Blick, aber eine weiche, warme Stimme. »Gute Nacht, Nora, mein Schatz. Schlaf gut, und vergiss deine Gebete nicht.«

Und dann ist er es, der einfach nicht mehr da ist. Ich höre das Geräusch im Haus. Ich stelle irgendwas in den Kühlschrank zurück. Ich lausche in der Küche, höre das blecherne Luftschaben der

Klimaanlage, dann Stimmen auf der Straße, jemand ruft. Auf der Küchenuhr bewegt sich ein Zeiger viel zu langsam. Es ist die Zeit, in der Clem vom Dienst in der Wäscherei nach Hause kommen müsste. Es ist die Zeit, in der er die Tür öffnen und mich rufen müsste, immer mit diesem Unterton der Sorge in der Stimme, der hörbaren Angst, ich könne nicht da sein. *Nora? Nora?*

Und jetzt? Ich renne, bleibe hinter der Fliegengittertür stehen, trete nicht hinaus auf die morsche Veranda. Von hier aus kann ich genug sehen. Durchs gräuliche Gitter kann ich sehen, dass er zerschmettert wurde, dass kein Leben mehr atmen kann in diesem Körper. Jemand ruft nach einem Krankenwagen, jemand sagt: It's too late.

Clems Stimme habe ich noch im Ohr, seine Warnungen, seine Angst: *Wenn etwas passiert …*

Meine Güte. Was soll denn passieren?

Wenn etwas passiert, mach dich aus dem Staub, hinterlass keine Spuren, und komm nicht zurück.

Also stürze ich in mein Zimmer, packe irgendwas, von dem ich später feststelle, dass ich es nicht brauchen kann. Nehme das Bargeld aus dem Versteck, lasse nichts zurück. Erstarre. Halte den Atem an. Eine Stimme ruft nach mir, unten im Haus. Ich glaube: Mrs. Sobotsky, die Frau, die nebenan wohnt mit ihren drei Kindern. Ich rühre mich nicht, mache kein Geräusch, stehe wie festgewachsen an meinem Bett. Dann ruft sie nicht mehr, die Vordertür quietscht, draußen auf der Durham halten Autos, die Stimmen gehen ineinander über. Ich muss verschwinden, darf keine Spuren hinterlassen.

Später, bevor ich in den Überlandbus gestiegen bin, habe ich Mrs. Sobotsky noch einmal angerufen. Wir haben beide geweint. Aber sie ist sehr aufgeregt gewesen, nachdem sie mir bestätigt hatte, dass Clem tatsächlich gestorben war, noch an der Unfallstelle. »Komm zurück, Kind, du kannst doch nicht alleine zurechtkommen, du bist doch viel zu jung. Mach keinen Unsinn, Mädchen! Was soll denn das?« Ich habe aufgelegt und bin in den Continental Express gestiegen. Habe mir einen Platz gesucht, das Gesicht gegen die Scheibe gedrückt und zugeschaut, wie die Straßen breiter geworden sind und die Stadt sich hinter uns aufgelöst hat in einzelne Gebäude, in Parkplätze, letzte Siedlungen. Hab Abschied genommen. Stumm.

Verkehrsunfälle passieren jeden Tag zu jeder Stunde. Menschen werden überrollt, zerquetscht, in Stücke gerissen. Und dann lässt man sie einfach liegen, lässt sie sterben. Fahrerflucht. Aber die Vorstellung, dass es Roth gewesen sein könnte, der hinter dem Steuer saß, oder irgendeiner seiner Freunde von früher, auf die er sich so viel einbildet! Der Gedanke, dass einer von ihnen das Gaspedal durchgedrückt hat auf der Durham, bloß weil er ihn aus dem Weg haben wollte.

Damals hatte ich keine Ahnung. Ich wusste nichts. Clem war viel zu ängstlich gewesen, um mich einzuweihen, wollte nichts von dem aufrühren, was mein Geist verdrängt hatte. »Dein Vergessen ist ein Segen, Nora, eine Gnade des Herrn«, hat er gesagt, mir die Haare aus der Stirn gestrichen und gelächelt.

Roth sieht das anders. Jetzt und hier wollen sie austesten, woran ich mich noch erinnere. Sie stellen mir Fragen, hören nicht auf, wollen mich aufklären. Über meine Kindheit. »Über deine Bestimmung«, sagt Stewart. »Sie werden dir zu deiner Bestimmung verhelfen.« Manches kommt zurück, einzelne Teile. Es ist kein schönes Bild, aber ein zusammenhängendes, ein richtiges Bild. Fast bin ich schon wieder das Kind, das ich einmal gewesen bin. Aber sie sind nicht ehrlich zu mir. Sie sagen mir nicht, ob Clem, zerstreut und verwirrt, wie er war, so nervös und unkonzentriert und ängstlich, einfach vor ein Auto gelaufen ist, wie ich damals angenommen habe, oder ob jemand ihm aufgelauert hat und alle hier wissen, wer es getan hat. Jetzt traue ich ihnen alles zu, und wenn es kein Unfall gewesen ist, sondern Mord, dann wollten sie ihn bloß loswerden, um zu mir zu gelangen.

Damals wollte ich nur weg, wollte nicht, dass irgendjemand von der Schule sich um mich kümmert oder womöglich jemand aus der Methodistengemeinde, in die Clem mich immer geschleift hat, seit wir in die Nachbarschaft gezogen waren. Ich wollte nicht, dass die Polizei mich abholt und bei den Psychiatern absetzt, die sich schon früher keinen Reim auf mich machen konnten. Ich war vierzehn Jahre alt. Mein falscher Vater lag vor dem Haus in seinem Blut, ich saß in einem Bus, der Meilen und Meilen und noch mehr Meilen zurücklegen würde, und ich wollte selbst über meine Zukunft entscheiden.

Und doch bin ich ihnen letztlich in die Arme gelaufen, den Kindern der Entropie, und dann denjenigen, die vielleicht schuld sind an Clems Tod, denjenigen, von denen er mich all die Jahre fernhalten wollte. Aber das ist ein Unterschied: Es geht von mir aus und nicht von ihnen. Nicht sie machen mir Angst, sondern ich ihnen. Stewart sei Dank habe ich viel gelernt über die Kraft, die in mir drängt. Über das, was sich durch mein Inneres schiebt und meine Körpertemperatur immer weiter ansteigen lässt, das langsam, aber ungeduldig auf den Ausbruch wartet.

Es ist genau die Kraft, die jetzt in mir ruft, die Stimme, die gerade jetzt aus mir herausbricht, wohl weil ich nicht aufhören kann, mich in die Wut über Clems Tod hineinzusteigern. Der Fernseher läuft noch. Telefon- und Bestellnummern werden ein- und wieder ausgeblendet, weiße Wände werden immer noch grün, und wahrscheinlich ist bald Morgen. Daran versuche ich zu denken, aber kalte und heiße Schauer ziehen meine Wirbelsäule hinauf. Meine Füße klopfen beim Gehen über den Boden, sie hämmern regelrecht, und ich hüpfe mehr, als dass ich Schritte mache. Meine Arme, auf denen sich alle Haare aufstellen, zittern jetzt auch, und ich höre selbst die Stimme, die aus mir spricht. Eigentlich ist es eher ein Singen, ein schrecklicher Gesang aus langgezogenen Tönen. Aus verzweifelten Tönen. Es muss sehr laut sein, sehr laut und immer lauter. Ich glaube, die Wände zittern, und irgendwo bewegt sich etwas im Haus. Jetzt schrecken sie bestimmt auf. Ich werde die Leute in den anderen Häusern wecken, wenn ich so schreie wie jetzt. Aber hier wissen alle, dass man nachts nichts hören soll, dass man nicht nachschauen, dass man niemanden um Hilfe rufen darf.

Ich höre diese Stimme, und ich höre diese Sprache, die Wörter meines schreienden Gesangs, die Silben, die aus mir herauskommen, und ich verstehe sie auch, ich weiß, was sie bedeuten, während ich sie ausstoße, auch wenn ich mich schon Sekunden später nicht mehr an sie erinnern kann. So ist das immer. Es ist bloß ein Anfall.

Jetzt wird die Tür aufgeworfen. Roth steht im dunklen Flur, starrt zu mir herein, mit weit aufgerissenen Augen. Er trägt oben herum bloß ein Unterhemd. Seine alten Arme sind dürr und hässlich. Er hat seine fleckige Alte-Männer-Hose nicht richtig zugemacht, sein Hosenstall ist offen. Er stinkt. Ich rieche seinen Schweiß überdeutlich, viel zu deutlich, und ich rieche das, was die Hunde riechen, wenn sie ihre Schnauzen gegen seinen Schritt drücken. Und in seinen Augen steht die Angst. Die Angst vor mir!

»Ruhig! Bitte, ruhig!«, stammelt er. Was sieht er? *Keine Spiegel hier! Es gibt hier keine Spiegel für mich!* Was sieht er, wenn er mich jetzt anstarrt? Ich rufe ihm etwas zu, aber die Stimme gehört nicht zu mir, dafür kribbelt mir sein Entsetzen im Kopf, als wäre es mein eigenes. Ich habe ihn gewarnt, so oft. Und jetzt ist es vielleicht zu spät. *O dunkler Gott, o schwarzer Geist der Nacht, steh mir bei.* Ich weiß ja selbst nicht, was als Nächstes passiert.

Zweiter Teil
VERLASSENE ZIMMER

Berlin! Halleluja, Berlin!
Halleluja, Berlin! Alle wollen dahin,
also will ich das auch.

Rainald Grebe

I

Manchmal, wenn es sehr früh war, so wie jetzt, glaubte sie, dass der Wind etwas Salz mit sich trug, etwas Frische von der See bis zu ihnen wehte. Margret Schneider atmete tief ein, durch die Kopfschmerzen hindurch, und blickte nach draußen. Es war nur ein kurzer Moment, und dann musste sie ihre Pflicht erfüllen, egal, wie schwer es ihr fiel. Für ihn. Für Manuel. Es gab nicht mehr besonders viele Regeln, auf die sie sich verließ, dafür hatte sie zu viel erlebt. Aber eine zumindest hatte Bestand: Das eigene Kind bleibt immer das eigene Kind.

Kaum zu glauben war es und schon eine ganze Weile her, aber vor einunddreißig Jahren war Manuel das schmächtigste Baby auf der Säuglingsstation gewesen: ein schnaufender, noch blinder Winzling an ihrer Brust. Damals. Zierlich in seiner Wiege neben ihrem Bett, aber gesund. Früh schon war sein Lächeln unwiderstehlich gewesen und hatte alle angesteckt, die sich heruntergebeugt hatten, um ihm Guten Tag zu sagen. Und wenn er gelacht hatte, wenn dieses selige Glucksen in seiner Kehle hochgestiegen war, hatten sich die glücklichen Grübchen in seinen Wangen noch vertieft. Mit hilflos grapschenden Händchen hatte dieses großäugige Krabbelwesen die Finger seiner Mutter umschlossen. Unvorstellbar damals, dass er je würde fest und kräftig damit zupacken können.

Mehrere Jahre war er etwas zu dünn geblieben, hatte drahtig und mit spitzen Gelenken zwischen seinen Freunden auf dem Spielplatz getobt: ein atemloser Stürmer mit ehrgeizig aufeinandergepressten Lippen. Und manchmal – ja, gut, zugegeben – manchmal war er etwas ruppig geworden. Ein Junge, der sich nichts gefallen ließ, der sich durchsetzen konnte. Eines Tages, das wusste sie noch, war er fassungslos brüllend und mit einer großen Schramme auf dem Gesicht zu ihr gerannt, weil er sich um irgendein Spielzeug geprügelt hatte mit einem anderen Jungen.

Als die Schulärztin später zu dem Schluss gekommen war, er sei leicht unterernährt und zu dünn für die Einschulung, hatte sich Margret Schneider empfindlich in ihrer Mutterehre getroffen gefühlt und umgehend damit begonnen, ihn aufzupäppeln. Dicker Milchreis auf seinen mit Sesamstraßenfiguren illustrierten Tellern, Nudeln mit gesüßter Tomatensauce, Pudding mit Sahne. Auch Kartoffelchips, wenn er welche haben wollte. Und, vor dem Fernseher, Eis mit aufgewärmten Schattenmorellen, die er besonders liebte und deren tiefroter Saft ihm vom Kinn getropft war.

Sie kümmerte sich noch heute darum, dass er bekam, was er brauchte. Eine Selbstverständlichkeit. Mancher versuchte ihr einzureden, dass es Zeit sei loszulassen, dass sie Abstand bräuchte, an sich selber denken müsse, doch das kam für sie überhaupt nicht in Frage. Denn: Eine Mutter bleibt doch immer eine Mutter.

Sie hatte eine Auswahl seiner Spielzeuge aufgehoben. Knubbelige Muskelmännchen aus Plastik, Modellautos, einen Hubschrauber, einen Teddybären, der zwei Löcher hatte, wo einmal die beiden Knopfaugen gewesen waren. Die Erinnerungsstücke, die sie hierher mitgebracht hatte, steckten in einem durchsichtigen Müllsack, und manchmal, wenn sie sich selbst Mut zusprechen musste, holte sie ihn aus dem Schrank.

Meistens griff sie nach dem plattgedrückten Bären und legte ihn erst wieder zurück, wenn sie ihn lange gemustert hatte. Eigentlich hatte Manuel ihn nie sonderlich gemocht, er war auch nicht pfleglich mit ihm umgegangen – nicht ganz auszuschließen, dass er ihm die Augen eigenhändig ausgerupft hatte. Aber ihr bedeutete der Bär, dem Manuel keinen Namen gegeben hatte, eine Menge. Schließlich hatte sie ihn als Geschenk besorgt, als sich ihr Sohn mit sieben Jahren die Windpocken eingefangen hatte. Das war eine leichte Übung gewesen: darauf zu warten, dass das Fieber einer Kinderkrankheit nachließ. Ein Kuscheltier in die schweißnassen Händchen drücken, ein Thermometer herunterschütteln, eine Geschichte vorlesen.

Heute war es schwieriger.

Ihr Mund war trocken, sie hatte Durst, aber es war jetzt nicht die Zeit, an sich zu denken. Die Dunkelheit hatte sich noch nicht vollständig aufgelöst, und draußen war es sehr ruhig. Die Stille war immer schlimmer als der Lärm, der hier manchmal herrschte. Vom Küchenfenster aus konnte sie die Kapelle sehen, konnte sehen, dass in ihrem Inneren schon wieder Lichter angezündet wurden. Sie flackerten verschwommen hinter den schmalen, spitz zulaufenden Glasfenstern, und eine Gestalt überquerte langsam den Kiesweg. Sie schloss die alten Holzläden – längst eine automatische Geste.

Jetzt stellte sie den Teller mit dem Fleisch sowie die Kanne mit dem abgekühlten Tee auf das Tablett, gab noch einige Tropfen aus dem kleinen braunen Fläschchen dazu (wobei sie sich wie immer verzählte) und sagte mit heiserer Stimme Karl Bescheid. Ihr Mann nickte, ohne den Blick zu heben, begleitete sie mit knackenden Kniegelenken die Treppe hinauf und schob für sie die Riegel der Tür zurück.

Manuel war schon seit Tagen unruhig. Woran es lag, wusste sie nicht. Aber auch jetzt hockte er bereits aufmerksam vor dem Fenster, obwohl die Läden geschlossen waren. Sein Gesicht war schwer und still dagegengelehnt, als horche er in den Morgen hinaus. Es war seit einiger Zeit etwas über ihn gekommen, eine ahnende Spannung, eine Erwartung. Als Mutter spürte man so etwas natürlich.

Sie betrat den Raum, stellte das Tablett auf den kleinen, zerfurchten Holztisch, und ohne die Augen von ihm abzuwenden, nahm sie in schnellen Bewegungen die Decke von seinem Bett. Es musste neu bezogen werden. Fleckig war es und klamm. Sie hatte keine Lust zu warten, bis die Tropfen ihre Wirkung taten.

Er bewegte träge den Kopf, sah zu ihr hinüber. Er hatte sie erst jetzt bemerkt. Es war, als wolle er etwas sagen. Aber er konnte schon lange keine klaren Worte mehr sprechen. In jedem Fall war Eile nötig.

Manuel erhob sich, musste sich auf dem kleinen Fensterbrett abstützen. Sein Atem ging schwer. Er schnaufte, seine Augen aber waren klar, und sie fixierten seine Mutter.

Margret Schneider packte das feuchte Kopfkissen und versuchte zu lächeln. Als hätte er nur auf ein solches Signal gewartet, war er schon im nächsten Augenblick bei ihr, hatte seine Hände auf ihrem Kopf, in ihren Haaren, riss daran. Sie wehrte sich nicht, aber ihr entfuhr ein kehliges Stöhnen, als er sie losließ und sie zu Boden stürzte. Hart schlug sie mit dem Kopf auf, spürte sofort das Blut, das ihr über die Stirn rann. Manuel war dicht bei ihr, griff nach ihrer Schulter, aber bevor er sie erneut zu fassen bekam, zuckte er heulend zusammen, kippte zur Seite und landete auf dem Boden. Karl stand mit dem Hockeyschläger über ihm, versetzte ihm noch einen weiteren Schlag auf den vorstehenden Brustkorb. Margret Schneiders Sohn krümmte sich zusammen und gab einen jener speichelsprühenden Zischlaute von sich, die verrieten, dass in nächster Zeit nicht mit ihm zu spaßen sein würde.

Während sie sich eine Hand auf die Wunde an ihrem Scheitel presste – vielleicht war sie nicht tief –, verließ sie rückwärts das Zimmer. Karl kam ihr nach, verriegelte die Tür.

»Er hat keinen guten Tag«, sagte er, fuhr sich mit dem Handrücken über den Mund und hustete.

Manuels Mutter nickte bloß.

2

Als Philip aufwachte, hatte Korffs Verwandlung schon begonnen. Er hatte es nicht für möglich gehalten, aber schließlich war die Anspannung doch von ihm abgefallen, und die Erschöpfung hatte ihre Ansprüche geltend gemacht. Einfach nur die Beine ausstrecken, nur für den Moment die Augen schließen. Die leisen Stimmen der beiden alten Leute, die sich im Hintergrund berieten, hatten ihn eingelullt.

Nun aber riss er die Augen auf und hatte sofort das Gefühl, leichtsinnig gewesen zu sein. Desorientiert schaute er sich um, griff mit tauben Fingern um sich. Eine dicke, warme Wolldecke lag auf ihm, die er eilig zurückschlug. Ein intensiver Duft. Dazu das Geräusch. Natürlich: Das angestrengte Schnaufen der Kaffeemaschine in der kleinen Küchenecke hatte ihn aus dem Schlaf geholt.

»Schön, dass du dich ein bisschen ausruhen konntest«, sagte die Frau, deren Name ihm nicht sofort einfiel. Kujawski. Elisabeth

Kujawski. Sie schaute ihn verlegen an. »Ich kann dir leider nur ein paar Kekse anbieten. Aber ihr werdet euch bestimmt unterwegs eine vernünftige Stärkung besorgen.«

»Wie spät ist es denn?« Philip besaß keine Armbanduhr, schaute eigentlich immer auf seinem Handy nach, wenn er wissen wollte, wie viel Uhr es war.

»Zehn nach fünf.«

»Gibt es hier …?«

»Oh ja.« Die Kujawski nickte und stellte ihm einen Teller auf den kleinen Tisch in der Mitte des Raumes. »Sobald dein Onkel fertig ist, kannst du dich frischmachen. Oh.« Sie lachte kurz auf. »Da ist er ja schon.«

Der Mann, der jetzt durch die Tür trat, trug einen schlank geschnittenen grauen Anzug, ein hellblaues Hemd mit steifem Kragen und dunkler Krawatte. Er hatte sich die Haare streng aus der Stirn gekämmt und eine dickrandige Brille auf die knochige Nase gesetzt. Seine Gesichtszüge waren scharf geschnitten wie immer, aber er trug den Kopf erhoben und nicht bescheiden nach unten gebeugt. Die Falten, die wie Fächer von seinen Augenwinkeln ausgingen, schienen weniger tief zu sein als gewöhnlich. Sein Blick war klar und ernst, und kein fahler Bartschatten machte die Wangen grau. Er sagte: »Guten Morgen, Philip.« Und dann fügte er aufgeräumt hinzu: »Ah, Kaffee …«

Philip erhob sich schwankend von dem alten Sofa. Jetzt erst fiel ihm auf, dass sein Nacken ganz steif geworden war. Matt ließ er sich auf den zweiten Stuhl sinken und starrte seinen Großonkel mit großen Augen an. Ja, tatsächlich. Eigentlich hatte er es von Anfang an gespürt, schon damals bei ihrem Einzug im Starenweg: die Falschheit des alten Mannes, die Übertriebenheit in seinen Gesten, seine aufdringlich betonte Gebrechlichkeit. Alles Schauspielerei. Das hier war also der echte Onkel Richard. »Guten Morgen«, sagte Philip. Er begrüßte ihn zum ersten Mal.

Die Kujawski schenkte beiden Kaffee in dünne Porzellantässchen und zog beeindruckt die Mundwinkel herunter. »Wie aus dem Ei gepellt.«

Sie sind gut drauf, dachte Philip und schaute fassungslos von einem zum anderen. Das war völlig absurd, aber doch eine Erleichterung. Die letzte Nacht rückte von ihnen ab.

Korff griff nach einem der Kekse. »Danke, Elisabeth.« Und, zu Philip gewandt, fügte er hinzu: »Es tut gut, sich mal wieder etwas auszustaffieren.«

Die Kujawski nickte. »Er hat hier einen ganzen Kleiderschrank voll mit Sachen, die er lange nicht benutzt hat.«

»Für den unwahrscheinlichen Fall, dass man uns suchen lässt, ist dieser Wechsel im Erscheinungsbild ausgesprochen nützlich,« sagte Korff und fixierte Philip nachdenklich. »Hättest du Lust, auch eine Brille aufzusetzen? Aus Fensterglas natürlich. Ich habe mehrere zur Auswahl. Vielleicht sollten wir auch dein Aussehen etwas verändern …«

Philip ließ den Blick aufs Tischtuch gleiten, zuckte verwirrt mit den Schultern, nippte an dem heißen Kaffee. *Sie scheinen das regelrecht zu genießen.* Aber die drückende Blase riss ihn aus seinen Gedanken. »Wo kann ich …?«, fragte er.

»Gleich gegenüber im Gang, links«, fiel ihm Elisabeth Kujawski ins Wort. Ihr Akzent hatte jetzt etwas Warmes, kam Philip weniger hart vor als in der vergangenen Nacht. Vielleicht sprach sie für gewöhnlich Dialekt. »Ich habe dir zwei Handtücher bereitgelegt«, sagte sie noch.

»Okay«, sagte er bloß und beeilte sich, ins Bad zu kommen.

Und dann, als er in der engen kleinen Dusche stand, mit dem durchdringenden Geruch von Lavendelseife in der Nase, fragte er sich: »Was tue ich hier eigentlich?«

Aber als er seine Sachen wieder angezogen und staunend einige hauchdünne Glasscherben aus seinem Hemd geschüttelt hatte (*die Waffe, das Loch in der Scheibe*) und zu den beiden Alten zurückgekehrt war, fragte er sich schon gar nichts mehr. »Wir müssen uns beeilen«, sagte sein Großonkel mit Nachdruck. Also beeilten sie sich, und alles ging sehr schnell.

So schnell, dass Philip vieles nicht ganz mitbekam, obwohl er sich unter der Dusche noch vorgenommen hatte, besonders aufmerksam zu sein und sich auf keinen Fall in irgendeinen Mist hineinziehen zu lassen. Er steckte sich einen Keks in den Mund und warf gleichzeitig einen Blick über die Schulter, nahm aber trotzdem nur halb wahr, wie Korff irgendwelche falschen Personalausweise umsortierte, zwei auswählte und die anderen zurück in die Schublade des Küchenschranks gleiten ließ. Dann sagte er etwas, leise, und die Kujawski nickte. *Sie wissen, was sie tun. Sie sind vorbereitet gewesen, er und seine alte Freundin. Sie haben einen Plan.*

Philip fischte eilig seinen linken Schuh unter dem Sofa hervor und sah aus den Augenwinkeln, wie der nun so geschäftsmäßig auftretende Mann im Anzug aus irgendeinem Versteck (der Zuckerdose?) ein ganzes Bündel von Geldscheinen zog und sich schließlich mit einem flüchtigen Wangenkuss von Elisabeth Kujawski verabschiedete.

»Auf Wiedersehen«, sagte Philip, nachdem er sich überstürzt die Schnürsenkel gebunden hatte.

»Auf Wiedersehen, mein Junge. Hab Vertrauen«, sagte die alte Dame, lächelte ihn aufmunternd an und berührte kurz mit ihrer faltigen Hand seine Wange.

Ihre Finger waren trocken, und für den Augenblick kam es Philip vor, als würde seine Gesichtshaut zu brennen beginnen. *Vertrauen, hab Vertrauen.* Er musste schlucken, und es war, als fiele er noch einmal heraus aus dem sich überstürzenden Ablauf der Dinge. Die Rollläden waren noch immer unten. Da draußen war etwas anderes. Sein Herz klopfte, und er sah sich selbst einen anderen Tag beginnen, einen Tag in der gewöhnlichen Welt. *Ich möchte jetzt Joghurt essen und Cornflakes,* dachte Philip, *ich möchte, dass jetzt ein anderer Tag losgeht, mit Musik, mit Caro, mit meiner Mutter, keine Ahnung, ein ganz normaler Tag, der in einer ganz normalen Küche beginnt.*

Die alte Dame lächelte noch immer, dann wandte sie sich ab, und es war vorbei. »Du weißt, wie du mich erreichen kannst«, sagte sie zu Korff, klang wieder forsch und fordernd. »Gib Bescheid, wenn du geklärt hast, wie es weitergehen kann.« Er nickte nur.

Philip wollte zurückschauen. Es kam ihm vor, als hätte sich mit der Wohnungstür noch eine andere Tür geschlossen, eine, die sich nie wieder würde öffnen lassen. *Vertrauen.*

Nun also derselbe Weg in umgekehrter Richtung. In der vergangenen Nacht waren sie geradezu blindwütig über die Straßen und Hinterhöfe gerannt. Jetzt gingen sie zügig, aber ohne Hektik, wobei sie nicht einmal in die Nähe des Starenwegs kamen. Als sie Schritte hörten, blieben sie kurz hinter Altglascontainern stehen, schlugen dann in enge Kopfsteinpflastergassen ein und umgingen Kronstedts Marktplatz. Die Sonne hatte sich noch nicht aufgerafft, die Luft schmeckte kalt und nach Tau, die Häuserwände sahen bläulich aus, und in den schmalen Durchgängen und Torbögen, durch die sie zur Altstadt gelangten, lag noch schwer und grau die Dunkelheit. Dafür waren in den Bäumen die Vögel sehr wach und sehr laut, und von weitem sah Philip kurz den Austräger der Kronstedter Tageszeitung um eine Ecke biegen. Auf einem von der Straße aus nicht einsehbaren Parkplatz der kleinen Postfiliale stiegen sie schließlich in ein Auto. »Guten Morgen, Rudi«, sagte Korff.

Der Mann, der mit verblichener Jeansjacke und Schirmmütze am Steuer saß, nickte ihnen mit einem zurückhaltenden Lächeln zu.

Der Alte lehnte sich zurück, legte seinen Gurt um und sagte: »Dann wollen wir mal.«

3

Zuerst stellte sie die drei Kaffeekannen aus Edelstahl auf den niedrigen Tisch vor der Sitzgruppe, dann schloss sie die Fenster und zog die Lamellenvorhänge zu.

»Danke, Katja«, sagte Ullrich Müller.

Seine Assistentin, die eigentlich sein Schatten war, mindestens aber seine rechte Hand, nickte stumm und schloss die Tür von innen. Dann nahm sie in einigem Abstand auf einem Stuhl Platz und blickte mit dunklen aufmerksamen Augen zu der Frau hinüber, die in der vergangenen Nacht, auf ihrem Beobachtungsposten vor dem

Starenweg, Alarm geschlagen hatte und nun mit aufgelösten blonden Haaren und verschränkten Armen in der Zimmermitte stand und sich angestrengt verteidigte: »Ich war überhaupt nicht darauf vorbereitet. Was hätte ich denn tun sollen Ihrer Meinung nach?«

Müller seufzte und ließ sich auf der Couch nieder. Er hielt seine Mitarbeiterbesprechungen gern hier ab, ließ seinen Schreibtischplatz am anderen Ende des Büros unbesetzt, baute Barrieren ab und gab sich auf Augenhöhe verständnisvoll. Doch jetzt runzelte er die Stirn, blickte zu ihr auf und machte eine einladende Handbewegung. Doch sie wollte sich nicht setzen, schüttelte den Kopf.

»Ich mache Ihnen keine Vorwürfe, wir alle haben nichts Derartiges erwartet.«

»Was ist mit Björn? Warum sagt man mir nichts?«, fragte sie, und ihre Stimme klang gepresst.

»Deswegen wollte ich mit Ihnen sprechen, bevor die anderen dazukommen.« Müller goss sich Kaffee ein. »Vor allem möchte ich nicht, dass Sie sich seinetwegen Vorwürfe machen. Er hatte, im Gegensatz zu Ihnen, die entsprechende Ausbildung. Er hat an vielen Einsätzen teilgenommen, die mit vergleichbaren Unwägbarkeiten behaftet gewesen sind. Er kannte das Risiko.«

»Das mag ja sein, aber er hat mir selbst gesagt, als wir im Auto gesessen und das Haus observiert haben, dass er nicht die geringste Ahnung hatte, worum es hier eigentlich geht. Er wusste genauso wenig wie ich.«

Natürlich hat er das gesagt, dachte Müller, *natürlich hat er seine Order befolgt.*

Sie war wütend, überreizt. Müller schätzte es nicht, wenn seine Mitarbeiter emotional reagierten, auch wenn er in einer solch extremen Situation natürlich Verständnis dafür haben musste.

»Es ist in diesem speziellen Fall nicht möglich, einzelnen Kollegen sämtliche Details …«

Sie unterbrach ihn: »Sämtliche Details? Vielleicht hätten einige Grundinformationen schon genügt! Zum Beispiel darüber, wie gefährlich der Einsatz werden könnte und mit wem wir es da zu tun bekommen! Ich zum Beispiel hatte ja ursprünglich nicht einmal eine Ahnung davon, dass Björn bewaffnet zu diesem Einsatz kommen würde.«

Jeder Beteiligte kannte nur seinen Auftrag, sein aktuelles Einsatzfeld. Alle brachten ihre kleine Zutat, warfen sie in die Rührschüssel, und wie der Kuchen später aussehen würde, wenn er aufgegangen war, wusste nur der engste Kreis von Auswertern. Müllers Regel. Müllers Sicherheitsvorkehrungen.

»Ich verstehe Ihre Erregung, Vera, wirklich, aber Sie müssen vernünftig sein. Ihre Aufgabe bestand nur in der Observation. Es war nicht geplant, dass Sie eingreifen und sich gefährden.«

Sie starrte ihn an. »Als hätte es da eine Wahl gegeben. Das Leben des Jungen war in Gefahr.«

»Deswegen habe ich Ihr Vorgehen auch nicht kritisiert. Sie haben sich in der gegebenen Situation durchaus vorbildlich verhalten. Sie beide.«

Jetzt setzte sie sich neben ihn, suchte direkten Blickkontakt, was sehr unangenehm war. »Was ist mit Björn passiert?«

Müller rückte einige Zentimeter ab, sah sie ernst an. »Er befindet sich in ärztlicher Behandlung.«

»Kann ich zu ihm?«

»Vorläufig nicht, es tut mir leid.« Müller legte ihr die Hand auf den Unterarm. Ihm selbst fiel das Schlucken schwer. Er hatte die Fotos gesehen, noch in der Nacht den Ablauf rekonstruiert – mit den Experten. Mit überrumpelten, aus dem Schlaf gescheuchten Fachleuten. Er wusste, dass Björn Weidenheim vorläufig keinerlei Besuch empfangen konnte. Man musste erst ganz sichergehen, Tests durchführen, die Krise abwarten – aber die Dinge standen nicht gut. Er versuchte, nicht daran zu denken, wie Weidenheim, den ihm gute Bekannte beim BKA empfohlen hatten, mit gezückter Waffe einem Feind in die Arme gelaufen war, von dessen spezieller Gefährlichkeit tatsächlich auch er nichts hatte wissen können. Müllers Regeln.

»Wie schwer sind die Verletzungen? Lebensbedrohlich?«

»Ja, lebensbedrohlich. Ich meine, Sie haben ihn doch gesehen.«

Weidenheim hatte gelebt, als die Kollegen bei ihm und Vera

eingetroffen waren, er hatte flach geatmet, zusammengekrümmt im Hinterhof des Starenwegs 8 gelegen. Der Angreifer hatte ihn übel zugerichtet – ob mit den Händen, mit einem Hilfsmittel oder … oder mit den Zähnen … man wusste es noch nicht. Müllers Magen zog sich zusammen, aber er nippte äußerlich teilnahmslos an seinem Kaffee.

»Man muss Björns Familie Bescheid sagen …« Vera fuhr sich mit der Hand durchs Haar.

»Er lebt getrennt von seiner Frau.« Ein Einwurf von Katja Wielandt, aus dem anderen Ende des Raumes.

Vera Freytag wandte kurz den Kopf, und ihr entfuhr ein beinahe trotziges: »Ich weiß.«

Müller schaute sie an, sah, wie sie mit den Tränen kämpfte, und hob unwillkürlich die Augenbrauen. Er hatte noch gar nicht daran gedacht: *Sie und Björn?* Natürlich. Er ärgerte sich. Auch ein möglicher Grund, warum die beiden in diesem Auto so unaufmerksam gewesen waren und den gesamten Einsatz von vorn bis hinten verpfuscht hatten. Katja wusste es vielleicht. Wenn nicht, würde sie es rausfinden. Er räusperte sich.

»Soll ich mich mit seinen Eltern in Verbindung setzen?«, fragte Vera Freytag.

»Nein, das ist bereits erledigt.«

»Aber ich muss doch irgendetwas tun können.« Jetzt lief tatsächlich eine Träne über ihre Wange.

»Sie haben doch schon etwas getan. Sie haben uns eine Täterbeschreibung gegeben.« Ja, Vera hatte ihn noch gesehen, im Hinterhof des Starenwegs 8, nur wenige Sekunden lang. Es hatte einen Blickkontakt gegeben, aber gekümmert hatte sie sich natürlich nur um Björn, war ihm nicht von der Seite gewichen. Doch in diesem Fall war das Bild der flüchtenden Silhouette aufschlussreich genug. Leider. »Und jetzt können Sie sich etwas Ruhe gönnen, Vera. Und wenn Sie sich erholt haben, werden Sie uns weiterhin dabei unterstützen, unsere Zielperson zu finden.«

Müller schlug die Akte auf, die vor ihnen auf dem Tisch lag. Von Tag zu Tag wurde sie umfangreicher, ganz zu schweigen von der inoffiziellen Akte, die er hier gewiss nicht ausgebreitet hätte. Obenauf: ein sehr altes Foto. Darunter der Ausdruck eines ganz aktuellen, aus der Entfernung geschossen, vorgestern, von Vera selbst: *Der Pensionär Korff* vor seiner Haustür, hinter ihm der Schriftzug *Antiquitätenkontor*. Unter dem Foto mehrere ausgedruckte Protokolle von abgehörten Telefonaten aus dem Starenweg.

»Glauben Sie, dass der alte Mann dem Jungen etwas tun wird?«, fragte Vera mit gefassterer Stimme. Sie wischte sich mit dem Handrücken rasch über die Augen, zog dann konzentriert die Stirn kraus.

»Es ist möglich. In jedem Fall hat sich gezeigt, dass er nicht weniger ausgefuchst vorgeht als früher. Er weiß, wie er uns auf Abstand halten muss.«

»Gibt es denn eine offizielle Fahndung?«

Müller schüttelte den Kopf. »Vorläufig nicht. Noch liegt die Sache ganz bei uns, und ich würde es begrüßen, wenn es noch eine Weile so bleibt. Semmler vom Innenministerium ruft alle paar Stunden an, aber noch kann ich ihn bei Laune halten.«

Vera seufzte irritiert. »Aber haben wir denn irgendwelche Anhaltspunkte über ihren Aufenthaltsort?«

Müller erhob sich, seine Knie knackten. »Bis jetzt noch nicht. Aber wir haben ja eine gewisse Vorstellung, was er als Nächstes tun wird, und unsere Leute stehen bereit.«

Vera Freytag nickte, stand ebenfalls auf. »Was ist mit der Mutter?«

»Wir haben jemanden in ihrer Nähe, wir warten ab, ob sie Kontakt aufnimmt, ob sie etwas weiß. Wir werden sehen.« Er machte eine Pause, in der er stumm mit der eigenen Frustration zu kämpfen hatte. »Ich würde jetzt gern die Kollegen hereinbitten, wenn Sie nichts dagegen haben. Geht es?«

»Ja. Ja, vielen Dank.« Sie nickte, lächelte ihn zum ersten Mal an.

»Aber Sie gehen besser nach Hause, schlafen sich aus.«

»Ich komme morgen wieder. Vielleicht …«

»Nehmen Sie sich alle Zeit, die Sie brauchen.« Müllers Stimme klang abweisender, als er es beabsichtigt hatte. Und während er die Tür öffnete und angeregte Stimmen langsam in das zum Konferenzraum erweiterte Büro drangen, während Kaffeetassen gefüllt und

Hände geschüttelt wurden, wurde Vera Freytag von Katja Wielandt in entgegengesetzter Richtung in den Vorraum begleitet. Sie lächelte dabei, warmherzig sogar. Aber ein Rauswurf war es doch.

4

Sie waren eine ganze Weile über eine inzwischen ziemlich verstopfte Autobahn gefahren, schließlich jedoch eine Abfahrt hinunter und ins Zentrum einer kleineren Stadt, in der Philip noch nie gewesen war. Rudi hielt vor einer Rossmann-Filiale und stieg aus, um einige Bedarfsartikel einzukaufen: eine Zahnbürste für Philip, Zahnpasta, Duschgel und Shampoo, ein parfümfreies Deo und Einweghandschuhe.

Philip schaute ihm nach. Durch die große Glasfront konnte man noch sehen, wie er einen Einkaufskorb aus Metall nahm, sich umschaute, dann zwischen den mannshohen Warenregalen verschwand.

Jetzt stand die Sonne höher – schon wieder ein freundlicher, warmer Tag. Das Hoch hieß Heike, das hatte Philip noch gestern im Radio gehört. Er schnaufte kurz.

Korff schaute ihn fragend an. »Was ist?«

»Ach, ich musste nur gerade daran denken, dass das, was wir hier abziehen, wahrscheinlich der absolute Wunschtraum meiner Mutter wäre. Dass jemand wie Rudi mit dem Wagen vorgefahren kommt, ihr alles einkauft, was sie so braucht, und dann mit ihr wegfährt. Irgendwohin, wo sie alle Zelte abbrechen und neu anfangen kann. Zelteabbrechen ist nämlich ihr Hobby.«

Korff lächelte und nickte. Nach einer Pause sagte er: »Rudi ist ein sehr zuverlässiger Junge. Ich bin schon lange mit seiner Familie bekannt. Auf ihn können wir uns hundertprozentig verlassen. Risikominimierung steht jetzt an erster Stelle.«

Philip nahm seine Fensterglasbrille ab, die bereits voll fettiger Fingerabdrücke war, und musterte sie. »Wie genau sehen denn die Risiken eigentlich aus? … Für mich zum Beispiel?«

»Das kann man so nicht sagen, das hängt von verschiedenen Faktoren …«

Philip unterbrach ihn. »Sag's mir einfach.«

»Nun, was da gestern Nacht passiert ist, kann ein Rachefeldzug sein oder der Versuch, mich unter Druck zu setzen. Ich weiß es nicht. Sie wollen irgendetwas von mir, und sie kennen dich, sie hatten dich gewissermaßen schon in der Hand.«

Die Hände. Der fiepende Atem an seinem Ohr.

»In jedem Fall möchte ich es vermeiden, dich an irgendeinem Ort zu lassen, an dem ich nicht persönlich ein Auge auf dich haben kann.«

»Okay.« Das klang nicht wirklich beruhigend. »Aber ich krieg das immer noch nicht auf die Reihe. Was sind denn das für Leute?«

Korff wandte sich ihm direkt zu: »Ich wünschte, ich könnte dir das sagen. Ich weiß nur, mit wem wir es damals zu tun hatten.«

»Wann war denn das überhaupt?«

»Mitte der achtziger Jahre.«

»Und da hast du was genau gemacht?«

»Es war ein ganz normaler Vorgang. Ich gehörte zu einem Expertengremium, das vom Bundesamt für Verfassungsschutz einberufen worden war.«

»Warum ist das nicht Sache der Polizei?« Philip hatte noch immer die Hoffnung, einfach auf irgendein Polizeirevier gehen und die Verantwortung abgeben zu können.

Korff seufzte, zuckte mit den Schultern. »Es handelte sich, wie soll ich es sagen, um eine okkulte Verbindung.«

»Um eine Sekte?«

Der Alte nickte zögerlich. »Solche Vereinigungen operieren im Geheimen. Man muss Kontakte knüpfen, um herauszubekommen, was hinter verschlossenen Türen vorgeht. Wir haben seinerzeit die Umtriebe einer ziemlich extremen Gruppierung ausgewertet, die sich neu gebildet hatte und in Verbindung mit verschiedenen Straftaten gebracht worden war.«

»Was für Straftaten?« Warum musste man diesem Mann eigentlich jedes Wort aus der Nase ziehen?

»Du weißt, dass religiöse Kulte oder Sekten oft Menschen in Abhängigkeit bringen, sie ausnutzen, sie missbrauchen. Es geht um betrügerische Beschaffung finanzieller Mittel, aber auch um Verschleppungen, Freiheitsberaubung, im schlimmsten Fall auch um Gewaltverbrechen.«

»Was war denn das für eine Sekte? Kennt man die?«

»Nein, den Anhängern ist es nie darum gegangen, bekannt zu werden. Sie wollten ab einem bestimmten Punkt ihrer Radikalisierung auch keine weiteren Mitglieder werben. Es war ein Zirkel, der unter sich blieb. Sie haben sich auch keinen Namen gegeben, der irgendwelche Rückschlüsse auf ihre konkrete Ausrichtung zugelassen hätte. Sie haben aber zur Tarnung eine Stiftung gegründet, eine so genannte Gesellschaft für Kritische Theologie. Also haben wir sie dann der Einfachheit halber GKT genannt.«

»Woran haben die denn geglaubt – an den Weltuntergang, oder was?«

»Es schienen uns auf den ersten Blick ganz gewöhnliche Okkultisten zu sein, Philip. Wie kann ich es am besten erklären? Der innere Zirkel der GKT hat Rituale praktiziert, bei denen Menschen zu Schaden gekommen sind, zu erheblichem Schaden. Manche sind getötet worden.«

Das Kribbeln in Philips Kopf – als hätte sich eine elektrisch geladene Hand in seinen Nacken gelegt. Es entstand eine Pause.

»Außerdem …« Korff zögerte. Offenbar war er sich immer noch nicht ganz sicher, wie viele Details er Philip zumuten sollte. »Außerdem haben sie sich mit Krankheiten beschäftigt, oder vielleicht sollte ich besser sagen, mit kranken Menschen.«

Der Mann vor der Antiquariatstür. Er war krank. Natürlich war er krank.

»Sie haben gewisse physische und psychische Störungen in Verbindung gebracht mit der Macht übernatürlicher Kräfte. Es war eine scheußliche Angelegenheit.«

»Aber wieso bist ausgerechnet du auf diese Leute angesetzt worden?«

Korff sah ihn ernst an. »Ich war damals an der Universität beschäftigt, in Hamburg. Es hatte sich rausgestellt, dass der Leiter meines Instituts zu einem Mitglied, später sogar zur treibenden Kraft der GKT geworden war. Ich war jahrelang sein Mitarbeiter gewesen. Auch sein Vertrauter. Er ist sozusagen bei der Forschungsarbeit auf diese Leute gestoßen und hat – leider – Feuer gefangen.«

»Was für eine Forschungsarbeit?«

»Professor Friedrich Bergmann war eine Kapazität im Bereich der empirischen Religionspsychologie. Wir haben uns gemeinsam einige Jahre mit religiösen Wahnvorstellungen und ihrer Therapie auseinandergesetzt. Im Zuge der wissenschaftlichen Recherchen also auch mit Sekten – hauptsächlich mit harmloseren Religionsgemeinschaften. Auffangbecken für labile Persönlichkeiten, die nach einem Halt suchen. Schließlich hat Bergmann diese Gesellschaft für Kritische Theologie kennengelernt. Damals hieß sie noch nicht so, es war ein loser Bund. Die Mitglieder müssen ihn schwer beeindruckt haben, vor allem weil sie sich selbst als Forschende verstanden haben, weil von ihnen sehr sorgfältig und umfassend kulturgeschichtliches Material gesammelt und ausgewertet worden war. Offenbar hat er den Leuten irgendwann auch erhebliche finanzielle Unterstützung zukommen lassen. Er hat ihnen seine eigenen Arbeitsergebnisse zur Verfügung gestellt, und schließlich ist er komplett im Untergrund verschwunden. Er war von heute auf morgen nicht mehr erreichbar, hatte lediglich eine formelle Kündigung im Institut eingereicht. Dazu so eine Art Abschiedsbrief, in dem er erklärte, er werde sich jetzt als Privatgelehrter seinen eigenen Schwerpunkten widmen. Mich hat er damit schwer vor den Kopf gestoßen, das kannst du dir vielleicht denken. Ich war sehr wütend auf ihn.«

Richard Korff atmete nachdenklich aus, zog die Stirn kraus. »Ziemlich genau drei Jahre später hat sich der Verfassungsschutz an mich gewandt. Wie gesagt: Ich hatte nicht nur an seinen Versuchen und Studien teilgenommen, sondern auch viele der Kontakte und Termine hergestellt. Ich war bei vielen Probandengesprächen anwesend gewesen. Es war also nur natürlich, dass die Ermittler darauf zurückgreifen wollten. Aber wenn ich gewusst hätte, worauf ich mich da einlasse ...« Er schnalzte mit der Zunge, sein Blick war finster, verlor sich irgendwo jenseits der Fensterscheibe.

»Okay, also Professor Bergmann. Dann müssen die ja gute Argumente gehabt haben, wenn sie einen Psychologieprofessor überzeugen konnten.«

Korff starrte vor sich hin. Für einen Moment wirkte er völlig geistesabwesend. Dann atmete er tief ein. »Es war zu Beginn auch für mich sehr schwer zu verstehen. Aber nach unseren späteren Erkenntnissen hat er die Perspektive dieser Leute als konsequente Fortsetzung seiner Arbeit betrachtet. Wenn Menschen mit Wahnvorstellungen Stimmen hören, weil sie unter einer dissoziativen Persönlichkeitsstörung oder Schizophrenie leiden, gehen sie oft davon aus, sie hätten Kontakt mit übernatürlichen Wesen, die von ihnen Besitz ergreifen, die sie lenken und beeinflussen. Unsere Aufgabe war es, diese Trugbilder mit Mitteln der Medizin und Psychologie aufzulösen, zu therapieren. Bergmann selbst aber hatte schon früh den Gedanken geäußert, wir würden die Kranken, ihre ganz besonderen Wahrnehmungen und Gefühle, nicht ernst genug nehmen, wenn wir sie von vornherein in diese gewöhnliche Schublade stecken. In letzter Konsequenz hat er den Spieß schlichtweg umgedreht.«

»Was heißt das?«

»Er hat nicht mehr daran geglaubt, dass Wahnvorstellungen auf schlichte Krankheitsbilder zurückzuführen seien. Er war der Ansicht, die Kranken könnten Dinge wahrnehmen, die tatsächlich existieren. Sie würden ihre mentalen Kapazitäten erweitern und damit über die Fähigkeiten der Gesunden hinauswachsen. Er glaubte, dass wir unsere gesamte Wahrnehmung erheblich steigern und damit manches aus dem Unterbewussten ins Bewusste verlegen könnten, wenn wir nur genau genug die Kranken studieren und von ihnen ... nun ja ... von ihnen *lernen* würden. Das hat die besondere Gefährlichkeit dieser Vereinigung ausgemacht, verstehst du, Philip?«

»Nicht wirklich.«

Korff lächelte matt. »Die Mitglieder der GKT haben Menschen dazu gebracht, ihre geistig kranken Verwandten für die abwegigsten Rituale zur Verfügung zu stellen. Als es nicht genug Nachschub gab, haben sie sich auf anderem Wege ihre … Probanden beschafft. Außerdem haben sie angefangen, nicht nur mit Halluzinogenen, sondern auch mit Krankheitserregern zu experimentieren, und spätestens hier hörte für den Staatsschutz der Spaß auf.«

»Was ist denn aus diesem Professor Bergmann geworden?«

»Bitte?«

»Ich meine, habt ihr ihn erwischt?«

»Ja, schließlich konnten wir sie aufspüren.«

»Und dann wurden die Leute verhaftet? Bergmann wurde verhaftet, ja?«

»Nein, er ist ums Leben gekommen.«

Für einen Moment tauchte das Bild der gezückten Waffe wieder vor Philips Augen auf. Die Splitter, die auf ihn herabgeregnet, die in seinem Hemd stecken geblieben waren, die er wiedergefunden hatte auf dem Boden in Elisabeth Kujawskis kleinem Bad.

»Wieso ist er ums Leben gekommen?«

Korff schaute ihn an. »Ach, weißt du, es waren Fanatiker, Philip. Die ganze Sache ist ziemlich aus dem Ruder gelaufen, als es hart auf hart ging.«

»Und diese Theologische Gesellschaft gibt es immer noch?«

Er zuckte wieder mit den Schultern. »Nicht dass ich wüsste. Wir haben sie damals beobachtet, ihre Verbindungen ermittelt, die ziemlich weit verzweigt waren, und den inneren Kern auffliegen lassen. Es hat Verhaftungen gegeben, Sicherheitsverwahrungen. Und … wie gesagt, Todesfälle. Wir hielten die Sache jedenfalls für erledigt. Aber was heißt das schon.« Der Blick des alten Mannes glitt erneut ins Leere.

»Dieser widerliche Typ, der bei uns im Haus war …« Philip musste sich unterbrechen. »Der … also … der Kranke könnte zu dieser Sekte gehören, die ihr damals beobachtet habt.«

Korff nickte.

Philip versuchte einen klaren Kopf zu bekommen. »Und was geschieht jetzt?«

»Ich würde sagen, wir versuchen nachzuvollziehen, wie dein Stiefbruder in all das hineingeraten ist. Morten Rheinberger. Das ist unser Anhaltspunkt. Wir müssen klären, warum er verschwunden ist und ob er sich aus Angst vor der Entdeckung versteckt hält. Immerhin hat er es nicht gewagt, sich persönlich an mich zu wenden. Er hat den indirekten Weg gewählt, wofür er ernste Gründe haben wird. Nun müssen wir uns an die Spuren halten, die er uns gegeben hat. Und«, fügte er mit zufriedenem Lächeln hinzu, »dank Rudi haben wir ja auch die erste Etappe klar vor uns.«

Tatsächlich hatte Philip sich nicht an Mortens Adresse erinnern können. Rudi jedoch hatte in seinem Wagen einiges dabeigehabt, einen Reisekoffer zum Beispiel, und er hatte Korff eine Mappe voller Papiere gereicht. Offensichtlich fanden sich darunter auch Mortens Daten. Philip spürte den Drang nachzufragen, wie er an all das herangekommen war, aber eigentlich wollte er die Antwort lieber nicht hören. Sauber war diese Sache ganz bestimmt nicht. Als Rudi wieder in den Wagen stieg, war Philip dennoch erleichtert, dass es ein konkretes Ziel gab: *Morten Rheinberger. Schliemannstraße 9, 10435 Berlin.*

Sie fuhren nochmals eine gute Stunde, bis sie Magdeburg erreichten und am Bahnhof ankamen, an dem Rudi sie absetzte. Er schaute Korff mit deutlicher Sorge im Blick an.

»Wenn Sie noch Anrufe zu erledigen haben …«

»Haben wir.«

»Dann benutzen Sie auf jeden Fall das hier.« Rudi zog ein kleineres Handy aus der Hosentasche, ein schwarzes Motorola, und ließ sich das ältere aushändigen. »Sicher ist sicher. Und bitte beachten Sie, was ich Ihnen aufgeschrieben habe. Sie müssen die Vorwahlen nehmen, unbedingt. Jedes Mal eine andere.«

»Ich weiß. Die Zeiten haben sich geändert.« Korff lächelte.

Absurd, dachte Philip. *Das ist absurd.* Ihm fiel eine von Caros Geschichten ein. Kevin Meier hatte damit angegeben, er habe sich für 3,99 eine Verschlüsselungs-App runtergeladen. Weil er Angst hatte, dass die Polizei ihn abhören würde, wenn er seinen Dealer anrief. Sogar seine Freunde hatten ihn ausgelacht. *Hoffentlich ist das keine Verschlüsselungs-App für 3,99*, dachte Philip. Und dann, während ihm schon wieder das Herz bis zum Hals schlug: *Ist das wirklich euer Ernst?*

»Das Gleiche gilt für den Fall, dass Sie ins Internet gehen«, sagte Rudi.

»Ich hoffe, das wird nicht erforderlich sein.«

»Es wird bestimmt erforderlich sein«, entgegnete Rudi ernst und schaute dann zu Philip herüber. »Ihr junger Freund wird Ihnen gewiss helfen können. Nicht wahr?«

Philip nickte beklommen. *Onkel Richard hat mit Technik nichts am Hut. Er gehört wirklich in eine andere Zeit.*

»Wann in etwa, glauben Sie, werden Sie dort sein … in der Schliemannstraße?«, fragte Rudi.

»Sagen wir, gegen 14 Uhr. Wird das machbar sein?«

Rudi nickte. »Ich schicke jemanden vorbei – vorher, um sicherzugehen, dass Sie dort keine unangenehme Überraschung erleben werden. Wenn Sie keine Nachricht auf dem Handy erhalten, können Sie rein.«

»Vielen Dank, Rudi.«

»Bitte schön«, sagte der Mann, und Richard Korff klopfte ihm vom Rücksitz aus kurz auf die Schulter.

Sie verabschiedeten sich und stiegen in den Doppelstockwagen einer Regionalbahn, in der es unangenehm nach Schweiß und schon so früh am Tag nach verschüttetem Bier roch. Sie saßen oben, und an ihnen vorbei schoss plane Landschaft. Manchmal stand der Wald dicht an den Schienen, manchmal zog er sich zurück, gab den Blick frei auf leere Felder und weiße Windräder, stramme, schmale Riesen, deren Flügel sich gleichmütig in der Ferne drehten. Wolken hingen wie vollgesogene Schwämme über den schäbigen Rückseiten bewegungsloser Ortschaften. Die Bahn überquerte Wasserkanäle, begleitete grüne Lärmschutzwände, passierte sich kreuzende Straßen, und auf benachbartem Gleis raste ein Schnellzug ihnen voraus in die große Stadt. Es war merkwürdig, aber Philip spürte ein eigenartiges Hochgefühl, einen Tatendrang, der ihm neu war, der sich noch fremd anfühlte. Hin und wieder zwang er sich, damit aufzuhören, die Haut rund um seine Fingernägel aufzupulen. Sein rechter Daumen blutete bereits ein wenig. Es war nicht leicht, still zu sitzen, es war nicht leicht, über all das nachzudenken.

Er schaute Richard Korff an, der neben ihm eine Zeitung durchblätterte: ein Geschäftsmann, der geduldig seinem nächsten Termin entgegenfuhr. In Wirklichkeit aber ein Planer, der ein unsichtbares Netz spann, in dem Philip sich aufgehoben fühlte. Natürlich spürte er die Angst, sie pochte dumpf in seinen Ohren, und unwillkürlich grub sich sein rechter Zeigefinger in das Nagelbett seines rechten Daumens. Aber während der Zug sich dem Ziel näherte, kam er sich deutlich weniger hilflos vor als noch am frühen Morgen, vielleicht sogar weniger hilflos als normalerweise.

Es ging weiter, Bahnhof für Bahnhof. Die Tonbandstimme sagte die Haltestellen an, die Landschaften wechselten, die Häuser standen dichter und dichter, rückten zusammen und boten schließlich nur noch enge Durchlässe für die Schienen. Korff faltete die Zeitung zusammen, nahm den Koffer aus dem Handgepäckfach, und der Zug rauschte mit ihnen in die Hauptstadt hinein, die sie groß, gleichgültig und geschäftig empfing. Sie wussten nicht, dass man sie bereits erwartete.

5

Ja, es war ein guter Tag, um mutig zu sein. Der Wind kam frisch von der See. Entschlossen trieb er die Wolken ins Landesinnere, und auf der Travemünder Promenade wechselten sich Schatten und strahlende Helligkeit in raschen Schüben ab. Fred Kormann lachte, und er hatte seinen Arm um Wiebkes Schultern gelegt. Noch sehr lässig, ohne Druck, ohne Besitzanspruch. Aber während sie ihre Geschichten erzählte, schaute sie meistens ihn an und nur selten ihre Freundin.

Sie waren alle drei übernächtigt, hatten miteinander die Nacht durchgemacht und bis zum Sonnenaufgang ziemlich viel getrunken. Noch immer war Fred durstig. Er wollte etwas Süßes trinken, etwas Klebriges, Fanta oder Cola am liebsten – literweise. Aber er fühlte sich gut, besser als seit langer Zeit. Es hatte einen Tiefpunkt gegeben, und jetzt war er überstanden. Er dachte nur noch flüchtig daran: Alles hatte ihn angekotzt, wirklich alles. Er war Freitag vor zwei Wochen dreiundzwanzig Jahre alt geworden, und er hatte an diesem Tag mit niemandem auch nur ein einziges Wort gewechselt. Stattdessen hatte er stocknüchtern und allein in der Fußgängerzone gehockt und versucht, nicht darüber nachzudenken. Nicht wütend zu werden.

Er war sein eigener Herr, seit sechs Jahren, seit er auf der Straße lebte. Seit er dem Scheißstaat und dem kaputten Kapitalismus den Finger in die Fresse hielt, seit er auf die bürgerlichen Wichser schiss und sich das Leben zum Verbündeten machte. Manchmal, wenn man Geburtstag hatte zum Beispiel, war es eine Katastrophe, manchmal war es eine geile Offenbarung. So wie heute. Es war gut, seit Wiebke aufgetaucht war, an dem Abend in der Bruchbude von Steven, in der sie jede Menge Wiener Würstchen gefressen hatten, kalt und aus dem Glas. Irgendwer war damit angekommen. Da hatte er sie zum ersten Mal gesehen. Sie war an beiden Armen tätowiert, mit Totenköpfen und roten Rosen, über die Spinnen krochen, und er wusste, dass sie jünger war als er.

Wiebke erzählte Geschichten ohne Ende, eine nach der anderen, über Leute, die sie kannte, über Idioten und Verrückte, die sie auf der Straße angequatscht hatte, und damit konnte sie alle zum Lachen bringen. Das meiste davon dachte sie sich wahrscheinlich aus, aber ihre Einfälle waren irre. Wenn sie selber lachte, wenn sie so richtig lachte, weil sie high war oder einfach nur richtig, richtig gut drauf, grunzte sie durch die Nase, und das machte ihn echt fertig, weil es sich so saukomisch anhörte und er sich selber nicht mehr halten konnte vor Lachen. Wiebke war tough und fröhlich und hübsch. Fast so groß wie er. Krass blaue Augen hatte sie auch, und sie ließ sich nichts gefallen. Außerdem konnte sie einiges vertragen. Trotzdem verspürte Fred den Drang, sie zu beschützen. Ihr beim Geschichtenerzählen und beim Lachen und beim Durch-die-Nase-Grunzen zuhören, mit ihr lachen, ihr über die Haare streichen und sie beschützen, alles gleichzeitig, das war gut. Sie hatten auch schon zwei Mal miteinander rumgemacht, einmal komplett mit allem Drum und Dran, und das schien ihr gefallen zu haben. Sie hatte den Eindruck gemacht, als sei sie ganz versessen auf seinen Vollbart, aus dem sie die Finger gar nicht mehr rausbekommen hatte. Aber das hieß vielleicht noch nicht viel, denn man konnte wirklich nicht behaupten, dass sie nüchtern gewesen wären beim Vögeln.

Die Freundin, die sich affigerweise Brandy nannte (wie so eine erbärmliche amerikanische R-'n'-B-Mainstream-Tussi), kannte Wiebke selbst noch nicht lange. Sie sprach nicht viel, aber wenn, dann senkte sie das Kinn auf ihr dick gewickeltes Palituch und gab bloß altkluges Zeug von sich. Darüber, wie schlimm alles war und wie viel schlimmer alles noch werden würde. Eine Pessimistin. Fred würde sie schon noch loswerden – Kleinigkeit, Mann. Alles würde sensationell werden.

Der Wind schob die Wolken über den Himmel, die Sonne leuchtete ihnen hell und beinahe warm ins Gesicht. Fred fühlte den Restalkohol in seinem Kopf, und er fühlte sich mutig.

Mutig genug, um unvernünftig zu sein, als er bemerkte, wie einer der beiden Typen mit den schwarzen Lonsdale-Jacken in ihre Richtung schaute, einen tiefen Schluck aus seiner Bierflasche nahm und irgendwas von asozialen linken Zecken sagte. Vielleicht sagte er auch was von Vergasen, aber das hätte Fred nicht beschwören können. Er spürte dafür umso deutlicher, wie Wiebke ihren Blick abwandte, Brandy etwas zuflüsterte und sich unter seinem Arm verkrampfte. Er schaute die beiden Wichser an, er suchte ihren Blick, was er normalerweise immer vermieden hätte. Und er sagte leise, aber nicht leise genug: »Verpisst euch bloß, ihr fetten Nazischweine.«

Es waren noch nicht allzu viele Touristen in Travemünde angekommen, obwohl in den meisten Bundesländern bereits die Ferien angefangen hatten. Das Osterwochenende begann erst mit dem Karfreitag in sechs Tagen, und während am Timmendorfer Strand bereits die Hamburger ihre Ferienwohnungen bezogen, herrschte hier noch Ruhe. Tagesgeschäfte wurden durchgeführt. Ganz in der Nähe des großen Casinos beispielsweise gab es eine private Arztpraxis (mit dem angeblichen Schwerpunkt der Diabetologie), in der regelmäßig Rezepte ausgestellt wurden, über die man sich andernorts wundern würde. Insgesamt aber gab es wenig Grund zur Aufregung.

Im klotzartigen Maritimhotel, das in der Biegung der Bucht aufragte, waren noch jede Menge Betten frei. Immerhin: In den Strandkörben saßen bereits einige wetterfeste Strandbesucher in blauen Pullovern und mit weißen Hüten. Ihre Köpfe, die eben noch den grauen Wellen zugewandt gewesen waren, tauchten jetzt kurz auf und blickten hoch zur Promenade. Aus einem Imbiss kam ein sechsjähriger Junge gelaufen. Er blieb mit halb geöffnetem Mund hinter dem großen Langnese-Aufsteller stehen, auf dem mit schwarzem Filzmarker das Magnum Gold sowie Cornetto Enigma (»Entdecke den weichen Kern«) durchgestrichen waren.

Es war natürlich ein unfairer Kampf. Fred war dünn und untrainiert, ein stolzer Pazifist. Seine langen Haare, die er erst vorgestern in der Wohnung eines Kumpels gewaschen hatte, flogen ihm um den Kopf, als er versuchte, den Schlägen auszuweichen. Er ging in die Knie, strauchelte, rappelte sich aber zügig wieder auf. Als einer der beiden Skinheads die Bierflasche am Hals packte und ihr den Boden ausschlug, gab Wiebke einen heiseren Schrei von sich und begann, in Richtung Imbiss zu rennen.

Der Junge hinter dem Langnese-Aufsteller, an dem sie vorbeihetzte, fing laut zu weinen an, als er von seiner Mutter an die Hand genommen und weggezogen wurde. Die Wolken flogen rasch über den Himmel, es wurde sehr hell und dann auch wieder kurz sehr dunkel. Die Möwen waren verlässlich, denn sie zogen ihre Kreise. Sie kreischten auch (aber bloß hungrig, nicht aufgeregt), und die orientierungslose Erschrockenheit auf der Promenade dauerte einen weiteren Moment, der Fred ziemlich lang und schmerzhaft vorkam. Dass es nicht weit her war mit der Zivilcourage an diesem Vormittag, schien nicht weiter verwunderlich. Nach den letzten Gewaltexzessen in den Großstädten, in München und Berlin, hatte sogar die Polizei die entsprechenden Warnungen öffentlich gemacht: »Wir raten grundsätzlich vom Kontakt mit dem Täter ab, weil das unkalkulierbar ist«, hieß es von offizieller Seite. »Schlagen Sie Alarm, stehen Sie als Zeuge zur Verfügung, greifen Sie aber auf keinen Fall ein.«

Daran konnte man sich halten. Doch es ließ sich nicht übersehen, dass es hier eine Menge Zeugen gab, die keinerlei Anstalten machten, Alarm zu schlagen. Immerhin stellte sich ein übergewichtiger älterer Mann in die Tür des Imbisses und rief mit lauter Stimme »He! Aufhören!« zu ihnen herüber.

Es war die Sache nicht wert (nur ein verlauster, ungewaschener, bärtiger Penner), und es konnte durchaus sein, dass die Polizei tatsächlich hier auftauchen würde, also zogen die beiden Skinheads ab. Sie stießen sich gegenseitig an und machten einfach kehrt. Niemand folgte ihnen. Die halb zerbrochene Flasche, deren scharfe Kanten Fred im Gesicht und am rechten Oberarm getroffen hatten, lag mitten auf der Promenade.

»Bist du eigentlich komplett bescheuert?«, fragte Wiebke, als sie sich neben Fred auf die Knie sinken ließ.

Er grinste und bewegte seinen brummenden, schmerzenden Kopf langsam auf ihren Kopf zu, bis sich seine Stirn vorsichtig an ihre Stirn drückte. Er blutete am Kinn, und er blutete am Arm, aber er lachte heiser, und seine Schultern zuckten dabei.

»Was machen wir denn jetzt mit ihm?«, fragte Wiebke.

Auch Brandy hatte sich hingekniet und öffnete ihren Rucksack. »Ist nicht so schlimm, ich hab alles dabei, sogar Jod und Pflaster.« Sie griff tief in den weiten grauen Stoffrucksack, auf den sie jede Menge Zeichen gemalt und Fuck-off-Slogans geschrieben hatte. Es waren auch Peace-Zeichen darunter, aber um den Pazifismus musste man sich Sorgen machen. Er hatte seinen weichen Kern gezeigt und lag vor ihnen am Boden: stolz, aber blutverschmiert.

»Ihr seid so gut zu mir«, nuschelte Fred, während er vorsichtig seinen zerfetzten Hemdsärmel hochschob, unter dem sich ein ziemlich tiefer Schnitt auftat. Vielleicht war es doch ein Glück, dass Brandy da war. Sie war älter als Wiebke, hatte selber genug mitgemacht und, wie er, einiges einstecken müssen. Sie hatte keine bunten, romantischen Tätowierungen an den Armen, dafür zahlreiche kleine Verbrennungsnarben. Das hatte Fred gestern gesehen. Und sie hatte ihre eigene kleine Notapotheke dabei. Die holte sie jetzt hervor. Ein rosafarbenes Kulturtäschchen – heilige Scheiße: ein kleines Stück Zuhause, das Fred beinahe zum Flennen brachte. Seine Seite tat ihm weh. Er würde fiese blaue Flecken davontragen, und er griff mit der rechten Hand nach Wiebkes Hand, während er der ernsten, pessimistischen Brandy dabei zusah, wie sie Watte aus dem Beutel zog, Watte, die unfassbar weiß und sauber aussah. Es war doch alles gut! Euphorie stieg in ihm hoch, er zog kurz den Rotz durch die Nase und musste schon wieder auflachen. Sie hatten etwas überstanden, sie hatten etwas geschafft. Besser noch: Sie gehörten jetzt zusammen. Sie waren ein Trio und trotzten der Gefahr. Brandy schien das ganz ähnlich zu sehen, denn sie lächelte ihn an (er hatte sie noch nie lächeln sehen). Und dann sagte sie auf ihre typisch altkluge Weise: »Keine Angst, daran stirbt man nicht.«

Sie hatte natürlich recht. Trotzdem waren schon einen Tag später zwei von ihnen tot.

6

»Ach herrje …«

»Ist das Ihr Handy?«

»'tschuldigung, ich hab vergessen, es auszuschalten …«

Herr Grabowski stöhnte. Er stöhnte überhaupt ziemlich oft, wenn er neben ihr saß, und Caro fand dieses Stöhnen nicht gerade hilfreich. »Ich stell's schnell aus.«

Grabowski gab einen gepressten Laut von sich, der wohl ein Protestzeichen sein sollte, und fügte hinzu: »Hände am Steuer lassen! Was würden wir denn normalerweise in dieser Situation machen?«

Caro räusperte sich über die immer lauter werdenden, vibrierenden Marimbatöne ihres Handys hinweg. »Rechts ranfahren.«

»Also bitte.«

»Ich … äh … ich fahr nur schnell noch bis zur Ampel und bieg ab.«

»Nein, nein, gleich hier in die Bucht, dann können wir anschließend noch mal das Anfahren am Berg üben.«

Sie schaute eilig und demonstrativ in den Rückspiegel, setzte den Blinker, schlug etwas zu hektisch das Lenkrad ein und dankte dem Leben im Stillen dafür, dass sie jetzt wenigstens nicht rückwärts einparken musste. Die vorderen Reifen schrammten quietschend den Bordstein, das Heck des Wagens ragte noch auf die Fahrbahn. Grabowski sog zischend die Luft zwischen den Zähnen ein, strich sich über den breiten Schnurrbart und warf ihr einen vielsagenden Blick zu. Am liebsten hätte sie ihn angeschnauzt: *Wissen Sie, Herr Grabowski, wenn Sie nicht dauernd die Augen verdrehen und stöhnen und seufzen und zischen würden, was alles ganz schlechte pädagogische Maßnahmen sind, dann würde ich hier durch die Gegend gleiten wie 'ne Eins.* Natürlich sagte sie das nicht, stellte bloß den Motor ab, nahm gleichzeitig den Fuß von der Kupplung, und der Wagen machte einen kleinen, übermütigen Satz nach vorn. Beinahe hätte sie nervös aufgelacht.

Erst jetzt stellte sie fest, dass das Telefon nicht mehr klingelte. Sie schaute auf das Handy in ihrer flachen Hand und dann zu Herrn Grabowski. Aufgelegt. Tja.

Mitten in die unentschlossene Stille hinein platzte ein neuerliches Klingeln. »Huch. Da ist aber jemand hartnäckig«, sagte sie, als fände sie das alles gar nicht so peinlich, sondern sehr lustig. Grabowski drehte den Kopf betont langsam, betont duldsam zum Fenster.

»Ich kann jetzt grad gar nicht, hab Fahrstunde«, sagte sie. Aufgeregte Stimme am anderen Ende. Sie runzelte die Stirn, linste zu Grabowskis vorwurfsvollem Hinterkopf. »Kann ich dich zurückrufen? Später?«

Es waren nur wenige Worte, und das Einzige, was sie in diesem Moment begriff, war Philips Aufforderung, sie solle sich keine Sorgen machen. Was sie nicht verstand, war das mit der Rückversicherung.

»*Was* soll ich machen?«

Er wiederholte es.

»Okay. Das heißt, du meldest dich wieder?«

Grabowski stöhnte.

»Ja. Ist gut.«

Caro drückte die Rote-Hörer-Taste lange, das Display wurde komplett schwarz. Sie schaute kurz durch die Windschutzscheibe, dann schüttelte sie mit zusammengezogenen Augenbrauen den Kopf. »So«, sagte sie betont gut gelaunt zu dem Mann auf dem Beifahrersitz. »Dann wollen wir mal weiter, was?«

7

Auch Barbara Rheinberger wurde von dem Telefonat, das sie um die Mittagszeit erreichte, überrascht. Es war nur ein kurzes Gespräch, das ihre Begeisterung ein wenig dämpfte, aber eben nur ein wenig. Zu tief hatte sie seit ihrer Ankunft gestern die gute Luft aufgesogen. Sie hatte atmend und seufzend und breit lächelnd auf der Hotelterrasse gestanden. Mit ihrem Koffer in der Hand hatte sie sich zwischen hellgrauen Korbsesseln und Heizpilzen aufgebaut, mindestens die motivierteste neue Mitarbeiterin aller Zeiten. Sie hatte ihren Blick schweifen lassen über die steilen Tannenhänge, über die sich langsam und in dichten, nebligen Schleiern eine herrlich romantische Dunkelheit senkte. Noch schöner musste es im Winter sein, wenn hier alles verschneit war, aber sie wusste, dass sie den Aufenthalt und die Arbeit auch im Gemischtwetter des Frühlings genießen würde. Das sagte sie auch ihrem neuen Chef, der mit prallem Bauch neben ihr auf der Terrasse stand und sich über ihre Freude zu freuen schien. »Es ist so schön und so abgeschieden hier, die Luft, die Ruhe! Diese Luft!«

Seitzers wohlwollendes Lächeln immer im Nacken war sie durchs Hotel, vor allem aber durch den Spa-Bereich geführt worden, durch die »Wellnessoase«, wie Seitzer mit Genuss sagte, in der alles elegant in Grau und Weiß und in Sandfarben gekachelt war und in der die Luft nach milder Seife und Honig roch. Sie befühlte die extraflauschigen Handtücher mit dem Hotellogo darauf, betrachtete die erstklassigen Liegen aus dunklem Holz, roch an den erstklassigen Ölen und dachte: *Hah! Hier bin ich, hier bleib ich.*

Sie schüttelte den erstklassigen zukünftigen Kolleginnen (der Mimi und der Corinna) die Hand und bekam das erstklassige Angebot aufgesagt: Aromamassage, Bürstenmassage, Klangmassage,

Lomi-Lomi-Massage, Reflexzonenmassage. »Sind Sie mit den Techniken vertraut?«

»Na, aber selbstverständlich, Herr Seitzer.« *Du lieber Gott: Lomi-Lomi?*

Sie war in einem engen Zimmer mit hellen Holzmöbeln und karierten, hübsch gerafften Ziergardinen an den Fenstern untergebracht. Hier zeigte der Blick nur auf den Hinterhof, wo über eine steile Auffahrt die Vorräte für die Küche angeliefert wurden und die schweren Müllcontainer standen. Aber das störte sie nicht im Geringsten.

Das Telefon klingelte, als sie sich gerade für ihre Schicht bereitmachte, die in einer halben Stunde beginnen sollte, und der Klang ihres Handy arbeitete sich dumpf aus den Tiefen ihrer Handtasche hervor. Es dauerte etwas, bis sie es fand, während gleichzeitig, in einem langgezogenen Berliner Büro, Katja Wielandt ein stummes Zeichen gab. Müller stand auf, kam zu ihr herüber. »Ist die Nummer zu erkennen?«, fragte er.

Sie schüttelte den Kopf.

Barbara Rheinberger grub inzwischen mit der Hand zwischen ihren Schminksachen und ihrem Portemonnaie herum. Haarnadeln. Gummibänder, die gerade angefangene Taschenbuchausgabe von *Liebe dich selbst, und es ist egal, wen du heiratest.* Endlich: das Handy.

Die Nummer unterdrückt, aber eine vertraute Stimme.

»Onkel Richard«, rief sie. »Wie schön, dass du dich meldest. Es ist herrlich hier: Die Berge, die Tannen, die Luft. Das hat sich für mich jetzt schon gelohnt.«

»Wunderbar, meine Liebe, wunderbar. Ich wollte dir nur Bescheid sagen, dass Philip und ich einen kleinen Ausflug machen. Ich muss jemanden besuchen, weißt du. Einen Freund. Und da es mir nicht so gut geht, habe ich Philip gebeten, mich zu begleiten.«

»Oje.« Sie wusste nicht, was sie sagen sollte. Philip war sicher nicht begeistert davon.

»Ich geb ihn dir kurz.«

»Ja.«

Die Stimme ihres Sohnes klang etwas eigenartig, und die Verbindung war schlecht. Als käme der Anruf vom anderen Ende der Welt. Aber in diesem Moment, in dem ihre Gedanken hauptsächlich um heiße Steine kreisten, erschien ihr auch dies noch nicht wirklich beunruhigend.

»Mein Handy funktioniert nicht, aber ich melde mich bei dir. Mach dir keine Sorgen.«

Warum sollte sie sich Sorgen machen?

»Wir kommen dann vielleicht zu dir, ins Hotel«, sagte Philip.

»Wann denn?«

»Keine Ahnung. Ich sag dir Bescheid.«

Das war alles.

Katja Wielandt schaute Müller groß an. Auf seinem Gesicht war keine Regung zu erkennen. Er trank einen Schluck Kaffee, starrte auf den Schreibtisch. Die Daten auf dem Monitor waren sehr simpel. »Kenia.« Er musste fast lachen. »Der Anruf kommt aus Kenia.«

»Er weiß genau, was er tut«, sagte Katja Wielandt und schüttelte verhalten den Kopf.

Müller nickte. »Das ist gut.«

Sie runzelte die Stirn, warf noch einmal einen Blick zum Monitor, dann wieder zu Müller. »Meinst du?«

»So fühlt er sich sicher. Er wird Fehler machen. Er ist zu lange raus aus dem Geschäft.« Dann das Knacken in der Leitung.

Barbara Rheinberger legte auf und schaute aus ihrem kleinen Fenster hinunter auf den Hof. Da war der Wald, der Hang. Ein steiles Gefälle. Sie dachte, dass es gut war, dass sich ihr Onkel und ihr Sohn jetzt annäherten, dass sich Philip nicht egoistisch verhielt. Das war gut. Aber sie hatten ihr nicht gesagt, wo dieser Freund sich aufhielt, den Onkel Richard besuchen wollte. Daran hatten sie nicht gedacht. Philip würde sich melden, natürlich. Sie schaute ihr Handy an, noch eine Weile, dann legte sie es zurück in die Handtasche. Jetzt beeilte sie sich, ins Spa zu kommen. Ihre erste Schicht. Heiße Steine. Sie freute sich darauf.

8

Das Schloss zeigte keine auffälligen Spuren, die Kratzer waren kaum zu sehen, doch es war manipuliert worden. Sonst wäre es nicht so einfach gewesen. Korff nickte, und Philip starrte ihn nur bedrückt an. *Das ist der Höhepunkt,* dachte er. *Der asoziale Höhepunkt des freiwilligen asozialen Jahres. Aber man kennt das ja: Erst geht man nicht mehr zur Schule, dann kommt der erste Wohnungseinbruch, und schon ist die Karriere als Berufsverbrecher besiegelt.* Er spürte, wie seine Ohren glühten. Ihm war ein bisschen schlecht, und doch hätte er am liebsten laut aufgelacht.

Immerhin machte Korff nicht den Eindruck, als würde er sich regelmäßig Zugang zu fremden Wohnungen verschaffen. Er hatte eine Art Spachtel mit hölzernem Griff zu Tage gefördert, führte ihn in den Türspalt ein und ruckelte einige Male. Er musste neu ansetzen, aber dann öffnete sich die Tür, und sie traten ein.

Es ging problemlos vonstatten, aber nur weil Rudi vorgesorgt hatte, natürlich. *Ich schicke jemanden vorbei – vorher, um sicherzugehen, dass Sie dort keine unangenehme Überraschung erleben werden.* Zum Beispiel? *Eine verschlossene Tür.* Philip hatte nachgefragt, wie das ablaufen sollte, und Korff hatte mit den Schultern gezuckt und eine Weile herumgedruckst. »Ich weiß es nicht genau, und wir müssen es auch nicht genau wissen.«

Vielleicht hatte dieser jemand so getan, als würde er Blumen liefern zu einem Nachbarn. Einen Strauß ohne Karte. Und dann hatte er hier, im fünften Stock, mit den entsprechenden Werkzeugen, einem elektrischen Multipick, die Tür aufgebrochen und sie wieder zugezogen, damit sie für Korff leicht zu öffnen sein würde.

Planung, das ist deine starke Seite.

»Das war ein Profi«, sagte Philip mit hochroten Ohren. »Ein professioneller Einbrecher.« *Das sind die Leute, mit denen du zu tun hast. Das sind deine Kontakte, alter Mann.*

»Er ist nicht eingebrochen. Er hat, wenn dich das beruhigt, Philip, lediglich eine Sachbeschädigung verursacht. Ein Einbrecher wäre er nur, wenn er in die Wohnung *hinein*gegangen wäre.«

So wie wir. Wir sind die Einbrecher.

Sie standen in Mortens Flur und schauten einander kurz an. Korff lächelte aufmunternd und reichte Philip ein Paar weißlicher Einweghandschuhe.

Also los.

Gemeinsam gingen sie von einem Raum in den anderen, noch ohne etwas anzufassen, stumm und aufmerksam. Korff ließ sich behutsam auf der Couchkante nieder, saß kerzengerade da und blickte in dem weitläufigen Wohn- und Arbeitszimmer von einer Wand zur anderen.

Philip schaute um eine Ecke, sagte: »Hab ich mir gedacht.«

»Was?«

»Keine Heizkörper. Alte Familienregel im Hause Rheinberger. Nur eine Fußbodenheizung ist eine gute Heizung.«

Ja, das hier war eine Zweigstelle des großen Hauses, in dem er selbst eine Zeitlang gewohnt hatte, wenn auch strenger, kühler und funktionaler eingerichtet. Auf einem weißen Sideboard standen Fotos: ein lachendes Mädchengesicht. Auf dem Foto daneben: Morten grinsend, zwischen demselben Mädchen und einem anderen Typen, der eine Bierflasche in der Hand hielt und sehr viel Zahnfleisch zeigte. Auf einer Party aufgenommen?

»Was suchen wir denn jetzt? Worauf soll ich achten?«

»Alles könnte wichtig sein.«

»Na, ist ja toll.«

Die Unruhe, die Philip gepackt hatte, fühlte sich merkwürdigerweise gut an. Das war Adrenalin, zweifellos, und es pulste so übermütig durch seine Adern, dass er sich nicht konzentrieren konnte. Stattdessen streifte er ziellos durch die Wohnung, schaute sich die Handtuchwärmer im großen Badezimmer und im Gästebad an, stellte fest, dass im Kühlschrank außer einer halbleeren Wasser-, drei dunkelgrünen Bierflaschen und einem Tetra Pak Milch nur noch ein eingeschweißtes Käsepäckchen auf Beachtung wartete. Im Eisfach lag eine mit Raureif überzogene Flasche Absolut Vodka.

Er fragte sich, aus was für einem Holz das rötlich braune Parkett bestand, das einen deutlichen Kontrast zu den kaum geschmückten weißen Wänden bildete (nur im Flur hing ein altes Schwarz-Weiß-Poster von den *Killers* und gegenüber vom Bett im Schlafzimmer ein abstraktes blaues Bild). Was auch immer das für ein Holz war, auf dem sie hier spionierend herumliefen, es hatte sicher ordentlich was gekostet, und irgendwelche Regenwaldbäume waren dafür geopfert worden. Jetzt hatte der Staub hier und da wollige Nester in den Ecken gebildet. Ob es einen Sauger gab? Morten würde sich bestimmt freuen, wenn er in eine frisch geputzte Wohnung zurückkehrte … *wenn.*

Nein, Philip lenkte seine Gedanken lieber auf etwas anderes, warf einen Blick auf seinen Großonkel, der vor dem weiß lackierten Schreibtisch kniete und bedächtig in Aktenordnern blätterte, die er offenbar aus einem halbhohen Beistellschrank gezogen hatte. »Und, schon Erfolg gehabt?«, fragte er, während er von einem Bein aufs andere trat.

Korff schüttelte sehr langsam den Kopf und sagte mit gerunzelter Stirn: »Bis jetzt nicht. Vielleicht habe ich mich getäuscht …«

Philip wandte sich ab. Die Regalwand war ihm gleich als Erstes aufgefallen – sie erhob sich hinter der niedrigen Couch aus hellgrauem Stoff und enthielt bis zur Decke hinauf jede Menge Bücher – vor allem aber CDs und einige Vinylplatten. Ja, das waren viele Hunderte CDs, die meisten wohl erstanden, bevor das Streamen und Herunterladen selbstverständlich geworden waren. Philip strich mit dem behandschuhten Finger über die Rückseiten auf seiner Augenhöhe. Die meisten Bands kannte er nicht, auch wenn es nicht ausgeschlossen war, dass ihm einzelne Songs schon mal untergekommen waren. *Belle and Sebastian*. Und dann: *Beirut. The National. The Stars*. Er seufzte.

Es war so merkwürdig, hier zu sein, in dieser fremden Wohnung, in diesem fremden Leben. All das ließ eine Spannung in Philips Kopf entstehen, die ihn schon überfallen hatte, als er mit seinem Großonkel den Regionalzug verlassen hatte und auf den ziemlich überlaufenen Alexanderplatz getreten war.

Kleine Hütten waren dort aufgebaut gewesen, die nach Weihnachtsmarkt aussahen und wohl auch dem entsprechenden Zweck dienen sollten – nur eben als Geschäft vor Ostern. Jede Menge bunter Blüten aus Plastik. Ein Typ in braunem Hasenkostüm hatte Bratwürste verkauft, und zwei alte Männer mit Fellmützen auf dem Kopf spielten auf Akkordeons irgendeinen Satz aus den *Vier Jahreszeiten*. Aus einer Art Almhütte dröhnte Schlagermusik.

Korff hatte sich in einem Touristenshop einen Faltplan gekauft, während Philip nebenan im Burger King, der zu dem hoch und hässlich über den Platz ragenden Hotelturm zu gehören schien, vier platte, triefige Cheeseburger besorgt hatte. Ihm gefiel die Vorstellung, dass der alte Mann seinetwegen etwas essen musste, das so überhaupt nicht zu ihm passte. Tatsächlich murrte Korff aber keinen Moment. Was er aß, schien ihn nicht im Mindesten zu interessieren, und während er in die fettigen Brötchen biss, ließ er, wie Philip, konzentriert seine Blicke schweifen.

Die Straßen waren breit, und die Gebäude machten sich nicht gegenseitig den Platz streitig, während sie bergauf gingen. Sie blickten an hohen Häusern mit winzigen Balkonen hinauf, und kurz bedauerte Philip, dass der Weg sie nicht an der Philharmonie vorbeiführte.

Aber wenn Caro ihren Führerschein hatte, konnten sie wieder hierherfahren, wenigstens Ausflüge machen. Und später dann? Seine Mutter würde sonstwo sitzen, wieder in irgendeiner Wohnung, hinter irgendeinem Couchtisch aus Glas, wieder bei irgendjemandem. Und er – hier, mit Caro? In Vorlesungen, zwischen Studenten? In einer gemeinsamen Wohnung? Einer Wohnung wie dieser? Aber so wie die Dinge standen, angesichts des Chaos, durch das er sich von dem alten Mann steuern ließ, würde sich vielleicht nichts von alledem ereignen. *Nicht darüber nachdenken, jetzt nicht.*

Er sah sich um.

Auf dem Fußboden an der gegenüberliegenden Wand stand ein weißer Flachbildschirm und direkt daneben eine äußerst professionell aussehende Musikanlage, aus der sich verschiedene Kabel wanden, die lose auf dem Parkett auflagen. Aber wo waren die Fernbedienungen? Es musste doch welche geben, zumindest eine Zentralfernbedienung.

»Na also!« Ein kleiner Korb neben der Lehne: auch darin Kabelsalat, ein Zollstock, vier Fernbedienungen, zwei Kopfhörer, irgendwelche verknoteten Ladekabel und mehrere Akkus. Und ein alter iPod, wahrscheinlich ausrangiert, ein ziemlich klobiges Teil mit schwer zerkratztem Display. Morten hatte vermutlich ein iPhone bei sich – wo immer er jetzt auch steckte. Natürlich hatte er das alte Gerät nicht im Internet verscherbelt. Philip nahm den weißen MP3-Player mit den abgerundeten Kanten in die Hand, schaltete ihn mit einem langen Druck auf das Click Wheel ein. Akku fast leer. Er nickte mit dem Kopf. »Du brauchst ihn ja im Moment nicht«, murmelte Philip vor sich hin und lächelte, als es ihm gelang, aus dem Chaos der kleinen Kiste das passende weiße Ladekabel zu ziehen.

»Weißt du, worüber dein Stiefbruder für gewöhnlich schreibt?« Die Stimme des Alten, vom Schreibtisch her.

»Keine Ahnung. Über Musik. Bands. Und er macht auch so Reportagen.«

»Zum Beispiel worüber?«

Philip stand vom Sofa auf, versuchte, sich an das Gespräch mit Caro zu erinnern. Sie hatte sich doch Mortens Artikel für irgendein Internet-Magazin angesehen. »Keine Ahnung. Irgendwas mit Feuerschluckern, glaube ich. Aber ich weiß nicht mehr.«

Philip hörte, wie Schubladen leise auf- und zugezogen wurden, aber es interessierte ihn kaum. Er schlenderte in das kleine Zimmer hinter der Küche, wo er vorhin bereits den Kleiderschrank entdeckt hatte. Er öffnete die Türen und verzog anerkennend den Mund. Schwarze Leder- und weiße Turnschuhe, Chucks und Sandalen. Hemden auf Bügeln, ebenso dunkle und helle Jeans und Stoffhosen, die straff und streng herabhingen. Pullover ordentlich zusammengelegt, Jacken, zwei Mäntel, mehrere Mützen. Indoor-Beanies? In den schmalen Schubladen Socken, T-Shirts, Unterhosen. Gürtel, einige davon mit ziemlich auffälligen Schnallen. Er schob die Schubladen wieder zu, blieb einen Moment zögernd vor dem Schrank stehen. Dann setzte er die unnütze Brille ab, legte sie ganz oben auf die Ablage. Mit spitzen, behandschuhten Fingern hob er den Ausschnitt eines Pullovers hoch, überprüfte das kleine Etikett unter der Nackennaht: *S*. Sieh mal an. Was hatte Korff gesagt? *Vielleicht sollten wir auch dein Aussehen etwas verändern.*

Es ging ganz schnell. Im nächsten Moment schon hatte er seinen weiten, ausgewaschenen Pullover über den Kopf gezogen und sein zerknittertes Hemd aufgeknöpft. Nur Schuhe und Unterhose überstanden die Verwandlung, und überrascht stellte Philip fest, wie angenehm leicht sich das tailliert geschnittene, hellgraue Hemd und der türkisblaue Pullover mit dem tiefen V-Ausschnitt an seinen Körper legten. Die schwärzliche Cheap-Monday legte sich, auch wenn es keine Skinny Jeans war, unerwartet eng um seine Beine – doch erst die kurze Lederjacke (dieselbe, die Morten auf der Hochzeit ihrer Eltern getragen hatte) machte die Sache perfekt. Während er noch je zwei Pullover und T-Shirts zum Wechseln in seinen Rucksack stopfte, schlug sein Herz merklich schneller. *Alles nur zur Tarnung*, beteuerte er im Stillen. Das war das Adrenalin. Es pulsierte. *Du bekommst deine Sachen wieder, versprochen.*

Als er sich mit breitem Lächeln seinem Großonkel präsentierte, musste Philip jedoch feststellen, dass dieser direkt durch ihn hindurchsah. »Alles in Ordnung?«, fragte Philip.

»Wie bitte?«

»Hast du irgendwas gefunden, gibt es eine Spur?«

»Ich habe nichts gefunden.«

»Wo sollen wir denn noch suchen?«

»Wir müssen nicht mehr suchen, wir werden hier nichts finden.«

Philip zögerte, näherte sich langsam seinem Großonkel. Etwas stimmte nicht.

»Sieh dir den Schreibtisch an«, sagte Richard Korff leise und nickte mit dem Kopf in die entsprechende Richtung.

»Was ist damit?«

Ein Ruck ging durch den alten Mann, dann griff er zu wie ein Raubvogel, der sich auf ein davonhetzendes Kaninchen stürzt, blätterte die Papiere durch, die auf dem Schreibtisch lagen, ohne sie anzusehen, legte sie dann mit der unbeschrifteten Seite nach unten. Er schob einen Füller von der linken auf die rechte Tischseite, warf mit zwei Fingern den schwarz-gelb gestreiften Bleistiftspitzer um und rückte den Computermonitor ein, zwei Zentimeter zur Seite. Dann war er auch schon mit drei ausholenden Schritten beim Fenster, durch das sich das entfernte Blinken des steil aufragenden Fernsehturms erkennen ließ. Er schaute hinab, drehte sich dann um und sagte sehr entschlossen: »Komm!«

Hatte sich Philip doch in ihm getäuscht? Vielleicht war Richard Korff einfach nur geistesgestört.

Es war keine halsbrecherische Flucht diesmal, eher ein geordneter Rückzug, aber Philip gefiel die ganze Geschichte trotzdem nicht. Vor allem, weil er sich nun wieder wie das mitgeschleifte Kind am länger werdenden Arm seiner Mutter vorkam.

Auf dem Weg nach unten hielt Philip ihn am Arm fest, flüsterte wütend: »Was ist denn los, sag mir doch wenigstens, was hier abgeht!«

Korffs Mund war ganz dicht an seinem Ohr, als er ihm kaum hörbar antwortete: »Es ist anzunehmen, dass wir gerade in eine Falle getappt sind und beobachtet werden. Bitte verhalte dich auf der Straße ganz natürlich und ungezwungen. Ich lasse mir was einfallen, keine Angst.«

Philip zog den Kopf zurück, starrte ihn groß an.

Der Alte hielt seinem Blick stand. »Sag mal, hast du dich umgezogen?«, fragte er dann, so als wäre er gerade erst zu sich gekommen.

Philip verdrehte nur die Augen und stieg weiter die Treppe hinunter.

9

Sie hätte sich einen wässrigen Cappuccino aus dem Automaten ziehen können, aber Vera Freytag musste ihre Hände beschäftigen. Also öffnete sie Schubladen und Hängeschränke in der beengten Teeküche, förderte Filtertüten und den kleinen Portionslöffel aus schwarzem Plastik zu Tage und setzte die Maschine in Gang. *Sanft und verträglich* behauptete dieser Kaffee zu sein. Sie starrte die halb aufgebrauchte, säuerlich riechende Verpackung an. *Na, gut*, dachte sie. *Sei sanft. Sei verträglich. Ich werd's nicht sein.*

Nein, sie ließ sich doch nicht einfach so nach Hause schicken, während hier alles in Bewegung war. Müller musste nicht so tun, als ginge es ihm um ihr Wohl. Als bräuchte sie Ruhe, als wäre sie eine bemitleidenswerte Invalidin. Was sie brauchte, um mit dieser unmöglichen Lage zurechtzukommen, waren Informationen, klare Fakten, mit denen sie ihre Nerven beruhigen konnte. Wenn er ihr Versagen nicht verzeihen konnte (womit sie gerechnet hatte), dann sollte er es auch aussprechen. Aber dieses aufgesetzte, ausweichende Verständnis konnte er sich sparen.

Im Grunde wusste sie genau, dass es zu ihrem Beruf gehörte, keine Fragen mehr zu stellen, wenn es so angeordnet wurde. Dass sie sich zurückziehen musste, wenn eine höhere Stelle übernahm. Aber ihretwegen konnte sich sonst wer um diese gotterbärmliche Angelegenheit kümmern, um den alten Mann aus dem Starenweg, um die Mutter und um den Sohn, dessen zitternde Panik ihr noch deutlich vor Augen stand. Darum ging es ihr nicht. Ihr Ehrgeiz hatte sich in Luft aufgelöst. Es ging ihr nur um Björn.

Sie strich sich die Haare aus der Stirn, während sie die dunkelbraunen Tropfen fixierte, die sich auf den Boden der durchsichtigen Kanne quälten. *Das hätte nicht passieren dürfen.* Er war nicht der Richtige für sie gewesen: Björn Weidenheim. Ein Kollege. Einer, dessen Leben noch unsteter war als ihr eigenes. Noch dazu einer, der den Dienst an den Nagel hängen und nach Portugal ziehen wollte, weit weg aus ihrer Reichweite, weg von ihrer eigenen beruflichen Laufbahn. »Dieser Job macht einen kaputt auf die Dauer«, hatte er gesagt. Oft. Noch einmal, als sie observierend in diesem verdammten Wagen im verdammten Kronstedt gesessen hatten. Bevor er versucht hatte, sie noch einmal zärtlich an sich zu ziehen. *Scheiße,* dachte Vera Feytag, während ein trauriger Kaffeetropfen auf den nächsten folgte. *Scheiße, Scheiße, Scheiße.*

Dabei sollte es doch nur eine bedeutungslose Kleinigkeit sein, ein Absturz, ach was, lediglich eine kurze und hitzige Abhilfe gegen die Einsamkeit, die sie beide miteinander verband. Es hatte Spaß gemacht, das Paar zu spielen. Nur so. Für den Moment. Aber irgendwann, schrecklich bald, hatte etwas mehr in seinen Küssen gesteckt, etwas weniger Wildes, und sie hatte sein Suchen an ihren Lippen gespürt. Irgendwann verändern sich die Blicke, werden länger – mit freiem Willen hat das ja überhaupt nichts zu tun. Er hatte dicht bei ihr gelegen, in ihrer Wohnung, noch in der vergangenen Woche, im Halbdunkel. Er hatte ihr Gesicht in beide Hände genommen und nur gelächelt. Und sie hatte gewusst, dass es zu schnell zu viel geworden war für sie. Er hatte eine Grenze überschritten, und sie hätte ihn sehr gern wieder ausgewiesen, ihm gesagt: Für dich ist hier kein Platz. Geh nach Portugal, geh und genieß dein Leben. Ich hab zu tun.

Warum bin ich so, warum hab ich ihm keine Chance gegeben?, dachte sie und sah ihn vor sich, ganz nah, hörte sich selbst sagen: *Können wir uns vielleicht mal aufs Wesentliche konzentrieren?* Wie er sie angeschaut hatte, wie verletzt er gewesen war, wie er sich anschließend bemüht hatte, es sich nicht anmerken zu lassen. *Mein Gott, jetzt reiß dich zusammen.* Es war doch eh zu spät. Dank seines bedauerlichen Arbeitsunfalles war Björn ebenso beiseitegeschoben worden wie sie. Und warum auch nicht? Die Spuren wurden klarer, sie waren dicht dran. Vera spürte die Unruhe, sie hatte es im Gesicht von Martin Plessner gesehen und daran, wie steif und schnell Müllers Schritte geworden waren. Außerdem waren seit Stunden die Türen von seinem Büro geschlossen, und Katja Wielandt machte keine Kontrollrunden mehr. Etwas stand kurz bevor. Dabei konnte man sie nicht gebrauchen. Von Björn ganz zu schweigen. Aber trotzdem stimmte etwas nicht. Normale Verletzungen, auch schwere, wären kein Grund für solch eine Geheimniskrämerei. Sie wusste, dass in die alte Geschichte aus den achtziger Jahren auch das Gesundheitsministerium verwickelt gewesen war, und sie versuchte, die wenigen Grunddaten zu ordnen, die ihr über jene bizarre Kommission bekannt waren, der der flüchtige Korff angehört hatte. Geschichten aus der Vorzeit. Aus den großen Tagen, als hier noch der große Sentheimer den Ton angegeben hatte. Hinter ihrer Stirn stachen die Schmerzen. Sie holte eine Tasse aus einem der Hängeschränke. Wo gab es Zucker? Kaffeelöffel? Wo?

Wenn sie ehrlich war, zweifelte sie daran, dass Björn genauso wenig gewusst hatte wie sie. Aber worum es eigentlich ging, konnte ihm nicht klar gewesen sein. »Eine ekelhafte Angelegenheit«, hatte er zu ihr gesagt. »Keine klare Sache, aber ekelhaft.«

Sie hatte bloß gleichgültig gelächelt. »Was geht es uns an?«, hatte sie gefragt. Sie schauten doch nur ein paar Tage lang zu, fotografierten, schrieben Uhrzeiten auf, spielten ein Paar und trennten sich freundschaftlich, bevor sie sich anderen Aufgaben widmeten, irgendwelchen ganz anderen Angelegenheiten.

»Er wird dich eh bald abziehen.« Björn hatte ihr eine ihrer widerspenstigen Strähnen aus der Stirn gestrichen.

»Müller?«

Nur ein Nicken. »Er sucht sich diejenigen aus, die er wirklich gebrauchen kann für diese Sache und siedelt sie um. Einen nach dem anderen. In die Außenstelle.«

»Was denn für eine Außenstelle?«

»Keine Ahnung. Ich weiß nur, dass sie eine eingerichtet haben. Mehr Platz, mehr Leute. Ein Versteck. Das volle Programm. Ich weiß, dass er früher schon so gearbeitet hat.«

Das war es. Natürlich. Sie fasste sich in den Nacken. Ihre Hand war unangenehm kühl. »Verstehst du denn nicht?«, hatte Björn gesagt. »Dorthin schafft er sie alle, in sein Versteck.«

»Haben Sie Kaffee gemacht?«

Sie drehte sich um, schaffte es sogar, sich den Schreck nicht anmerken zu lassen. In der Tür stand ein noch recht junger Mann, den sie hier bereits ein paar Mal gesehen hatte. Er lächelte sie hoffnungsvoll an. Blond. Recht hübsch. Wartete fröhlich darauf, verheizt zu werden, wie sie alle.

»Ja. Möchten Sie eine Tasse?«

»Gerne.« Er kam in die Teeküche, bewegte sich etwas zögerlich, lächelte aber und musterte sie dabei mit offenen Augen, die sehr blau waren. »Sie sind Vera Freytag, oder?«

Sie nickte, drehte sich kurz von ihm weg und stellte fest, dass der Kaffee inzwischen tatsächlich durchgelaufen war.

»Ich bin Marko Reichardt.« Er streckte ihr die Hand entgegen. Ein guter, fester Griff. »Bin noch nicht lange mit dabei.«

Man merkt's, dachte sie, nickte aber nur noch einmal. »Bitte schön. Vorsicht, heiß.«

»Danke. Ist gerade Pause?«

»*Pause*?« Was für ein Wort.

»Na ja, weil Sie nicht da drin sind …« Er bewegte den Kopf.

Sie schaute ihn an. »Das ist völlig normal, heute ist mein freier Tag. Aber zu Hause ist die Kaffeemaschine kaputt.« Es klang nicht humorvoll, nur gepresst und bitter. *Ich sollte nicht böse zu ihm sein, er ist noch ein Küken*, dachte sie.

»Ach so.« Das Küken schlürfte bedächtig den heißen Kaffee, wobei es immer noch zufrieden lächelte.

»Und Sie?«, fragte sie. »Sie haben gar nichts zu tun?«

Er stellte die Tasse auf der schmalen Arbeitsplatte ab. »Ich wünschte, ich hätte. Bin auf Bereitschaft. Und hab mir gedacht, wenn hier irgendwas abgeht, sollte ich in Reichweite sein. Immer parat. Vielleicht fällt was für mich ab.«

»Ihnen macht das Spaß, oder?« Sie versuchte nicht zynisch zu klingen, aber es gelang ihr schlecht.

Er zuckte mit den Schultern. *Klar*, dachte Vera, während sie ihn von Kopf bis Fuß musterte: *Der macht sich bereit, der hält sich fit, weiß nicht, wohin mit seiner jugendlichen Energie. Der stünde gern an vorderster Front. Du möchtest ein Held sein, Marko Reichardt.*

»Ihre große Stunde wird schon noch kommen, hier wird jetzt jede Hand gebraucht«, sagte sie. *Nur meine nicht. Und Björns sowieso nicht mehr.*

»Sie waren gestern mit dem Kollegen in Kronstedt, oder?«, sagte Marko Reichardt in einem unbefangenen Ton, der ihr kurz die Luft abschnürte. »Tut mir leid, was da passiert ist.« Er war so jung. Sie drehte sich um, goss noch etwas Kaffee in ihre Tasse, rührte Zucker hinein, sagte leise: »Ja, schön war das nicht.«

Draußen hörte sie Schritte auf dem Gang. Es musste hier sehr viele Leute geben, die von dieser ominösen Außenstelle wussten, wenn sie wirklich existierte. Maria war doch letzte Woche versetzt worden. Wohin eigentlich? Vielleicht hatte Björn recht gehabt. Vielleicht konnte sie Maria anrufen, vielleicht auf diesem Weg …

Der junge, blonde Marko Reichardt hatte irgendwas gesagt. Sie nickte, auch wenn sie nichts davon mitbekommen hatte. *Geh doch nach Hause, das hat doch hier alles keinen Sinn. Du steigerst dich in Sachen rein, die sowieso niemals stattgefunden hätten. Portugal, das ist doch lächerlich. Fahr raus nach Tegel. Setz dich an den See.* Aber ob sie wollte oder nicht, sie musste an die verdammte Regenjacke denken, die Björn in ihrer Wohnung vergessen hatte. In so einer hundsidiotischen Anwandlung hatte sie sie später über die Rückenlehne des Küchenstuhls gehängt, damit sie ihr beim Frühstück gegenübersitzen konnte. Sie hatte der Jacke sogar mit der Kaffeetasse ironisch zugeprostet. Das rächte sich nun. Wenn sie nach Hause kam, hing sie immer noch dort.

»Wie geht's denn dem Kollegen jetzt? Ich hoffe, es ist nicht so schlimm«, sagte Reichardt, der dicht an sie herangetreten war.

Sie konnte nichts sagen, spürte nur, dass es zu viel für sie war. Als könnte sie aus sich selbst heraustreten, ärgerte sie sich darüber, dass sie jetzt so schlimm aussah und offenbar die Nerven verlor.

»Oh«, sagte Marko Reichardt. Er hatte große, mitfühlende, sehr blaue Augen. »Ich wollte Sie nicht …«

Vera Feytag stand neben sich und beobachtete, wie ihr die Kaffeetasse aus der Hand glitt. Sie sah sie sehr langsam fallen, sah den Kaffee nach allen Seiten spritzen. Sie stellte sogar fest, dass sie darüber nachdachte, dass die Flecken nicht von der Raufasertapete verschwinden würden, und sie hörte sich mit einer schauerlichen Stimme schon wieder das Wort *Scheiße* sagen.

Jemand steckte den Kopf zur Tür herein, und Vera wandte sich ab, zur Kaffeemaschine. Sie hoffte, dass ihre Schultern nicht zittern würden. »Alles klar?«, fragte die Stimme, die wahrscheinlich Plessner gehörte. Noch mehr Schritte draußen. Vielleicht war jetzt tatsächlich *Pause*.

»Sorry«, sagte Marko Reichardt mit seiner fröhlichen Jungenstimme. »Ich bin echt zu blöd. Mir ist die Tasse umgekippt. Ich mach das sofort sauber.«

Sie atmete tief ein, berührte seinen Oberarm und schaute ihm ins Gesicht. »Danke«, sagte sie. Und jetzt lächelte sie auch ein bisschen.

10

Dann wurde es dunkler. Es war März, noch kam der Abend früh. In den verlassenen Zimmern im Starenweg aber gab man keine Ruhe, es wurde noch gearbeitet. Man zog ohne zu sprechen die Vorhänge zu, schaltete die Lichter an. Der Eichelhäher auf seinem Ast warf seinen Schatten und sah aus, als strenge er sich ängstlich an, sich nur ja nicht zu rühren, während Müllers Abgesandte Schränkchen und Kommoden öffneten, auch in der Küche, auch im Bad, und große blaue Säcke mit Aktenordnern und Notizheften und Adressbüchern füllten. Oben unter dem Dach stand Korffs Schreibmaschine auf Korffs Schreibtisch, streckte stolz ihr altertümliches rot-schwarzes Farbband und war sichtlich zufrieden damit, dass niemals auch nur ein einziges Wort auf ihr gespeichert worden war. Dafür hatte einer der unermüdlichen Stöberer schon vor einer ganzen Weile direkt neben ihr etwas entdeckt. Zuoberst, als Krönung eines Zeitungsstapels, hatte dort ein abgegriffenes Taschenbuch gelegen, die mintgrüne Insel-Ausgabe eines Dickens-Romans, die sich bereits auf dem Weg in die Hauptstadt befand. Eine unbeschriebene Postkarte mit der Stuttgarter Wilhelma markierte als Lesezeichen den Beginn des vierten Kapitels auf Seite 47: *Menschenliebe durchs Fernrohr*. Einzelne Wörter waren unterstrichen auf dieser 47. Seite: *Zimmer / Kamin / Kultur / Zeit / weiß / sehen.*

Nun mussten, natürlich, auch die anderen Bücher unter die Lupe genommen werden. Eine deckenhohe Bibliothek aus alten, schweren, abgewetzten Romanen, politischen Sach- und psychologischen Fachbüchern, Bildbänden und Nachschlagewerken grinste Müllers seufzende Gesandtschaft an und raunte ihr genüsslich zu: »Das wird eine lange Nacht, Leute.«

Sie begann ja gerade erst, und während sich in Kronstedt Türen schlossen und Wohnzimmerlichter aufleuchteten, füllten sich die Berliner Straßen. In den Supermärkten im Prenzlauer Berg, im Kaiser's in der Winsstraße und im REWE in der Kulturbrauerei quengelten mit lauten Stimmen die vier- und fünfjährigen Kinder der Physiotherapeuten und Literaturagenten, die mit ihren missmutig ins Leere starrenden Eltern in der Schlange standen. Über die Warschauer Brücke drängte ein früher Trupp von Studenten, die Bärte und Dutte und Bierflaschen trugen und die ersten Selfies des Wochenendes online stellten, noch bevor sie im Schmück Tequilas kippten, um sich aufzuwärmen und in Stimmung zu bringen. Am Hermannplatz klatschten sich die türkischen Brüder und Cousins ab, bevor sie, umgeben von einer Wolke durchdringender Herrendüfte, mit ernsten Mienen und brennenden Zigaretten Richtung Hasenheide zogen, wo sich das Höhenkarussell 30 Meter über dem Erdboden in das Freiheitsversprechen des Abends hineindrehte, schneller und schneller und immer im Kreis. In den Gondeln wurde geschrien aus Angst und Lust. Alte, ausgezehrte Gesichter auf Methadon blickten einander am Leopoldplatz durch Jahre dämmriger Erschöpfung hindurch an und prosteten sich heiser zu, während das Spalier der Dealer den Weg verengte, über den die Fahrradfahrer durch den Görlitzer Park Richtung Tempelhofer Feld radelten. »Das wird eine lange Nacht, Leute«, sagten die Dealer fröhlich, und sie hatten natürlich recht.

Aber Eile war trotzdem nicht nötig, und eine kleine Stärkung konnte nicht schaden.

»Schmecken dir deine Nudeln nicht?«

Tagliatelle mit Putenbruststreifen, Kirschtomaten, grünen Spargelspitzen: dampfend, unappetitlich, überflüssig.

»Ich hab überhaupt keinen Hunger. Wie ich schon mal gesagt habe«, stieß Philip zwischen den Zähnen hervor und blickte mit verschränkten Armen auf den Teller, der vor ihm stand.

Korff zuckte mit den Schultern, und Philip schaute mit Kronstedt-Augen zum Fenster hinaus, fühlte sich winzig und sehr fremd. Das Adrenalin pulsierte nicht mehr in seinen Adern, nur die Übelkeit im Bauch, während dort draußen die Berliner Dunkelheit und die Lichter und die hohen Häuser und die Menschen, all die Menschen, ihr unbegreifliches Eigenleben führten.

»Ich komme da echt nicht mit«, sagte er.

Korff nickte. »Das verstehe ich gut, natürlich.«

»Was sollte denn diese Aktion mit dem Schreibtisch?«

»Es kam mir gleich etwas merkwürdig vor, aber ich bin nicht sofort darauf gekommen. Ich bin wirklich zu arglos gewesen.« Richard Korff machte nach ihrem Gang durch die frische Luft und nach dem völlig unentspannten Ausruhen auf einer Parkbank wieder einen ziemlich gut gelaunten Eindruck. Energisch schnitt er sein Kalbfleisch. »Es war der Locher, weißt du.«

»Der Locher.«

»Der Locher, ganz genau. Sämtliche Gegenstände und Papiere waren in einem bestimmten Winkel zum Locher positioniert. Die Papierschere in einem exakten Siebzig-Grad-Winkel, der Bleistiftspitzer genau gegenüber. Es war ein penibel austariertes Diagramm, mit dessen Hilfe sich leicht ermitteln lässt, ob einer der Gegenstände verstellt worden ist.«

»Aber warum sollte Morten so was machen?«

»Ich glaube nicht, dass es Morten war, der diese Sicherheitsvorkehrungen getroffen hat.«

»Wer denn?«

»Die Leute vom Nachrichtendienst, nehme ich an. Es sieht so aus, als wisse man dort ebenfalls, dass Morten etwas herausgefunden oder irgendwelche Kontakte geknüpft hat. Das ist sehr ärgerlich für uns, weil wir nun damit rechnen müssen, dass wir ihnen direkt in die Arme gelaufen sind.«

»Das heißt, jetzt wissen sie, dass wir hier sind. Und du hast es ihnen ja auch gezeigt. Warum hast du denn die Sachen auf dem Schreibtisch überhaupt durcheinandergebracht?«

»Ich bitte dich, Philip. Damit sie nicht schlussfolgern, dass wir wissen, dass sie wissen, dass wir hier sind. Deshalb sind wir in aller Ruhe hierhermarschiert, haben Pausen eingelegt und den Anschein erweckt, wir würden keinen Verdacht schöpfen.«

Philip zögerte, nahm die Gabel, stocherte damit im Essen herum. »Mannomann, was für ein Theater. Mir ist voll schlecht.«

»Tut mir leid.«

»Das ist meine Psychosomatik. Ich habe schon den ganzen Nachmittag Ohrenklopfen. Und es kann gut sein, dass noch gewisse Verdauungsstörungen hinzukommen. Aber das will ich echt nicht hoffen. Für uns beide.« Nach einer kurzen Pause fügte er hinzu: »Ich eigne mich nämlich überhaupt gar kein bisschen zum Geheimagentenlehrling.«

Korff lächelte noch immer. »Ehrlich gesagt finde ich, dass du bis jetzt tadellos mit der Situation zurechtkommst, Philip.«

Nein, so leicht würde er es ihm nicht machen. »Vielleicht sollten wir den Nachrichtendienst oder den Verfassungsschutz oder wer auch immer da Scheren in Siebzig-Grad-Winkeln auslegt, einfach fragen, was er über Morten weiß. Wäre das nicht die simpelste Lösung?« Immer noch regte sich in Philip diese Ungeduld, auch wenn er sich eingestehen musste, dass ihm das Lob gutgetan hatte.

»Das können wir immer noch tun, wenn wir nicht allein weiterkommen.«

Wie großzügig.

»Aber noch wäre es ein Fehler, klein beizugeben, wie mir scheint. Ich traue diesen Leuten nicht, und vor allem traue ich ihnen nicht allzu viel zu.«

»Warum?«

Korff zögerte, schwenkte das Weinglas. »Damals, nachdem die GKT aufgeflogen war, habe ich mich ziemlich mit ihnen angelegt. Es ist lange her, ich weiß. Inzwischen werden andere Entscheider ihre Posten haben. Aber das macht es vermutlich nicht besser. Immer wollen diese Leute den kürzesten Weg einschlagen und den erstbesten Verdächtigen ins Gefängnis sperren, um sich nur ja nicht um die Hintergründe kümmern zu müssen.« Seine Stimme war sehr ernst geworden, sein Blick wanderte zum Fenster hinaus. »Diese wiederauferstandenen Sektierer haben es auf mich persönlich abgesehen«, sagte er leise. »Deshalb will ich auch selbst herausfinden, wer sie sind und worum es ihnen geht. Nur so kann ich sichergehen, dass sich Schlimmeres verhindern lässt.«

Es leuchtete ein. Was Richard Korff sagte, klang wie Mathematik. Seine Sätze waren Gleichungen. Es war nur befremdlich, selbst Teil seiner Rechnung zu sein.

»Willst du deine Pasta wirklich nicht essen?«

»Also, mir ist echt der Appetit vergangen.«

»Das ist schlecht. Es wäre mir lieber, du würdest wenigstens so tun.«

»Warum?« Philip schaute ihn misstrauisch an.

Korff lächelte. »Falls wir beobachtet werden, und davon gehe ich aus, liegt mir daran, dass der Eindruck entsteht, dass wir ganz in Ruhe den Tag abschließen, etwas zu uns nehmen und somit später unser Hotel nicht noch einmal für ein Abendessen verlassen müssen. Nein, schau bitte nicht mit diesem Gesichtsausdruck aus dem Fenster! Bleib natürlich, schau meinetwegen weiterhin genervt, aber bitte schau nicht beunruhigt aus dem Fenster.«

Philip gehorchte, hielt mitten in der Bewegung inne, stützte seine Wange auf die Faust. Deshalb also saßen sie direkt an dem großen Fenster, deswegen hatte der Alte diesen lauten, von der sehr belebten Straße aus gut einsehbaren Italiener gewählt, deshalb verdrückte er jetzt mit scheinbarer Fröhlichkeit sein Kalbfleisch und trank mit unbekümmertem Genuss einen gelb leuchtenden Weißwein.

»Aber wollen die dich denn nicht verhaften?«, raunte Philip.

»Offenbar nicht – wenn doch, hätten sie es bereits getan. Vielleicht warten sie auch nur auf den richtigen Moment oder auf die entsprechende Anweisung von oben. Aber ich vermute eher, dass sie wollen, dass wir für sie die Recherche übernehmen. Sie heften sich an unsere Fersen, weil sie glauben, wir führen sie irgendwohin. Zu Morten zum Beispiel. Oder direkt zu der Sekte.«

»Und? Machen wir das? Führen wir sie irgendwohin?«

Korff nippte am Wein und sah ganz zufrieden aus. »Nicht, wenn ich es vermeiden kann. Das Problem ist nur, dass auch ich nicht weiß, wo wir brauchbare Hinweise bekommen können. Da die entscheidenden Artikel, an denen Morten womöglich gearbeitet hat, nicht mehr auffindbar sind, tappen wir im Dunkeln.«

»Moment mal!« Philip fiel etwas ein. »Jetzt weiß ich es wieder. Caro hat es mir vorgelesen!«

Korff stellte sein Glas ab, spießte eine bräunliche Brokkolirose mit der Gabel auf und senkte den Kopf. Seinen Blick aber ließ er auf Philip ruhen.

»Ja, sie hat mir gesagt, er hätte irgendwelche Kontakte zur Gothic-Szene gehabt, er hatte da irgendwelche Chat-Seiten auf Twitter verlinkt.«

»Kontakte zur Gothic-Szene?«

»Ja, schwarze Musik. Also Totenkopfrock, Elektrozeugs mit deprimierenden Texten, Mittelaltermusik.« Philip machte eine Pause. »Was aber irgendwie so gar nicht zu seiner Wohnung passt, oder? Da ist alles ganz clean und cool und so.«

»Gut, sehr gut«, sagte Richard Korff mit deutlich angespannterer Stimme. »Vielleicht hat er in der Szene recherchiert. Das könnte sein Ausgangspunkt gewesen sein.«

»Ja, und noch was!« Philip spürte, wie er glühte. »Er hatte eine Reportage geschrieben, die online war. Caro hat mir die Überschrift vorgelesen. Da ging's um so Ghost-Hunter-Quatsch. Ähm, professionelle Geisterjäger. Wie sieht's damit aus?«

Korff zuckte mit den Schultern. »Klingt abenteuerlich, aber wer weiß? Da können wir ansetzen.« Wieder das Lächeln. »Ich habe wirklich schon unbegabtere Geheimdienstlehrlinge kennengelernt.«

Philip grinste. Das Grinsen war sichtbar hinter der Scheibe. Man konnte von der anderen Seite der Torstraße aus gut sehen, dass sich der alte Mann und der Junge einig waren, und jetzt begann Philip auch zu essen, rollte Nudeln mit seiner Gabel auf.

All das ließ sich übermitteln, vom Inhalt des Gespräches aber war natürlich nichts zu hören. Doch das minderte nicht die gute Stimmung in einem gewissen Berliner Büro, nicht weit entfernt.

Müller trank die neunte Tasse schwarzen Kaffees des Tages, während er die Informationen über die Lautsprecher auf seinem Schreibtisch entgegennahm und sich Notizen machte. Katja Wielandt saß ihm gegenüber auf einem Stuhl, schlug die Beine übereinander und lächelte. Gleich mehrere Aspekte ließen die Aktion als vorläufigen Erfolg dastehen und besänftigten Müllers Unzufriedenheit. Erstens zeigte sich, dass die Zielperson den Jungen offenbar nicht gegen dessen Willen und unter Gewaltandrohung festhielt. Zweitens hatte er die ausgesprochen dichte Observation offenbar nicht bemerkt, hatte es dem Jungen sogar erlaubt, sich in Rheinbergers Wohnung neu einzukleiden.

Der nächste Schritt war also der entscheidende. Wohin würde er sich wenden? An wen? Zum Glück sah es jedoch so aus, als würde man ihnen allen die lang verdiente Verschnaufpause gönnen. Denn die eifrigen Stimmen aus den Lautsprechern, digital mitgeschnitten, teilten Müller mit, der alte Mann sei nach dem Abendessen zusammen mit Philip Steinert zum Park-Inn am Alexanderplatz gegangen und hätte regulär für eine Nacht eingecheckt. Joachim Schmidt und Enkelsohn. Barzahlung. Außerdem habe sich der alte Mann an der Rezeption erkundigt, ob er für den nächsten Morgen sechs Uhr ein Taxi zum Hauptbahnhof bestellen könne. Der Rezeptionist hatte ihn natürlich darauf hingewiesen, dass sich sowohl hinter dem Hotel auf der Alexanderstraße als auch vor dem S-Bahnhof Alexanderplatz ohnehin Taxistände befänden. Und natürlich hatte er, nach kurzer Absprache mit seinem Vorgesetzten, diese Aussagen vor Müllers Observanten wiederholt. Zimmer 812, achter Stock, ein winziges Fensterlicht unter vielen anderen im Turm. Eine Übernachtung – und für das Team ein paar Stunden Schlaf.

Müller streckte sich, und seine Gelenke knackten. Er griff durch die Lamellen, stellte das Fenster auf Kipp und atmete tief die Abendluft ein. Draußen war es dunkel, und nur weit entfernte Verkehrsgeräusche drangen zu ihm herauf. Er schloss die Augen. Es war angenehm. Die Stille.

II

Das Mädchen starrt vor sich hin, hat die Augen weit geöffnet, blickt zur Tür, bevor es sich langsam erhebt. Es hat sie überrascht, *denkt das Mädchen*, wie ruhig ich geblieben bin. Dass ich toben und schreien würde, damit haben sie gerechnet. Ein wenig geschrien habe ich auch, aber unhörbar, in meinem Inneren. Jetzt sehe ich klar. Ich habe meinen Entschluss gefasst. Meine Kehle ist wund, sie brennt. Aber jetzt ist alles wieder leichter. Die Hitze ist fort, und mir ist kalt. Ich weiß, dass ich nicht mehr so klar gedacht habe seit Clems Unfall damals, seit meinem Aufbruch.

Schon als ich damals in diesen Bus gestiegen bin, war mir bewusst, dass nur eins in Frage kommt: weiterfahren, immer weiter, bis der Busfahrer meldet, dass es Zeit ist, die Uhren umzustellen. Auf nichts und niemanden mehr Rücksicht nehmen, schon gar nicht auf mich selbst.

Ich werde also auch jetzt gehen.

Aber nicht allein.

Die einzige Frage ist, ob ich mich da draußen orientieren kann. Stewart hat zu genau darauf geachtet, dass ich nicht allzu viel von der Umgebung mitbekomme, mir nichts wirklich einprägen konnte. *Dankbar* war ich ihm damals für seine angebliche Fürsorge.

Bisher habe ich mich nie weit entfernt, wenn ich nachts das Haus verlassen habe. Ich habe Luft gebraucht und Freiheit, bin lautlos zwischen den großen Eichen hin und her gegangen. Hinter den Büschen am Waldrand hab ich gehockt, hab raufgestarrt zum Himmel und bin dann wieder und wieder zu den Fenstern gegangen, zu den hellen mit den gelben Lichtern darin und zu den finsteren. Aber da ist das, was in mir pocht. Jetzt sehr regelmäßig. Das, was unter meiner Haut ist und mir die Richtung zeigen wird *zu ihnen*, zu den richtigen Treppen, den richtigen Türen.

Ich schaue noch einmal aus dem Fenster und lausche ins Haus hinein. Nur vereinzelte Schritte, das Quietschen eines Möbelstückes, irgendwo da unten.

Ich schlüpfe in die Kapuzenjacke, meine Augen jucken. Ich fahre mit den Fingern darüber, und immerhin zittern sie nicht mehr.

Die Tür ist offen, wenn ich will, dass sie offen ist. Ihr Gefängnis ist ein Witz. Einen Schritt und noch einen Schritt, eine Türklinke. Sie gibt nicht nach, nicht gleich, nicht ohne Widerstand. Etwas würgt in meiner Kehle. Nun doch ein Schaudern, das Pochen, das mein Inneres durchläuft, sich in einigen kurzen Zuckungen entlädt. *Kraft.* Ein Laut wie ein Knacken, dann wieder Stille.

Ich befinde mich jetzt im Korridor, es geht weiter. Ich verlasse dieses Haus, und ich verlasse es wachsam und unbemerkt.

Aber ausgerechnet heute funktioniert das nicht.

Natürlich: Meine Gleichgültigkeit hat sie misstrauisch gemacht. Sie haben vorgesorgt, sie haben einen Wächter positioniert.

Noch bevor ich ihn sehen oder riechen kann, spüre ich seine Anwesenheit. Er ist da, am Treppenabsatz. Hinter dem Geländer, wo es finster ist, lauert er auf mich. Nein. Er versteckt sich vor mir, beobachtet mich nur. Riko? Ja, es ist Riko.

Na los, komm hervor, oder willst du einfach so zuschauen, wie ich die Treppe runtergehe? Du weißt doch, dass ich dich bemerkt habe. Du bist doch hier, um Hilfe zu holen, wenn es nötig sein sollte. Also, komm schon raus, stell dich deinem Feind. Na komm, tu deine Pflicht.

Es geht doch, da bist du. Jetzt gibt es kein Zurück. Nicht für dich und nicht für mich. Unsere Augen begegnen einander, unsere Blicke. Deiner ist feucht und meiner auch, denn meine Augen brennen jetzt immer stärker. So ist das: Mein Kopf quetscht mir die Augen zusammen. Das tut weh, erhöht aber die Sehschärfe. Spürst du meine Schmerzen, Riko, oder nur deine Angst?

Na los, ich habe nicht die ganze Nacht Zeit. Du kannst Ratten töten, Riko, warum nicht mich? Du kannst geifern und bellen und schöne, spitze, starke Zähne fletschen, und du kannst beißen, Riko, warum tust du es nicht? Warum schaust du das Mädchen nur an, warum bist du ausgerechnet jetzt unterwürfig, warum nicht wild? Du bist eine echte Enttäuschung. Nicht für mich, Riko, aber für Roth. Kann er sich denn auf gar keinen mehr verlassen?

Aus meinen Augen rollen Tränen. Ich bin aber nicht traurig, Riko. Es ist die Anspannung, der Schraubstock, der meine Augen auspresst, bis sie ihr Salzwasser abgeben. Siehst du, Riko, wie ich auf die Knie gehe und meinen Kopf senke? Das beruhigt dich, und du kannst jetzt Schritte machen, traust dich, lauter zu hecheln, den Kiefer zu entspannen. *Ich locke dich.* Na, los. Ich will, dass du zu mir kommst, und deshalb tust du das auch, du schleichst näher. Sieh mal einer an: Du läufst über. Ich glaube, du verrätst gerade die, für die du kämpfen sollst. Deine Schnauze nähert sich, weil ich dich locke, weil mein Körper will, dass du zu mir kommst.

Du möchtest berührt werden, du brauchst von mir das Signal,

dass ich dich angenommen, dich akzeptiert habe. Riko, du dummer, großer Köter, du willst, dass ich dein Frauchen werde? Ausgerechnet ich?

Du spürst meine Hände auf deinem Fell, das so angenehm warm und dicht ist, du spürst sie auf deinem schwer und schnell atmenden Hals. Mein Gesicht ist jetzt ganz, ganz nah bei dir, Riko, meine Tränen sind in deinem Fell wie meine Finger. Und sie zucken. *Kraft.* Stille, schweres, schweres Gewicht, großes, schwarzes, schnelles Glück. Spürst du es schon, Riko? Spürst du schon, dass du jetzt stirbst?

12

Das ist sie also, die Bewährungsprobe. Der Lehrling legt seine Prüfung ab. Allein, auf sich gestellt. Richard Korff bleibt auf dem Zimmer, sitzt, abgewandt vom Fenster, in einem gelb gepolsterten Stuhl mit Lehne, schaut Philip hinterher. Dann fällt die Tür ins Schloss. *Wir müssen getrennt gehen, dann fallen wir ihnen nicht auf. Es ist Samstagabend. Es wird kein Problem sein, sich unters Volk zu mischen.* Der Hotelkorridor und laute, lachende Stimmen, das Summen des Fahrstuhls, die Tür zum kühlen Treppenhaus. Irgendwo gehen noch andere Türen auf und zu. Ein riesiges Haus, das hauptsächlich aus Türen zu bestehen scheint. Hallende Schritte.

In Zimmer 812 hatten sie sich über den Faltplan gebeugt, und Philip hatte sich den Weg zum Treffpunkt genau eingeprägt. »Keine Sorge, es wird leichter sein, als du glaubst. Wenn irgendetwas schiefgeht oder wenn ich nicht erscheinen sollte, wenn ich um 23 Uhr immer noch nicht am Bahnhof Charlottenburg bin, rufst du die Nummer an, die ich dir aufgeschrieben habe. Elisabeth kümmert sich dann um alles Weitere. Du hast das Geld, um im Zweifelsfall in irgendeinem Hotel übernachten zu können? Gut. Aber glaub mir, es wird nicht nötig sein.«

Korff hatte den Koffer geöffnet, auf dessen Boden zwei flachgedrückte Stofftaschen gelegen hatten. Sie verteilten die Inhalte von Rucksack und Koffer in den beiden Taschen, denn den Koffer würden sie hier zurücklassen, und Philip wechselte erneut seine Aufmachung. Die Lederjacke legte er vorsichtig zusammen, schlüpfte wieder in den weiten Pullover und verabschiedete sich beklommen: »Bis dann.«

Es war ihnen schon mittags aufgefallen, zum Glück: Man gelangte von der Hotelhalle, einem anonymen, unübersichtlichen Durchgangsbereich, sowohl in das zum Hotel gehörende Restaurant als auch in den Burger King, dessen Glastüren zum Alexanderplatz hinausführten. *Irgendwo sind Kameras. Nein: Überall sind Kameras, ganz sicher, aber die beachtet man besser gar nicht.* Keine Blicke nach oben, Blicke geradeaus, keine schnellen, nur langsame Schritte.

Philip findet sich im völlig überfüllten Burger King wieder, das Herz klopft, und in einem blökenden Pulk von Jugendlichen geht er seine Anweisungen durch. *Stell dich in die Schlange, zähle Münzen in der Hand, und achte darauf, ob eine größere Gruppe in deinem Alter geschlossen das Lokal verlässt. Misch dich unter sie, bleib dicht bei ihnen, lache mit ihnen.*

Seine Finger schwitzen, doch tatsächlich ist es noch einfacher als gedacht. Der Laden ist um diese Zeit eine Schleuse, ein organisches Gewusel von jugendlichen Touristen, die sich mit Burgern in der Hand und Strohhalmen im Mund zur Tür hinein- und hinausdrängen. Es sind amerikanische Stimmen darunter, und jemand ruft etwas, das spanisch klingt. Dazwischen schieben Mitarbeiter die mit Tabletts überquellenden Rollwagen hin und her. Man muss ausweichen, sich zwischen denjenigen hindurchquetschen, die plötzlich stehen bleiben, weil sie unentschlossen zu den hinterleuchteten Menübildern, zu den Zahlen und Eurozeichen und leuchtend grünen Salatblättern hinaufstarren. Man muss aufpassen, um nicht mit Cola überschüttet zu werden. Jemand rempelt, ein anderer lacht, und Philip ist schneller wieder an der frischen Luft als gedacht. Er fragt mit tief gebeugtem Kopf und falschem Grinsen ein Mädchen nach dem Weg zum Hackeschen Markt, versucht so auszusehen, als wären sie die besten Freunde. Ausgerechnet er als Teil einer Gruppe. Aus ihrem Handy dröhnt scheppernde Musik, eine metallische Stimme rappt Unverständliches, das Mädchen hebt aber die strichdünnen, gepiercten Augenbrauen und grunzt: »Keine Ahnung, Alter, wir sind auch nicht von hier«, woraufhin er idiotisch lacht und zusammen mit der Masse aus Körpern, weiten Jacken und Beanies hinter dem Brunnen und zwischen zwei lila beleuchteten Ostermarktbuden verschwindet.

Es ist ein milder Abend, und die gelbe S-Bahn rattert vor schwarzblauem Himmel oben über die Gleise. Eine Tram klingelt sich den Weg frei, Musik kommt von der einen, andere Musik von der anderen Richtung. Nicht nach rechts schaut Philip, nicht nach links. Erst lässt er sich auf den S-Bahnhof zutreiben, dann durch ihn hindurch. Fischgestank und Fett. Er lässt den Fernsehturm links liegen, ist auf der Karl-Liebknecht-Straße, überquert den Fahrdamm, wie abgesprochen, und schlendert mit der Reisetasche über der Schulter zwischen großen Gebäuden hindurch, die er sich nicht anschaut, weil sein inneres Auge über den imaginären Straßenplan wandert. Er achtet nur auf das Schild: Rosenstraße. Weniger Menschen, weniger Gewühl. Ungeschützt.

Hat das wirklich funktioniert? Er kann es nicht glauben. Das Klopfen in den Ohren wird lauter, und er setzt sich auf eine Bank. Er hat Zeit, viel mehr Zeit, als ihm lieb ist. Geplant ist noch eine Fahrt mit der S-Bahn.

Philip ist kalt, vielleicht weil er weiß: *Das ist meine Chance. Jetzt bin ich allein, jetzt kann ich all das abbrechen.* Er schaut sich um, sieht wahrscheinlich übervorsichtig, vielleicht sogar ängstlich aus. Das sollte vermieden werden, aber es geht nicht. Und wenn sie ihm doch auf den Fersen sind? Ein paar hundert Meter entfernt geht ein Mann vorbei, den Blick über sein Smartphone gebeugt, jetzt zwei Frauen. Der Mann – *bloß ein Passant, nichts weiter* – bleibt stehen, sieht sich um, überquert die Straße.

Philip kennt das Gefühl, belauert zu werden. Zu oft ist er in neuen Schulen aufgetaucht, hat sich in neue Klassenräume gesetzt, irgendwohin, neben irgendjemanden, möglichst nicht zu weit vorn. Zu oft hat er diese Blicke ertragen. Die neuen Mitschüler. Klassenkameraden. *Feinde.* Aber das hier ist doch etwas anderes, etwas Unklares, es ist gespenstisch und schwer auszuhalten. Am liebsten würde er irgendwas in die Berliner Nacht hineinbrüllen und sich zu erkennen geben, um die Spannung zu brechen: *Hier bin ich! Kommt und holt mich.*

Vielleicht ist es das Beste, wenn er einfach jemanden anspricht. Aber wen? Wie soll er seine Verfolger erkennen? Soll er sich einfach an einen Passanten wenden und sagen: *Hallo. Sie sind nicht zufällig vom Verfassungsschutz?* Nein, das geht nicht. Aber er kann zur Polizei gehen. *Guten Abend, Herr Wachtmeister, suchen Sie mich? Und haben Sie eigentlich noch Platz für mich im Zeugenschutzprogramm?*

Philip steht auf, schaut sich noch einmal um, setzt leicht schwankend einen Fuß vor den anderen. Das hier ist nicht das Richtige für ihn. Er ist minderjährig, damit geht es schon mal los. *Sie haben einen Minderjährigen in Ihrer Obhut.* (Nicht daran denken, nicht daran denken.) Und dann die Frage der Gesundheit. In Stresssituationen klopft es in seinen Ohren. Die Psyche schlägt den Takt, schneller und schneller, sie schlägt ihm den Takt auf den Magen, und bald schon wird der Darm begeistert mit einstimmen, und das kann rasch chronisch werden. Colitis ulcerosa. Morbus Crohn. Er würde gern über sich lachen, so wie Caro über ihn lacht, wenn er hypochondrisch wird und Unheilbares ahnt. Aber es klappt nicht. Die Kehle geht ihm zu, und er muss an seine Mutter denken, an die Wassermannfrau, die er nicht erreichen kann, an seine Mutter, die im Harz hochmotiviert Badefeste und Wärmerituale ausrichtet und nicht weiß, dass er hier voller Angst durch Berlins unübersichtliche Mitte schleicht.

Er biegt um eine Ecke, sucht ein neues Straßenschild, versucht, sich zu orientieren. Es gibt immer noch die Möglichkeit, allen den Rücken zuzukehren, im Zweifelsfall auch seiner Mutter. *Nimm die Beine in die Hand und dein eigenes Leben auch.* Andere werden sich kümmern, ihm eine Unterkunft besorgen. Polizei. Behörden. In der Kasseler Schule hat er so einen Fall mitbekommen, da war Colleen Berger von zu Hause ausgezogen. Mit fünfzehn. Schwanger, Wohnung vom Jugendamt. Das kann er auch (er ist nicht schwanger, aber in Gefahr), kann irgendwohin. Nur weg. Seine Ohren pochen, und während seine Füße längst die Kontrolle übernommen haben, wird ihm klar: *Es muss eine Entscheidung getroffen werden. Von mir.*

13

Dezember dachte: Man kann mich sehen. Normalerweise genoss er das Gefühl, und wenn er so spät trainierte wie heute, machte er sich gezielt zur Fensterfront des Studios auf. Er stand dann, weithin erkennbar, im Licht, nur mit einem ärmellosen Shirt am schwitzenden Oberkörper. Wenn er an den Multipressen, den Zugtürmen und später (zwecks verbesserter gesamtkörperlicher Koordination) mit den Kurzhanteln trainierte, spannten sich seine Muskeln, bildeten wohldefinierte Rundungen aus Kraft. Und die Leute, die unten im Dunkeln auf der Straße herumliefen und zufällig nach oben schauten, konnten ihn im ersten Stock von seiner besten Seite sehen. Er spürte die anerkennenden und die neidischen Blicke, auch in seinem Rücken, auch im Studio. Allerdings kamen wenige so spät noch hierher, um zu trainieren. Von den Typen kannte er keinen persönlich. Nur die eingebildete Bitch vorne am Eingang, aber die interessierte sich nicht für ihn. Ihr Pech.

Harter Tag. Unklarer Tag. Er wischte sich mit dem Handtuch den Schweiß aus dem Nacken, blieb neben dem Zugturm stehen, griff mit der Hand nach dem kühlen Metall. Er starrte nach draußen, sah aber bloß sein Spiegelbild auf der schwarzen Fensterscheibe – leicht verzerrt, schwer atmend, die hellblonden Haare ein leuchtender Fleck. *Man kann mich sehen*, dachte er.

Er schüttelte den Kopf, ging duschen. Dampfend stand er in dem prickelnden Strahl, fuhr sich wieder und wieder mit den Händen über den Schädel und warf, als er sich anzog, noch einen weiteren Blick in den Spiegel. Seine Wangen waren sehr rot. Als sich die Tür vor ihm ruckartig aufschob, zuckte er kurz zusammen und ärgerte sich über seine schwachen Nerven. Ein massiger Typ mit Tattoo auf der Brust stapfte mürrisch an ihm vorbei. Sandalen schmatzten auf den feuchten Fliesen. Im nächsten Moment rauschte wieder eine Dusche.

Unten in der Tiefgarage war es am schlimmsten. *Wir melden uns anschließend bei dir.*

Noch heute?

Seit er sich einmal hier mit ihnen verabredet hatte, befürchtete Dezember ständig, dass sie plötzlich hinter einem der Pfeiler auftauchen und sich ihm in den Weg stellen könnten. Er drückte auf den Sender seines Autoschlüssels, und die Scheinwerfer zwinkerten ihm schadenfroh zu.

Mit Schwung machte er die Tür zum Rücksitz auf, schleuderte seine Sporttasche hinein und zündete sich, noch bevor er den Motor angelassen hatte, eine Kippe an. Ein, zwei Minuten ließ er sich starr vom Rauch einnebeln. Jetzt war es also so weit: Der Verfolgungswahn, der in seiner Branche Berufskrankheit war, hatte von ihm Besitz ergriffen.

Dabei war alles so vielversprechend losgegangen. Es war fast komisch, wenn er daran zurückdachte, wie sehr er seinem ersten Verrat entgegengefiebert hatte. Für ihn war es von Anfang an Teil des Reizes gewesen, eines Tages die Grenze zu überschreiten und vom angeblich richtigen Pfad abzutreten. Gerade weil ihn alle für die Verkörperung der Anständigkeit hielten, für den guten Jungen mit dem richtigen Ehrgeiz. Kunststück: Er hatte sich ja auch nie etwas zuschulden kommen lassen und von Anfang an automatisch auf der richtigen Seite gestanden – seinen Eltern sei Dank. Es machte sich gut in seinem Lebenslauf, das Pastorenpaar, das sich so engagiert an der friedlichen Revolution beteiligt hatte. Ging man in den Staatsdienst und hatte verdienstvolle Bürgerrechtler als familiären Background anzubieten, klatschte der Personalchef Beifall.

Er hatte also ein Seminar nach dem anderen besucht, hatte wieder und wieder die entsprechenden Schulungen durchlaufen, in der FH Bund in Brühl und ebenso in der weitaus interessanteren Akademie in Swisstal-Heimerzheim. Auch die inoffiziellen Kurse hatte er besucht, von denen man niemandem erzählen durfte – nur um dann feststellen zu müssen, dass er in seinem Dienst an Staat und Vaterland doch nicht vom Fleck kommen konnte. Weil immer jemand vor ihm da war, irgendein Wichser mit abgeschlossenem Studium oder einer hochdekorierten Bundeswehrvergangenheit. Einer Front aus Titeln und Abkürzungen sah er sich gegenüber, einer Ansammlung selbstverliebter Arschlöcher, die ihm freundlich und herablassend Instruktionen gaben und ihn absichtlich in der nervtötenden Routine des Tagesgeschäfts festhielten. Als verlässliches, aber unwichtiges Rädchen hielt er den Betrieb am Laufen, stellte Kontakte her, schrieb Protokolle, fungierte als Anlaufstelle für Verbindungsmänner, leerte tote Briefkästen und war in Notfällen auf einer speziellen Handynummer erreichbar. Nicht dass er in solchen Notfällen weisungsbefugt gewesen wäre. Nein, er wusste bloß, wem er wo Bescheid geben musste.

Also hatte er gewartet. Gut, vielleicht hatte er auch hier und da nicht nur zugehört, wie es seiner Aufgabe entsprach. Nein, er hatte das ein oder andere Wort fallen lassen, sich zu erkennen gegeben. Auf einem Wochenendbesuch bei Verwandten, in Kneipen, auf dem Fußballplatz, auf dem er sich als Jugendlicher die Knie wundgeschürft und viel zu selten Tore geschossen hatte.

Der entscheidende Schritt auf die Gegenseite war dann gar nicht aufregend gewesen: Ein Bier nach Feierabend in einer knallvollen American Sports Bar in Spandau. Dröhnende Spielkommentare aus den Fernsehern, grölendes Gelächter. Ein alter Kumpel, den er in Wirklichkeit noch nie gesehen hatte und der ihm mehrmals fröhlich auf die Schulter klopfte. »Das ist jetzt unser Spiel, deins und meins.«

Erst in diesem Moment des ersten Verrats hatte er das Gefühl gehabt, angekommen zu sein. Erst hier hatte er sie spüren können, die eigene Wichtigkeit. Der offizielle Dienstrang war derselbe geblieben, seine Bedeutung aber war erheblich gestiegen.

Sie wollten nicht viel von ihm, und es war leicht, es ihnen zu verschaffen. Der Name eines V-Mannes, der sich beim ländlichen Ortsverband einer Neonazigruppe eingeschleust hatte. Hin und wieder ein paar Informationen, die es den braunen Schrumpfköpfen erleichterte, ihre Versammlungs- und Demonstrationsorte kurzfristig umzulegen. Das war es schon. Für ihn keine politische Angelegenheit, bloß seine kleine Möglichkeit, die Freiheit der Gesellschaft wörtlich zu nehmen, für die seine Eltern mit ihren Spruchbändern vor der Kirche auf und ab marschiert waren. Ihnen hatte sie kein Glück gebracht, nur materielle und persönliche Enttäuschungen. Jetzt profitierte wenigstens er. Ohne sich sonderlich anstrengen zu müssen, gab er allen Seiten etwas zu tun.

Die Schwierigkeiten hatten erst begonnen, als man ihn weiterempfohlen hatte. Durch irgendwelche dunklen Kanäle war sein Name geschickt worden. *Verlässlicher Mann. Unkompliziert. Unauffällig.*

Am ersten Dezember waren sie, die anderen, an ihn herangetreten. Im schönsten winterlichen Schneefall hatte ihn jemand vor seiner Wohnungstür um Feuer gebeten, ein glatzköpfiger, muskulöser Fremder, und der Spaß an der Sache hatte ein für alle Mal aufgehört.

Er dachte nicht gern daran zurück, als er seinen Wagen jetzt ostwärts durch die Berliner Straßen lenkte und gewohnheitsmäßig den Rückspiegel im Auge behielt. Hinter ihm wartete ein Taxi auf den richtigen Moment, um genervt an ihm vorbeiziehen zu können.

Seine neuen Kunden hatten sich nicht persönlich zu erkennen gegeben. Bis heute wusste er nicht, um wen es sich eigentlich handelte. Aber er hatte ungute Vermutungen. Sie schickten ihm bullige, kurz angebundene Kerle, die ihm damals in der kleinen türkischen Bäckerei, in der er sich manchmal auf dem Weg zur Arbeit einen Cappuccino to go kaufte, den ersten dick gepolsterten Umschlag in die Hand gedrückt hatten. Die Scheine. Das Geld musste vorsichtig angelegt werden, niemand durfte davon erfahren. Die Altersabsicherung des Maulwurfs.

Aber er war verwirrt gewesen, überrascht. Die Informationen, die sie von ihm haben wollten, hatten nichts mit der Abteilung zu tun, für die er tätig war. Es ging um ein ganz anderes Einsatzfeld, mit dem er bisher noch nie in Berührung gekommen war.

»Wer suchet, der findet«, erklärten sie ihm grinsend. Und hatten recht.

Die Daten und die Aufzeichnungen, auf die sie es abgesehen hatten, waren weder kodiert noch als Verschlusssache abgelegt. Sie spielten schon lange keine Rolle mehr, waren nichts weiter als eine Kuriosität. Der Maulwurf musste keine tiefen Tunnel graben und keine störenden Erdhügel aufwerfen, über die andere stolpern würden. Das machte die Archiverkundung angenehm unkompliziert und ließ ihn aufatmen. Denn die Skrupel hatten sich eingestellt. Zum ersten Mal in seiner heimlichen Karriere als professioneller Verräter hatte er sich bedrückt und überfordert gefühlt. Aber was konnten die anonymen Hintermänner, die ihr Fußvolk zu ihm schickten, schon anfangen mit diesen abwegigen Informationen?

Er erfuhr es an einem Montag, Anfang Januar, im Kantinenrestaurant des Innenministeriums, das auch von einigen Mitarbeitern des Verfassungsschutzes regelmäßig besucht wurde. Maria Jenkovic, mit der er ein Jahr zuvor einige wenig spannende Nächte verbracht hatte, erzählte ihm hinter vorgehaltener Hand die Neuigkeiten. Selbstverständlich keine Details.

»Luisenburg«, sagte sie. »Schon mal davon gehört?«

Er log natürlich. »Nein, noch nie.«

Luisenburg.

Es war in aller Eile eine Sonderabteilung eingerichtet worden. Man hatte ein hohes Tier als Chefkoordinator abgezogen – Ullrich Müller. Topmann, Botschaftsmitarbeiter für den Bundesnachrichtendienst in Wien, dann Europakoordinator in Brüssel, jetzt Inlandsaufgaben. Maria war ihm für die Übergangsphase unterstellt worden, zusammen mit einigen anderen Auserwählten, die bislang interesselos Scientology-Aussteiger betreut hatten. Jetzt herrschte Hochspannung, noch war alles unklar, und Müller führte sich angeblich ziemlich arrogant auf. Eins immerhin stand wohl fest: Die Akten aus der Vergangenheit, die so offen herumgelegen hatten, dürften jetzt völlig unzugänglich sein.

Ihm wäre das sowieso nicht sonderlich genießbare Cordon bleu fast im Hals stecken geblieben, als Maria ihm die wenigen Brocken zuflüsterte, die man ihr mitgeteilt hatte. Es gab bereits eine gängige Formel: *die Luisenburg-Katastrophe*. Er hatte viel von seinem Datenklau erwartet, aber nicht, dass es einen Toten geben würde. Und eine Entführung, die auf seine Kappe ging.

Das eigentlich Beunruhigende aber war, dass seine neuen Kunden wohl bereits vorausgesehen hatten, dass er es mit der Angst zu tun bekommen würde. Als er an jenem Montagabend noch wie betäubt seine Wohnung betreten hatte, brauchte er eine Weile, bis ihm auffiel, dass etwas nicht stimmte.

Er ging ins Bad, blieb stehen, verstand nicht sofort. Der Klodeckel, den er immer herunterklappte, stand offen. Nein, er hatte ihn nicht vergessen. Mit zögernden Schritten näherte er sich, schaute hinunter, sah, dass die Toilette benutzt worden war. Das Wasser stand gelb, und mitten in der stinkenden Brühe schwamm ein Foto, auf dem er sich selbst erkennen konnte. Es ließ sich nicht hinunterspülen, kam immer wieder hinaufgewirbelt. Er musste Gummihandschuhe anziehen, um es herauszufischen.

Von nun an schwieg er, fürchtete sich und wartete.

Wir melden uns bei dir. Als er jetzt seinen Wagen abgestellt hatte, zögerte er. Also doch! Er blickte zum dunklen Wohnblock hinüber, sah das Licht im Küchenfenster, das er ganz bestimmt nicht hatte brennen lassen. Ein gelbes Auge, das ihn seelenruhig beobachtete, ohne zu blinzeln.

Im Fahrstuhl, der ihn viel zu eilig zum vierten Stock hinaufzog, klammerte er sich an der Sporttasche fest. Seine Muskeln waren gespannt, als er die Wohnungstür öffnete. Er ließ die Tasche auf den Boden neben der Garderobe sinken. Den dünnen Mantel behielt er an. Niemand in der Küche. Auf dem Tisch ein Teller mit Krümeln darauf, eine halb leer getrunkene Flasche Bier daneben. Sie hatten sich bedient, wie schön. Er stöhnte unterdrückt auf, rieb sich die brennenden Augen. Er wollte den Mantel über die Lehne des Küchenstuhls legen, aber er glitt ihm bloß aus der Hand. Im Schlafzimmer war Licht angegangen. Er atmete tief ein. *Na schön, bringen wir's hinter uns.*

Es war nur einer der beiden Kontaktleute hier, der Glatzköpfige, der sich ihm damals grinsend als Dario vorgestellt hatte. Er lehnte mit verschränkten Armen an der Schlafzimmerwand und nickte ihm zu. Aber zum ersten Mal schien der Mann selbst nervös zu sein. Vor allem, als er sagte: »Ich hab Besuch mitgebracht, mein Freund.«

Nicht zu übersehen. Es saß jemand auf seinem Bett, schaute zu ihm auf. Dezember musste sich jetzt sehr zusammenreißen, denn er hatte durchaus eine Ahnung, um wen es sich handeln konnte. Aber auch er nickte. Schließlich war ihm der gewölbte Briefumschlag nicht entgangen, der auf dem Nachttisch lag. Sie waren zum Verhandeln gekommen, nicht, um ihn fertigzumachen. Aber der Mann auf dem Bett, der fiepend durch die entstellte Nase atmete, fixierte ihn auf mehr als unangenehme Weise.

Er musste den Blick abwenden, sagte möglichst neutral: »Guten Abend.«

Das Hemd, das der Mann trug, schien ihm nicht wirklich zu passen, es spannte an der Schulter. Es lag vermutlich an den Verwachsungen. Der Kopf schien ihm schief auf dem vorgereckten Hals zu sitzen, auf einem Hals, der übersät war mit dunkelblauen Flecken, widerlichen Hautverfärbungen, die auch an den Schläfen sichtbar waren und unter seinen strähnigen grauen Haaren hervorwucherten. Die Hände, mit denen sich der Typ in die frisch gewaschene Bettwäsche krallte, waren schwarzblau. Ein Blick genügte, und Dezember wurde schlecht.

»Ich habe Ihnen viel zu verdanken, wie man mir sagt«, begann der Fremde mühsam zu formulieren. Die Wucherung über seinem rechten Auge sah aus, als könnte sie jeden Moment platzen. Ihm schien der Atem zu stocken, er musste eine Pause machen, nach Luft schnappen. Feindselig schaute er dabei zu ihm auf.

»Wie ist es denn gelaufen gestern?«, fragte Dezember entgegenkommend. Der Maulwurf versuchte, den freundlichen Gastgeber zu spielen.

»Leider so ziemlich alles schiefgegangen, was schiefgehen konnte«, erklärte Dario, der Glatzkopf. »Auch bei euch in der Tretmühle dürfte man nicht besonders glücklich mit dem Verlauf gewesen sein, nehmen wir an.«

»Keine Ahnung, ich habe nichts mitbekommen, es findet alles hinter verschlossenen Türen statt«, entgegnete er zu schnell.

»Tja.« Dario zuckte mit den Schultern. »Dann sieh zu, wie du die Türen aufkriegst, mein Freund. Wir brauchen die Informationen jetzt fortlaufend, vor allem brauchen wir genauere Informationen. Den neuesten Stand …«

»Ich bin immer noch nicht nah genug dran«, rechtfertigte er sich mit eilig voranstürzender Stimme, schaute nur Dario an und vermied Seitenblicke auf den Typen auf seinem Bett. »Die Geheimhaltung wird immer rigoroser. Müller lässt nicht einmal seine engsten Mitarbeiter an die Daten heran.«

»Du musst dich mehr anstrengen. Wir haben dir so vieles ermöglicht, wir haben dir Material gegeben, die Daten vom letzten Versteck, damit du sie Müller auf dem Silbertablett präsentieren kannst und in seinem Vertrauen aufsteigst.«

In der Tat: Sie hatten eine kleine Schrebergartenhütte in Leipzig präpariert, damals, direkt nach Luisenburg, hatten belastendes, aber irreführendes Material dort deponiert, und er war mit scheinbarem Stolz bei Müller aufgekreuzt. *Man hatte mir gesagt, das könnte Ihre Ermittlungen betreffen – soll ich mich weiter für Sie umhören? Natürlich, Herr Müller. Das ist kein Problem.*

»Ja«, sagte Dezember. »Deshalb darf ich ihm ja auch zuarbeiten. Immerhin lässt man mich ab und zu rein, sonst hätte ich Ihnen gestern den Tipp gar nicht geben können.«

Zwei Mal war er heute in der Trebnitzer Straße gewesen, in dem schmalen Gebäude, das offiziell Verwaltungsbüros des Landwirtschaftsministeriums beherbergte und von Müller zum vorübergehenden Hauptquartier der Sondereinheit Luisenburg bestimmt worden war, zu einem mehr oder weniger gemütlichen Zufluchtsort für Müller und Katja Wielandt, die ihm nicht von der Seite wich, sowie für sein Kernteam aus Abhörern und Auswertern.

»Du warst da. Wir haben dich gesehen. Was geht bei Müller vor?«

»Es herrscht Aufregung, offenbar haben sie diesen Korff aus den Augen verloren, das ist mein letzter Stand.« Er spürte die Unruhe, die der Name bei seinen Besuchern auslöste, und setzte eilig hinzu: »Ich habe mit Vera Freytag gesprochen, sie war letzte Nacht dabei.«

Die Stimme des Typen auf dem Bett. »Die Frau?«

»Ja, genau, sie war ziemlich frustriert. Wohl auch, weil Müller sie ebenfalls nicht ins Vertrauen zieht. Er schließt sie aus.« Er dachte an das verheulte Gesicht in der Teeküche, die braunen Kaffeespritzer an der Raufasertapete.

»Das ist jetzt egal. Der Aufenthaltsort. *Ihr* Aufenthaltsort. Wo haben sie sie hingeschafft?« Diese fiepende, hohe Stimme. Jetzt musste er doch hinschauen. Der verwachsene Typ zitterte, atmete flach, als stünde er kurz vor der Explosion, als würde er sich gleich auf ihn stürzen. *Er stinkt, mein Gott,* dachte Dezember, *er stinkt nach Verwesung. Der Tod auf zwei Beinen.*

Der Glatzkopf räusperte sich unbehaglich, warf unsichere Seitenblicke.

»Ich komme nicht in den inneren Kreis, die nehmen mich nicht ernst genug! Müller hat sich heute Abend mit zwei, drei Leuten in seinem Büro verbarrikadiert. Die anderen hat er nach Hause geschickt. Sie sind an irgendetwas dran, aber ich weiß nicht, woran.« Er schwitzte.

»Wir müssen das Verfahren ändern, du musst besser beobachten«, sagte der Glatzköpfige, hob eine Aktentasche vom Boden auf. Der Typ auf dem Bett zuckte.

»Wir haben dir hier eine Liste mit Fragen aufgeschrieben. Du füllst sie aus und hinterlegst sie. Du weißt, wo. Es kommt jetzt darauf an, dass dir klar wird, worauf du zu achten hast. Auch Müller hat seine Schwachpunkte.«

»Verstanden.«

»Diese Vera Freytag könnte hilfreich sein. Man muss herausfinden, wie frustriert sie ist. Frustriert genug, um ein bisschen zu meutern?«

Er zuckte mit den Schultern. In seinem Mund lag ein furchtbar bitterer Geschmack. »Möglich. Sie hat ein Verhältnis gehabt mit Weidenheim, mit dem Kollegen, der …« Er unterbrach sich, spürte den stechenden Blick des Mannes, den er nicht ansehen wollte.

Dario nickte, ging an ihm vorbei zur Wohnungstür. Der Deformierte erhob sich langsam, machte unsichere Schritte, kam ihm dann aber unangenehm nah, linste verdreht zu ihm hinauf und zischte: »Wir haben keine Zeit mehr! *Ich* habe keine Zeit mehr!«

Er nickte bloß.

Als sie verschwunden waren, schüttelte es ihn. Dann saß er im Flur auf dem Boden, füllte mit fliegendem Kugelschreiber ihre Fragebögen so gut aus, wie er konnte. Marko Reichardt, dem seine Auftraggeber den Codenamen Dezember gegeben hatten, wälzte sich ein, zwei sehr unruhige Stunden lang auf dem Sofa hin und her. Die ganze lange Nacht über ließ er das Fenster auf, um den Geruch aus seiner Nase zu vertreiben. Es funktionierte nicht. In sein Bett konnte er sich nicht legen. Schon der Gedanke daran drehte ihm den Magen um.

14

Der Biber ist ein geschicktes Tier, ein emsiges Tier, von Nahem betrachtet allerdings weniger niedlich, als man meinen könnte. Nicht nur wenn er in ausgestopfter Form auf einer Kommode mitten in der Bewegung eingefroren zu sein scheint und hinter toten Augen sein Geheimnis bewahrt. Auch wenn er aus dem Fluss auftaucht und sich schwer ans Ufer zieht, wenn er unter freiem Himmel sein Tagwerk verrichtet, sieht so ein Biber weniger putzig als massig aus. Für seinen Pelz sind vor einigen hundert Jahren Kriege geführt und amerikanische Sümpfe trockengelegt worden, und aus dem Drüsensekret, mit dem er seine Reviergrenzen markiert, hat man – aber das ist lange her – Medizin gewonnen. Heilmittel gegen Krankheiten, die rätselhaft und furchtbar waren und deren befremdliche Symptome Menschen große Angst einjagten. Heute, in aufgeklärten Zeiten, greift man nicht mehr darauf zurück, nur noch Quacksalber panschen herum mit diesem Sekret. Umso munterer ist der Biber, baut Burgen und gräbt im Brandenburgischen Löcher in die Dämme der Menschen und erhöht die Überschwemmungsgefahr, wenn die Elbe Hochwasser führt.

Morten Rheinberger hatte, bevor er gewaltsam aus dem Bild herausgefallen war, nie an einem Artikel über die Rückkehr wilder Tiere in die deutschen Städte geschrieben. Aber er hätte es tun können, denn es gab reichlich Material.

So strich ganz unbekümmert einer der Berliner Stadtfüchse am mit Flutlicht übergossenen Fußballplatz entlang, der sich an die

Skalitzer Straße anschmiegte, von wo aus die Partytouristen ihn mit großer Begeisterung fotografierten. Unbeeindruckt vom Lärm und vom Gelächter schlich er zwischen den Häusern entlang, fing und fraß jede Menge unvorsichtige Tauben und ließ dann und wann sein erschreckend lautes Fauchen hören.

In den Grünflächen, die zwischen den Schnellstraßen der Hauptstadt kleine Inseln mit dichtem Strauchwerk bildeten, ruhten tagsüber Wildschweinrotten, die nachts die Fahrdämme überquerten, Mülltonnen umstießen und hinter den Zehlendorfer Häusern die Rasenflächen aufwühlten.

Ärgerlich für manche – sie forderten freien Abschuss –, aber von niemandem als gefährlich eingestuft. Nicht einmal die Wölfe, die von Osten her eingewandert waren und in großer Zahl durch Brandenburg und Sachsen zogen, machten vielen Menschen Angst. Kamerateams drehten Dokumentationen über sie, und hin und wieder konnte man tatsächlich einen von ihnen heulen hören – ein langgezogener Laut, wie abgezogen von der Tonspur eines Horrorfilms in Schwarzweiß –, und hier und da fürchtete ein Hirte, wie in lange vergangenen Jahrhunderten, um das Leben seiner Schafe.

Manche Wölfe verließen ihre Rudel und wanderten in der Nacht, strichen über die Äcker und durch die Wälder, wo sie Füchse, Hasen, Rehe, Schweine erlegten, indem sie ihnen in die Hälse bissen, so wie es der Stadtfuchs an der Skalitzer Straße mit den Hauptstadttauben machte. Die Wölfe huschten witternd an Häusern und Höfen vorbei, wachsam, hungrig. Einige von ihnen trugen dabei Peilsender, die ihnen Zoologen im Auftrag des Bundesamtes für Naturschutz unter die Haut gepflanzt hatten, um ihr Verhalten und ihre Jagdgründe zu erforschen. Diese Wissenschaftler konnten die Tiere auf Monitoren verfolgen: sich systematisch fortbewegende Lichtpunkte, die erstaunliche Strecken zurücklegten und immer wieder mit Zielgenauigkeit zu bestimmten Plätzen zurückkehrten, an denen sie sich sicher gefühlt hatten.

Aber warum gewisse Rudel ebenso wie gewisse Einzelgänger einen kleinen, aber klar zu umreißenden Bereich in der Nähe der Ostseeküste, nicht weit entfernt von Travemünde, konsequent umliefen, ließ sich nicht wirklich erklären. Sie schienen regelmäßig beträchtliche Umwege in Kauf zu nehmen, um jenes abgeschiedene Fleckchen zu umrunden, das sie idealerweise hätten passieren können, um zu einer dichten Tannenschonung zu kommen, die ihnen hervorragenden Sichtschutz geboten hätte. Die Wissenschaftler, die auf detaillierten Karten ihre Wege nachzeichneten, interessierten sich jedoch grundsätzlich nur für das, was die Wölfe taten und wo sie waren, und nicht für das, was sie nicht taten oder für die Stellen, die sie umgingen.

Morten Rheinberger hatte keinen Artikel schreiben wollen über die neuen Burgen der Biber und nicht über die neudeutschen Wölfe. Sein Thema war ein anderes gewesen, und wäre es nicht verhindert worden, hätte es ihn hierhergeführt.

Ja, es hätte sich durchaus zutragen können, dass er sein Auto neben einem der Gebäude dieses eigentümlichen Komplexes geparkt hätte und ausgestiegen wäre, mit einem Fotoapparat in der Hand und mit sehr konkreten Fragen im Kopf. Er hätte hier mit Interesse seine Blicke schweifen lassen und Material zusammengetragen über das, was die alarmierte Vorsicht der Wölfe auslöste und die Angst der Menschen. Eine Angst, die man sogar tagsüber spüren konnte, die man in den Gesichtern derjenigen sehen konnte, die hier zurückgezogen lebten. Eine Angst, die wohl auch etwas damit zu tun hatte, dass es hier Türen gab, an Gebäuderückseiten, die man nicht nur verschlossen, sondern mit Brettern vernagelt hatte. Es gab, leicht abgerückt von den wuchtigen, alten Häusern, um die sich die hohe Mauer schützend legte, auch eine kleine Kapelle samt spitz zulaufendem Turm, der aber nicht höher war als die hoch aufgeschossenen Tannen, die sie grün und dicht abschirmten. Für reguläre Gottesdienste wurde sie nicht mehr genutzt.

Jetzt, bei Nacht, war es sehr still. Hier legten sich die Hunde der Menschen nachts unter die Tische und wachten mit immer leicht erhobenen Ohren. Man hatte sie zur Verteidigung angeschafft. Es gab hasserfüllte Pitbull-Terrier und kräftige Doggen in den Gebäuden, aber die meisten dieser Tiere hätten es wohl gemacht wie die Wölfe, wenn sie sich dazu in der Lage gesehen hätten. Die Hunde hätten, ihrem Instinkt folgend, diesen Ort verlassen und ihn stets gemieden, doch die Loyalität zu ihren Haltern war stärker als alles andere.

Deshalb blieb auch King.

Gerade jetzt sah es allerdings aus, als spürte er genau, dass der richtige Zeitpunkt gekommen war, um seine Gefolgschaft aufzukündigen. Eine drängende Unruhe hatte ihn gepackt, und er begann vom Wohnzimmer in die Küche zu laufen und wieder zurück, hin und her. Leise, lauschend, den Kopf in witternder Bewegung, stieß er unterdrückte Laute aus.

Vielleicht roch er das Blut.

Er war ein stattlicher Deutscher Schäferhund, verfügte über die ganze Kraft seiner besten Jahre, und selbstverständlich war er scharf. Er wäre wohl auch kampfbereit gewesen in diesem Augenblick, wenn ein Kampf sich angeboten hätte. Es wäre eine Erlösung gewesen, hätte die Beklemmung in seiner sich schnell hebenden und senkenden Brust gelöst. Tatsächlich aber blieb ihm nichts anderes übrig, als durch die beiden aneinandergrenzenden Zimmer zu wetzen und dann ruckartig Halt zu machen. Zwischen den Küchenstühlen stand er im orangefarbenen Licht einer Deckenlampe, von der noch der schleimige Fliegenfänger des vergangenen Sommers mit seinen trocken gewordenen Kadavern baumelte.

Was war das? King zuckte zusammen, machte einen Satz, warf einen der Stühle um, als er den Schrei hörte, der wirklich ungewöhnlich laut war. Vor allem aber war es keiner der Schreie, an die er und die anderen Bewohner sich mittlerweile gewöhnt hatten. Es war das fassungslose Aufstöhnen seines Halters, gefolgt vom lauten Ausstoßen mehrerer unverständlicher Worte, die in einem »Wo bist du, verdammt?« mündeten.

King, an den sich diese Worte keineswegs richteten, wetzte durchs Wohnzimmer bis zum Fuß der Treppe, bellte einmal und jaulte dann nur noch leise. Schneller Hundeatem, eingezogener Schwanz, die tiefgreifende Verwirrung eines Tieres, das diese Situation nicht verstehen, aber in ihrer Furchtbarkeit klar empfinden konnte.

Roth stand auf halber Treppenhöhe, und seine Augen waren geweitet. Er trat mit dem Fuß gegen etwas Schweres, beförderte es

Stufe um Stufe weiter nach unten, und auch King musste klar sein, dass dies nicht gut war, schließlich verteilte sich so das dunkle Blut weiter und weiter. Roth schwitzte, und sein Schweiß stach giftig in der Luft. Sein Mund bewegte sich jetzt lautlos.

Noch ein Stück wich King zurück, bis er mit den Hinterläufen gegen die Sofakante im Wohnzimmer stieß. Er winselte mit gesenkter Schnauze. Es war Riko, das erkannte er. Riko, mit dem er gemeinsam gejagt und angeschlagen und mit dem er gekämpft hatte, dem er einmal sogar eine tiefe Wunde zugefügt hatte. Riko, der nun tot auf dem Läufer im Korridor lag. Tot – und mit einem blutigen Loch an der Stelle, wo bis vor kurzem sein Kopf gewesen war.

»Schluss damit«, sagte Roth, und seine Stimme war weit weg. Er holte irgendwo einen Schlüssel hervor und öffnete eine gläserne Schranktür.

Oben, im ersten Stock, steckte mit blinden Augen ein schwerer länglicher Hundekopf auf dem blutfeuchten Geländer, unten aber fuhr Roths Arm in den Schrank hinein. Er holte ein Gewehr heraus. »Schluss damit«, sagte er noch einmal, und King stellte die Ohren auf.

15

Aber es war schon spät, die Nacht war fortgeschritten. Vieles war passiert, das nicht mehr rückgängig gemacht werden konnte. Fenster, die halb offen gestanden hatten, damit ein wenig Luftaustausch stattfinden konnte, schlugen jetzt im aufgefrischten Wind hin und her und ließen Nieselregen in verlassene Zimmer. Ein dumpfes Klappern. Türen knarrten, und zwischen den Bäumen ließen sich eilige Bewegungen ausmachen. Ein Flüstern ging zwischen den Mauern hin und her. Das Mädchen war jetzt beinahe am Ziel, glaubte, beinahe alles erledigt zu haben, und verspürte eine tiefe Befriedigung. Das Haus, in dem Margret Schneider, ihr Mann Karl und ihr gemeinsamer Sohn Manuel lebten, war das letzte, zu dem sie sich Zutritt verschaffte. Es war, wie bei den anderen, kein Problem.

Margret Schneider aber schreckte auf. Obwohl ihre Nerven abgestumpft waren, obwohl Alkohol und Medikamente in ihrer Blutbahn kreisten und ihre Reaktionen verlangsamten, spürte sie, dass etwas anders war als sonst.

Sie richtete sich mühsam auf, fand ersten Halt auf den Ellenbogen. Das ausgewaschene T-Shirt klebte ihr am Oberkörper, und neben ihr lag Karl und röchelte im Schlaf. Das hörte sie erst, als sie sich mit verkrampften Gesichtszügen die fettigen Silikonohrstöpsel aus den Gehörgängen gezupft und in ihrer rechten Faust umschlossen hatte. Ihn würde sie wohl nicht wecken können. Im Grunde schlief er nicht, sondern war bewusstlos.

Margret Schneider fasste sich in den klammen Nacken und fühlte, wie feucht ihre Haare waren, wie sie zusammenklebten. Und zuckte zusammen, als sie erneut Geräusche hörte.

Sie griff nach Karls Schulter, achtete nicht darauf, dass ihr die Ohrstöpsel dabei entglitten und unter seinem massigen Rücken plattgewalzt wurden, als er sich stöhnend zu ihr herumwuchtete, ohne zu erwachen.

Wankend stieg sie aus dem Bett und tastete mit den eiskalten Füßen nach den Hausschuhen, die hier irgendwo liegen mussten. Als sie sie gefunden hatte, verstand sie, was sie gehört hatte. Man musste hier mit vielem rechnen, man musste hier vieles aushalten, man bekam vieles mit. Manches war laut, und deshalb brauchte sie auch das Silikon. Deshalb drückte sie es sich Nacht für Nacht fester und fester in die Ohren. Aber das hier war etwas anderes. Nicht laut, aber deutlich. Schritte im Haus. Schritte, die nicht ihre waren und nicht die von Karl. Eilige, deutliche Schritte. *Das durfte nicht sein*. Wer war das?

Sie fürchtete sich nicht, noch nicht. Sie war empört. All das hier, dieses Leben am Rande, bei dem sie über so vieles hinwegsah, das ihr früher ein Graus gewesen wäre, basierte auf einigen wenigen Grundregeln, und es konnte nicht zugelassen werden, dass diese einfach so gebrochen wurden.

»Wer ist da?«, rief sie deshalb, aber ihre Empfindungen änderten sich, als sie ihre eigene Stimme hörte, die erst sehr heiser war und dann laut und schrill wurde und auf deren Ruf völlige Stille folgte. Erst als die Schritte nicht mehr zu hören waren, wurde ihr bewusst, dass sie direkt über ihr gewesen waren. *Oben.*

Karl stöhnte, röchelte in sein Kissen. Sie warf ihm einen eiligen Blick zu und fluchte über ihn und über sich selbst. Darüber, dass sie aufgegeben hatten, alles mit sich machen ließen.

Doch obwohl sie bereit war, wütend einzuschreiten, stand sie immer noch wie festgewachsen im Schlafzimmer. Bis sie hörte, wie jemand die Treppe hinuntergeeilt kam, ein überaus flinkes Füßevoreinandersetzen, ein *Flap-Flap-Flap*, das rasch näher kam. Das ging ihr zu schnell. Sie war wach, aber nicht *so* wach, verdammt.

Ganz automatisch öffnete sie die Tür, spürte Durchzug, trat ins Dunkle und folgte der Person mit einer Geschwindigkeit, die sie selbst überraschte. »Halt!«, wollte sie rufen, tat es aber nicht. Sie war rasch am Hintereingang angekommen, der zum Hof führte und von dem aus man die Kapelle sehen konnte. Es rauschte jetzt lauter, und das verunsicherte Margret. Sie brauchte eine Weile, um zu begreifen, dass ein schwerer Regen niederging. Waagerechte Schauer, die auf die Tannen drückten.

Dann erst sah sie sie. Da stand eine schmächtige Gestalt inmitten des Hofes, inmitten des Regens. Ein Kind, so hätte man meinen können, stand da und schien sie anzuschauen. Margret kam es vor, als setze ihr Herz aus in diesen Sekunden des Blickkontaktes. Wer war das? Womöglich ein Mädchen, dessen Kopf in einer Kapuze steckte, unter der irgendwo ein Blick sein musste, der auf sie gerichtet war. Eine undeutliche, verharrende, sie anblickende Gestalt, die nur deshalb stehen geblieben war, damit sie gesehen und gefürchtet werden konnte, und die sich nun mit einem plötzlichen Ruck umwandte und zwischen den Tannen und hinter der Kapelle verschwand.

Im Haus zersplitterte Glas, ein Stuhl wurde verschoben, etwas klapperte. Irgendwo schlug ein Fenster, irgendwo bewegte sich etwas.

»Karl«, sagte Margret erst kaum hörbar. Sie rief: »Karl!«, aber nur weil es das Nächstliegende war, nicht weil sie sich ernsthaft Hilfe von ihrem Mann erwartet hätte. Nein, sie musste allein nachsehen. Also strich sie sich die nassen Haare aus der Stirn, drehte sich um, ohne die Tür zum Hof zu schließen, ohne Licht zu machen, stolperte die Treppe hinauf und unterdrückte einen Schmerzensruf, als sie mit dem linken Fuß umknickte und ihren Hausschuh hinter sich verlor.

Es war, wie sie erwartet hatte: Die Tür war offen, die schweren Riegel von außen zurückgeschoben. Sie sagte noch einmal »Karl«, und diesmal war es nicht viel mehr als das nutzlose Gewimmer einer vertrauten Silbe. Sie versuchte sich zusammenzureißen, hörte das Rauschen des Regens, der durch die Rinnen ging, die altersschwach das Dach umliefen. Hier machte sie Licht, kniff kurz die Augen zusammen – *ach, müsste ich sie doch nie wieder öffnen, könnte doch alles jetzt und hier vorbei sein* – und stellte fest, dass das Bett ihres Sohnes leer war.

Und jetzt? Sie musste jemandem Bescheid sagen. *Aber das kann ich nicht*, dachte sie. *Nicht so. Und nicht allein.* Oh, ihr war so übel jetzt. Der Magen krampfte sich zusammen, aber das war vielleicht ganz gut, denn während sie die Treppe hinunterhinkte, jetzt wieder barfuß, konnte sie an ihren Körper denken, der sie zur Küche führte, wo sie Wasser trinken würde.

In der Küche drückte sie den Lichtschalter, und nichts passierte. Sie hörte ein Quietschen, und ihr Kopf wurde leer.

Die Glühbirne war aus der Fassung herausgeschlagen worden, kleine, spitze Scherben lagen auf dem abgewetzten Laminat, waren eine Gefahr für nackte Füße. Aber das spielte keine Rolle, und das bemerkte sie auch nicht, schließlich kauerte in der Küche ihr einunddreißigjähriger Sohn auf dem Fußboden. Er musste es sein, auch wenn sie sich erst nicht sicher war. Etwas Schwarzes, eine atmende Masse, die sich auf dem Boden bewegte, ein Körper, der seinen Kopf träge hin und her bewegte. Jetzt hörte sie Geräusche aus seiner Kehle, die ihr durch und durch gingen. Sie überlegte, wo Karl am Morgen den Hockeyschläger hatte fallen lassen.

Manuel Schneider erhob sich, wankte dabei, ganz ähnlich, wie sie gewankt hatte, als sie vorhin aufgestanden war. Sie stand in der Tür, barfuß, schutzlos, versuchte zu lächeln. Tränen rannen ihr über das Gesicht.

Mutter und Sohn standen einander gegenüber, nur dass er nicht aufrecht stehen konnte, dass seine Schultern und sein Kopf zu schwer für ihn waren. Sein Stadium war an einem kritischen Punkt, aber sie wusste, dass ihn das nicht ungefährlicher machte.

Er kam näher, nur einen Schritt. Sie wimmerte wieder, weil sie jetzt seine Augen sehen konnte. Er erkannte sie. »Manuel«, sagte sie unter ihren Tränen. »Leg dich doch wieder hin.« Sie schluckte. »Bitte«, sagte sie.

Und sie dachte: *Für dich, alles nur für dich, das weißt du nicht, aber es ist wahr. Zum Schutz, nur für dich. Du bist mein Sohn.* Und sie dachte: *Vielleicht, wenn ich selber einen Schritt auf dich zugehe, vielleicht, wenn du siehst, dass ich dir noch immer vertraue …*

Es war kein Gefühl in seinen Augen, sie waren aber starr auf sie gerichtet, stierten unter den Verwachsungen seiner Stirn hervor, und deshalb konnte sie sich nicht rühren. Erst als draußen auf dem Gelände eine Stimme erklang, ein aufgebrachtes Rufen, ging ein Ruck durch Mutter und Sohn. *Ist das Roth?,* dachte sie noch und lag im nächsten Augenblick auf dem Küchenboden.

Er war an ihr vorbei zur Vordertür gestürmt, hatte sie in der Bewegung niedergeschlagen. Sie rappelte sich auf, konnte sich nur quälend langsam erheben, stolperte ihm aber hinterher. Draußen schrie Roth irgendwelche Namen. Jetzt hörte sie das Kläffen von Hunden, hart, metallisch, wie mechanisch aufgezogen. Sie kämpfte sich zur Tür, hinaus auf den Vorplatz, hinein in den Regen. Sie sah Roth, der schnelle Schritte machte, der die Arme angewinkelt hob, und dann hörte sie den ersten schrecklichen Knall.

»Nein!«, schrie sie, und ihre Stimme überschlug sich. »Nicht! Ihr könnt doch nicht schießen, nein, nicht schießen, das dürft ihr nicht tun.«

Etwas fiel klatschend zu Boden, Männerschuhe hechteten durch Pfützen und Matsch, und Margret Schneider brüllte und weinte, fühlte aber plötzlich Hände auf ihren Schultern. Karl presste sich von hinten gegen sie, sein Schnapsatem traf auf ihre Schläfe. Er flüsterte: »Hör auf. Es ist besser so. Es ist gut so.«

Und in ihrem Kopf begann sich alles zu drehen, sie wünschte

sich Ruhe und hoffte, der morgige Tag würde eine Erlösung bringen. *Morgen wird wieder alles besser sein*, dachte sie.

Etwas, das auch Philip gedacht hatte, als er eine knappe Stunde zuvor am verabredeten Platz, auf einem S-Bahnhof im Berliner Westen, auf seinen Großonkel gestoßen war. »Hat alles gut geklappt?«, hatte der alte Mann lächelnd gefragt. *Ja*.

Alles war planmäßig verlaufen, und schließlich hatten sie beide in einer kleinen Potsdamer Pension ein Zimmer bezogen. Es war schon sehr spät gewesen.

»Na schön«, sagte Richard Korff und hörte kurz dem aufgefrischten Wind zu. »Jetzt können wir in Ruhe schlafen. Das haben wir uns verdient.«

Dritter Teil

PU

Doch es ist nur die Paranoia.
Baby, es ist nur Rauch,
es ist nur Rauch ohne Feuer.
Aber jetzt riech ich es auch.

Jens Friebe

If there's something weird
and it don't look good
who do ya gonna call?

Ray Parker Jr.

I

Ans Küchenfenster hatte der frühe Sonntagmorgen einzelne Regentropfen gesetzt, wie unzusammenhängende, noch verschlafene Gedanken. Ein paar Straßen weiter schlugen die Glocken der Michaeliskirche dem Beginn des Zehn-Uhr-Gottesdienstes entgegen, der bei diesem Wetter aber nur wenige treue Gemeindemitglieder anziehen würde. Es blieb noch eine Weile still im Erdgeschoss, auch die Vorhänge hinter den Wohnzimmerfenstern waren noch zugezogen. Oben rauschten allerdings die Klospülung und dann das Wasser im Waschbecken. Nach einer Weile quietschten schließlich die Treppenstufen. Auch der Regen war inzwischen richtig munter, hatte die Scheibe des Küchenfensters längst mit seinen ineinanderfließenden Spuren übersät, als Carolin Hille, in weißer Pyjamahose und T-Shirt, endlich dahinter auftauchte und aus nur halb geöffneten Augen hinausschaute. Unzufrieden, unentschlossen. Sie goss sich O-Saft ein, holte sich einen Joghurt aus dem Kühlschrank und einen Löffel aus einer der Schubladen. Ohne wirklich hinzusehen. Lieber schaute sie nach draußen, ins Graue, wo niemand unterwegs war. Noch eine ganze Weile blieb sie so stehen, als könne das Starren irgendeine Lösung bringen oder zumindest den Regen beenden und den Wind davon abhalten, in die Blautanne zu fahren und sie vor dem Fenster rauschen zu lassen. *Ein Scheiß*. Dieses Wochenende hatte sie sich anders vorgestellt. Sturmfrei, und das in jeder Hinsicht. Sie hatte keine Verabredungen, keine Aufgabe und schon gar keine gute Laune. Was nicht zuletzt mit dem Telefonat zu tun hatte, das sie mit Philip geführt und das eine ungute Ratlosigkeit in ihr hinterlassen hatte. Sie seufzte, drehte sich um, stieg wieder die Treppe hinauf, fuhr ihren Computer hoch und riss den Deckel vom Joghurtbecher ab. Sie überprüfte ihre Mails, ging die Twitter-Timeline durch, retweetete drei Beiträge und wartete auf Neuigkeiten. Und ja, sie würden kommen, nur Geduld: Es würde nicht mehr lange dauern, man näherte sich ihr bereits, leise und auf elektronischem Weg.

Doch Caro neigte generell nicht zu Verfolgungswahn, ganz im Gegenteil. Ihr Vater sprach gern und oft über die »gläserne Gesellschaft«. War er auch insgesamt ein sehr ruhiger Mann, regte er sich doch mit Leidenschaft auf über Google Street View oder die unkontrollierbare Datenspeicherung von sozialen Netzwerken. Es gehörte zu seinen Hobbys, Vögel zu beobachten, das Beobachten von Menschen aber empfand er als ausgesprochen unmoralisch. Er wäre fast in Ohnmacht gefallen, als ihre Mutter eines Tages nicht nur mit Einkäufen aus dem Supermarkt gekommen war, sondern auch mit einer Payback-Karte. »Die wissen alles über uns, alles!«, hatte er gerufen, und Caro hatte seine Empörung fast rührend gefunden.

Sie war ein Kind des Jahres 1996, war in jenem hoffnungsvollen Jahr geboren worden, als in den USA zum ersten Mal mehr E-Mails versendet wurden als Briefe und in dem es zum ersten Mal einer Maschine gelang – sie hieß Deep Blue –, den amtierenden Schachweltmeister zu besiegen. Kein gutes Jahr für Garri Kasparow, aber für Carolin Hille. Es war das Jahr, in dem nicht nur sie das Licht der Welt erblickte, sondern auch das erste geklonte Säugetier, ein hübsches walisisches Bergschaf namens Dolly, sowie die Internet-Suchmaschine, die damals noch nicht Google genannt wurde, sondern BackRub. Damit hatte sie ihren Eltern ein gehöriges Maß Abgeklärtheit voraus, und Computer schaute sie nicht skeptischer an als Festnetztelefone. Natürlich war ihr auch ohne ausdrückliche Warnungen klar, dass man aufpassen musste, was man für Daten und Bilder ins Netz stellte. Ebenso wie man aufpassen musste, was man auf dem Schulhof tat und sagte, wenn alle um einen herumstanden. Wenn Kevin Meier dort montags in der ersten großen Pause – wie letzte Woche geschehen – seinen Kumpels noch immer halb besoffen auf die Füße kotzte und sich vor sämtlichen Lehrern und Mitschülern unmöglich machte, gab ja auch niemand dem Schulhof die Schuld daran.

Beunruhigt war sie an diesem nassgrauen Sonntagmorgen nur, weil sie an Philip denken musste, an seine absurden Äußerungen.

»Mach dir keine Sorgen, ich bin nur mit meinem Onkel unterwegs«, hatte er gesagt, oder etwas in der Art. »Hoffentlich kann ich dir das bei Gelegenheit alles ausführlich erzählen.«

Hoffentlich? Warum rief er von einem Telefon an, dessen Nummer unterdrückt war? Warum war die Verbindung schlecht? Und warum sagte er, als würde er irgendeinen lächerlichen Film imitieren: »Pass auf, du bist meine Rückversicherung. Wenn ich mich bis spätestens Sonntagmittag nicht gemeldet habe, kannst du was unternehmen. Aber nicht vorher.«

Rückversicherung: *irrsinnig.*

Dass Philip sich merkwürdig aufführte, war ja nichts Neues. Vielleicht war er jetzt einfach übergeschnappt. *Das geht so nicht, ich werde ja selber ganz blöd im Kopf.*

Also griff sie zu ihrem Handy, tippte *Schon wach?* und bekam zwanzig Sekunden später die Antwort: *Klar.* Sie nickte. Und während sich der nächste Schauer mit prasselnder Wut gegen ihr schräges Fenster warf, rief sie Sarina an und überlegte ernsthaft, ob sie das Angebot ihrer Freundin annehmen und mit ihr ins Kino gehen sollte. Stattdessen sagte sie dann aber doch: »Nein, besser nicht. Ich muss warten. Philip wollte noch anrufen.«

»Also, Mann, echt. Weißt du, Caro, komm mal runter«, sagte Sarina, und Caro konnte im Hintergrund Applaus hören. Vermutlich streamte sie irgendeine Castingshow. »Ich finde echt nicht, dass du das nötig hast.«

»Was? Hier zu sitzen und auf einen Anruf zu warten? Wahrscheinlich hast du recht.«

»Nein. Ich meine, du hast es nicht nötig, dich mit diesem Verlierer abzugeben. Der Typ is ’n Psycho.«

»Du kennst ihn kein bisschen.«

»Muss ich auch nicht. Ich hab Gott sei Dank meine Menschenkenntnis und weiß, um wen ich einen Bogen mache. Um Psychos zum Beispiel. Was geht da eigentlich bei euch? Machst du dir irgendwelche Hoffnungen? Jule behauptet das. Bitte sag, dass das nicht stimmt. Hat doch sowieso keinen Sinn. Der ist garantiert schwul. Der hatte noch nie ’ne Freundin, oder?«

»Warum bist du eigentlich neuerdings so beschränkt?« Es sollte lustig klingen, hörte sich aber unerwartet ernst an.

»Okay, jetzt mal ehrlich, Caro. Du hast dich ein bisschen hängenlassen, das stimmt. Und ich will jetzt echt nichts Gemeines sagen, echt nicht, aber du hast eben … na ja, sagst du ja selber immer: Du hast Probleme mit der Figur.«

Wenn das so weitergeht, habe ich auch Probleme mit dir, und zwar gewaltige, dachte Caro, sagte aber nichts.

»Du musst nicht sauer auf mich sein. Ich weiß, du bist jetzt sauer auf mich, ich kann das hören, weil du nichts sagst.« Sarina, die mit Caro schon zusammen in den Kindergarten gegangen war, sprach schnell, und zwischendurch zog sie, wie es ihre Art war, einige Worte betont in die Länge, als wäre ihre Gesprächspartnerin nicht nur übergewichtig, sondern auch unterbelichtet. »Aber es muss ja mal ausgesprochen werden. Du denkst, du bist zu dick, und vielleicht stimmt das auch, aber da kann man ja auch einiges ändern, ist ja bekannt. Also, Gewicht hin, Gewicht her, ich bin deine Freundin, und als deine Freun-di-hin sage ich dir, du bist im Grunde ein echter Hauptgewinn.«

»Ach ja. Sag mir einen Grund. Schnell.«

»Ernsthaft: Ich wünschte, ich wäre so witzig und klug wie du, und das weißt du auch. Aber du musst jetzt nicht mit diesem Verlierer abhängen, nur weil du glaubst, dass du sonst niemanden mehr abbekommst. Das stimmt nämlich ü-ber-haupt nicht. Ich weiß das aus erster Hand, falls es dich interessiert.«

Es war zu dumm, aber Caro musste jetzt doch lachen. »Du gehst mir so was von auf den Keks, Sarina, das kannst du dir gar nicht vorstellen.«

»Doch, kann ich mir wunderbar vorstellen, aber da kann ich jetzt leider gerade keine Rücksicht drauf nehmen. Weißt du nämlich, wer sich am Freitag im Venice bei Sonja ausgeheult hat?«

»Sag's einfach.«

»Matti.«

»Ach, nein, Sarina, echt.« Caro stöhnte gequält.

»Und zu Sonja hat er gesagt, dass ihr euch getrennt habt, wäre ein totaler Fehler gewesen, und er würde dich sofort zurücknehmen.«

»Never. Das hat der nie im Leben gesagt.«

»Er hat gesagt, es war ein Fehler. Das auf jeden Fall. Zu Sonja. Also vielleicht solltest du, statt auf den Anruf von diesem Creep zu warten, lieber mal bei Matti durchrufen.«

»Spitzenidee. Ich habe ihn erst vorgestern gesehen, und falls du's genau wissen willst: Er hat mich ignoriert. Er hat nicht mal gegrunzt.«

»Klar. Schüchtern.«

»Weißt du, was der Idiot für 'n T-Shirt anhatte? So 'ne nuttige Frauensilhouette und darüber der Spruch: Wish You Were Beer. Das ist Matti.«

»Ist doch witzig.«

»Nein, es ist peinlich. Der ganze Typ ist peinlich.«

Peinlich, aber gutaussehend. Viel Kinn, schmale Augen, breite Schultern. Er lächelte nicht häufig, aber wenn er es tat, gingen mindestens drei Extrasonnen am Himmel auf. Er hatte Caro manchmal so angelächelt. Nicht oft. Sie waren viereinhalb Monate versuchsweise zusammen gewesen und hatten wahrscheinlich ebenso viele sinnvolle Sätze miteinander gesprochen.

»Du könntest ihn anrufen, und wir könnten zu viert ins Kino gehen, ich und Seb und du und Matti.«

»Vergiss es.«

»Na gut. Seb und ich werden auf jeden Fall da sein, und wen wir sonst noch fragen, ist sowieso unsere Sache. Du kannst dir ja spontan überlegen, ob du dazukommst oder nicht.«

Caro wusste schon, dass sie hingehen würde, ärgerte sich schrecklich über sich selbst, klammerte sich aber an die Hoffnung, dass ein Anruf dazwischenkommen würde. Also verabschiedete sie sich irgendwie von Sarina und rief kurz bei ihren Eltern an, die sich über den Regen beklagten, der sich auf der ausgefahrenen Markise ihres Anhängers sammelte. Caro konnte Flipflops nörgelndes Wimmern hören und sagte: »Na, Gott sei Dank bin ich hiergeblieben.«

Aber als sie aufgelegt hatte, suchte sie in ihrer Musikbibliothek nach Jens Friebe, klickte das »Abändern«-Album an und machte sich Gedanken. Natürlich darüber, was Sarina gesagt hatte, über Matti, über Philip. Darüber, dass sie sich in denselben Bahnen zu bewegen drohte wie alle andern – Sarina, Sonja, Jule. Zwischen dem Instantsuppengestank des Schülercafés und dem Kunstnebel im Venice schossen ihre Beziehungen wie Pilze aus dem Boden, und es waren einige darunter, die noch unwahrscheinlicher und absurder erschienen als ihr eigener ungeschickter Versuch mit Matti.

Mit Philip führte sie viele Gespräche darüber, Gespräche, die einen beruhigenden Gleichklang mit sich brachten und in denen Caro ein immer besseres Bild davon bekam, wie sie eigentlich sein wollte – und wie nicht. In diesen Gesprächen hatte sie eine Rolle gefunden, die ihr noch etwas fremd war. Sie hörte Philip zu, seinen Fremdheitsgefühlen und seinem planlosen Gejammer und seiner Hypochondrie: »Kopfschmerzen, Ohrgeräusche, Übelkeit. Ich klage nicht, ich beschreibe nur!«

Sie lachte, machte sich ein bisschen lustig über ihn und erntete dafür eigenartigerweise große Begeisterung. Philip brachte sie dazu, selbstbewusst und klar zu sprechen. Weil er, wenn er ihr mit untergeschlagenen Beinen und dünnen, verschränkten Armen gegenübersaß, wirklich hören wollte, was sie zu sagen hatte. »Es ist okay«, hatte sie ihm einmal versichert. »Weißt du, ich übernehme das einfach. Ich werde zuversichtlich sein für dich.«

Es war ein ganz besonders schöner Abend gewesen, und wieder musste sie an das Lächeln denken, das auf seinem Gesicht aufgetaucht war, als ein heller Ton sie aufschrecken ließ.

Es war ein Geräusch, wie es dünnes Glas erzeugt, wenn man es leicht anschlägt. Sie hatte diesen Ton als Signal für eingegangene Mails gewählt. Also klickte sie, immer noch zerstreut, die neuen Nachrichten an, verstand sie nicht gleich und wunderte sich.

Es waren zwei, und sie kamen von derselben Adresse, was an sich nichts Ungewöhnliches war. Es meldete sich das soziale Netzwerk, dem sie nur noch unmotiviert angehörte und bei dem sie nur selten Pinnwand-Posts hinterließ. Sarina hatte über 400 Facebook-

Freunde, Sportvereinsmitglieder und sogar Kunden, die regelmäßig das indische Restaurant ihrer Eltern besuchten oder ihre älteren Geschwister kannten. Caro dagegen gerade einmal 110. Eine wirklich zu vernachlässigende Zahl, unerheblich im Verhältnis etwa zu den größtenteils anonymen Followern, die sie auf Twitter hinter sich versammelte. Facebook war ein Relikt, eine schwerfällige, spießige und unnötig neugierige alte Tante, die das vertrauliche Stupsen und das Kuppeln nicht lassen konnte, während sie einem ungefragt Fotos von selbstgekochtem Essen und uninteressanten Urlaubsreisen unter die Nase hielt. Nun meldete sich die alte Tante Facebook und informierte sie selbstgefällig darüber, dass jemand ihr 111. Freund sein wollte, jemand, den sie noch nie getroffen hatte.

»Hallo Carolin«, sagte die erste E-Mail, »Morten Rheinberger möchte mit dir auf Facebook befreundet sein. Grüße, das Facebook-Team.«

Die zweite E-Mail, die sie mit erheblichem Staunen las, lautete: »Morten hat dir eine Nachricht gesendet. Morten am 24.3.2013 um 11:48. *Hallo! Du kennst mich wohl nicht, aber Philip hat dir vielleicht von mir erzählt. Habe dich hier zum Glück gefunden, denn es ist wichtig. Kannst du mir weiterhelfen? Hat sich Philip bei dir gemeldet? Weißt du, wo er hingefahren ist? Ich müsste ganz dringend mit ihm sprechen, wäre toll, wenn du mir schreiben würdest, danke dafür, Morten.*«

Es war die Unwahrscheinlichkeit dieser Situation, die bei Caro Hille eine Gänsehaut verursachte, die sich über beide Arme zog. Wie war das möglich? Morten Rheinberger, der angeblich verschwunden war, wusste nicht nur von ihrer Existenz im Leben seines Stiefbruders, mit dem er sich doch angeblich nie beschäftigt hatte – nein, er wandte sich auch ausdrücklich an sie, um diesen Stiefbruder zu finden?

Sie stellte fest, dass es auf der Profilseite des Journalisten nur ein einziges Foto gab – es war eins von denen, die sie sich vorgestern Abend auf seiner Website angeschaut hatten. Zudem waren auch nur sehr wenige Informationen verzeichnet, Geburtstag und Berufsbezeichnung, keine Arbeitgeber, keine Links, keine Gefällt-mir-Einträge – und was noch seltsamer war: nur 10 Freunde. *Das ist nicht richtig*, dachte Caro, und in ihrem Inneren zog sich etwas zusammen. Sie loggte sich sehr eilig aus, stand auf, machte ein paar Schritte, schaute aus dem Fenster, setzte sich wieder hin und schrieb schließlich sehr hastig eine Mail an Philip. Sein Handy war ja idiotischerweise nicht zu erreichen.

Sie tat also, was man von ihr erwartete, tippte Wort für Wort und sendete, was über ihr E-Mail-Programm zu Philips Adresse weitergeleitet wurde. Eine Nachricht, die zugleich noch einen anderen höchst gespannten Empfänger fand. Später stellte dieser fest, dass die E-Mail geöffnet, also auch gelesen worden war, konnte jedoch nicht erkennen, von welchem Rechner aus. Nachdem Philips bisherige Anrufe aus Kenia und Togo gekommen waren, überraschte dies allerdings nicht mehr sonderlich.

Weit war das World Wide Web an diesem wie an allen anderen Tagen, und es schoss die Daten mühelos von einem Kontinent zum nächsten. Unsichtbar und unhörbar unterquerten sie die Weltmeere in verzweigten Kabelsystemen, denn der Empfänger von Carolin Hilles Nachricht war informiert genug gewesen, um einen Anonymisierungsserver anzusteuern, der auf einer winzigen ostasiatischen Insel ihre E-Mail öffnete und den Inhalt diskret und spurlos an ein Internetcafé in Potsdam weiterleitete.

Die Facebook-Mitteilung war eins zu eins hineinkopiert worden, und Caro hatte mit Nachdruck hinzugefügt, dass ihr die Situation Angst mache. »Erklär mir das bitte«, hatte sie geschrieben, »und melde dich bei mir. Da stimmt doch was nicht! Was ist das denn für eine verpeilte Scheiße? Was soll ich tun?«

Philip schluckte, als er das las, und schaute seinen Großonkel an, der nicht zum ersten Mal an diesem Sonntag tief und sorgenvoll einatmete. »Das gefällt mir gar nicht«, sagte Korff und warf dem Bildschirm einen seiner skeptischsten Blicke zu. »Ich kann nur hoffen, dass Rudis Tricks wirklich funktionieren und man uns hier nicht lokalisieren kann.«

»Ja, aber Caro kann man offensichtlich lokalisieren. Das heißt, wenn die Nachricht nicht doch von Morten stammt.«

Korff schüttelte den Kopf. »Das halte ich für ausgeschlossen. Sie versuchen nur, über deine Freundin an uns heranzukommen. Das ist alles, und das war auch zu erwarten.«

»Kann ich ihr schreiben, was sie tun soll?«

»Sie soll überhaupt nichts tun.«

»Aber sie weiß doch nicht, was los ist. Sie wird sich völlig verrückt machen. Und zur Polizei gehen. Garantiert.«

»Schick ihr einen kurzen Gruß, der sie beruhigt. Damit sie weiß, dass es dir gutgeht. Dabei muss es bleiben. Je weniger Details sie erfährt, desto besser ist es für sie.«

»Bin mit meinem Großonkel unterwegs. Mach dir keine Sorgen«, schrieb Philip unwillig. *»Später erkläre ich dir alles.«*

Richard Korff näherte sein Gesicht dem Monitor und nickte.

Es war auch am Nachmittag schummrig und stickig in dem verwinkelten libanesischen Laden, in dem man Zeitschriften, Zigaretten und Getränke kaufen und in einem abgeteilten Bereich ins Ausland telefonieren und ins Internet gehen konnte. Sie saßen auf Plastikstühlen, tranken Kaffee aus Pappbechern und konnten riechen, wie süßer Shisha-Qualm aus einem Nebenraum drang.

Neben der Tastatur lagen Rudis Notizen und das Krypto-Handy, mit dem er seiner Mutter vorhin eine kurze Nachricht hatte zukommen lassen und mit dem er eigentlich auch Caro hatte anrufen wollen. Das kam nun, nachdem er ihre E-Mail erhalten und derartig ausweichend beantwortet hatte, natürlich nicht mehr in Frage. Dabei hatte er auf ihre Hilfe gehofft. Er selbst hatte schließlich keine genaue Erinnerung mehr daran, was Caro vorgestern wo über Morten Rheinberger gefunden hatte. Jetzt erwartete der Alte von ihm, dass er all das aus den Untiefen des Netzes herausfischte. Also tauchte Philip tief hinein ins Brackwasser der Suchmaschinenergebnisse, während Korff unruhig mit der Zunge schnalzte.

Es waren in der Tat Onlineartikel zu finden, die Morten geschrieben hatte, aber Philip schaffte es einfach nicht, das Twitter-Profil aufzustöbern. »Diesen einen Text hätte ich gern. Den ich nicht finden kann. Das kommt mir merkwürdig vor, denn soweit ich mich erinnere, gehörte der zu den Artikeln, die er für den Blitz geschrieben hat, und war von seiner Website aus verlinkt.«

»Du meinst diese obskure Geschichte mit den Geisterjägern?«

»Ja. Passt doch zur Stimmung.«

»Könnte sie gelöscht worden sein?«

»Die Zeitung kann ihn aus dem Netz genommen haben, ja.«

»Das könnte wiederum bedeuten, dass er für die Sache tatsächlich nicht unerheblich ist.«

»Oder einfach nicht mehr aktuell. Nicht alle Texte bleiben öffentlich. Allerdings …«

»Was?«

»Es gibt Suchmaschinen extra für gelöschte Texte. Google Cache.«

Und dann ging es tatsächlich schnell, und Richard Korff rückte, skeptisch noch, etwas näher heran.

»Da. Das ist er.«

Stimmen aus der Dunkelheit. Geisterjäger von heute holen mit technischem Know-how Hirngespinste in die Wirklichkeit. Unser Autor Morten Rheinberger war dabei – hat sich gegruselt und gestaunt.

Der Artikel war in einem halbwegs ironischen Ton verfasst, stellte eine Gruppe aus Hannover vor, die sich »ParaClub« nannte und die Morten offenbar auf einem nächtlichen Ausflug begleitet hatte. Aber es war die Beschreibung des Einsatzortes, die den Gesichtsausdruck des alten Mannes eindrücklich veränderte.

Ein Haus, wie geschaffen für solch eine Unternehmung. Man möchte sich schon tagsüber nicht nähern, auf keinen Fall aber mitten in der Nacht und bei schlechtem Wetter. Durch die karge Umgebung der Nordheide von den nächsten Dörfern getrennt, ist das verwahrloste Grundstück zudem durch dichten Wald geschützt. Das Rauschen der Tannen hat man hier stets im Ohr, und, so behaupten es jedenfalls die selbsternannten Experten fürs Übernatürliche, auch die Stimmen der verschiedensten Gespenster. Denn hier, wo früher einmal ein Drogenring seinen Schlupfwinkel hatte, später eine Jugendherberge untergebracht war und nun schon seit Jahren alles verfällt, treibt angeblich so mancher Spuk sein Unwesen.

Korffs Lippen bewegten sich, formten die Worte, die er mit eiligen Pupillen überflog. Dann schien er, grau und ausdruckslos, zu erstarren, bevor er wieder sprach. »Dieses Haus kenne ich«, sagte er sehr langsam.

Philip schaute ihn an. Es kribbelte kalt und unangenehm zwischen seinen Beinen und im Magen. Ein Puzzleteil hatte seinen Platz gefunden.

»*Das* war es also. So ist er darauf gekommen.«

»Und das heißt?«, fragte Philip unsicher.

»Kannst du … kannst du die Adresse dieser Leute herausbekommen? In Hannover?«

»Vom ParaClub? Klar. Die haben unter Garantie eine eigene Seite, damit man sie jederzeit buchen kann.«

»Gut.« Der alte Mann dachte fieberhaft nach, das konnte man sehen, und es beunruhigte Philip.

»Was ist mit Caro?«, fragte er.

»Du hast recht, das müssen wir ebenfalls regeln. Sofort.«

Korff griff nach dem Motorola-Handy, aber es war nicht Caros Nummer, die er eintippte. Philip dachte nur an die Worte, die in der E-Mail gestanden hatten und die die ganze Sache präzise auf den Punkt brachten: *verpeilte Scheiße*.

2

Es war meistens so: Kurz bevor man das Gefühl hatte, dass es aus der Sackgasse, in die man hineingeirrt war, keinen Ausweg mehr gab, öffnete sich eine Tür. In diesem Fall war es die Tür von Müllers Büro. Das Klopfen war kurz und knapp gewesen, seine Antwort ebenso. Als er sich umdrehte, sah er immer noch grau und erschöpft aus.

»Martin hat die Informationen jetzt zusammen«, sagte Katja, die einen bewundernswert ausgeschlafenen Eindruck machte und unerschütterlich die Übersicht behielt. Sie schob einen noch recht jungen Mann in einem hellbraunen Cordsakko vor sich her. Er trug eine Akte bei sich, aus der links und rechts verschiedene Papiere ragten. Müller sah Eselsohren und lächelte trotzdem. »Na endlich, wurde auch Zeit.«

Sie nahmen zu dritt am Konferenztisch Platz. Katja klappte ihren Laptop auf, und Müller hatte sich so weit im Griff, um seine eigenen Unterlagen mit ruhigen Händen in Reichweite zu ziehen, seinen Kugelschreiber zu zücken und mit gemessener Stimme und streng gerunzelter Stirn sagen zu können: »Also, gehen wir es systematisch durch.«

»Sehr gern, aber es wird nicht lange dauern«, sagte Martin Plessner und schob seine Brille mit den kreisrunden Gläsern ein Stück weiter die Nase hinauf. Ein prototypischer Computernerd, dürr und ungekämmt, datenfixiert, menschenscheu – selbstredend ledig. Katja saß neben ihm und lächelte wie eine Mutter, die ihren hoffnungsvollen Chorknaben stolz zum Vorsingen begleitet.

»Wir haben, soweit das in der Kürze der Zeit möglich war, alle bisherigen Daten über die Mitglieder der damaligen Kommission geprüft. Zuerst einmal: Hubert Matz ist 1992 gestorben, und zwar in Kairo, an Herzversagen.«

Müller schnaufte, unterbrach. »Und das ist sicher oder wieder nur eine Finte? Ich kann wirklich keine Leute mehr gebrauchen, von denen die Akten behaupten, sie seien tot, und die hier quicklebendig in der Gegend herumrennen.«

»Es ist sicher«, sagte Katja leise.

Plessner schaute kurz von einem zum anderen, fuhr dann fort. »Ferdinand von Reitnitz lebt in einem Heim in Wuppertal. Schwer dement. Das ist bestätigt. Und mit Hartmut Illner habe ich selbst telefoniert. Er hat ja von Anfang an, also schon zu Sentheimers Zeiten, mit uns zusammengearbeitet.«

»Ein bisschen zu sehr darauf bedacht, seine Hände in Unschuld zu waschen, vielleicht.«

Plessner nickte. »Trotzdem. Er ist sauber, würde ich sagen. Ich halte seine Wut auf die alten Kollegen für überzeugend. Er hasst sie dafür, dass sie seinen guten Namen als Mediziner in Verruf gebracht haben. Seine Karriere hat sich seitdem nicht mehr erholt. Und wie's aussieht, hat er auch keine große Lust, sich mit alledem noch mal zu beschäftigen.«

»Darum kommt er nun wohl nicht herum. Wann landet seine Maschine in Berlin?«

»16.30«, sagte Katja.

»Wer holt ihn ab?«

»Marko Reichart hat sich angeboten. Der ist sowieso ganz heiß darauf, sich nützlich zu machen. Ich habe ihn geschickt.«

Müller überlegte kurz, suchte ein Gesicht zu dem Namen, fand eines – ein junges, ambitioniertes mit aufgeweckten Augen und blonden Haaren darüber – und nickte die Sache ab. Dann rieb er sich die Stirn und blätterte die Fotos durch, die Mitte der 80er Jahre entstanden waren, als der Hamburger Psychologieprofessor Friedrich Bergmann von der Bildfläche verschwunden war und die Sekte, der er angehörte, anfing, menschliche Opfer in Kauf zu nehmen.

Gestalten der Vergangenheit, ein Geflecht aus Namen und Professionen, verwirrende Verbindungen, die geordnet, zerlegt, geklärt werden mussten, weil sie die Verbrechen der Gegenwart betrafen. Gesetzte ältere Herren schauten ihn von den Aufnahmen an. Damals hatten die meisten von ihnen ihre besten Jahre bereits hinter sich gehabt.

Die Gruppenaufnahme. 1988 in einem Konferenzraum mit Blick auf die Binnenalster geschossen. Zu diesem Zeitpunkt war das Team schon eine Weile damit beschäftigt gewesen, Aufschluss über Phänomene zu geben, mit denen die offiziell zuständigen Behörden nicht vertraut gewesen waren. Sie hatten effizient gearbeitet. Am Anfang. Und dann? Waren sie der eigenartigen Anziehung dieser Materie erlegen und hatten sich verschworen – alle miteinander? Unwahrscheinlich.

Müller versuchte wieder und wieder sich in diese ihm so fremden Persönlichkeiten hineinzuversetzen, deren Gesichtszüge so wenig preisgaben. Nur einer von ihnen war damals noch relativ jung gewesen. Er stand im Hintergrund des Gruppenfotos, mit einer Kaffeetasse in der Hand, steckte in einem weit geschnittenen Sakko, und lange gewellte Haare hingen ihm im Nacken: Hubert Matz, dessen Aufgabe es gewesen war, die Zusammenarbeit mit den nachrichtendienstlichen Ermittlungen und den Polizeibehörden zu koordinieren, Informanten und V-Leute zu betreuen. Hubert Matz, der im Laufe der Zeit immer mehr Kompetenzen abgegeben und den verheerenden Fehler begangen hatte, aus Experten in wissenschaftlichen Fachfragen aktive Nachrichtendienstler zu machen.

Am Tisch saß, mit nach vorn gebeugtem Oberkörper, der Mediziner. Der kleinste von allen: Illner, der Giftzwerg. Tiefschwarzes Haar, sonnengebräunte Haut, Blick direkt in die Kamera. Ungeduldig, unbeherrscht. Abberufen aus den Laboratorien der Universitätsklinik, war er mit einem cholerischen Naturell ausgestattet und hatte sich von Anfang an auf Kollisionskurs befunden. Der Einzige, der aus den Gruselgeschichten und dem allgemeinen Verfolgungswahn die Luft herauslassen wollte. Gescheitert, vielleicht schon damals in seiner Eitelkeit gekränkt.

»Es musste so kommen, hier wurde von Anfang an nicht mit sauberen wissenschaftlichen Methoden und der nötigen Distanz gearbeitet«, hatte er nach dem Scheitern der Aktion Drechslerhof zu Protokoll gegeben. »Wir hatten es mit allgemeinmedizinischen beziehungsweise psychiatrischen Fragestellungen zu tun, über deren Behandlung man hätte kritisch und vor allem öffentlich diskutieren müssen. Mit dem ganzen Geheimhaltungsquatsch musste ja der Eindruck entstehen, wir hätten etwas zu vertuschen gehabt.« Die Aufzeichnungen seiner Aussagen waren am umfangreichsten, er hatte sich nicht zugeknöpft verhalten wie die anderen. Aber es war bei den Vernehmungen auch rasch klar geworden, dass seine Kollegen ihn keineswegs in alles eingeweiht hatten. Noch heute schnaubte Hartmut Illner vor Wut.

Schließlich Ferdinand von Reitnitz, der zurzeit in einem Pflegeheim vor sich hinvegetierte und seinen eigenen Namen nicht mehr kannte. Eine bereits auf dem Foto ergraute Eminenz, hoch aufgerichtet, sehr ernst, vielleicht sogar etwas ängstlich. Deutlich sichtbar: ein kleines silbernes Kreuz an einer Kette, die er um den Hals trug. Müller vermutete, dass dieser Mann nie eine große Hilfe gewesen war. Er selbst hätte auf keinen Fall einen katholischen Theologen in eine solche Kommission geholt – war er auch noch so fortschrittlich gesinnt. Von Reitnitz hatte sich damals als innerkirchlicher Aufklärer einen Namen gemacht, der sich in einigen Veröffentlichungen kritisch mit der Art und Weise auseinandergesetzt hatte, wie seine Kirche mit Hexen- und Dämonenglaube, mit Teufelsanbetung und den Praktiken des Exorzismus umgegangen war. Trotzdem. Die Entscheidung, jemanden wie ihn hinzuzuziehen, hatte dem ganzen Aberglauben ja überhaupt erst Tür und Tor geöffnet. Und allem Anschein nach demjenigen in die Hände gespielt, der selbstzufrieden an der linken Bildhälfte an der Wand lehnte und den sie jetzt so fieberhaft suchten.

Scharf geschnittene Gesichtszüge, ein angedeutetes Lächeln auf dem Gesicht, trotz des Ernstes der Lage. Hohn und Spott schon damals – warum hatte das eigentlich niemand bemerkt? Als Mitarbeiter des verschwundenen Bergmann war er als Letzter hinzugezogen worden, war dann jedoch schnell von einer Nebenfigur zum eigentlichen Architekten und Planer der Kommission aufgestiegen. Und hatte vielleicht von Anfang an alles unterwandert, beeinflusst, die Kollegen manipuliert. Man hatte ihn damals schon den *Biber* genannt, ein Name, den Müller in seiner aktuellen Untersuchung erneut als Deckname für ihn verwendete. Aus der Kommission war ihm zu Ehren, halb im Scherz, halb in Bewunderung, der *Biberrat* geworden. Das groteske Maskottchen war auf dem Foto nicht zu sehen. Müllers Leute hatten es aber gestern bei der Hausdurchsuchung im Starenweg gefunden.

In den Jahren der Trennung hatte dieser Drahtzieher und Fallensteller also darauf geachtet, dass die Verbindungen seiner alten Netzwerke nicht abgerissen waren, er hatte von Schottland aus an seiner Burg gebaut, und nun lachte er über sie, während sie orientierungslos darin herumirrten.

Plessner, der ebenfalls auf die Bilder der Kommission geschaut hatte, die Müller vor sich ausbreitete, nahm den Faden seiner Rede wieder auf. »Hartmut Illner gibt an, der Biber habe sich zwei Mal im Laufe der Jahre bei ihm gemeldet.«

»Wann?«

»Er erinnert sich nicht genau, aber er meinte, es müsse Mitte der neunziger Jahre gewesen sein, vielleicht 93 oder 95. Ich vermute 95, denn in diesem Jahr haben sich auch von Reitnitz und der Biber persönlich wiedergetroffen. Es spricht jedenfalls vieles dafür. Von Reitnitz, der damals noch gut beieinander war, befand sich für zwei Wochen in England, das ist dokumentiert. Er hat an einer kirchlichen Chorreise teilgenommen, die auch einen Zwischenstopp in Glasgow gemacht hat, und er hat seinen Aufenthalt um drei Tage verlängert. Illner sagt, der Biber habe auch ihn zu privaten Treffen eingeladen, ohne Angabe konkreter Hintergründe. Gedankenaustausch, freundschaftliches Wiedersehen. Er hat aber jedes Mal abgelehnt.«

»Dann hat er also bereits Mitte der neunziger Jahre mit der Reaktivierung begonnen.«

»Möglich, aber er brauchte erst das entscheidende Signal für die Rückkehr. Was das anbelangt, habe ich … ich habe eine Vermutung.«

Müller hob eine Augenbraue.

»Wir haben ihn bisher außen vor gelassen, aber das war vielleicht falsch. Meiner Meinung nach könnte Gregor Sentheimer den Biber mit allen nötigen Informationen versorgt haben.«

Müller schüttelte den Kopf, bevor er die gespannte Erwartungshaltung durchbrach: »Unwahrscheinlich. Sentheimer hat die Kommission schließlich zerschlagen, er hat die Ermittlungsverfahren eingeleitet.«

Müller wehrte sich gegen diese Majestätsbeleidigung, die einen seiner Vorgänger betraf. Gregor Sentheimer hatte einmal an seiner Stelle gesessen, er war vom Innenministerium beauftragt worden, die Kommission, die dann später »Biberrat« genannt wurde, ins Leben zu rufen. Sentheimer hatte sie operieren lassen und schließlich die Notbremse gezogen, als die Sache aus dem Ruder gelaufen war. Man sprach mit Ehrfurcht von dieser Legende in der Geschichte des innerdeutschen Nachrichtendienstes. Er war ein harter Hund gewesen, ein hochgebildetes Kraftpaket, ein autoritärer Typ vom alten

Schlag. Müller hatte Vorträge von ihm gehört und den 1,96-Meter-Riesen bewundert, der in der Tretmühle so berühmt war für seine wettergegerbte Seefahrerhaut und seine seidenen Einstecktücher. Seine letzten Dienstjahre hatte er in hochrangigen, aber nur symbolischen Positionen in der Verwaltung zugebracht und vom Nimbus seiner Verdienste gezehrt. Heute residierte er angeblich ziemlich hochherrschaftlich am Zürichsee, wo er an Memoiren schrieb, die man wegen ihres heiklen Inhaltes nicht würde veröffentlichen können.

»Natürlich, der große alte Mann scheint über jeden Zweifel erhaben«, räumte Plessner ein. »Ich weiß. Aber Illner sagt, Sentheimer wäre dem Biber von Anfang an freundschaftlich zugetan gewesen, die beiden hätten einander sehr geschätzt. Und Sentheimer wäre untröstlich gewesen, als die Aktion schiefgelaufen war. Vergessen Sie nicht: Der Biber selbst konnte erst nach Deutschland zurück, als der Fall endgültig abgeschlossen war und er keine weitere Observation zu befürchten hatte. Er ist dann auch genau vier Monate nach Abschluss der Akte in Kronstedt eingetroffen. Inzwischen haben wir das genau rekonstruiert. Es ist sozusagen ein nahtloser Übergang. Er hat genau gewusst, dass ihm keine Gefahr mehr droht.«

»Das würde bedeuten, dass es auch Sentheimer gewesen sein könnte, der die Informationen über Luisenburg herausgegeben hat«, sagte Katja. »Ich glaube zwar nicht, dass er von der Verlegung noch in seiner aktiven Zeit unterrichtet wurde, aber natürlich konnte er sich die Informationen jederzeit beschaffen. Wer, wenn nicht er? Ihm fressen hier immer noch alle aus der Hand.«

»Zumal die Akten längst als harmlos eingestuft worden waren«, fügte Plessner hinzu.

Müller schüttelte den Kopf. »Es liegt mir zu viel Zeit dazwischen. Sentheimers Pensionierung war wann? 2001?«

»2000.« Wieder Katja.

»Also dreizehn Jahre vor Luisenburg.«

»Der Biber hat sich eben viel Mühe gegeben, alles genau vorbereitet.«

»Es überzeugt mich nicht.«

»Ich hätte dem auch gar nicht so viel Aufmerksamkeit gezollt«, sagte Plessner und konnte ein Lächeln nicht verbergen. Der eifrige Chorknabe hob jetzt zu seinem Solo an, das er offenkundig voller Vorfreude zurückgehalten hatte. »Die Rechner laufen immer noch heiß, aber wir prüfen die Daten aller Beteiligten auf mögliche Verbindungen. Wir sind auf etwas gestoßen. Jetzt wird es etwas kompliziert.«

Ach. Jetzt? Etwas kompliziert? Müller hätte am liebsten laut aufgelacht.

»Sentheimers früh verstorbene Schwester hatte einen Sohn, der in etwas problematischen Verhältnissen bei einer Pflegefamilie aufgewachsen ist. Hat als Jugendlicher viel Ärger gemacht. Mehrere Male die Schule gewechselt, Betreuung durchs Jugendamt. Ich würde mal vermuten, der alte Sentheimer hatte seinen großzügigen Tag und hat seine Beziehungen spielen lassen. Jedenfalls ist der junge Mann in den Polizeidienst aufgenommen worden. Seine Gutachten – ich habe sie hier – waren damals nicht wirklich günstig. Er hat den Test angeblich gerade so bestanden, aber nicht alle erforderlichen Unterlagen finden sich bei den Kollegen im Archiv. Da ist definitiv gemauschelt worden. Er ist heute 41 und arbeitet bei der Kripo in Crellingen. Eine Kleinstadt, die gerade einmal knappe 50 Kilometer von Kronstedt entfernt liegt.«

»Name?«

»Rudolf Pape.« Plessner schob mehrere Computerausdrucke über den Tisch, darunter ein Dienstfoto. »Es geht noch weiter. Vor acht Jahren hat dieser Rudolf Pape einen gebrauchten Opel Astra erworben, Baujahr 1990, der angeblich vor zwei Jahren verschrottet wurde.«

»Kein besonders exotischer Wagen, aber dasselbe Model, mit dem Barbara Rheinberger im Starenweg abgeholt und zum Bahnhof gebracht wurde«, fasste Katja zusammen.

»Das Nummernschild, das dabei verwendet wurde, ist selbstverständlich nicht zugelassen«, fügte Plessner hinzu. »Und gestern hat sich Pape bei seinem Vorgesetzten krankgemeldet. Eine Magenverstimmung.«

Müller stand auf, machte ein paar Schritte, ließ seinen Blick auf die Lamellen fallen.

»Es mag nur eine Kleinigkeit sein«, ließ Plessner in die Stille hineinsinken, »aber wo wir schon einmal dabei waren, haben wir ihn komplett auseinandergenommen. Er hat mehrere Fortbildungen im Bereich Internetkriminalität besucht. Die letzte ... Moment ... im März letzten Jahres in Bremen. Will sich versetzen lassen. In jedem Fall verfügt er über das Know-how. Das könnte erklären, wieso der Biber klug genug ist, die E-Mails des Jungen nur über einen zwischengeschalteten Sicherheitsserver abzurufen.«

»Also schön.« Müller drehte sich mit plötzlicher Entschlossenheit zu ihnen um, stützte die Handflächen auf die Tischplatte. »Sentheimer hat also diesen Rudolf Pape damals in den Polizeidienst gehievt, wofür der ihm immer noch dankbar ist. Deshalb dient das frühere Sorgenkind auch als Kontaktmann zwischen ihm und dem Biber, den er regelmäßig auf den neuesten technischen Stand bringt und für den er offenbar auch Botendienste erledigt.«

»Vor allem dürfte Pape damit den Aufenthaltsort des Bibers und des Jungen kennen«, sagte Katja.

»Ist dieser Pape heute wieder im Dienst?«

»Ja.«

»Dienststelle benachrichtigen«, sagte Müller. Seine Stimme wurde nicht lauter, aber verändert hatte sie sich doch. »Erst kurz vorher, versteht sich. Dann festsetzen. Ich will ihn hierhaben. Und stellen Sie mir eine direkte Verbindung zu Gregor Sentheimer her. Mal sehen, was unser Hausgott in der Schweiz dazu zu sagen hat.«

Katja stand jetzt ebenfalls auf, warf dem Chorknaben, dessen Wangen sich inzwischen gerötet hatten, einen weiteren stolzen Blick zu. Sie ging zum Telefon auf Müllers Schreibtisch und hob ab.

Müller, der nun nicht mehr feststeckte in den Beklemmungen seiner Sackgasse, schob mit einer ausladenden Bewegung die Lamellen beiseite und blickte aus dem Fenster. Er wusste, dass das Versteckspiel bald ein Ende haben würde. »Es passt alles zusammen. Wir haben dich. Jetzt haben wir dich.«

3

Noch immer tauchte von Zeit zu Zeit jenes Lächeln auf und brachte die Mundwinkel des alten Mannes, den manche nur den Biber nannten, für Sekunden dazu, spöttisch zu zucken. Und noch immer war dieses Gesicht undurchdringlich, ließ keine wirklichen Rückschlüsse darauf zu, was sich hinter der hohen Stirn verbarg. Wenn Müller ihm jetzt, in diesem Zug, gegenübergesessen hätte, wäre er gewiss in ebensolche Rage geraten wie beim Betrachten jenes Fotos von 1988. Fünfundzwanzig Jahre älter inzwischen blätterte der Biber seelenruhig eine Zeitung durch, vertiefte sich hier und da in einen Artikel, ließ die Seiten aber manchmal knisternd sinken und schaute ausdruckslos zum Fenster hinaus, wo die Geschwindigkeit abendliche Landschaften unter einem düsteren Himmel konturlos machte. Vielleicht dachte er ja ebenfalls an jene zurückliegenden Jahre, an die Konflikte mit dem wutschnaubenden Illner, an die Verhöre, die in Abschriften auf Müllers Schreibtisch lagen und mehr Fragen als Antworten aufwarfen. Vielleicht zogen Erinnerungen an seinem inneren Auge vorbei, vielleicht schmiedete er neue Pläne.

Auch für Philip waren diese Gesichtszüge rätselhaft. Manchmal suchte er den Blick seines Großonkels und stieß auf dessen Lächeln. Es war freundlich, er fand keinen Spott darin, und so lehnte er sich erleichtert zurück. Es war angenehm, in der ersten Klasse zu reisen: Man hatte Beinfreiheit und Ruhe, während sich im Hauptteil des Zuges die Passagiere drängten, auf ihren Koffern hockten und in den Gängen die Bäuche einzogen, wenn sich der Kontrolleur an ihnen vorbeidrängte.

Hier dachte er kaum an die Bedrohungen ihrer Verfolgung. Man kann nicht ununterbrochen unter Hochspannung stehen. Ihm war ohnehin klar: Es war reiner Zufall, ob sie geschnappt werden würden oder nicht. Diese ewige Zugfahrerei, all die Überwachungskameras auf den Bahnhöfen – wurden denn nicht in solchen Fällen bereits Gesichtserkennungssoftwares angewandt? Von derartigen technischen Finessen hatte sein Großonkel keine Ahnung. Aber falls man sie nicht aufgriff, wenn sie in Hannover aus dem Zug stiegen, würde er Forderungen stellen, das hatte Philip beschlossen. Er linste zur Zeitung hinüber, die ihm gegenüber umgeblättert wurde. Der alte Mann wollte seine Unterstützung, dafür aber musste er ihm ernsthafte Sicherheiten geben. Ihm und seiner Mutter und Caro.

Draußen standen Strommasten in der Landschaft, die grünen Lärmschutzwände waren mit Graffiti besprüht, und Philip, der Mortens Lederjacke trug, schaute auf den altmodischen iPod hinab, dessen Kopfhörer in seinen Ohren steckten. Vielleicht war es auch die Musik, die ihn mutig machte. Vielleicht waren es Mortens Songs, die ihm Selbstvertrauen gaben, ihm das Gefühl vermittelten, dass er sein Leben jetzt in die Hand nehmen konnte und dass das etwas Gutes, etwas Richtiges war.

Um sich abzulenken, hatte er *Alle Titel* angesteuert und den Player, den er in Potsdam komplett aufgeladen hatte, auf Random gestellt. Die Musik sprang von einer Band zur anderen, setzte laute, zudringliche Lieder in seine Ohren, die er normalerweise kaum an sich herangelassen hätte, die ihm vor kurzem noch simpel und nervtötend vorgekommen wären. Gut, er wurde sich jetzt selbst ein wenig untreu. Aber erstens war dieser in die Jahre gekommene Indie-Rock alles, was er hatte, und zweitens stellte er eine Verbindung zu seinem verschwundenen Stiefbruder her. *Sag mir, was du hörst, und ich sage dir, wer du bist.* Leider nicht, wo.

Wenn er die Stimmen der Sänger hörte (es waren nicht sehr viele Frauen dabei), heiser, schräg, einige beinahe zerbrechlich, konnte er sich vorstellen, Morten selbst zu hören. Und vor der dunkler werdenden Welt auf der anderen Seite des Zugfensters spiegelten sich sein Gesicht, sein Oberkörper in Mortens Jacke – das Bild so undeutlich in der Scheibe, als könne er der Doppelgänger des Verschwundenen sein.

Es lag etwas Handfestes, Stabiles in dieser Musik, eine lässige Klarheit, an der er sich orientieren wollte, während er ratternd in die dunkle Unwägbarkeit rauschte – erwachsen sein, aber nicht alt, beherrscht, aber nicht grobschlächtig, *jemand anderer sein, nicht mehr ich.* Außerdem konnte er den anfeuernden Schwung nicht leugnen, den er aus den Liedern zog. Schnell klickte er die langsamen Titel, die Balladen oder die allzu aggressiven Tracks weiter, von denen er sich ausgeschlossen fühlte. An vorwärtsdrängenden Beats und pathetischen Melodien blieb er hängen, versuchte, die Texte zu verstehen und sich die Titel zu merken, die ihm gefielen.

Vielleicht konnte er eine eigene Track-Liste zusammenstellen. Caro würde es jedenfalls gefallen, wenn er ihr nicht immer nur mit Bruckner und Brahms käme. Ein Lied insbesondere hatte er sich gemerkt und es zwei Mal hintereinander abgespielt. Der klopfende Rhythmus beflügelte seine Gedanken, und wenn der Text auch bloß von irgendwelchen Liebesenttäuschungen handelte, stießen einige Zeilen, soweit er sie richtig verstand, direkt in sein Innerstes vor. *Es ist nicht für mich gemacht*, dachte er, *aber ich nehme es mir.*

»I pack my case, I check my face, I look a little bit older, I look a little bit colder. With one deep breath and one big step, I move a little bit closer, I move a little bit closer, for reasons unknown«, sang die Männerstimme, die gut zu Morten gepasst hätte. Philip tippte mit zwei Fingern gegen die Scheibe. Der Takt. Und dann erneut der Refrain: »Well, my heart, it don't beat, it don't beat the way it used to.«

Dann, als sie in Hannover aus dem Zug stiegen und mit der Rolltreppe in den Schlauch aus Geschäften hinunterfuhren, schlug sein Herz tatsächlich höher. Er konnte sehen, dass sich auch Korffs Gesicht veränderte.

Ein unübersichtliches Gedränge in mehreren Richtungen, Hetzende, die aus Buchhandlungen, Drogerien, Bäckereien traten und sich in die Lücken des Stroms treiben ließen. In der Mitte, vor gläsernen Geländern und Treppen, die ins Untergeschoss führten: Polizei. Fünf Beamte hier, weitere sechs gegenüber, schwer gepolstert und offenkundig alarmiert. Funkgeräte, Waffen, finstere Mienen. *Also doch?*

Und dann das Gedröhne.

Korff hob das Kinn, seine Augen wurden schmaler. Von rechts näherte sich pöbelnd, brüllend, irgendeinen Fangesang skandierend, ein Trupp Betrunkener. »Ah. Da hat wohl ein Fußballspiel stattgefunden«, sagte Korff. »Ich glaube, wir müssen uns links halten, kannst du das Schild lesen?«

»Raschplatz«, sagte Philip und nickte, aber seine Stimme war kaum zu hören.

Sie gingen weiter. Philip wandte sich noch einmal um. Schauten die Polizisten ihnen hinterher? Nein. Dafür wurden sie glasig von den Jugendlichen gemustert, die in dicke Vereinsschals eingewickelt und mit Halbliterdosen in den Händen vor dem Burger King ihren Posten bezogen hatten. An einer Kneipe, die sich »Zapfhahn« nannte, und an einer ganzen Reihe von Geldautomaten kamen sie vorbei und verließen durch sich öffnende Schiebetüren das Bahnhofsgebäude an dessen Rückseite. Hier warteten Taxis, links und rechts von einem Zebrastreifen, und der Raschplatz öffnete sich vor ihnen als klaffendes Loch zwischen aufragenden Gebäuden. Eine Bank, ein Multiplexkino. Sie gingen die Stufen einer breiten Treppe hinunter, als stiegen sie in eine innerstädtische Talsohle hinab. Unten hielt Philip seinen Großonkel am Arm fest.

»Stopp«, sagte er, und der alte Mann stutzte.

»Du weißt, dass ich eben nur ein paar Schritte hätte machen müssen. Ich hätte zur Polizei gehen können, ich wäre in Sicherheit gewesen.«

Korff zog die Stirn kraus. »Du wärst in Gewahrsam gewesen, das ist langfristig nicht dasselbe.«

»Ich hab echt keine Ahnung, ob ich bei dir sicherer bin als bei der Polizei, aber das ist jetzt erst mal auch egal. Ich will nur, dass du weißt, dass ich mir das überlegt habe. In Berlin, gestern Abend. Als ich allein war. Ich stand *so* kurz davor, zur Polizei zu gehen.«

»Aber du bist nicht gegangen.«

»Eben. Weil ich das so entschieden habe.«

Richard Korff trat näher an ihn heran. »Genau darum ging es doch auch, Philip. Ich wollte dir klarmachen, dass du die Wahl hast hinzugehen, wo immer du willst. Dass es aber auch nötig ist, mir zu vertrauen, wenn du möchtest, dass diese Geschichte zu einem guten Ende kommt. Ich weiß es wirklich zu schätzen, dass du mir genau dieses Vertrauen erweist, indem du mir zur Seite stehst.«

»Ja, schön und gut. Aber dafür will ich auch 'ne Gegenleistung.«

Korff schaute ihn an, ohne zu sprechen, undurchdringlich, hart.

»Meine Mutter und Caro. Da müssen wir uns was einfallen lassen. Sie müssen es wissen, wenn sie in Gefahr sind, sie brauchen ebenso viel Schutz wie ich. Wenn das nicht geregelt wird, bin ich weg.«

»Ich habe dir doch schon gesagt, dass ich mich darum kümmere.«

»Okay. Wir treffen ein Abkommen.«

»Ein Abkommen?«

»Ja. Ich geb dir die Zeit, um rauszukriegen, was mit Morten passiert ist. Aber nicht mehr lange. Ich werd nicht ewig mit dir durch die Gegend laufen und mich verstecken. In spätestens drei Tagen stellen wir uns, und du erzählst der Polizei, was du herausgefunden hast.« Philip schluckte. »Ist das klar?« Seine Stimme hätte fester klingen sollen, es hätte nicht die eines Kindes sein dürfen.

»Völlig klar.« Da war es wieder: Das spitze Lächeln auf dem undurchsichtigen Gesicht. Ein kurzes Zucken um die Mundwinkel. Philip wartete auf ein Zungenschnalzen, aber das blieb aus.

4

Sie war kurz davor aufzugeben. Sie starrte ihr Handy an, drückte die Wahlwiederholung, und wieder nahm niemand ab. *Das war der letzte Versuch*, dachte Vera Freytag. *Ich fahre nach Hause, ich trinke eine Flasche Wein, wenn nötig eine ganze, dann lege ich mich ins Bett, gebe Ruhe. Ich warte, bis all das vorbei ist, und dann arbeite ich weiter. Ich reiße mich zusammen, ich stelle mich nicht so an. Ich konzentriere mich aufs …*

Sie schaute auf, ließ den Blick durch das verwaiste Büro wandern, über die traurige, braun angelaufene Zimmerpalme, die in einer der Ecken darauf wartete, den Tod der Nichtbeachtung zu sterben. Dann über die beiden anderen Tische, die nicht besetzt waren, weil Plessner irgendwo hektisch in der Gegend herumlief und Maria nicht mehr hier arbeitete, weil sie an einen anderen Ort versetzt worden war. Deshalb ging sie auch nicht an ihr verdammtes Telefon. Vermutlich registrierte sie genau, dass Vera sie zu erreichen versuchte, vermutlich hatte sie Anweisung bekommen, die hysterische Irre einfach zu ignorieren.

Vera rieb sich die Stirn, seufzte und fuhr den Rechner herunter, an dem man sie widerwillig hatte ihre Berichte fertigstellen lassen. Es wurde langsam dunkel vor den Fenstern, und sie hatte hier nichts zu suchen. Am Nachmittag war sie hier aufgekreuzt, ein verkniffenes Musterbeispiel von passiv-aggressivem Trotz, hatte ihre Kronstedt-Protokolle aufgerufen, so getan, als würde sie sie noch ergänzen, und ansonsten hauptsächlich gewartet. Es war vollkommen sinnlos gewesen. Niemand redete ernsthaft mit ihr, niemand beruhigte sie, niemand klärte sie auf. Also hängte sie sich jetzt ihre Tasche über den Arm und schaltete das Deckenlicht aus. Sie schaute zum Fenster hinaus, dessen Lamellen sie vorhin aufgezogen hatte, sah, dass auf der anderen Seite der Trebnitzer Straße Lichter brannten in anderen Häusern, und stellte fest, dass sie zu keinem klaren Gedanken mehr fähig war.

Was für ein verlorener Tag. Verdutzt hatte Müller sie angeschaut, vorhin. Dann hatte er sie wenigstens halbwegs freundlich begrüßt, im Vorübergehen, und sie hatte seinen Gruß erwidert, ihm aber zugleich ihren vorwurfsvollsten Blick zugewandt. Später hatte sie doch noch mit ihm reden wollen. Keine Chance. Sie griff nach ihrer Tasse und brachte sie in die kleine Küche, ließ Wasser hineinlaufen und schüttete es unnötig behutsam in den Ausguss. *Mein Gott. Tu nicht so, als wärst du hier die trauernde Witwe. Wahrscheinlich bist du nur beleidigt, dass sie dich nicht mehr mitspielen lassen.*

Sie hörte Schritte auf dem Flur. Das war Katja. Sie telefonierte mit jemandem am Handy. Ihre Stimme kam näher, aber als Vera auf den Flur hinaustrat, war sie schon an ihr vorbeigerauscht. Sie sah noch die hochgesteckten dunklen Haare über angespannten Schultern, hörte einige Satzfetzen. Vielleicht hatte sie gesagt »in einer guten halben Stunde« und »die Hauptsache, Sie halten sich bereit«. Wieder das Geräusch einer Tür. *Vielleicht sollte ich es noch mal bei Katja versuchen.* Weibliche Solidarität. Sie sah die dunklen Augen vor sich, sah sich am kalten Wielandt-Lächeln abprallen. *Nein, die Flasche Wein wird hilfreicher sein.*

Vera schlug den Weg Richtung Fahrstuhl ein, ging an mehreren halb geöffneten Türen vorbei. Hinter einer von ihr nickte ihr jemand zu. Geistesabwesend nickte sie zurück. Noch so ein Übriggebliebener. Dieser Blonde. Das Küken. Sitzt auch nutzlos und allein in der Gegend herum und dreht Däumchen. *Schon merkwürdig, dass hier heute so wenig los ist, dass so wenige der Kollegen noch hier sind.* Sie kniff kurz die Augen zusammen, blieb stehen. Schon seit einer Stunde hatte sie Kopfschmerzen, die ihr schwer zu schaffen machten. *Das wird der Wein nicht besser machen.* Warum war Plessner schon seit Stunden nicht an seinen Arbeitsplatz zurückgekommen? *Er wird dich eh bald abziehen. Verstehst du denn nicht? Dorthin schafft er sie alle, in sein Versteck.*

Müller war in seinem Büro, das wusste sie. Katja war offenbar ebenfalls auf dem Weg dorthin. Was hatte sie gesagt? *Ach, hätte ich doch bloß zugehört. In einer guten halben Stunde? Das kann ja alles bedeuten.*

Sie machte kehrt, setzte ihre Schritte gleichmäßig und ruhig. Es war ja fast niemand mehr hier. Plessners leerer Arbeitsplatz. Der Rechner heruntergefahren. Sie musste das Licht anschalten, die Tür offen lassen. Alles andere wäre zu auffällig gewesen. Sie hatte eben irgendwas vergessen, irgendwas irgendwo abgelegt. Ihr Mobiltelefon, von dem sie genau wusste, dass es in ihrer Handtasche steckte. Aber vielleicht war es ja doch hier drüben, vielleicht zwischen diesen Papieren – Quittungen? Sie murmelte sogar hörbar vor sich hin: »Wo ist denn dieses verdammte Handy?« Vielleicht in einer von Plessners Schubladen. Die erste: abgeschlossen. Diese nicht. *Du machst dich ja lächerlich. Als würde Martin hier irgendwas rumliegen lassen, das …*

Ein Zettel, mit mehreren Telefonnummern. Darauf handschriftlich das heutige Datum hinzugefügt. Zwei Buchstaben: *H* und *I*. Was immer das bedeutete, sie steckte den Zettel ein. Ohne ernsthaft über die Konsequenzen nachzudenken, ließ sie ihn in ihre Tasche gleiten und richtete sich auf.

Neben der Schreibtischlampe und dem Telefon lag auf einem ganzen Haufen von Unterlagen ein weinroter Papphefter, in den Plessner vor einigen Stunden einige Papiere geschoben hatte. Sie schlug die Mappe auf. Mehrere Kopien fanden sich darin, zusammengefasst mit einer Büroklammer und mit einem Post-it-Zettel versehen, auf dem die Quelle verzeichnet war: *Histoire de la médicine et des Instruments médicaux et chirurgiaux, 1928*. Es waren mehrere Seiten Text, deren Inhalt sich ihr nicht erschloss. Ihr Französisch war nicht gut genug für solche fachspezifischen Abhandlungen. Dafür waren die Kopien der alten Stiche ziemlich anschaulich. Abbildungen primitiver chirurgischer Werkzeuge aus vergangenen Jahrhunderten, von krallenartigen Hebeln, Sägen, Skalpellen, von Patienten, die zur Ader gelassen, denen der Bauch oder der Kopf geöffnet wurden. Klotzige, zweidimensionale Holzschnittmännchen mit aufgerissenen, leblosen Augen. Am Ende noch einige grobkörnige Fotos von Soldaten in Lazaretten. Sie waren nicht datiert, aber Vera vermutete, dass es sich um Giftgasüberlebende des Ersten Weltkriegs handelte. Entstellte Gesichter, dunkle Blasen am nackten Oberkörper, Frauen in schweren Schwesterntrachten. Was war das? Dokumente einer Elektroschocktherapie. Sie schloss kurz die Augen, legte die Kopien wieder ab und schüttelte den Kopf. Wenn sie jemand sah …

Plötzlich wollte sie sich umdrehen, möglichst schnell. Sie tat es nicht. Sie klappte die Mappe zu. Grub in ihrer Tasche, griff nach dem Handy, sagte laut: »Ach. Da ist es ja. Zu dumm.« Und ging zur Tür. Da war niemand. Trotzdem. Sie glaubte, gespürt zu haben, dass jemand hier gestanden hatte, so wie sie jetzt die Röte zu spüren glaubte, die an ihrem Hals hinaufwanderte und ihr hektische Flecken auf die Wangen setzte.

Vera befeuchtete ihre Lippen. Niemand war auf dem Flur. Nicht mehr? Sie schaltete das Licht aus und ging, immer noch betont langsam, bis zur Teeküche, ohne sich noch einmal umzudrehen. Sie bog um die Ecke, steuerte auf den Fahrstuhl zu und drückte den Knopf.

Und dann kam sie doch noch, die Stimme, sprang sie aus dem Hintergrund an. »Halt!«, rief die Stimme. »Warten Sie!«

Sie zuckte nicht zusammen, sie drehte sich bloß um und war sich sicher, keinen ertappten Eindruck zu machen. Als sie sah, wer auf sie zukam, atmete sie unmerklich auf.

»Nehmen Sie mich mit«, rief Marko Reichardt. »Ich will auch runter.«

Die Fahrstuhltür öffnete sich, und Vera stellte sich hinein, wartete, bis er sie erreicht hatte und freundlich »'n Abend« sagte.

Sie nickte nur, und Reichardt setzte ein verständnisvolles »Wie geht's?« hinterher.

»Könnte besser sein.«

Er lächelte, schaute sie eindringlich an.

Warst du das? Hast du mich vom Flur aus beim Herumschnüffeln beobachtet? Aber nein, warum solltest du das tun?

»Ich fahre auch nach Hause.« Er wirkte ein wenig zerzaust. Hatte das Küken auch schon Federn lassen müssen? »Hier gibt's wohl nichts mehr für mich zu tun.« Ein Schulterzucken, dann wieder ein Lächeln und die großen, erwartungsvollen Augen. »Ich dachte ja, Sie würden heute gar nicht erst kommen, sich ausruhen oder so.«

Vera richtete ihren Blick auf die Stockwerkanzeige. »Das haben wir wohl gemeinsam. Dass wir nicht gut zu Hause rumsitzen und die anderen arbeiten lassen können.«

»Ja, stimmt.«

Unten öffnete sich die Fahrstuhltür. Sie nickten beide dem Pförtner zu und traten auf die Trebnitzer Straße. Es war kühl, vor ihnen auf der Fahrbahn stauten sich die Wagen, und Marko Reichardt stand dicht bei ihr. »Na ja, wenigstens bin ich heute ein bisschen rumgekommen, wenigstens hat Müller mich mal rausgelassen aus dem Stall.«

»Wie schön für Sie.« Vera setzte an, sich möglichst freundlich zu verabschieden, doch er zog eine Zigarettenschachtel aus seiner Sakkoinnentasche und redete einfach weiter: »Na ja, ich wär schon gern dabeigeblieben. Jetzt, wo der Arzt da ist, scheinen sie einiges in Bewegung …«

»Was für ein Arzt?« Sie schaute ihn sehr direkt an. Ihre Stimme blieb leise, schnitt ihm jedoch scharf das Wort ab.

»Ich dachte, das wüssten Sie?«

Sie sagte nichts, fixierte ihn nur, und er lachte nervös. »Na ja, den ich von Tegel abgeholt habe vorhin, diesen Spezialisten. Rauchen Sie?«

Sie haben einen Spezialisten kommen lassen. Es arbeitete jetzt heftig und ruckartig in Veras Kopf. *Sie haben jemanden kommen lassen, der sich Björn anschauen, der ihn behandeln soll.*

»Wo haben Sie den denn hingefahren, diesen Arzt?«

Das Küken lachte noch mal unbehaglich, musterte sie ungläubig. »Na, hierher. Zu Müller.« Er machte eine ungefähre Geste. »Die sind da immer noch drin.«

Vera schüttelte den Kopf. »Aber hier kann der Arzt nichts ausrichten, er wird noch ins Krankenhaus weiterfahren oder ... irgendwo anders hin.«

Marko Reichardt nickte. »Nehm ich an, ja. Aber das übernimmt dann wohl wer anders. Müller selbst vielleicht.«

Vera straffte sich. *In einer guten halben Stunde. Die Hauptsache, Sie halten sich bereit.* »Sie hätten mir das nicht erzählen dürfen, das ist Ihnen doch klar, oder?«

»Wie?« Er steckte sich eine Zigarette in den Mund und murmelte nervös: »Ich versteh nicht ...«

Du verstehst sehr gut. Vera schaute auf die Uhr, atmete tief ein. »Haben Sie einen Wagen hier?«

»Äh ... ja ...«

»Gut. Sie müssen mir jetzt einen Gefallen tun.«

5

Die erste Vorstellung war gerade zu Ende gegangen, und die wenigen Zuschauer, die jetzt ins Freie traten – wie frisch aus dem Nest gefallene, leicht desorientierte Vogeljunge –, stießen bereits auf die Gruppe derjenigen, die vorhatten, sich den Film um halb neun anzusehen. Sie brachten ein feines, klebriges Popcornaroma mit hinaus in den melancholisch vor sich hinbrütenden Abend, und vier von ihnen blieben noch eine Weile vor dem Schaukasten stehen, in dem die Plakate von *Kokowääh 2* und *Django Unchained* einträchtig nebeneinanderhingen. Vier Teenager, zwei Jungs und zwei Mädchen, eines davon leicht übergewichtig. Ihre Stimmen waren auch von der anderen Straßenseite zu hören, aber nur undeutlich. Man hätte näher herantreten müssen, um Genaueres zu verstehen.

Einer der Jungs, der neben dem fülligeren Mädchen mit den kurzen schwarzen Haaren stand, hielt seinen Blick auf die etwas großmäulige Ankündigung des kleinen Kronstedter Kinos gerichtet, bald einen 3-D-Projektor einbauen zu wollen. Er schien ein wenig zu frieren, was nicht verwunderlich war, da er bloß ein dünnes T-Shirt trug. Seine Arme waren wirklich erstaunlich lang. Lang genug, um seine Hände in die extrem tiefen Taschen seiner extrem tief hängenden Hose zu stecken, während er mit leicht gebeugtem Rücken irgendwie traurig aussah und in Carolin Hilles Richtung einen Satz murmelte. Selbst wenn man näher bei ihnen gestanden hätte, wäre er ziemlich schwer zu verstehen gewesen, dieser Satz, schon weil der Junge den Mund nicht öffnete beim Sprechen. »War kacke, der Film«, sagte er vielleicht.

Carolin Hille nickte bloß und sprach kurz mit dem anderen Mädchen, das lange schwarze Haare hatte und dunkle, glückliche Augen und auch aus einigem Abstand strahlend schön aussah. Sehr zufrieden schien sie zu sein mit sich und diesem Abend und der Welt, und sie fror auch nicht, weil sie sich eng an die durchtrainierten Schultern des anderen Jungen schmiegte.

»Also, ich werd dann mal«, sagte Carolin Hille etwas lauter. Der schmächtige T-Shirt-Träger hob die Augenbrauen, schien irgendwie überrascht zu sein. Er machte große Augen und lehnte sich an den Schaukasten. Dann zuckte er mit den Schultern.

»Ich melde mich.« Das rief die Freundin ihr noch nach – es ließ sich gut verstehen –, nachdem sie sie kurz an sich gedrückt und sich übertrieben verschwörerisch zwei Finger wie einen Telefonhörer ans Ohr gehalten hatte.

Carolin Hille machte schnelle Schritte, drehte sich nur noch einmal kurz um, warf einen letzten Blick auf den Jungen, der am Schaukasten lehnte und umständlich in den Tiefen seiner Hosentaschen herumwühlte. Wahrscheinlich suchte er sein Handy, rief die

Jungs an, bei denen er sich für heute vermutlich komplett abgemeldet hatte. Sein Abend würde keine großen Aufregungen bereithalten, nur einige Flaschen Bier und ein bisschen Gezocke an der Playstation. Carolin Hille würde es anders ergehen. Vorausgesetzt, dass man sie jetzt nicht aus den Augen verlor, denn sie war bereits um die nächste Ecke gebogen, mit grimmiger Entschlossenheit. Sie marschierte durch die Straßen ihrer Heimatstadt, ohne sich umzuschauen. Für sie gab es schließlich nichts zu sehen, nichts, was sie hätte überraschen können. Mit verbundenen Augen hätte sie sich zurechtgefunden, wäre am Park links eingebogen und an der Ampel stehengeblieben.

Völlig versunken schien sie in die Musik aus ihren Kopfhörern und in die eigenen Gedanken. Dachte sie an den Film? An ihre Freunde, die sie hatte stehen lassen? Möglich, denn sie sah aus, als ärgerte sie sich darüber, mehrere Stunden ihres Wochenendes vergeudet zu haben. Vielleicht dachte sie auch an Philip. Was gut wäre, weil sie dann kooperativer sein würde.

Während Carolin Hille an der Ampel wartete, obwohl sich von keiner Seite ein Auto näherte, war es leicht, sie zu überholen, über die Pestalozzistraße zu gehen, dann einem Fahrradfahrer auszuweichen und an der nächsten Ecke zu warten. Wenn sie nach Hause ging (Wohin sonst sollte sie gehen?), würde sie diesen Weg einschlagen, immer noch ohne ihrer Umgebung besondere Aufmerksamkeit zu widmen, immer noch vor sich hin brütend und deshalb leicht zu überrumpeln mit einer unvermittelten, aus dem Nichts kommenden Berührung, einem leichten Schlag.

Tatsächlich entfuhr Carolin Hille ein unwillkürlicher Laut. Offensichtlich hatte sie nicht nur nicht aufgepasst, wo sie hingelaufen war, sie hatte auch eine unschuldige Passantin zu Boden gerissen. Eine alte Frau, die hier abends noch unterwegs war und auf ihrem Spaziergang, wie es aussah, eine Papiertüte voller einzelner Tomaten bei sich getragen hatte, die nun in verschiedene Richtungen über den Bordstein rollten.

»Oje, oje, na so was«, sagte die Frau, rappelte sich auf und schaute sich etwas hilflos um. Sie trug eine dunkelblaue Stoffhose unter einer recht umfänglichen Steppjacke, und Carolin Hille entschuldigte sich mit flatternden Worten. »Es tut mir ja so leid, hoffentlich haben Sie sich nicht wehgetan …«

»Nein, nein, aber vielleicht können Sie mir beim Aufsammeln helfen?«

Sie konnte, natürlich, und bückte sich, erhaschte die roten Tomaten, die sehr weich waren und bereits schrumpelig, also kaum gerade erst gekauft worden sein konnten. Und als sie sie Stück für Stück in die Papiertüte fallen ließ, lächelte die alte, grauhaarige Frau und sagte mit einer Stimme, die sich nicht mehr ganz so hilflos und zerstreut anhörte: »Ich muss dringend mit Ihnen sprechen, Fräulein Hille.«

6

Sie kamen nur zu zweit, aber schienen hoch motiviert zu sein. Auf ihre Steppwesten war ein Abzeichen genäht, das eine phosphoreszierende Knochenhand unter einer Lupe darstellte. Sie hatten einen schweren Laptop mitgebracht, ein Fotoalbum sowie einige selbstgebrannte DVDs, und bevor sie sich hinsetzten und all das auf dem Tisch abluden, stellten sie sich mit Handschlag vor. Der Mann lächelte breit. Die Blicke der Frau waren unstet, huschten hin und her. Ihre Hand fühlte sich weich an, und sie sah ernst aus.

»Ich bin Volker. Hi.«

»Und ich bin Marion.«

Ein öffentliches Lokal in Bahnhofsnähe war von den potentiellen Auftraggebern gewünscht worden, und das Café, das Volker daraufhin vorgeschlagen hatte, war am frühen Abend gut gefüllt. Es war das gastronomische Anhängsel eines soziokulturellen Veranstaltungszentrums, und die Gäste, die sich an den schmucklosen Holztischen über flackernde rote Kerzen beugten und Club Mate tranken, sprachen so laut miteinander, dass niemand die argentinischen Tangos hörte, die aus kleinen Lautsprechern an der Decke drangen. Auch die Bedienungen kamen nicht sehr oft vorbei. Sie waren also ungestört inmitten des Tumults.

»Vielleicht darf ich erst einmal fragen, wie Sie auf uns aufmerksam geworden sind? Das ist wichtig für unsere Statistik.«

»Wir haben Sie im … Internet … gefunden.«

»Was für Suchbegriffe haben Sie denn eingegeben?«

»Es wäre uns lieb, wenn wir direkt zur Sache kommen könnten, Herr … Volker.«

Der kräftige Mittdreißiger, der hauptberuflich als Techniker in einem Elektrofachmarkt arbeitete, schaute auf, lächelte aber umso breiter. »Der ParaClub steht Ihnen voll zur Verfügung. Was können wir für Sie tun?«

»Wir suchen jemanden.«

Seine Kollegin, deren spitzes blasses Gesicht von langen weißblonden Haaren eingefasst wurde, schlug einen Tonfall an, der offenkundig professionell wirken sollte: »Einen Verstorbenen?«

»Hoffentlich nicht.«

Volker hob die Augenbrauen und klappte seinen Laptop auf.

»Sie hatten vor kurzem Kontakt zu Morten Rheinberger«, sagte Richard Korff.

Das Paar tauschte einen Blick, und Philip konnte sehen, wie die Frau sich schlagartig in sich selbst zurückzog. Es war wie eine Flucht, und zwischen den glatten Haaren blieb nur noch eine ausdruckslose Maske übrig.

»Was soll das?«, fragte Volker, der offizielle Chef des ParaClub-Teams.

»Er hat Sie auf einem Ihrer … wie soll ich sagen … Einsätze begleitet.«

»Sie wollen uns nicht beauftragen für irgendwas? Ist das richtig?«

»Ja, das ist richtig.«

Volker klappte den Laptop zu, und seine Finger suchten fahrig irgendwelche Anschlüsse an der Seite des Geräts. »Dann haben wir auch nichts miteinander zu besprechen.«

»Bitte warten Sie und hören Sie mich an«, sagte Korff mit jener ruhigen Intensität, die Philip in den vergangenen Tagen so oft beeindruckt hatte. Volker atmete tief ein, fuhr sich mit der Hand über die spärlichen Haare auf seinem Kopf und schaute feindselig auf.

Korff sprach leise, und Philip spürte, wie er Gänsehaut bekam. »Morten Rheinberger ist ein Verwandter von mir, der Bruder dieses jungen Mannes. Er ist verschwunden, was uns sehr beunruhigt. Verstehen Sie, wir machen uns ernsthafte Sorgen. Ich möchte Sie nur bitten, uns behilflich zu sein, uns zu erzählen, wie jener Tag abgelaufen ist, an dem Sie mit ihm … dorthin … gegangen sind.«

»Was heißt das – verschwunden?«

»Er wird vermisst.«

»Ja und? Sind wir die Polizei, oder was?«

»Die tut gewiss ihr Möglichstes, aber wir glauben, dass Mortens Verschwinden auch mit dem Artikel zu tun haben könnte, den er über Ihre Arbeit geschrieben hat.«

Volker, unter dessen Foto auf der ParaClub-Seite der Spruch »Wo es andere gruselt, fange ich erst an!« stand, versuchte zu grinsen. Es gelang ihm nicht. »Was soll denn der Quatsch?«

Richard Korff lehnte sich zurück, ließ den Blick aber fest auf dem verunsicherten Paar ruhen. *Die Kaninchen und die Schlange*, dachte Philip.

»Es überrascht Sie nicht, dass ich diese Verbindung ziehe, sonst würden Sie nicht derartig darauf reagieren. Es leuchtet Ihnen ein«, sagte Korff.

Ein Ruck erschütterte den kleinen Tisch und drohte, die Teetassen von Philip und seinem Großonkel umzustoßen. »Ich will damit nichts mehr zu tun haben, ich muss raus«, sagte Marion und wehrte mit dem Ellenbogen die Hand ab, mit der ihr Begleiter sie festhalten wollte. Kaum zu glauben, aber ihr durchscheinendes Gesicht schien sich noch weiter entfärbt zu haben. Sie musste sich den Weg zwischen Stühlen hindurchbahnen. Ein Mann rückte eilig zur Seite, damit sie zum Ausgang gelangen konnte, und einer der Kellner schaute ihr hinterher, als sie auf unsicheren Beinen das Café verließ.

Merkwürdigerweise hatte Volker keinerlei Anstalten gemacht, ihr nachzulaufen. Stattdessen waren seine Schultern zusammengesackt, und er schaute verstört vor sich hin. Bis er Philip musterte. »Du bist Mortens Bruder?«

Irgendwie. Ein bisschen, hätte Philip gern gesagt. Aber er nickte bloß.

Volker hatte den Blick brütend auf seinen Laptop gerichtet.

»Ich nehme an, wir sind nicht die Ersten, die an Sie herangetreten sind«, sagte Korff.

Volker schüttelte den Kopf. »Marion hat Angst.« Er machte wieder eine Pause. »Man hat uns gesagt, wir sollten nicht mehr darüber sprechen. Mit niemandem.«

»Wer hat Ihnen das gesagt?«

»Keine Ahnung. Typen, mit denen ich mich nicht anlegen will. Aber das ist unsere Angelegenheit, damit haben Sie nichts zu tun.«

»Man hat Sie bedroht?«

Wieder ein Achselzucken. »Was hat Morten Ihnen denn erzählt?«

»Nichts. Das ist es ja. Wir haben nur seinen Artikel.«

»Aber in dem steht nichts drin. Nichts von dem, was wirklich passiert ist.«

Korff nickte. »Das dachte ich mir. Deswegen sind wir zu Ihnen gekommen.«

Der Mann rang mit sich, und Philip glaubte fast, hören zu können, wie er nachdachte. Schließlich sagte er: »Hören Sie, ich hab Marion versprochen, dass wir einen Schlussstrich unter die Sache ziehen. Sie ist meine Freundin, ich meine, wir sind zusammen. Sie ist völlig verstört, ich muss Rücksicht auf sie nehmen.«

»Verstört … weil man Ihnen Gewalt angedroht hat?«

»Nein. Das war nur der Tropfen, der das Fass zum Überlaufen gebracht hat.« Er senkte die Stimme, stierte auf die Tischplatte. »Wegen der Nacht in Welsheim.« Sein Blick hob sich, nahm den alten Mann und den Teenager in Augenschein, wog ab. »Wissen Sie, Marion hat besondere Gaben, sie ist die Einzige von uns, die wirklich Kontakt herstellen kann.«

»Kontakt?« Philip merkte, dass auch er fast flüsterte.

»Marion ist ein Medium, seit sie als Kind beinahe ertrunken wäre und so was wie 'ne Nahtoderfahrung gemacht hat. Ihretwegen, also weil sie diese Fähigkeiten hat, hab ich damals auch den Para-Club gegründet.«

Korff runzelte die Stirn.

»Sie ist seit dieser Nacht nicht mehr dieselbe. Ich konnte sie gerade noch davon abbringen, alles hinzuschmeißen. Wir hätten uns als Gruppe beinahe aufgelöst, aber das kann ich den andern Jungs nicht antun.«

»Gut«, sagte Richard Korff, und Philip hörte genau, wie ungeduldig er geworden war. »Das alles hier bleibt unter uns. Nach dem, was Sie bisher angedeutet haben, kommt es auf den Rest auch nicht mehr an. Sie sind hiergeblieben, weil Sie wissen, dass wir ein Anrecht darauf haben, zu erfahren, was mit Morten vorgefallen ist. Sie können sich aussprechen, und wir werden alles vertraulich behandeln. Uns geht es nur um Morten.«

Das stimmt nicht, dachte Philip. *Es geht ihm um seine eigene Haut, vielleicht auch um meine. Sie sind bereits hinter uns her. Dieselben Leute, die diese lächerlichen Geisterjäger bedroht haben.*

Volker schaute auf, und Philip konnte sehen, dass die klare Stimme seines Großonkels einen Sieg davongetragen hatte. Wieder einmal.

»Morten hat sich anständig verhalten. Er hat das, was wir tun, respektiert. Ich hab es noch nie ausstehen können, rumgeschubst zu werden. Schon als Kind hat mich so was tierisch in Rage gebracht.« Der Chef des ParaClubs beruhigte sich mit den eigenen Worten, er rechtfertigte vor sich selbst, was er als Nächstes tun würde. Dann nickte er. »Unser Kleinbus parkt drei Straßen weiter. Da habe ich die Aufzeichnungen. Sogar die Filme. Marion denkt, ich hätte sie vernichtet. Aber mich hat das die ganze Zeit über wahnsinnig gemacht. Das ist einfach nicht in Ordnung, sich so herumschubsen zu lassen.«

»Vielleicht hat Ihre Freundin den Wagen genommen?«, fragte Philip, der sich nicht sicher war, ob er die Filme sehen wollte, von denen der Mann mit belegter Stimme gesprochen hatte.

»Ich habe den Schlüssel. Nein, sie ist garantiert zu Fuß nach Hause gegangen. Es ist nicht weit.«

»Also schön.«, sagte Korff. »Wir können doch sicher vorne am Tresen bezahlen. Hier müssen wir ja ewig warten.«

Ja, jetzt hatte er es sehr eilig.

7

Da ist es also. Das Haus. Lange her, seit der alte Mann, der jetzt im Inneren des schwarzen Busses hockt und auf den Laptop starrt, es zum letzten Mal gesehen hat. Aber er kennt es, und er *erkennt* es auch. Es ist heutzutage, das zeigen die leicht verwackelten, im Dunkeln aufgenommenen Bilder, in einem schlimmen Zustand. Man hat es sich selbst überlassen und der unbarmherzigen Hand der Verwitterung. Seine Fensterscheiben sind zersplittert, hinter den Scherben aber ist alles schwarz.

* * *

Morten sieht das Haus in diesem Moment zum ersten Mal. Anfangs, im Licht des Mondes, der immer wieder durch die Wolken bricht, nur die Giebel und den schmalen Turm mit der Wetterspitze zwischen den Baumkronen. Sie haben in einiger Entfernung geparkt. Der Bus – es ist derselbe – steht in der völligen Finsternis eines Waldweges, vor einer Pyramide aus kahlgesägten, zum Abtransport bereiten Stämmen. Sie machen sich langsam auf den Weg, sie tuscheln, nähern sich durch Baumbestand, lassen Taschenlampenstrahlen tastend über den ausgetretenen Pfad gleiten. Sie kommen an einem verrosteten, verbogenen Metallschild vorbei, das Privatbesitz markiert, erreichen aufgetrennten, schlaff durchhängenden Maschendrahtzaun und quetschen sich mit schwerem Gerät hindurch. Volker lacht leise. Bijan, der am meisten zu schleppen hat, beschwert sich, meint es aber vermutlich nicht ganz ernst. Mortens Gesicht taucht auf dem Video auf – Christian Wallmann, genannt Walli, filmt. Im rechten oberen Bildrand ist die Uhrzeit eingeblendet: 01:12. Morten verdreht die Augen und hebt fröhlich eine Hand. Er möchte seine Oma grüßen, verkündet er flüsternd. Es macht ihm Spaß.

* * *

Man hat Bauschutt hier abgeladen: angeschlagene Ziegel, löchrige Betonquader, die eine Schranke bilden und den Weg abschneiden. Dahinter aber erhebt sich das Zentralgebäude, die Jugendstilvilla. 1912 als Ferien- und Jagdhaus des Bettgestellfabrikanten Köselitz gebaut, ein ehemals weiß leuchtendes Schmuckstück mitten im Forst.

Der schmale Rundbalkon, dem jetzt mehrere der schmiedeeisernen Geländestreben fehlen, verläuft über dem mit verschnörkelten Schnitzereien versehenen Eingangsportal, dessen Tür schwer verriegelt und vernagelt ist. Auch wenn man es nicht glauben mag: Einst waren hier Licht und Leben. Denn es ist ein Vorurteil, dass Häuser, denen man nachsagt, dass Spuk in ihnen umgeht, bereits von der Grundsteinlegung an verflucht wären. Auch Freude hat die Villa Köselitz gesehen. Damen mit Hüten und Kinder in Schürzen und mit weißen Schleifen im Haar standen hier auf dem Balkon und winkten, und Dienstboten schauten aus den Fenstern und begafften die Männer auf ihren schnaubenden Pferden. Die Hunde fegten, nach der erfolgreichen Hatz noch immer schweißnass und außer sich, über den Kies und kläfften. In den niedrigen Backsteingebäuden, bei den Ställen, wurde dem erlegten Wild mit kräftigen Händen die Haut abgezogen, und das Blut der Hirsche floss dunkel rauschend in hölzerne Tröge. Auf Hörnern wurden Signale gegeben, und auf der Veranda auf der Rückseite, deren Dach jetzt eingedrückt ist, stand eine mit Eichenlaub geschmückte Tafel. Darauf Kristallkaraffen mit Limonade und Bowlen und eisgekühlter Sekt.

Es wurde nicht viel gekämpft in dieser Gegend während beider Kriege, aber das Haus ist doch wiederholt beschlagnahmt und zweckentfremdet worden. Dreckverkrustete Soldatenstiefel haben auf den kostbaren Möbeln aus Nussbaumholz gelegen. An den verzweigten Geweihen, die einst alle Wände zierten, haben Uniformjacken gebaumelt, und der Rauch von Zigarren hat die Vorhänge gelb werden lassen. Das Haus ist wieder und wieder ausgeschlachtet und ausgeräumt worden, und es hat viele Leichen beherbergt in diesen Tagen. Es konnte sich also schon einmal gewöhnen an den Anblick.

Später haben mehrere Parteien um diesen Besitz gestritten, er ist von Hand zu Hand gegangen, hat sich verändert, ist umgebaut und ausgebaut worden. Handwerker haben Zerstörtes abgerissen, neue Fundamente gelegt. Ein Internat hätte eigentlich hier entstehen sollen, später ein landwirtschaftlicher Betrieb. Missglückte Versuche. Bis dann, im Februar 1982, im Katasteramt der Gemeinde Welsheim-Hecklingen eine gewisse Helene Schwarzer, eine fremde, noch junge Frau mit dunklem, streng gebundenem Haar, sich als neue Besitzerin eintragen ließ. Im Auftrag einer privaten Stiftung gründete diese Helene Schwarzer ein theologisches Tagungszentrum, das gleichzeitig als Rückzugsort dienen konnte für Gelehrte verschiedener Fachrichtungen, die hier ungestört ihrer wissenschaftlichen Forschung nachgehen konnten.

Es waren diese Jahre, in denen die Villa Köselitz zu scheinbarer Ruhe gelangte. Angeblich fanden hin und wieder Kongresse dort statt, zu denen Kapazitäten *von weither* anreisten. Mit ihren Wagen kamen sie über die Straßen, die durch die Nordheide führen, an Pferdekoppeln vorbei und an kleinen Dörfern. Von *sehr weither* kam der Besuch, aber wenn er eintraf, bekam kaum jemand etwas davon mit. Es waren die Jahre, in denen das Haus sich zurückzog in die Stille, fast unsichtbar wurde inmitten des Forstes, die Jahre, die zu einem grausamen Ende führten und letztlich zu fast vollständiger Zerstörung, zu Feuer und Rauch. Es sind natürlich die Geister jener Zeit, die der ParaClub zu finden hofft.

Später hat die Gemeinde es noch einmal gewagt, hier eine Jugendherberge zu führen. Die Stockbetten stehen noch unter viel zu hohen Decken, aber der Versuch hat nicht lange gedauert. Nur wenige Reisebusse haben hier gehalten, auch die besonders günstigen Preise haben nichts genutzt. Das Haus kann sich nicht befreien von seinem Ruf, man kann es nur noch verenden lassen und es vor der Außenwelt verschließen, so wie man Akten schließen und die Tür verriegeln, den Einlass verwehren und darauf hoffen kann, nicht erinnert zu werden.

Die Eingangsstufen sind jedenfalls zerschlagen, in der Mitte eingestürzt, als hätte sie jemand von der Tiefe aus hinuntergezogen.

Mehrere Lichtkegel gleiten suchend, sich unruhig überschneidend, über die Trümmer, doch hier kommt man nicht hinein. *Aber keine Bange*: Es gibt eine Kellertür auf der Hinterseite, die immer offen steht, wie Eingeweihte wissen.

Über den Keller, eine Stiege hinunter und zwei hinauf, gelangt man in das Haus und von dort, wenn man will, in die beiden Anbautrakte. Aber das sind zweckmäßige, moderne Gebäude, und sie bieten nicht die gleiche Atmosphäre wie das verwinkelte Haupthaus, in dem irgendwelche Vandalen gehaust und alles zerschlagen haben. Weil sie das Gebäude büßen lassen wollten für das, was Menschen getan haben in seinem Inneren?

In der Eingangshalle bröckelt der Putz von den Wänden. Der vorherrschende Eindruck ist der einer trostlosen Leere. Man zweifelt sogar daran, dass Tiere diesen kalten, bedrückenden Ort wählen könnten, um Unterschlupf zu suchen. Das Geländer der großen Treppe ist gefällt worden, und die scharfkantigen Überreste ragen aus einem Haufen undefinierbarer Holz- und Metallteile, die wohl aus den oberen Stockwerken in die Tiefe geschleudert wurden. Hier schaut Morten, den die Kamera immer wieder einfängt, dabei zu, wie Bijan in der Nische vor einer löchrigen Ziersäule eine kalte Stablampe aufstellt, die alle Schatten plötzlich in die Länge zieht. Er fährt einen Laptop hoch und baut die Kontrollstation auf für die PU.

***

»Paranormale Untersuchung«, erklärte Volker. »Wir haben Morten extra in die Villa Köselitz mitgenommen, weil sie sich immer als ziemlich ergiebig erweist. Das Problem ist nur, dass sie nicht öffentlich zugänglich ist und dass man auch keine Genehmigung bekommt, sie zu untersuchen. Eigentlich gehen wir nie in Gebäude ohne Genehmigung der Eigentümer. Das wäre in diesem Fall die Gemeinde Welsheim, aber mit denen ist einfach nicht zu reden. Keine Chance. Deshalb ist es generell etwas heikel und unangenehm, sich dort aufzuhalten, und man muss auch besonders leise sein und sollte nicht zu viel Licht machen. Es lohnt sich aber. Wir haben eigentlich immer irgendwas auf den Aufzeichnungen hinterher.«

»Das heißt also, Sie glauben daran – inklusive Geister?«, fragte Philip leise.

»Das ist gar nicht das Entscheidende. Jeder seriöse Ghosthunter wird dir sagen, dass es ihm in erster Linie darum geht, rationale Erklärungen für scheinbar Paranormales zu finden. Das ist bei uns nicht anders. Die Menschen rufen uns, weil sie glauben, es spukt bei ihnen auf dem Dachboden, und wir zeigen ihnen, dass bloß irgendwelche Ziegel lose sind, die nachts klappern. Aber manches ist eben nicht so einfach. Und wo andere bloß abwinken, machen wir eben weiter, weil wir gleichzeitig die Möglichkeit anerkennen, dass es Phänomene gibt, die sich nicht auf simple Erklärungen reduzieren lassen. Und die dokumentieren wir. Also ist es notwendig, dass wir natürliche Ursachen ausschließen. Dafür protokollieren wir anfangs alle äußeren Bedingungen: Temperatur, Luftfeuchtigkeit und so weiter. Hier kann man das gut sehen. Walli verteilt gerade das Equipment. Das hier habe ich gefilmt. Natürlich sind da zuerst die Camcorder mit Nachtsichtfunktion. Wir filmen meistens in kompletter Dunkelheit und werten die Bilder anschließend aus, spielen sie langsamer ab, hellen sie auf, vergleichen einzelne Bildausschnitte. Wir fotografieren mit ganz normalen Digitalkameras in die Dunkelheit hinein. Man sieht manchmal echt erstaunliche Sachen auf diesen Fotos, das meiste davon ist allerdings nur Staub vor der Linse.

Das ist der Gaussmeter, also der Elektromagnetfeldmesser, und daneben sehen Sie das Digitalthermometer. Man geht davon aus, dass bei der Materialisation der Geister kräftige elektromagnetische Felder erzeugt werden. Entscheidend ist dabei natürlich, dass es keinerlei aktive elektrische Leitungen mehr in dem Haus gibt. So wie in der Villa Köselitz. Es ist auch kein fließendes Wasser mehr angeschlossen. Außerdem entziehen die Erscheinungen der Umgebung Wärme, daher kommt es zu den so genannten Cold Spots. Wenn also die Temperatur plötzlich abfällt, könnte das ein Indiz für eine feinstoffliche Präsenz sein. Allerdings kann es auch bedeuten, dass es einfach zieht, durch ein Fenster oder so. Genau das untersuchen wir dann. Aber besonders wichtig sind die Digitalrecorder, also die Diktiergeräte. Wir nehmen sie mit in die Räume, lassen sie laufen, stellen manchmal Fragen und hören die EVPs dann zu Hause ab. Das ist am ergiebigsten. Sie kennen das bestimmt, *Electronic Voice Phenomena*, Tonbandstimmen. Gerade in der Villa haben wir immer wieder solche Aufnahmen gemacht. In unserer Zentrale haben wir dann Stimmen gehört, ganz leise, sehr undeutlich, manchmal ganze Sätze erkannt. Aber eben immer erst, wenn wir zurück waren. In dieser Nacht war es anders.«

* * *

Sie gehen eine Treppe hinauf, schauen in Zimmer hinein, löschen die Taschenlampen. Grünlich graue Bilder der Nachtsichtkamera, unnatürlich aufgerissene Augen. Die Blindheit verändert die Gesichter, macht ihren Ausdruck plump, die Mimik übertrieben. Jetzt ist zum ersten Mal Marion zu sehen. Sie kauert in völliger Finsternis auf dem Boden, scheint zu grinsen, man sieht ihre Zähne. In der Hand hält sie ein Diktiergerät. Sie spricht. »Ist jemand hier? Möchte jemand mit uns Kontakt aufnehmen?« Eine Pause. Die Sekunden vergehen sichtbar am rechten Bildrand. Sie steht auf. »Jetzt ist es kalt«, sagt sie. Temperaturunterschied: drei Grad Celsius. »Das ist noch nicht signifikant«, erklärt Volker. »Hast du sonst etwas gespürt?« Marion nickt. »Ein Kribbeln an meinem rechten Arm. Als wenn mich jemand hochziehen wollte.«

* * *

In den Waschräumen liegen immer noch Spiegelscherben, die Kacheln sind zum Teil ausgeschlagen. Mit Vorschlaghammern und sehr viel Wut und Angst ist hier einst gewütet worden – Rohre wurden aus den Wänden gerissen, Anschlüsse ragen aus dem Boden. Sie sind mit Schimmel bewachsen, diese Duschen, mit nie gehemmten bösartigen Wucherungen. Auch die Betten sind leer in den Schlafräumen, in die als spitzer, heller Schock das Blitzlicht einer Digitalkamera einfällt. Auf der Vergrößerung von einem dieser Fotos wird Bijan später etwas erkennen. Eine Gestalt könnte es sein, die zwischen dem Bettgestänge und einer zerrupften, fauligen Matratze hockt. Etwas Eingebildetes aus Unschärfe und Pixeln. Konturen, die wie von einem Rauch geformt werden, der für einen Sekundenbruchteil in der Luft hängt und an den sich das Blitzlicht anschmiegt. All das nur undeutlich, aber in der Mitte der Erscheinung zieht sich etwas zusammen, das Marion für einen Blick halten wird. Ein Gesicht schaut sie an, ein Kindergesicht. Es sind ja meistens Kinder. Warum eigentlich? Da kauert (vielleicht) das Gespenst eines völlig verängstigten Kindes. Unerreichbar, gefangen im Dunkeln, schlingt es seine durchsichtigen Arme um Knie, die kein Auge erfassen kann, und schaut anklagend auf. »Es ist ein kleines Mädchen«, wird Marion später sagen.

* * *

Etwas atmet. Natürlich wird einem eiskalt, wenn man plötzlich in der vollkommenen Dunkelheit ein Atmen hört, das näher kommt. Mit einem Cold Spot muss das keineswegs zusammenhängen. Morten schaltet seine Taschenlampe nun doch ein. »Angst?«, fragt Walli. Er ist es, der sich genähert hat. Er sitzt im Schneidersitz an der gegenüberliegenden Wand und feixt.

»Habt ihr keine Angst, wenn ihr mitten in der Nacht mutterseelenallein in einem verfallenen Haus hockt?«, fragt Morten.

»Wir sind nicht allein«, sagt Marion dumpf. Die Kamera schwenkt schnell auf ihr Gesicht. Es hat sich verändert.

* * *

Treppen verbinden Stockwerke und Flure, Winkel und Zimmer. Das Haus ist groß. Groß genug, um Geräusche, Schritte, Stimmen zu verschlucken, um Taschenlampenlichter in sich aufzusaugen und unkenntlich zu machen. Es hängen auch noch Türen in ihren Angeln. Manche von ihnen sind geschlossen, bilden tiefschwarze Barrieren und dämpfen ab, was hinter ihnen ist. Wer sich leise verhält, wer durch die Gänge schleicht, wer flüstert und wispert, wer Diktiergeräte aufstellt und mit angehaltenem Atem horcht, wird nicht gehört. Wer nicht leise ist, schon. Wer sich unbeobachtet fühlt, wird unvorsichtig.

* * *

Es regnet jetzt, in Pfützen vor der Tür sammelt sich das kalte Wasser. Das ist schlecht für jede PU. Es tropft hier und da, und bald rauscht es. Das nasse Frühjahrswetter übertönt die Grundgeräusche der Stille und macht die Aufnahmen zunichte. Der Regen dringt durch das leckgeschlagene Dach, rinnt von außen und innen an den Mauern entlang. Der Wind weht ihn durch die scharfen Kanten der zertrümmerten Scheiben, und nur deshalb hören die Geisterjäger den ersten der langgezogenen Schreie nicht. Nur Marion schüttelt sich. »Ich habe Blutgeschmack im Mund«, sagt sie. Das ist ein Zeichen. Morten knipst schon wieder die Taschenlampe an. Er und die anderen sehen, dass Marion zittert. Und dann ist, weit weg, etwas zu hören. Kaum ist es erklungen, ist es auch schon wieder vorbei. Nur Regen. Aber es ist ein kaum unterdrückter, gepresster, gequälter Schrei gewesen, ein Schrei aus dem Inneren des Hauses.

* * *

»Zu diesem Zeitpunkt befanden Sie sich immer noch im Hauptgebäude, also in der Villa?«, fragte Korff.

»Ja. Und ich wünschte, wir wären unserem Instinkt gefolgt und einfach abgehauen. Auf demselben Weg, wie wir gekommen waren. Nur raus.«

»Aber das haben Sie nicht getan.«

»Nein. Wir sind den Geräuschen gefolgt.«

»In den Anbau. Ins Auditorium.«

»Das wissen Sie?«

»Ich habe es mir gedacht.«

Philip schaute Richard Korff ungläubig an. In seinem linken Ohr knackte es.

* * *

Es muss eine Lockung sein für das Medium. Marion fühlt sich offenkundig angezogen. In ihren Armen und Beinen kribbelt es, sagt sie. Die drängende Berührung ist stärker geworden, und sie geht voran, lässt sich von etwas Unsichtbarem führen, bewegt sich den schwarzen Korridor hinunter bis zur nackten steinernen Treppenflucht. *Nach unten, nach unten.* Sie ist sich jetzt sicher, einen Ruf gehört zu haben. Als hätte jene gequälte Stimme, die sich durch all die Wände und die Zimmer bis zu ihren überwachen Ohren durchgekämpft hat, nach ihr verlangt, als hätte die Stimme gerufen: »Komm, komm endlich, komm zu mir.«

So hat sie es Volker berichtet. Auf den Aufnahmen ist das später nicht zu hören, aber die Stimme ist da, unverkennbar. Es ist eine menschliche Stimme, und sie wird lauter, als der ParaClub und sein skeptischer Gast unten angelangt sind. Haben sie nicht genau darauf gewartet, schon lange?

* * *

Sie bleibt stehen. »Licht aus«, zischt Marion, und alle löschen ihre Taschenlampen, erstarren. Sie befinden sich jetzt in der Nähe des Backsteindurchgangs mit der Fensterfront, durch die das Stück Wiese zwischen Haus und Wald zu ahnen ist. Zum Anbau führt der Weg. Der Regen ist immer noch stark, aber plötzlich bricht ein neues Geräusch schrill daraus hervor, ein entsetzliches Quäken, ein Gurgeln, das nichts Menschliches hat, gefolgt von einem weiteren schrillen Ruf, der diesmal lauter ist. »Sie kommen näher«, haucht Marion, aber das stimmt nicht. Es ist umgekehrt, denn die fünf Erforscher des Paranormalen befinden sich jetzt am Durchgang zum Anbau, sie sind fast da. Die Nähe ist spürbar, es liegt jetzt mehr als nur eine vage Präsenz in der Luft. Sie stehen dort vielleicht zwei Minuten, wagen nicht, sich zu bewegen, und dann dringt ein Murmeln an ihr Ohr, und Morten sagt später, dass er Schritte gehört hat. Draußen vor den Fenstern. Schuhe im Schlamm. Gespenster machen keine Schritte, wenn sie ums Haus schleichen. Das ist keine Beruhigung. Aber jetzt sind sie beinahe angekommen an der Quelle. Jetzt haben sie den Anbau erreicht.

* * *

Der Anbau, der sich auf der Westseite direkt an die Villa Köselitz anschließt, beherbergt neben mehreren kleinen Zimmern, Überäumen und Präparationskammern, die den Vorteil haben, schalldicht zu sein, vor allem das große Auditorium. Architektonisch unauffällig ist dieser Bau Ende der 50er Jahre entstanden, als man geglaubt hatte, es ließe sich hier ein humanistisches Internat mit musischem Schwerpunkt unterhalten. Im Inneren befindet sich der große Saal mit erhöhter Bühne. Hier stand einst ein glänzender schwarzer Flügel, und einige wenige Schüleraufführungen klassischer Dramen fanden statt. Später, heißt es, wurden einige bemerkenswerte theologische Vorträge vor gelehrigen Ohren gehalten. Und als niemand mehr dem Haus große Beachtung schenkte, haben sich auch andere Dinge abgespielt auf dem Podium. Denn das Besondere am Auditorium ist natürlich, einst wie heute, dass es fensterlos ist. Dass es abgeschirmt ist nach außen, was wichtig ist für die Beleuchtung. Jetzt hängen keine Scheinwerfer mehr oben an der Decke, und es gibt auch keine Stuhlreihen mehr. Die Bühne aber ist noch da. Und schreit man auf vor Schmerz und vor Entsetzen, wenn man sich auf dieser Bühne befindet, muss man sehr laut schreien, um noch in einem der oberen Stockwerke des Haupthauses gehört zu werden.

* * *

Es liegt vielleicht an der Mühe, die Volker sich später macht, dass er es nicht übers Herz bringt, das Material zu vernichten. Schließlich hat er, gemeinsam mit Bijan, nicht nur die Aufnahmen der Kameras zusammengeschnitten, sondern auch die der Diktiergeräte, die, während sie sich durchs Haus und in Richtung Anbau bewegten, unentwegt aufzeichneten. Das, was hier zu hören ist, lässt sich natürlich nur bedingt mit dem vergleichen, was tatsächlich an ihre Ohren drang. Es ist beeinträchtigt von all dem Regenrauschen, dem gepressten Atmen und den eigenen Schritten, dem Knattern von hektischen Bewegungen und der Reibung ihrer Kleidungsstücke. Aber zwischen alledem dringt der eigentümliche Tumult hindurch, auf den sie sich zubewegen, die einzelnen Schreie, auf die dann eine erschütterte Stille folgt, weil sie alle kurz erstarrt sind. Je näher sie kommen, Schritt für Schritt, desto klarer wird, dass Menschen sprechen. Es ist ein Murmeln, es gibt scharrende Geräusche, ein Jammern. Eine sehr hohe, helle Stimme zeichnet sich ab, wimmernd, undeutliche Töne und manchmal jene Schreie ausstoßend. Und eine zweite Stimme, die ihr folgt, als wolle sie sie imitieren. Einmal ist etwas klar zu erkennen, weil sie inzwischen fast vor der Auditoriumstür angekommen sind und die Stimme sehr laut wird: Tatsächlich könnte es ein »Komm, komm zu mir« sein – das wie von einem Echo wiederholt wird. Noch einmal eine Stimme, der ersten sehr, sehr ähnlich. Dann zwei andere Stimmen, Männerstimmen, sehr erregt. Es hat lange gedauert, Volker hat die Bänder immer wieder abgehört, dann hat er es begriffen. Sie sprechen Englisch. Was genau diese Männer sagen, heiser, aufgeregt, abgehackt, hat er nie verstanden. Da ist noch etwas, ein Zischeln, die hohe Stimme wehrt sich, und dann sind Bewegungen zu hören, ein Grollen, ein Flüstern.

* * *

»Kann … kann ich das noch einmal hören?« Philip zuckte zusammen, als er die Stimme seines Großonkels heiser aufflackern hörte. Er sah ihn an, sah, dass ihm Schweißperlen auf der Stirn standen.

»Ist Ihnen etwas aufgefallen?«, fragte Volker.

»Da ist die Stimme eines Mannes.«

»Es sind mehrere Männer, würde ich sagen. Sie sprechen Englisch.«

»Nein, das meine ich nicht. Können Sie den … den letzten Teil noch einmal etwas lauter …?«

Philip schloss die Augen. Es strengte ihn an, die Laute auseinanderzuhalten, zumal sie sich zu einer so bedrückenden Mischung verwoben.

»Da … das meine ich. Diese tiefere Stimme im Hintergrund.«

Da war tatsächlich eine Art Singsang, ein sonores Auf und Ab.

»Sie haben recht, da könnte noch etwas sein. Ich spiele es noch mal ab.«

Sie lauschten.

»Es ist nicht zu verstehen. Irgendein Kauderwelsch.«

»Nein. Ich glaube, es sind Verse. Altgriechische Verse.«

* * *

»Im Grunde habe ich wohl relativ früh begriffen, was da vorging – und ich glaube, Morten auch«, erzählte Volker, nachdem er den undeutlichen, verrauschten Tonmitschnitt angehalten hatte. »Es waren Menschen da, mehrere, die irgendeinen Scheiß veranstaltet haben, 'ne schwarze Messe oder so. Und es war jemand draußen vor dem Anbau, der Schmiere gestanden hat. Wir haben die Schritte gehört, und ich glaube, ich hab ihn auch gesehen. Wir standen alle in diesem verdammten Durchgang und hatten durch die Fensterscheiben freie Sicht auf den Wald. Es war ja komplett dunkel. Aber ich hab was aufblitzen sehen, eine Taschenlampe vermutlich, nur sehr kurz. Da war jemand zwischen den Bäumen. Wenn es so war, dann hat er uns auch gesehen. Aber vielleicht kennen Sie das Gefühl. Wenn einem etwas derartig Angst macht und schnell vorbei ist, denkt man: Das alles ist gar nicht wahr, das, was ich gerade gesehen habe, ist gar nicht dagewesen. Das Licht war weg, die Gestalt war weg, von einem Moment zum anderen, und ich nehme an, sie hat die Leute im Auditorium alarmiert. Als Nächstes haben wir jedenfalls ziemlich viel Hin-und-her-Rennen gehört. Ich hätte mich am liebsten in Luft aufgelöst. Noch nie hatte ich so sehr das Gefühl gehabt, in einer Falle zu stecken.«

* * *

Das laute Wimmern im Auditorium bricht ab. Man hört noch ein Echo, die Männerstimmen aber sind schlagartig verstummt. Zuerst weicht Marion zurück. Sie macht einige taumelnde Schritte, greift scheinbar unbewusst mit den Händen hinter sich, sucht die Wand als Stütze. Ihre Augen sind weit aufgerissen, immer noch zittert sie. *Diese Türen werden sich öffnen, jeden Augenblick gehen diese Türen auf*, denkt Volker in diesem Moment. Marion erzählt später, sie habe gar nichts mehr gedacht. Oder sehr viel, sie hat sich aber an nichts erinnern können. Umso schlimmer kommt es allen vor, dass sie plötzlich auf die schreckliche Stille hinter der Tür zugeht. Schlafwandelt sie? Volker hat seine Taschenlampe angeschaltet, als könne der Lichtstrahl sie zu sich bringen, sie aufhalten. Marion geht zitternd auf die Tür zu. Sie hat beide Hände ein Stück weit ausgestreckt, und bevor sie die Klinke berührt, wendet sie sich noch einmal um, mit klarem Blick, als wisse sie genau, was sie da tut. »Ich weiß nicht, warum«, sagt sie später.

Sie will die Tür öffnen, und Volker stürzt auf sie zu, um sie wegzureißen. Die Klinke, fest umklammert von Marions eiskalten Fingern, macht ein Geräusch, ein lautes, knarzendes Quietschen. Allen ist klar: Das fordert eine Reaktion. Und sie kommt. Plötzlich ist Bewegung im Auditorium. Eher zu spüren, als zu hören. Ein Krachen ertönt, als fiele etwas Schweres zu Boden. Deutlich sind Schritte zu hören. Die auf der anderen Seite wissen: Sie sind entdeckt, sie müssen sich nicht tot stellen, sie müssen sich beeilen. Jemand hantiert mit irgendwas, und während die Geisterjäger und Morten noch erstarrt in unmittelbarer Nähe dieser verschlossenen Tür stehen, wirft sich plötzlich von innen etwas mit voller Wucht und gewaltigem Gewicht dagegen. Es gibt einen dumpfen Knall, eine Druckwelle scheint zu ihnen durchzudringen, und alle haben das Gefühl, als biege sich die massive Doppeltür aus Holz ihnen entgegen nach außen. Sie zucken zusammen, es durchfährt all ihre Glieder. Volkers Taschenlampe kullert über den Boden. Marion hebt beide Hände und schreit auf, aber die Tür öffnet sich nicht. Dann herrscht wieder einige Sekunden lang Stille, schließlich aber folgt sehr, sehr nah, tief und schrill zugleich, ein markerschütterndes Brüllen, das übergeht in ein Lallen und das bei Volker körperliche Übelkeit erzeugt. »Ein Hilferuf«, sagt Marion, als alles vorbei ist, aber allen anderen kommt es vor wie reine, wilde Aggression, wie wutschnaubende Gewalt. Der Schrei geht wieder in ein Wimmern über, etwas scharrt an der Tür, irgendjemand oder irgendetwas scheint dagegenzutreten. Neuerlich sind Schritte zu hören, etwas zersplittert, Stimmen zischen. Was sie als Nächstes hören, ist eine Flucht.

* * *

»Walli hat als Erster gesprochen. Er hat gesagt: ›Die hauen ab.‹ Oder so. Wir konnten hören, dass draußen ein Motor angelassen wurde. Morten will am nächsten Tag auch die Reifenabdrücke gefunden haben. Diese Leute hatten offenbar das alte Tor aufgebrochen. Jedenfalls haben sie sich aus dem Staub gemacht, während wir immer noch vor dem Auditorium gestanden haben und nicht wussten, was wir tun sollten. Aber es war wirklich eigenartig. Wir waren nicht wir selbst, hatte ich das Gefühl. Keine Ahnung, wie lange wir da einfach nur gehockt haben. Irgendwann ist Walli, ohne einen Ton zu sagen, aufgestanden und hat die Tür eingetreten. Es ging eigentlich ganz leicht. Und dann sind wir rein.«

* * *

Auf der Innenseite der Tür: Blut. Auch auf dem Fliesenboden, undeutlich, aber erkennbar. Auch Schleifspuren – mitten durch die Lachen. Und das Merkwürdigste im ersten Moment: die schneeweißen Tauben, mindestens zwölf, die aufgescheucht, in schlingerndem Flug, unter dem Gebälk herumflattern. Nur sehr leise, sehr entfernt hört man die Tiere gurren, aber sie schlagen schnell und schneller mit den Flügeln, fürchten um ihr Leben. Marion schaut zu ihnen hinauf, und unkontrolliert rinnen ihr die Tränen übers Gesicht. Tongefäße sind zerbrochen worden. Ein merkwürdiger, süßer Geruch hängt schwer in der Luft. Niemand spricht ein Wort, während sie versetzt voneinander, alle nun mit eingeschalteten Taschenlampen, Richtung Bühne gehen. Das fahle Licht tastet sich durch die Leere, durch die Kälte des großen Raumes. Auch ein Aschehaufen ist da, etwas ist verbrannt worden. Und auf dem Podium: sehr viel Blut. Vier Tauben, deren Köpfe abgerissen neben ihren Körpern liegen. Die Schnäbel mit Draht verschlossen. Und inmitten des schwarzen Blutes: die Ziege. Tot. Der Kopf abgeknickt, der Körper auf eine Weise zerrupft, zerfetzt, die man nicht vergessen kann, wenn man es gesehen hat.

8

Volker öffnete die Schiebetür des Busses, trat auf den Parkplatz und atmete tief ein.

»Wie ging es weiter?«, fragte Philip irgendwann.

Volker zuckte mit den Schultern. »Wir sind nach Hause gefahren. Erst haben wir lange geschwiegen. Dann haben wir miteinander gesprochen, bis zum Morgen. Wir waren uns nicht einig, ob wir zur Polizei gehen sollten oder nicht. Wir waren ja selber ohne Erlaubnis dort gewesen. Zum Glück hat Morten uns die Entscheidung abgenommen und sich darum gekümmert. Also … zum Glück für uns.« Er warf Richard Korff einen unsicheren Blick zu. Der alte Mann fingerte mit einer Hand am Knoten seiner Krawatte herum, und sein Blick wanderte ziellos über den Parkplatz.

»War Morten bei der Polizei?«

»Ich glaube nicht.«

»In seinem Artikel hat er dann aber nichts von der Sache erwähnt«, sagte Philip. »Obwohl. Da war so eine Andeutung.«

Volker nickte. *Ein Haus wie dieses zieht unterschiedliche Arten von*

Interessenten an. Niemanden, der es kaufen und renovieren will, aber, wie es scheint, Fans des Übersinnlichen, die hier nachts ihre okkulten Feste veranstalten.

»Ja, er hat es angedeutet – weil er es als Basis nehmen wollte für einen größeren Artikel. Oder für eine ganze Serie. Er war schon in der Nacht, als wir wieder in Hannover waren, ganz aufgeregt. Er hat gleich gesagt, er würde noch einmal hinfahren, sich noch einmal bei Tag umschauen. Aber ich wüsste nicht, dass er noch mal was veröffentlicht hätte darüber. Wir haben noch zwei oder drei Mal telefoniert, ich weiß nicht mehr, aber dann … dann hat er sich nicht mehr gemeldet.«

»Worüber genau wollte er schreiben?«, fragte Korff. »Doch nicht nur über dieses Erlebnis?«

»Die Geschichte des Hauses hat ihn interessiert. Er wollte genau wissen, warum wir uns ausgerechnet die Villa ausgesucht hatten. Ich hab es ihm erzählt.«

»Was haben Sie ihm erzählt?«

»Na ja, dass sie eben diese spezielle Geschichte hat. Dass sie nach dem Krieg für kurze Zeit ein Internat war und dann ein angeblicher Tagungsort, der aber in Wirklichkeit ein Unterschlupf war für diese Hippiekommune und den Drogenring. Dass das aufgeflogen ist und irgendwelche Leute anschließend das Innere des Hauses zu Kleinholz zerhackt haben. Wir sind ursprünglich durch Walli draufgekommen. Der war nämlich als Kind mal da, als sie versucht hatten, 'ne Jugendherberge draus zu machen. Damals gab's wohl bereits diese ganzen wilden Geschichten. Es hieß auch schon, es würde da spuken. Morten ist dem nachgegangen und hat anscheinend festgestellt, dass ihm keiner weiterhelfen konnte oder wollte. Er hat auch die alten Zeitungsartikel gelesen. Bei unserem letzten Gespräch hat er gesagt, da würde irgendwas nicht stimmen, da wär was vertuscht worden. Ich muss zugeben, mich hat das eigentlich gar nicht mehr interessiert. Wir haben unsern Kram gemacht, die üblichen PUs, an Orten, an denen wir das auch tun durften, wo es abgesprochen war mit den Besitzern, und das hat uns auf andere Gedanken gebracht. Aber dann hab ich eben Besuch bekommen.«

Er geriet ins Stocken, seine Brauen zogen sich zusammen. Doch es war deutlich: Er wollte das erzählen, und Philip starrte ihn mit großen Augen an.

»Sie waren plötzlich hinten im Lager, da wo ich arbeite, in dem Elektromarkt. Ich lade die Ware aus, und da sind sie. Es war wirklich wie im Film, eins zu eins. Zwei Typen. Schläger, würde ich sagen. Ich würde sie wiedererkennen im Zweifelsfall. Wenn ich sie identifizieren müsste, meine ich, bei 'ner Gegenüberstellung. Muskulös natürlich, fiese Fressen, Türsteher von der schlimmeren Sorte. Sie waren da, und ich war allein. Es war zufällig grad kein Kollege dabei – würde mich aber auch nicht wundern, wenn sie die einfach weggeschickt hätten. Hab anschließend keinen gefragt. Sie haben mich angesprochen, als würden wir uns schon lange kennen. Ganz vertraulich irgendwie. So, ihr geht also gern in das Haus bei Welsheim, hat der eine gesagt. Sie hatten Mortens Artikel gelesen. Das Haus wird nicht genannt, aber jeder, der es kennt, weiß natürlich, dass es gemeint ist. Sie haben dann im Grunde nur gesagt, dass wir da nicht mehr hingehen sollen. Wollten wir sowieso nicht. Marion hätte niemals wieder freiwillig einen Fuß da reingesetzt – aber was ging die das an? Ich hab jedenfalls einen auf starken Mann gemacht und gefragt, was das soll, und gesagt, dass sie mir gar nichts zu sagen hätten, und die beiden haben mir nur auf die Schultern geklopft und gegrinst. Und dann waren sie weg. Keine zwanzig Minuten später ruft mich Marion an und heult und ist hysterisch. Sie ist nach Hause gekommen, und die Wohnungstür stand offen. Sie ist rein, hat erst nichts entdeckt, aber dann hat sie vier Tauben gefunden auf dem Boden unseres Arbeitszimmers, genau unter dem Computer, wo wir unsere Filme zusammenschneiden. Tot natürlich. Ohne Köpfe. Einiges an Blut. Es muss so ausgesehen haben wie in dem Haus. Nee, also, Tierfreunde sind das nicht.«

»Wann war das?«

»Vor gut vier Wochen, würd ich sagen.«

»Haben Sie daraufhin noch einmal mit Morten Kontakt aufgenommen?«

»Nein. Marion wollte das nicht. Ich habe ihr versprochen, die

Sache komplett auf sich beruhen zu lassen. Auch wenn es mich fast wahnsinnig gemacht hat. Aber … verstehen Sie … ihre Gesundheit ist mir am wichtigsten. Sie ist echt fertig. Sie haben es ja mitgekriegt vorhin.«

Philip starrte ihn weiter an. Er hatte das Gefühl, sein Kopf schwemme über vor Fragen, die dringend gestellt werden müssten, schon zu seiner eigenen Sicherheit, aber keine einzige kam ihm über die Lippen. Schon im nächsten Augenblick klingelte ein Telefon, und Philip brauchte einen Moment, um zu verstehen, dass es nicht Volkers Handy war, sondern das seines Großonkels. Auch Korff machte kurz einen verwirrten Eindruck, trat beiseite, schnalzte geistesabwesend mit der Zunge, nahm ab und meldete sich mit einem leisen, aber scharfen: »Hallo?«

»Geht ihr damit jetzt zur Polizei?« Volker wandte sich an Philip. »Ich meine, sollen wir jetzt doch 'ne offizielle Aussage machen oder so?«

Philip zuckte mit den Schultern. »Vielleicht.« Sein Blick blieb auf den Rücken des alten Mannes gerichtet, der sich nicht bewegte. Schließlich sagte Richard Korff: »Was? Um Himmels willen.« Und dann: »Schön. Das ist gut. Du wartest also, bis der Wagen da ist? Und dann treffen wir uns hier. Ich sage dir Bescheid, sobald ich weiß, wo wir übernachten. Ja.« Philip schluckte, während der Alte konzentriert zuhörte und schließlich sagte: »Genau, erst einmal müsst ihr da weg. Warte, ich geb ihn dir.«

Korff trat wieder zu den beiden, sagte kurz »Entschuldigen Sie« zu Volker, während Philip das Handy in die Hand gedrückt wurde. »Hallo?«, sagte er verwirrt.

»Philip, ich hoffe, es geht dir gut«, erwiderte eine freundliche Stimme, und auch Philip entfernte sich ein paar Schritte. »Ja, einigermaßen, danke«, antwortete er schwach.

»Das ist gut«, sagte Elisabeth Kujawski. »Wir haben ein kleines Problem, weißt du, weil uns der Rudi ausgefallen ist. Dein Onkel wird mit dir darüber sprechen. Er hat mir mitgeteilt, dass du möchtest, dass wir uns um deine Freundin kümmern, und ich halte das auch für eine gute, für eine notwendige Idee.«

»Ja … und?«

»Fräulein Hille ist jetzt bei mir, und sie möchte gern mit dir sprechen. Ich habe den Eindruck, sie glaubt mir nicht wirklich, dass du bei bester Gesundheit bist.« Die Andeutung eines Lächelns schwang in den Worten der alten Dame mit, und Philip brauchte einen Augenblick, um all die Informationen in seinem Kopf zurechtzurücken. »Ja, ich spreche gerne mit ihr«, sagte er.

Es ging sehr schnell, und eine andere Stimme war an seinem Ohr, eine vertrautere. Auch wenn sie ungewohnt schrill klang. »Philip? Bist du das?«

»Ja. Ja, ich bin's.«

»Wo bist du denn?«

»In Hannover.«

»Wieso das denn?«

»Ja, also …«

»Was ist das hier für eine Scheiße, kannst du mir das mal verraten, das ist so verdammt scary, ich weiß überhaupt nicht, was ich machen soll!«

»Ich weiß, was du meinst.«

»Hier ist so eine gruselige alte Frau, und die hat dein Portemonnaie und deinen Ausweis und erzählt mir irgendwas davon, dass ich beschattet werde und nicht mehr zurück nach Hause kann, weil irgendwelche Leute wissen wollen, wo du bist.«

»Das dürfte in etwa hinkommen.«

»Aber warum?«

Gute Frage. Er warf seinem Großonkel, der vor dem Bus stand und leise mit Volker redete, einen Seitenblick zu. Das ging so nicht weiter. »Ich weiß, es ist abstrus, ich verstehe es selbst noch nicht so ganz, aber wir sind überfallen worden, in der Nacht, als ich von dir zurückgekommen bin, und mein Großonkel … ja, keine Ahnung … er ist in Schwierigkeiten, und ich helfe ihm.« Es klang gut, aber nicht ganz richtig.

»Oh, Mann. Diese alte Frau will, dass ich mit ihr zusammen zu dir fahre. Also nach Hannover, wenn du da jetzt bist.«

»Was?«

»Ja, Mann. Und damit meint sie: ich am Steuer! Ich hab ihr schon gesagt, dass ich überhaupt keinen Führerschein habe.«

»Pass auf, das ist keine schlechte Idee. Ich habe meinem Großonkel gesagt, dass ich will, dass du auch in Sicherheit bist, verstehst du?«

»In Sicherheit? Was heißt denn das? Bin ich jetzt hier nicht sicher, oder was? Philip, ich find das nicht lustig. Ich bin eigentlich nicht so der hysterische Typ, aber das macht mich echt kaputt.«

Es tat gut, ihre Stimme zu hören, auch wenn diese Stimme ziemlich außer sich war und dabei fast ein bisschen komisch klang. Und es tat gut, sie beruhigen zu können. »Ich weiß. Hör zu, ihr kommt hierher, wir setzen uns alle zusammen, und dann gehen wir wahrscheinlich zusammen zur Polizei.«

»Wahrscheinlich?«

Korff schaute zu ihm herüber. Philips Stimme wurde fester. »Ja, aber erst einmal solltest du aus Kronstedt verschwinden, würde ich sagen. Du kannst uns auch bei der Internetrecherche helfen, das wäre gut.«

»Wie bitte?«

»Außerdem hätte ich dich gern hier.«

»Aber ich kann doch gar nicht fahren!« Sie jammerte jetzt lauthals, aber er spürte, dass sie ihr Selbstmitleid absichtlich übertrieb. »Du weiß doch, wie beschissen ich mich am Steuer anstelle.«

»Quatsch. Du kannst, wenn du musst. Dir fehlen nur noch fünf Stunden.«

»Sieben!«

»Na also.«

»Was soll ich denn meinen Eltern sagen?«

»Dass du bei mir bist – im Urlaub.«

»Das hat die alte Frau auch gesagt.«

»Kujawski. Sie heißt Kujawski.«

»Das *kann* doch wirklich alles nicht dein Ernst sein.«

»Doch. Kommst du?«

»Und wenn mich die Polizei anhält? Eine Kontrolle macht?«

»Fahr einfach vorsichtig und unauffällig.«

»Du hast sie echt nicht mehr alle.«
»Du kommst doch, oder?«
Sie machte eine Pause. »Keine Ahnung.«
»Danke.«

9

Sie gingen in verschiedene Richtungen davon, und offenkundig blieb einiges ungesagt. Es war eine scheue, einigermaßen ratlose Verabschiedung gewesen. Niemand schien genau zu wissen, wie es weitergehen sollte. Volker schloss den VW-Bus ab, steckte den Schlüssel ein und machte sich Sorgen. Schon lange war das der Fall, aber nun ganz besonders. Zumal er sich fragte, wie viel er Marion von diesem Gespräch erzählen sollte. Er blickte sich noch einmal nach dem schlanken älteren Herrn im Anzug und seinem Neffen in der schwarzen Lederjacke um, die mit gesenktem Kopf ziemlich langsam die Straße überquerten und unter der Überführung Richtung Bahnhof marschierten.

Er hatte ihnen nicht erzählt, wie schwer Marion tatsächlich an alledem litt – und das nicht nur wegen des Einbruchs in ihrer Wohnung und dem Blut unter ihrem Schneidetisch. Er hatte nicht darüber gesprochen, dass sie seit damals regelmäßig von demselben Alptraum aus dem Schlaf gerissen wurde. Das war nichts Besonderes, Volker wusste das, nur eine normale psychische Reaktion auf eine Extremsituation. Ein derartig sensibler Mensch wie Marion brauchte natürlich Zeit, um so etwas zu verarbeiten. Aber ihren Traum schilderte sie wieder und wieder, noch in den Nächten, in denen sie ihn träumte, an Volkers Schulter gepresst, und dann später in ruhigerem Zustand in den Morgenstunden. Und zwar so detailgenau, dass es Volker angst und bange wurde um die seelische Gesundheit seiner Freundin.

Es begann immer auf unterschiedliche Weise, oft harmlos. Tageserinnerungen bereiteten den Weg, der zum immer gleichen Klopfen führte. Vor einer Tür fand sie sich wieder, wo sie zögerte, ob sie die Klinke berühren sollte oder nicht. Manchmal wusste sie schon im Traum, dass es wieder derselbe Traum war, und ihr war klar, dass sie die Klinke hinunterdrücken würde, obwohl sie es nicht wollte. Und im Raum hinter der Tür, der manchmal riesig war und manchmal nur eine winzige Kammer, saß das Mädchen, das kleine blonde Kind, das zu ihr aufschaute, erschrocken, verschüchtert.

»Erst habe ich gedacht, ich sehe mich selbst, mich selbst als Kind«, hatte sie einmal gesagt, nachdem er das Licht angeschaltet und sie sich ein wenig beruhigt hatte. »Aber das stimmte nicht. Das Kind ist mir vollkommen fremd. Es hat auf Hilfe gewartet, aber es ist enttäuscht, dass ich es bin, die die Tür geöffnet hat. Es wird wütend.« Näherte sie sich dem Mädchen in ihren Träumen, begann es sich zu verändern, es stieß Töne aus, sehr tiefe und sehr hohe, es winselte und knurrte, und dann war es nicht mehr das Kind.

Sie konnte ihm diesen Punkt nicht klarmachen, die Transformation nicht beschreiben, aber es ließ ihr keine Ruhe und ihm inzwischen auch nicht mehr. »Das, was diese Leute tun wollten in jener Nacht, haben sie getan«, stellte Marion eines Morgens fest, und sie war kreidebleich dabei und hatte blutunterlaufene Augen. »Erst war ich erleichtert, dass es echte Menschen waren, die wir da gestört haben, einfach echte Menschen, keine Geistwesen. Aber das stimmte doch nur halb. Hast du es nicht auch gespürt? Nein? Nicht mal ein bisschen? Sie haben da etwas freigesetzt, und in meinem Traum kann ich es sehen. Es ist da, es strömt aus dem Kind heraus, es muss gar nichts tun. Es ist einfach nur da, und der Anblick ist entsetzlich. Ich bin so froh, dass ich immer aufwache, sobald ich das begreife, denn ich glaube, ich könnte vor lauter Schock sterben im Schlaf, wenn ich das länger mitansehen müsste.«

Volker war sich sicher, dass sie ärztliche Hilfe benötigte, aber sie wollte davon nichts hören. Also fand er selbst keinen Schlaf mehr. Er lauschte in der Nacht, hörte auf ihren Atem, und wenn sie begann, sich zu winden, wenn sie stöhnte, wenn sie im Dunkeln das Gesicht verzog und sich ihre Muskeln verkrampften, weckte er sie, holte sie zurück zu sich und in die Realität, weg von jener Tür. Weil er solche Angst um sie hatte. Er war zu ihrem Wächter geworden.

10

Philip hätte gern das Schweigen gebrochen, hätte am liebsten etwas Belangloses gesagt. Oder nach Mortens iPod gegriffen und irgendwelche Songs gegen die Beklemmung gesetzt. Ihm fiel auf, dass er den alten Mann noch nie mit einem Namen angesprochen hatte, er hatte nie Onkel Richard zu ihm gesagt, wie seine Mutter es so oft tat, oder ihm sonst einen Namen gegeben. Was wusste er überhaupt von ihm? Richard Korff war Psychologe und Sektensachverständiger, vor allem aber Geheimnisträger. Der Schauspieler und Pläneschmieder, der den humpelnden Greis gegeben und ihn zum Einbrecher und Geheimdienstlehrling gemacht hatte, der ihm Komplimente gemacht und ihm den Haustürschlüssel in den Rücken gebohrt hatte – dieser Mann war ein Fremder. Nach wie vor. Ebenso wie die Stadt fremd war. Hoch waren ihre Häuser und hässlich, und über ihnen hing ein bleichgesichtiger Mond, der bald voll sein würde.

»Also stimmte es. Diese Villa war damals, zu deiner Zeit, der Unterschlupf der GKT?«, fragte er, als sie vor einer Ampel stehen blieben.

Korff nickte. »Es war ihr erster fester Stützpunkt, wenn man so will.«

»Und was sollte das, was Volker über die Drogen gesagt hat? Haben die nebenbei gedealt, oder was?«

»Es sind jede Menge Substanzen gefunden worden, Narkotika, Halluzinogene, Beruhigungs- und Aufputschmittel. Aber ich gehe davon aus, dass sie nur eingesetzt wurden, um bei den Kulthandlungen die entsprechende Stimmung zu erzeugen. Um die Wahrnehmungsbarrieren zu durchbrechen, nehme ich an. Für die Behörden waren diese Funde aber natürlich eine bequeme Lösung. Man konnte den ganzen Fall nach außen hin so darstellen, als wäre es vor allem um Drogen gegangen. Das hat der Sache einen rationaleren Anschein gegeben.«

»Und dort, in dieser Villa Köselitz, sind sie damals auch geschnappt worden?«

»Nein, nein, dazu kam es erst später. In der Villa fielen sie zum ersten Mal auf. Man war misstrauisch geworden in den umliegenden Ortschaften. Jedenfalls haben Anwohner der Polizei Tipps gegeben, dass dort etwas nicht stimmte. Aber es war zu spät. Bergmann und die anderen haben das Haus in einer Nacht-und-Nebel-Aktion verlassen. Was sie dort nun konkret angestellt hatten, konnte nie herausgefunden werden. Aber man hat gewisse Überbleibsel aufgefunden. Erst anschließend wurden wir hinzugezogen. Das waren die ersten Spuren damals. In der Villa Köselitz begann die Suche.«

»Und jetzt sind sie zurückgekommen. In das Haus – und zu dir.«

»Sieht ganz danach aus. Als würden sie etwas nachstellen, was damals dort stattgefunden hat.«

»Ja. Ziemliche krasse Scheiße. Scheint hauptsächlich ein Fall für den Tierschutz zu sein. Was machen die da eigentlich? Schwarze Messen?«

»Rituale.«

»Du hast gesagt, du hättest griechische Verse gehört. Auf dem Band.«

»Ja. Ich glaube, einzelne Worte wiedererkannt zu haben.«

»Was für Worte?«

»Sie haben sich damals bei allen möglichen Quellen bedient, in allen möglichen kulturellen Zusammenhängen, auch bei asiatischen, bei kabbalistischen Traditionen. Ich würde sagen, sie haben Bromios angerufen. Eine andere Bezeichnung für den Gott Dionysos, von dem du vielleicht schon gehört hast.«

»Ich glaub schon.«

»Sagen wir, der Gott des Rausches. Die Griechen haben ihm gehuldigt, ursprünglich ziemlich wild, dann aber vor allem mit Gesang und Tanz und Theater.«

»Was waren das denn für Verse?«

Korff blieb stehen. Er musterte Philip, dann begann er zu sprechen. Bei ihm klang es nicht wie ein Singsang, er formte die Worte kalt und sachlich: »*Wohlgefallen findet beim Gott, wer in den Ber-*

gen nach rasendem Lauf hinfällt auf die Erde, ins heilige Gewand des Hirschkalbfells gehüllt, und lechzt nach dem Blut des getöteten Bockes, dem Genuss rohen Fleisches, hineilend in die phrygischen, lydischen Berge, denn Bromios führt uns: Euoi! Das könnte es gewesen sein, ein Euripides-Zitat. Es war eine der Lieblingsstellen von Bergmann, er hatte sie immer wieder in seinen Schriften verwendet. Ich habe es nicht genau erkannt, aber es könnte diese Passage gewesen sein.«

Ja, auch Philip erkannte etwas wieder. Den letzten Ruf glaubte auch er gehört zu haben. Wie sich eine Stimme aus der Tiefe in die Höhe geschraubt hatte, irgendwo hinter dem kindlichen Wimmern im Vordergrund der Aufnahme. *Eoui!*

»Okay. Offenbar haben sie das ja ziemlich naturgetreu nachgespielt, oder?«

»Ja, Sparagmos und Omophagia.«

»Was?«

»Die Gottesdiensthandlungen. Sparagmos bezeichnet das Zerreißen der Tiere, Omophagia das Verzehren des rohen Fleisches. Es beruht auf der Vorstellung, sich mit der Gottheit identifizieren zu können, in gewisser Weise mit ihr eins zu werden. Man muss den Gott essen oder etwas, das göttlich ist, ihm geweihte Pflanzen, Tiere. Oder Menschen.«

»Na, ist ja ganz toll.« Philip hörte seine eigene Stimme von ziemlich weit her.

»Ja, aber das beunruhigt mich nicht weiter. Das ist natürlich unappetitlich, aber letztlich bloß das übliche, wenig originelle Trara. Etwas anderes macht mir wirklich zu schaffen.«

»Und das wäre? Ich kann's kaum abwarten.«

»Die Stimme des Mannes, der die Verse zitiert hat, im Hintergrund von dem ganzen Tumult.«

»Was war mit der Stimme?«

»Ich habe sie wiedererkannt. Es war die Stimme von Professor Bergmann. Eindeutig. Und der ist seit 1986 tot.«

II

Von Minute zu Minute konnte Müller besser verstehen, warum Illner von seinen früheren Kollegen Giftzwerg genannt worden war. Seine 1,68 Meter Körperwuchs rechtfertigten diesen Titel noch am wenigsten. Es war seine Natur: Vom ersten Handschlag an machte der unter Polizeischutz eingeflogene Mann klar, wie sehr er den Umstand verabscheute, dass man ihn überhaupt einbestellt hatte. Im Berliner Einsatzzentrum, wo er von Müller persönlich in Empfang genommen worden war, hatten sie Kaffee getrunken und einige Grunddaten abgeglichen. Die Stimmung aber hatte sich nicht verbessert. Anschließend waren sie zur Außenstelle gebracht worden, wo man Illner nun aufforderte, erneut seine Expertenmeinung zur Verfügung zu stellen. Noch kein einziges freundliches Wort war ihm bisher über die Lippen gekommen, dafür allerhand verkniffenes Gemurmel. Und jetzt, da er durch die Fensterverglasung in den improvisierten intensivmedizinischen Behandlungsraum blickte, sah er aus, als schaue er den Rücklichtern des letzten Busses hinterher, den er nur knapp verpasst hatte.

»Es hätte doch ein Ende haben können, wirklich. Stattdessen geht nun alles von vorne los«, stieß Hartmut Illner zwischen den Zähnen aus und schüttelte den Kopf.

»Möchten Sie ihn untersuchen?«, fragte Müller.

»Wozu? Ich schaue mir die Unterlagen an, ich werfe auch einen Blick auf seine Werte, wenn Sie das möchten. Aber ich muss nicht da hineingehen, um mir über seinen Zustand klar zu werden.« Er machte eine Pause, und Müller glaubte, nun sogar Abscheu in den Zügen des kleinen, alten Mannes mit dem schlohweißen Haar zu sehen. »Er hat die Krisis noch nicht überstanden. Sie müssen aufpassen mit den Sedativa. Der Körper befindet sich noch im Kampf, nicht alle Betroffenen haben diese Phase überlebt. Was womöglich ein Segen für sie war. Aber das wissen Sie natürlich.«

Letzteres war, in herablassender Beiläufigkeit, an das medizinische Personal gerichtet, das hier Nachtwache hielt. Im abgedunkelten Teil des Raumes hockte der Pfleger auf einem quietschenden

Notbett und warf einen unsicheren Blick auf seinen Vorgesetzten. Professor Werner Pahl war, wie man Müller gesagt hatte, ebenfalls eine Kapazität im Bereich der Immunologie. Aber auch Kapazitäten kommen an ihre Grenzen. Blass sah er aus, während er stumm an der Wand lehnte, neben den Monitoren, von denen ein leise gestellter Puls und einiges Rauschen ausgingen und auf denen sich Informationen abbildeten, mit denen Müller nicht viel anzufangen wusste.

Als umso verstörender empfand er den Anblick des Patienten. Man hatte Björn Weidenheim auf einer Art Liegestuhl fixiert, auf dem er beinahe aufrecht sitzen musste. Damit er nicht in einem seiner Anfälle die eigene Zunge verschluckte, wie es hieß. Es war schwer, die Assoziation des elektrischen Stuhls zu unterdrücken.

Er schien zu schlafen, befand sich aber tatsächlich in einem fiebrigen Rausch aus Betäubungsmitteln, die ihn nicht vor schauerartigen Muskelspasmen bewahrten. Ab und zu – und das war entsetzlich anzusehen – öffneten sich Weidenheims Augen, verengten und weiteten sich, signalisierten, dass er genau spürte, dass er seinen teilrasierten und mit gelb verkrusteten Wundpflastern bedeckten Kopf nicht in vollem Maße bewegen konnte.

Am Hals waren zwei große blaue Flecken zu sehen. Die würden verschwinden, andere dafür auftauchen. Ein kräftiger Mann war er, durchtrainiert und stabil, doch nun befand er sich in einem erschreckenden Degenerationsprozess. Schon jetzt wirkte er verdreht und zerbrechlich in seinem dünnen Kittel, der ihm schweißnass an der vorgewölbten Brust klebte und unter dem spitze Knie unentwegt zitterten. An seinem Oberkörper und an den Beinen waren Eckchymosen aufgetaucht, fleckenartige Blutungen unter der Haut. Sein Gesicht war aufgesprungen, und über dem rechten Auge offenbarte sich eine klaffende Spalte, die hinunterlief bis zum Kinn und Weidenheims Lippen weit über das Zahnfleisch aufgerissen hatte. Sein Gesicht war kein Gesicht mehr, es war eine offene Wunde.

Die Ärzte hier in der Außenstelle und in den Berliner Laboren verfügten über einen endlosen Vorrat von Bezeichnungen für alle einzelnen Symptome. Sie bauten in ihren widersprüchlichen Gutachten lange Sätze aus lateinischen Wortketten, weigerten sich aber hartnäckig, dem Phänomen in seiner Gesamtheit einen Namen zu geben. Dabei gab es solche Bezeichnungen. In sehr alten medizinischen Schriften hatte man die Krankheit nach einem böhmischen Arzt und Forscher benannt, der sich um 1870 mit dem Phänomen beschäftigt hatte. Balthasar Skuratov war jedoch von der Nachwelt – natürlich – zum Scharlatan gestempelt worden. Man sprach heutzutage nur noch ungern von Morbus Skuratov, und man sprach auch nicht vom Brünn-Fieber. Aber in Müllers Dossier befand sich ein interessanter medizinhistorischer Abriss, der noch aus der Zeit des Biberrates stammte. Die alten Herren waren damals weit weniger scheu gewesen im Umgang mit dieser absonderlichen, beängstigenden Krankheit, deren schrecklichster Aspekt nicht einmal in der äußerlichen Veränderung der Patienten lag, sondern in ihrer mentalen Regression.

Trotzdem: Es fiel Müller schwer, sich das anzusehen. Bei den Verheerungen in Weidenheims Gesicht, die nicht von den Ursprungsverletzungen ausgingen (die fanden sich vor allem im Nacken, am Rücken, am hinteren Schädel), handelte es sich, so Pahl, um eine Art Lupus erythematodes, ein Absterben von Gesichtsgewebe, äußerlich einem Wolfsbiss ähnlich. Eigentlich eine Autoimmunerkrankung, über deren Ursprung man grundsätzlich nichts Definitives sagen konnte, die in diesen Fällen allerdings einen unüblich rasanten Verlauf nahm und zu schweren Missbildungen führte.

»Entspricht das Krankheitsbild Ihren früheren Erfahrungen?«, fragte Müller.

Illner seufzte. »Es ist im Grunde immer anders, jeder Fall verläuft verschieden. Aber es hat ihn schwer erwischt, würde ich sagen. Systemisch.«

Professor Pahl nickte. »Volle Symptomatik. Abgesehen von den Wunden, die er davongetragen hat, haben wir verschiedene Entzündungsherde lokalisiert. Am meisten Sorgen bereitet uns aber die Herzbeutelentzündung.«

»Wenn ich das richtig verstanden habe, handelt es sich um eine Infektion. Morbus Skuratov«, sagte Müller.

Illner winkte ab. »Ach, wir haben seinerzeit alles Mögliche in Erwägung gezogen und alles Mögliche wieder verworfen. Eine Zeitlang glaubten wir, es sei ein mutierter Virus. Das klang wenigstens einleuchtend, hat sich aber nicht bestätigt.«

»In jedem Fall werden die Erreger über den Speichel übertragen«, warf Pahl ein, »so viel ist klar.« Offenkundig wollte der Immunologe, der sich hier die Nächte um die Ohren schlug, nicht den Eindruck erwecken, er sei nur zufällig anwesend. »Der Erreger durchbricht die Blut-Hirn-Schranke, und wir können nur die Symptome behandeln.«

»Und? Haben Sie sich denn schon mit Salizylsäure vor der Ansteckung geschützt?« Illner lachte trocken auf und trat näher an ihn heran. »Jetzt sagen Sie bloß, Sie wissen nicht, wie der Biberrat zu seinem Namen gekommen ist?«

Müller schaute ihn nur verständnislos an. »Unser Wappentier«, fuhr Illner fort. »Eine abergläubische Geschmacklosigkeit. Vielleicht hatte es für die meisten nur symbolische Bedeutung, aber unser kirchlicher Würdenträger, von Reitnitz, hat darauf geschworen. *Bibergeil.* Das Drüsensekret, das Salizylsäure enthält. Ebenso wie die Weidenrinde und unser gutes altes Aspirin. Bibergeil ist vor 150 Jahren noch landauf, landab verwendet worden. Meine Kollegen haben es geschluckt ohne Ende, vor allem aber natürlich ihre Kopfschmerzbrausetabletten. Haben sich gewiss reichlich Magengeschwüre geholt.«

»Aber warum sollte ausgerechnet Salizylsäure …«

»Das Bibergeil ist schon im Altertum medizinisch verwendet worden – und zwar vorzugsweise bei Symptomen, die für die voraufgeklärten Völker einen unheimlichen Beigeschmack hatten. Gegen den Veitstanz, gegen Epilepsie, gegen das, was wir heute somatoforme Störungen nennen, also hysterische oder manische Zustände. Gegen alles, was man sich früher mit der Einwirkung von bösen Geistern, mit Dämonen und ähnlichem Humbug erklärt hat. Von Reitnitz war im Grunde seines Herzens ein Heide und sehr vernarrt in diese alten Geschichten.« Illner atmete tief ein und stützte sich mit der Hand auf dem Tisch ab. »Vielleicht – das gestehe ich ein –, vielleicht hat er damit sogar einen nicht ganz so unerheblichen Punkt berührt. Wissen Sie, irgendwo müssen diese verrückten Ideen ja herkommen, all diese abergläubischen Konventionen, die mit Besessenheit und den Missbildungen so genannter Monstren zu tun haben. Gut möglich, dass diese hilflosen Legenden, all unsere Schauergeschichten, auf ähnliche Krankheitsbilder zurückgehen, wie wir sie hier vor uns haben.« Er nickte in Richtung Scheibe, ohne hinzusehen. »Was aber noch lange nicht bedeutet, dass seinen Schlussfolgerungen zuzustimmen gewesen wäre. Er war ein medizinischer Laie und hat gern geglaubt, dass man vor der Entwicklung der Schulmedizin instinktiv auf die richtigen Mittel zur Bekämpfung dieser Krankheiten zurückgegriffen hätte. Auf das Bibergeil eben. Die Tatsache, dass wir seit dem frühen 20. Jahrhundert systematisch Salizylsäure zu uns nehmen, schien ihm eine Erklärung dafür zu sein, dass diese ursprüngliche Form der Krankheit ausgestorben ist. Ausgestorben *war*. Ich vermute, auch der Biber hat das geglaubt.« Noch einmal lachte Illner. Es war ein schabendes, kehliges Geräusch ohne jede Fröhlichkeit und ohne jede Anteilnahme. »Mit solch einem Unsinn haben sie ihre Zeit vergeudet damals. Vergessen Sie es. Ebenso gut können Sie Knoblauch aufhängen und silberne Kugeln gießen.«

Der Pfleger erhob sich, und das notdürftige Lager machte ein quietschendes Geräusch. Professor Pahl griff hinter sich, holte eine blaue Akte hervor und hielt sie Illner herausfordernd entgegen. »Möchten Sie sich eine Aufstellung der bisher verabreichten Medikation ansehen, Herr Kollege?«

Der Giftzwerg ignorierte ihn, wandte sich mit hochgezogenen Augenbrauen direkt an Müller. »Ich wüsste es wirklich zu schätzen, wenn man meinem Alter Rechnung tragen und mich für heute Nacht mit allem Weiteren verschonen würde.«

Müller sagte »Haben Sie vielen Dank, meine Herren«, ging zur Tür und hielt sie Illner auf. *Mit einem Fußtritt müsste man ihn hier hinausbefördern*, dachte er, riss sich aber zusammen. Draußen, auf dem matt beleuchteten Flur, auf dem der Geruch nach Desinfektionsmitteln noch durchdringender war als im Beobachtungsraum, versuchte er es noch einmal mit einem Lächeln: »Haben Sie es sich überlegt? Es steht Ihnen hier ein Zimmer zur Verfügung. Oben im ersten Stock.«

»Da gibt es nichts zu überlegen, ich gedenke nicht, hierzubleiben. Ersparen Sie mir solche Diskussionen. Haben Sie mir das Hotelzimmer besorgt?«

»Ich würde mich wohler fühlen, wenn Sie hierblieben, Doktor Illner. Wir können hier sehr viel besser auf Sie aufpassen.«

Illner grinste abschätzig. »Sie haben sich hier draußen Ihre eigene kleine Geisterbahn eingerichtet, nicht wahr? So viele Türen und hinter jeder eine neue Überraschung. Das kommt Ihnen wohl recht gemütlich vor, wenn Sie hier alle so dicht zusammenrücken lassen. Wenn Sie mich fragen, gehen Sie damit ein völlig unnötiges Risiko ein.«

»Hier ist die Sicherheit gewährleistet.«

»Wie in Luisenburg, ja. Ich kann es mir schon denken.«

»Nein.« Müller lächelte nicht mehr. »Damals hatte niemand auch nur die geringste Ahnung, dass so etwas passieren könnte. Jetzt sind wir vorbereitet.«

Illner zuckte mit den Schultern. »Trotzdem werde ich mich nicht einreihen unter Ihre Lockvögelchen. Besten Dank.« Sein Blick war an Müller vorbeigegangen, seine Stimme schien ebenfalls davonzuwandern. Etwas ließ ihm offensichtlich keine Ruhe. »Sie … ich meine, *die Alte* ist doch auch hier, nicht wahr? Das habe ich doch richtig verstanden?«

»Das haben Sie richtig verstanden.«

»Allein die Vorstellung. Mit ihr unter einem Dach!« Illner zögerte. Unter den wild wuchernden weißen Brauen huschten seine Augen unentschlossen hin und her.

»Möchten Sie sie sehen?«

»Wo haben Sie sie denn verstaut? Im Keller?«

Müller schüttelte den Kopf. »Hier im Erdgeschoss, im ehemaligen Arresttrakt.«

»Sie … schläft doch vermutlich jetzt.«

Müller streckte den rechten Arm aus, deutete den Gang hinunter. »Sie schläft nie in der Nacht. Manchmal tagsüber. Nie nachts. Nachts wartet sie.«

Der alte Mann presste die Lippen zusammen, schaute angriffslustig zu ihm auf. Dann nickte er.

Sie gingen den Gang hinunter, durch eine Tür und passierten links die beiden Fahrstühle, die hinauf in den zweiten und dritten Stock führten, in die Bereiche des Hauses, die Müller vorläufig noch nicht nutzte und die komplett leer standen. Sie kamen an einem bewaffneten Beamten vorbei, der sie mit einem Kopfnicken grüßte und in den mit einem großen roten A bezeichneten Trakt einließ.

Das Licht der Leuchtstoffröhren war grünlich.

Eine brannte nicht.

Es war ein kurzer Flur, es gab nur drei Türen, und Müller und Illner gingen bis zur letzten durch. Hier blickten sie auf Augenhöhe durch eine Scheibe, die viel schmaler war als die im medizinischen Überwachungsraum, in dem Weidenheim durch seine Krisis delirierte. In ein schummrig beleuchtetes Zimmer schauten sie hinein, aus dem dumpfe, aber heitere Klänge drangen. »Mozart«, sagte Müller. »Sie hört jede Nacht Mozart. Stundenlang.«

Illner ging sehr dicht an die Scheibe heran, berührte sie mit der linken Hand, murmelte leise: *»Helene Schwarzer.«* Dann trat er wieder zurück, bleckte die Zähne und schaute zu Müller auf: »Eine komfortable kleine Gummizelle haben Sie der guten Frau da eingerichtet. Ich hoffe, sie hat Ihnen auch brav danke gesagt dafür?«

»Nein, das hat sie nicht.«

Die Frau ging auf und ab, machte zwischen dem Bett mit der straff gezogenen Decke und einem kleinen Tischchen, auf dem eine Halogenlampe brannte, kurze, methodische Schritte. Währenddessen rieb sie sich die Hände, als friere sie. Dabei war es sehr warm, fast zu warm in diesem Gebäude.

»Sie hat sich stark verändert«, sagte Illner.

Das stimmte, Müller kannte die alten Fotos. Eine schöne Frau war sie gewesen, immer gut gekleidet, immer dezent geschminkt, immer sportlich und schlank. Nun aber war sie regelrecht dürr, denn sie aß nur das Nötigste. Man konnte das vor allem an ihren entblößten Handgelenken, ihrem hohen Hals und den scharfen Wangenknochen erkennen. Die Haare, die sie früher gern hochgesteckt getragen hatte, waren ungekämmt. Es gab Aufnahmen aus den achtziger Jahren, auf denen Helene Schwarzer in eng geschnittenen Kostümen bei Wohltätigkeitsveranstaltungen zu sehen war, in teuren, mit Strasssteinen verzierten Armani-Hosen, und auf einigen trug sie dunkle Boleros mit abstehenden Schulterpolstern. In dieser Nacht, in der Müller und Illner sie anschauten wie ein Reptil im Terrarium, hatte sie sich eine Strickjacke umgelegt, deren Ärmel schlaff über einer grauen Jogginghose baumelten. Außerdem trug sie Sandalen über dicken gelben Wollsocken.

Und dann, während eine kräftige männliche Stimme »Rivolgete a lui sguardo« sang, blieb sie plötzlich stehen und schaute zur Fensterscheibe herüber. Das Reptil hatte seine Beobachter zur Kenntnis genommen. Einen Schrecken schien ihr das nicht zu versetzen. Helene Schwarzer war es offenbar gewohnt, auf diese Weise angestarrt zu werden. Aber es schien immerhin ihre Neugierde zu wecken. Sie reckte den Kopf. Tiefe Falten im Gesicht, dicke Tränensäcke unter den Augen.

»Hat sie uns gehört?«, fragte Illner.

»Sicher nicht verstanden, die Musik ist sehr laut, die Wände und die Türen massiv, die Scheibe dreifach isoliert.«

»Weiß sie Bescheid über ihre Situation?«

Müller schüttelte den Kopf.

»Aber wie haben Sie ihr denn erklärt, dass sie hierher umziehen musste?«

»Wir hielten es nicht für nötig, es ihr auseinanderzusetzen. Aber sie ist sehr unruhig, das sehen Sie ja.«

»Was hat sie gesagt?«

»Gar nichts. Sie hat seit ihrer Verhaftung kein Wort gesprochen. Seit fünfundzwanzig Jahren.«

»Vielleicht sollten Sie die alte Hexe mal mit Herrn Weidenheim zusammenbringen, vielleicht würde sie gern mit ihm spielen. So ein kleiner Gefallen könnte ihre Zunge lösen.« Nicht einmal Illner selbst schien seinen groben Zynismus erheiternd zu finden.

»Sie braucht ihre Zunge nicht. Wenn sie sich mitteilen will, macht sie es so wie jetzt.« Müller nickte in ihre Richtung, und Illner beobachtete mit leicht geöffnetem Mund, wie die Frau zu einem kleinen Tisch ging und mit einem Filzstift etwas auf einen Notizblock kritzelte. Sie riss den Zettel ab, hielt ihn hoch und näherte sich bis auf einen halben Meter der Scheibe. *Willkommen zurück*, stand in krakeligen Blockbuchstaben auf dem Papier. Helene Schwarzer lächelte Illner auf eine geradezu verklärte Weise an, nickte ihm zu. Die Falten um ihre Augen hoben sich dabei, ihre Lippen zogen sich nach unten. Die Augen selbst öffneten sich weit, strahlten.

Illner wandte sich ab, trat mehrere Schritte vom Fenster weg. »Sie hat mich erkannt«, sagte er, und zum ersten Mal klang seine Stimme schwach. »Ich … ich habe sie damals untersucht, wissen Sie.«

Die Frau hinter der Glasscheibe ließ die Arme sinken, das Papier entglitt ihren Händen, und sie kam näher und näher, bis sie ihre Stirn gegen die Scheibe drückte. Noch immer lächelte sie. Auch Müller trat zurück.

»Bringen Sie mich hier weg«, sagte Illner. »Es ist spät, ich habe genug.«

»Besser, Sie ruhen sich aus«, sagte Müller, und kurz durchzuckte ihn ein schwaches Gefühl von Neid. Die Glieder entspannen, die Augen schließen, das Denken einstellen. Er wiederum musste zurück zur Vernehmung. Er hatte Rudolf Pape, seinen Zeugen, um den er sich kümmern musste, und dieser verhielt sich auf ekelhaft professionelle Weise unkooperativ. Nicht verwunderlich. Ein Polizeibeamter. Aber immerhin bereitete es Müller eine gewisse Genugtuung, dass Illner seine Selbstgerechtigkeit wenigstens zeitweise eingebüßt hatte.

»Wir können gleich hier zum Ostausgang gehen, dem Zulieferungstor«, sagte er. Am Ende des Ganges, an dem eine Treppe in den ersten Stock führte, direkt zu den Arbeitsräumen, nahmen sie fünf Stufen nach unten, traten um die Ecke und passierten die Kontrollstelle. Man schloss ihnen die Tür auf, verabschiedete sich, und sie überquerten schweigend den Hof mit seinen aufgesprungenen Steinplatten, aus deren Fugen Unkraut wucherte. Die grünen Halme waren deutlich zu erkennen, weil die Lampen an der Außenseite des Gebäudes angeschaltet waren. Sie strahlten auch den Wagen an, mit dem sie zusammen das Gelände Richtung Haupttor verlassen würden. Wie im Kegel eines Bühnenscheinwerfers standen Müller und Illner, schauten sich um. Um sie herum aber lag eine vollständige Dunkelheit, und ein weiter schwarzer Himmel spannte sich über die entfernten Geräusche einer ruhigen Nacht. Bäume, Lichtungen, einige Tiere vielleicht. Müller atmete ein, fühlte sich winzig.

Hinter ihnen jedoch öffnete sich erneut die Tür, durch die sie eben getreten waren, und eine Stimme hielt sie rufend zurück.

Müller drehte sich um. Er spürte, wie sein gesamter Organismus alarmiert war. Einer der Wachleute sprach ihn an: »Entschuldigen Sie, Herr Müller, aber da möchte jemand zu Ihnen.«

Der Satz ergab nicht den geringsten Sinn, und Müller schüttelte bloß den Kopf.

»Mein Kollege hat zwei Unbefugte bei sich, draußen am Südtor. Sie behaupten, Mitarbeiter von Ihnen zu sein.« Der Mann wiederholte nach einer Pause: »Sie wollen Sie sprechen.«

»Was?« Katja. Höchstens Katja könnte … aber: *nein.* Unmöglich. Warum sollte sie?

»Der Kollege sagt, er bringt sie her. Sie sind unbewaffnet.« Der Mann stand immer noch in der Tür und nickte dem Wagen zu, der sich bereits aus der Dunkelheit löste, der, vorbei an steilen Gebäuderuinen, schwach brummend aus dem dunklen Nichts der Welt in den kleinen Lichtkegel des Hofes gefahren kam.

»Wer ist das? Was hat das zu bedeuten?«, fragte Illner dumpf.

Müller genügte ein kurzer Moment. Er hatte die Frau erkannt, noch bevor sie vom Rücksitz des Wagens ausgestiegen war. Den Mann, der ihr unter den misstrauischen Blicken des Sicherheitsbeamten folgte, konnte Müller im ersten Augenblick nicht zuordnen. Aber er spürte, dass Illner ihn sofort erkannte. Natürlich. Es war Marko Reichardt, dessen Aufgabe es gewesen war, den Giftzwerg vom Flugplatz abzuholen.

Reichardt blieb sichtlich nervös im Hintergrund zurück, während Vera Freytag mit schnellen Schritten auf Müller zukam. »Sie haben ihn hierhergebracht, nicht wahr?« Sie zitterte und hielt mit beiden Händen den Riemen ihrer Tasche umklammert.

»Vera.« Müller zog sie beiseite, unter das Licht, während ihnen Illner mit fragendem Gesichtsausdruck folgte.

Der Sicherheitsbeamte räusperte sich. »Es ist also in Ordnung? Sie haben mir ihre Ausweise gezeigt, es sind Mitarbeiter …«

Müller nickte. »Ja, danke«, antwortete er, aber in seiner Stimme schwang Zorn. »Sind Sie wahnsinnig?«, setzte er nach.

Er hielt sie bei der Schulter, und sie wehrte sich: »Sagen Sie es mir. Haben Sie ihn hierhergebracht? Ich will es wissen. Ich muss ihn sehen.«

»Wie kann es sein, dass Sie sich über sämtliche Dienstvorschriften hinwegsetzen und die gesamte Aktion gefährden?«

»Geht es ihm besser? Oder ist er schon tot? Sie würden es mir nicht sagen, wenn es so wäre, nicht wahr? Ich würde es nie erfahren! Ich will ihn sehen!« Sie weinte, aber das schien sie in ihrer Erbitterung ebenso wenig mitzubekommen wie Müllers Fassungslosigkeit.

»Na, fantastisch«, murmelte Illner.

»Wie sind Sie hierhergekommen?«

»Wir sind Ihnen hinterhergefahren.«

»Es tut mir leid, Herr Müller«, sagte Reichardt und senkte den Kopf wie ein geprügelter Hund. »Es wird niemand bemerkt haben. Ich bin sehr vorsichtig gewesen. Und … und ich hätte es auch lieber nicht getan.«

Vera warf ihm einen schnellen Blick zu, wandte sich dann wieder an Müller. »Herr Reichardt hat versucht, es mir auszureden, aber ich habe ihn gedrängt, mich zu fahren. Werden Sie mich zu ihm lassen, zu Björn?«

Müller schüttelte ungläubig den Kopf. »Ich übergebe Sie dem Wachschutz, alles andere klären wir später. Das war unverantwortlich.«

Sie hatte sich jetzt beruhigt. Offenbar war ihr klargeworden, was für einen Eindruck sie auf ihren Vorgesetzten gemacht hatte, und sie fuhr mit ruhigerer Stimme fort. »Es ist in Ordnung, Herr Müller. Ich akzeptiere jede disziplinarische Maßnahme. Sie können mich sofort aus dem Dienst entfernen, es ist mir vollkommen egal. Aber falls Sie es noch nicht wissen, was ich mir allerdings nicht vorstellen kann, dann sage ich es Ihnen jetzt: Björn Weidenheim und ich waren zusammen. Ich bin damit seine nächste Angehörige, wenn auch nicht offiziell. Sie können es mir nicht verwehren, mich über seinen Gesundheitszustand aufzuklären und ihn, wenn es so schlimm um ihn steht, wie ich vermute, wenigstens noch einmal zu sehen.«

Ihre Augen flackerten jetzt in trauriger Entschlossenheit, was Müller vielleicht deshalb besonders berührte, weil ihn eben noch Illners Gefühlskälte so abgestoßen hatte. Er atmete tief ein. Dann schaute er zweifelnd Marko Reichardt an, dessen verkrampfte Körpersprache eindrucksvoll verdeutlichte, dass er am liebsten im Boden versunken wäre.

»Na schön«, sagte Müller. »Wir müssen uns in Ruhe überlegen, wie wir mit der Situation umgehen. Vorläufig können Sie jedenfalls nicht weiterarbeiten, Vera. Ausgeschlossen. Ich bringe Sie zu dem Arzt, der Björn behandelt, und Sie können meinetwegen hierbleiben. Für Sie, Herr Reichardt, müssen wir uns etwas einfallen lassen. Kommen Sie, vielleicht können Sie sich nützlich machen. Wir werden sehen.«

Hinter ihm plusterte sich der Giftzwerg auf, gestikulierte überrascht mit den Händen. »Das kann doch nicht Ihr Ernst sein …«

»Mein Kollege wird dafür sorgen, dass Sie in Ihr Hotel gebracht werden, Herr Illner«, sagte Müller mit einem Kopfnicken in Richtung des Sicherheitsbeamten und führte die beiden unerwarteten Besucher in das Gebäude. Er versuchte sich mit dem Gedanken zu beruhigen, dass er ohnehin vorgehabt hatte, weitere Mitarbeiter vom Berliner Haus hierher abzuziehen. Vielleicht war es sogar von Vorteil, dass dieser Reichardt, von dem Katja erst neulich gesagt hatte, er sei besonders daran interessiert, sich nützlich zu machen, jetzt so ein schlechtes Gewissen hatte. Im Idealfall würde er sich nun hier, oder an einem anderen Ort, als besonders umsichtig erweisen.

Marko Reichardt war umsichtig, sehr sogar, und besonders aufmerksam, ließ den Blick schweifen und wunderte sich im Stillen, dass es so leicht gewesen war, Vera Freytag für sich einzuspannen.

Nun stieg er die Treppen der geheimen Außenstelle hinauf und grüßte schüchtern die Sicherheitsbeamten. Es waren weniger, als er gedacht hatte. Er begleitete Müller und Vera auf die Krankenstation, und er hoffte, dass ihm dabei nicht der Schweiß ausbrechen würde. Er sah Björn Weidenheim in seinem Kittel, sah, wie seine Knie zitterten und sich sein Puls auf den Monitoren abbildete. Ihm wurde übel bei dem Anblick. Er ließ sich Fragen stellen, von Müller und von anderen, und er beantwortete sie pflichtschuldig. Er prägte sich alles ein, jedes Fenster, jede Tür, jede Abzweigung eines jeden Ganges. Er sah scheu aus und demütig. Er war dienstbereit und schien stolz zu sein, als man ihm schließlich vertraute, als man sich bemühte, Aufgaben zu finden, für die er sich eignen würde.

Und wenn eine kurze Stille eintrat, glaubte er manchmal, ein Ticken zu hören. Etwas lief ab.

Dezember wusste, dass es für ihn nichts mehr zu gewinnen gab. Das Blatt hatte sich gewendet, und er würde irgendwann nur noch abhauen können. Es war vielleicht möglich, sich vor Müllers Leuten zu verbergen, vor den träge arbeitenden öffentlichen Stellen, deren Verfahrensweisen er inzwischen gut kannte. Vor den anderen aber würde er sich nicht verstecken können. Deshalb griff er am frühen Morgen, gegen fünf, als er nach all den langwierigen Beteuerungen und Überprüfungen endlich wieder in seiner Wohnung war, hinter die Lamellen seiner Badezimmerheizung, riss den kleinen Chip ab, den er dort angeklebt hatte, und setzte ihn in sein Handy ein.

Dezember wählte eine Nummer, die absoluten Notfällen vorbehalten war und von der er wusste, dass sie ihn zu einem Anrufbeantworter leiten würde, auf den er nur kodierte Nachrichten sprechen durfte. »Es ist mir jetzt endlich das perfekte Geschenk eingefallen«, sagte er nach dem Signalton. »Melde dich bei mir, dann verrat ich's dir … Also, wie gesagt, es ist *das perfekte Muttertagsgeschenk.*«

12

Dass sie derartig wütend war, überraschte Caro selbst. Sie spürte, dass sie gern etwas zertrümmert oder jemanden getreten hätte. Jemandem an die Gurgel gehen mit einem der Schläuche, zwischen denen sie sich zu entscheiden hatte. Da stand sie nun, nachdem sie die Tanksäule zwei Mal in viel zu weiten Bögen umfahren hatte, weil sie ja nicht wusste, ob sich die Tanköffnung auf der Fahrer- oder der Beifahrerseite befand. Das war inzwischen geklärt – schön und gut –, blieben die übrigen Fragen. Sowie die misstrauischen Blicke der alten Frau im Inneren des Wagens und die des Typen hinter dem Nachtschalter.

Sie klopfte gegen die Scheibe, woraufhin Elisabeth Kujawski sie umständlich und mit hochgezogenen Augenbrauen herunterkurbelte.

»Benzin Normal, Super Plus oder Diesel?« Vermutlich hatte sie in ihrem ganzen Leben noch nie so unfreundlich geklungen.

»Du liebe Güte. Ich kann Ihnen da wirklich nicht weiterhelfen, fürchte ich.«

Also was jetzt? Herrn Grabowski anrufen. Rache nehmen für all seine genervte Stöhnerei und ihn aus seinem Schlummer reißen. Aber wahrscheinlich würde er sowieso nur sagen: »Tanken Sie doch, was Sie wollen. Die Hauptsache, Sie vergessen nicht, in den Rückspiegel zu schauen.«

Es gab noch eine gute Möglichkeit. Es juckte ihr in den Fingern. Den Benzintank, wenn es denn einer war, mit Diesel füllen und den Wagen verrecken lassen. Dann war's das. Hier und jetzt. Schluss mit dem Affentheater. Aber dann saßen sie fest – in dem Nirgendwo, in dem sie auf ihrem desorientierten Zickzackkurs durch die schlafenden Dörfer Niedersachsens gelandet waren. Königslutter? Es war halb zwei durch. Finsterste Nacht. Die Alte würde ja doch keine Ruhe geben.

Caro fummelte am Verschluss herum und griff nach dem Super-Schlauch, der ihr sehr schwer vorkam. *Ich werde hier alles vollsauen, ich werde Benzin verschütten, mir wird der Tank überlaufen, jemand wird eine brennende Zigarette wegwerfen, alles wird in die Luft fliegen, ich werde Menschenleben auf dem Gewissen haben. Herrgott, ich habe doch noch nie selber getankt!*

Die Zahlen drehten sich, Liter- und Eurostand fuhren rauschend in die Höhe, während Caro verzweifelt den Schlauchgriff umfasst hielt. Sie wusste, es musste da irgendwo eine Art Riegel geben, aber ihre Finger konnten nichts finden. Schließlich ruckte es, der Tank war wohl voll, der Fluss kam ins Stocken. Sie hievte die Pistole so schnell sie konnte in die Halterung zurück und betrachtete hasserfüllt den blauen Seat Ibiza, dessen Sitze mit scheußlichen Fusselfellen bespannt waren und dessen nach Zimt stinkenden Wunderbaum sie eigenmächtig vom Rückspiegel gerissen und aus dem Fenster geschleudert hatte. Widerspruch zwecklos.

Ein völlig fremdes Auto musste sie also auf ihrer ersten Überlandtour fahren. Das heißt: Erst einmal hatte sie eine ganze Weile darauf warten müssen. Zusammen mit dieser konfusen Rentnerin hatte sie in einer nach Alter und süßem Parfüm riechenden Wohnung zweieinhalb Stunden herumgehockt, einlullende Radiomusik ertragen müssen und überaus irritierende Antworten auf ihre verschiedenen Fragen bekommen. Bei alledem nur der Gedanke an Philip, den sie zur Vernunft und von diesen senilen Verrückten wegbringen musste. Das war jetzt ihre Aufgabe. Ihn zu retten.

Irgendjemand klingelte schließlich, eine Freundin, wie es hieß, und brachte den Wagen vorbei. Kurzer Wortwechsel, lauter unverständliches Gerede. Mitverschwörerin, gar nicht so alt. Unten auf der Straße dann absolute Fassungslosigkeit: ein Automatikwagen!

»Ist … ist das ein Problem, meine Liebe?«

Alles, aber auch alles war darauf ausgerichtet, sie in den Wahnsinn zu treiben. Ständig kam sie mit den Füßen durcheinander, ständig griffen ihre Hände zu dieser nutzlosen Nichtgangschaltung, nur um aufgeschreckt zum Lenkrad zurückzufassen. Nachtfahrt, Scheinwerfer im Rückspiegel. Dann die Ampeln. Das Anfahren.

Mehrmals stieß sie ein gepresstes »Oh Gott, war das jetzt richtig?« aus, auf das die alte Dame, die nach eigener Aussage schon seit vielen Jahren nicht mehr selbst fuhr, rücksichtsvollerweise keine Antwort gab. Caro wusste nicht, ob die Seitenspiegel richtig eingestellt waren. Sie wusste nicht, was sie hätte sehen sollen, wenn sie hineinschaute, welchen Ausschnitt der hinter ihr liegenden Straße. Deshalb glitten ihre Blicke ständig hin und her. Sie hatte das Gefühl, vor einem gigantischen toten Winkel herzufahren, erwartete unentwegt, dass sie ein anderes Fahrzeug übersah, womöglich einen späten Radfahrer schnitt.

Dazu die enervierend sanftmütige Stimme der alten Frau, die mit einer ziemlich großen Handtasche auf den Knien neben ihr saß: »Ich will Sie um Gottes willen nicht hetzen, wirklich nicht, Carolin, aber könnten Sie nicht ein bisschen schneller fahren? Die Straßen sind doch frei.«

»Nein!«

Und dann, etwas später: »Sehe ich das richtig? Die Tankanzeige scheint mir in den roten Bereich vorgerückt zu sein …«

»Na und?«

»Wir sollten eine Tankstelle ansteuern, würde ich sagen.«

»Auf keinen Fall!«

Nun stand sie aber vor der Scheibe des Nachtschalters, mit mehreren Scheinen Bargeld in der Hand, blickte verzweifelt in die Triefaugen eines unrasierten Typen und stammelte: »Äh … die … äh … Drei?«

»Ach, und Sie hätten nicht zufällig eine Tasse Tee?«

Caro zuckte zusammen, schrie sogar kurz auf. Die Nerven lagen blank, und der Typ merkte das offensichtlich. Sah sie sehr jung aus? Ihre greisenhafte Beifahrerin hatte sich jedenfalls hinterrücks angeschlichen und stand jetzt milde lächelnd neben ihr.

»Was?«, fragte der Typ. Nicht sehr höflich.

»Ein schwarzer Tee wäre jetzt genau das Richtige, der macht schön wach.«

»Also, da muss ich mal nachgucken.« Der Mann vom Nachtschalter verzog sich in den Hintergrund und musterte den großen Kaffeeautomaten, der offenbar allerhand verschiedene Instantgetränke auf Knopfdruck zubereitete. Er schüttelte den Kopf, kramte in einem Behälter, hielt schließlich einen einzelnen Teebeutel hoch und rief: »Pfefferminze.«

Die Kujawski zog sichtlich unzufrieden die Stirn kraus. Dann nickte sie, und während in dem kleinen Bistro-Bereich der Automat röhrte und heißes Wasser in einen Take-away-Becher spie, wandte sie sich an Caro, die unruhig von einem Bein aufs andere trat. »Es ist wirklich schon spät, und ich habe ein wenig Bedenken, dass wir uns verfahren haben.«

»Ich habe es Ihnen schon gesagt: Lassen Sie mich in meinem Handy nachschauen, da können wir uns navigieren lassen. Das wird ja wohl möglich sein«

»Nein. Leider ist das ausgeschlossen, das wissen Sie doch.« Die Kujawski machte eine betrübte Pause, schaute sich fröstelnd um. »Aber wenn wir einfach die nächste Autobahnauffahrt nehmen würden, wäre es sicher überhaupt …«

Caros Kopf schnellte herum. »Also, das tut mir ja wirklich ganz schrecklich leid für Ihren engen Terminplan, aber Sie kommen eine Woche zu früh. Meine erste Autobahnfahrstunde ist für kommenden Donnerstag angesetzt. Ganz, ganz schlechtes Timing.«

»Natürlich. Ich möchte Sie nicht drängen.«

Sie war noch nie schneller als Hundert gefahren, und wenn um diese Zeit vermutlich auch nicht allzu viel Verkehr herrschte, hatte Caro doch eine schreckliche Panik vor riesigen Lastern, die sie überholen musste, während von hinten Autos in rasender Geschwindigkeit herbeistürzten, um sie in katastrophale Auffahrunfälle zu verwickeln.

»Also, die Drei und der Pfefferminztee.« Der Triefäugige war zurück.

Caro räusperte sich. »Dann hätte ich gern noch eine Literflasche Cola und die Crunchips, die Sie da vorne stehen haben. Und haben Sie Schokolade mit ganzen Nüssen?«

»Ach ja«, fügte die Kujawski hinzu, während sie vorsichtig den dampfenden Pappbecher umfasste. »Einen Straßenatlas bräuchten wir noch. So etwas führen Sie doch?«

»Äh … den für ganz Deutschland?«

»Selbstverständlich.« Die alte Dame pustete auf den Dampf ihres Getränks, und dann lächelte sie freundlich.

13

Er war sehr dicht dran, aber seine Aufmerksamkeit reichte nicht mehr aus. Ratlos saß er in einem fast dunklen Hotelzimmer auf einer breiten Fensterbank aus weiß lackiertem Holz, unter der ein Heizkörper eingebaut war, schaute auf die stille Straße hinunter und versuchte, sich mit Musik zu beruhigen. Diesmal waren es die schnellen Lieder, die er wegklickte, und die ruhigen, die er sich anhörte, denn er konnte jetzt weder Lärm noch Stille aushalten. Manchmal schaute er auch in das Zimmer hinein, auf die beiden noch unberührten Betten und zu Richard Korff hinüber, der sitzend in seinem Sessel schlief.

Philip schwirrte schon wieder der Kopf. Er verstand all das nicht wirklich, und seine Gedanken huschten hin und her, blieben aber immer wieder hängen an den Bildern des großen alten Hauses. Er wollte es nicht, musste aber an die kranken Menschen denken, die verschleppt worden waren und die die Mitglieder der GKT in der Abgeschiedenheit der Villa Köselitz missbraucht hatten. Daran, dass sie dies vielleicht jetzt wieder tun würden. An einem anderen Ort? Morgen würden sie sich die Villa anschauen, die Spurensuche fortsetzen – doch zu welchem Zweck?

Es gab Spuren, sie waren zum Greifen nahe, aber Philip beachtete sie nicht, auch wenn er heftig zusammenzuckte, als er über sie stolperte. Immer wieder setzten einzelne Songs auf Mortens altem iPod mit wüsten Gitarrenriffs oder dröhnenden Bässen an, aber dieser eine Track war doch anders. Er begann mit einem ohrenbetäubenden Knarren, und Philip riss sich sofort die Kopfhörer herunter und blickte verwundert auf das Display. Kein Cover wurde angezeigt, und der Titel des Stücks lautete »Hurra, wir leben noch«. War das nicht ein alter Schlager? Noch merkwürdiger erschien ihm die Tatsache, dass der Track insgesamt 35 Minuten lang war. Mit dem

Mittelrad regelte Philip zuerst die Lautstärke runter, spulte dann einige Minuten vor und horchte vorsichtig noch einmal hinein. Es war hauptsächlich Rauschen zu hören, ganz entfernt vielleicht auch Musik und irgendein Murmeln. Vermutlich, dachte er, irgendeine schiefgelaufene Aufnahme, die Morten nicht gelöscht hatte. Er klickte sich zur nächsten langsamen Nummer weiter, die er sich dann aufatmend lauter stellte. Ein Hauch von Melodie in seinen Ohren: »Eye of the Needle«. Von? *The Devine Comedy*.

Das war angenehm, und es erleichterte ihn ein wenig. Schließlich war er sich vorhin im Hotelbadezimmer ziemlich sicher gewsen, all seine aufgestaute Psychosomatik würde in einer schrecklichen Komplettattacke über ihn hereinbrechen. Er hatte sich zitternd vors Klo gekniet, und am schlimmsten war der Gedanke gewesen, dass sein Großonkel hinter einer dünnen Wand saß und hören würde, wie er sich in die aufgerissene Schüssel übergab.

Aber nichts stieg in seiner Kehle hoch, auch wenn sich sein Magen ebenso empört zusammenzog wie sein Darm, durch den ein alarmierendes Gluckern fuhr. Das war jedes Mal schlimm, er kannte das Gefühl. Die Eingeweide, die sonst unfühlbar und fest waren, weichten auf, sie verflüssigten sich, wollten bemerkt werden. *Genug Gedanken hast du hin und her bewegt*, sagte sein Körper, *schau, ich bin stärker als du! Let's get physical*, sagte sein Körper, *ich kann dich ablenken, ich kann dir die Kontrolle über dich selbst abnehmen.* Aber nach ausgiebigem Zittern beruhigte sich Philip, kam schwankend auf die Füße und betrachtete sein käsiges Gesicht im Badezimmerspiegel. Aufgeschoben ist nicht aufgehoben.

Erst einmal musste es genügen, auf der Fensterbank zu hocken, die altmodische Spitzengardine zur Seite zu schieben und auf die menschenleere Hannoversche Straße hinunterzuschauen. Es musste genügen, weiche Musik zu hören, die wohl von der Liebe handelte, und zu warten.

Gegen drei Uhr klopfte es an der Tür, und Korff schreckte aus dem Sessel auf. Sie schalteten das Deckenlicht an, aber wegen der späten Stunde sprachen sie nur sehr leise mit den Ankömmlingen.

Philip kam es vor, als hebe sich eine Beschwerung, die nach wie vor auf seinen Magen gedrückt hatte. Also tat er, was er noch nie getan hatte. Er umarmte Caro. Nein, er fiel ihr regelrecht um den Hals. »Endlich«, sagte er, und sie antwortete bloß: »Na, du machst mir Spaß.«

Elisabeth Kujawski stand zurückhaltend im Türrahmen. Hinter ihr konnte man die in gelber Schwammtechnik gestrichene Wand des Korridors sehen. Sie rieb sich die Stirn, bemühte sich um ein aufmunterndes Lächeln und sah sehr alt aus.

Zwei nebeneinanderliegende Zimmer mit jeweils zwei voneinander getrennten Betten hatte sich Richard Korff an der Rezeption geben lassen, als sie vorhin eingecheckt hatten. Beim Ausfüllen der Anmeldung waren ihm für seine Geschichte zudem noch einige Verzierungen eingefallen, die er mit der üblichen, lächelnden Selbstverständlichkeit zum Besten geben konnte: »Meine Frau und meine Enkeltochter kommen nach. Sie sind leider aufgehalten worden, und es kann spät werden, fürchte ich.« Trotzdem war er wohl davon ausgegangen, dass er weiter seine Rolle des Bewachers wahrnehmen und über Nacht bei Philip bleiben würde. Ein Arrangement, das Caro rundheraus ablehnte. »Nein«, sagte sie, während sie sich in den Sessel fallen ließ, auf dem eben noch der alte Mann gedöst hatte. »Das kommt nicht in Frage. Gehen Sie in das andere Zimmer, ich bleibe hier bei Philip.«

»Es wird auch besser so sein«, sagte die Kujawski. Philip konnte an ihrem Tonfall hören, wie mitgenommen sie war. Sie tat ihm leid. Die allgemeine Müdigkeit machte jede weitere Diskussion unmöglich, und die beiden Zimmer wurden nicht nach Geschlechtern, sondern nach Generationen aufgeteilt.

Trotzdem schliefen sie nicht, als sie allein waren.

Caro und Philip saßen mit angezogenen Knien auf demselben Bett, lehnten sich gegen das Kopfteil, und sie schaute ihn mit großen Augen an, während sie mit einer Hand ihren linken Fuß massierte. »Das war die entsetzlichste Tour meines Lebens. Ich hätte fast einen riesigen Unfall gebaut, als ich hier in die Stadt gefahren bin. Ich bieg ab, und plötzlich bin ich auf so einer verschissenen Autobahnauffahrt. Ernsthaft: Der Wagen wär fast aus der Kurve geflogen. Da hättest du mal hören sollen, wie deine Frau Kujawski aufgekreischt hat. Ich hab noch gedacht: Mal sehen, wer von uns beiden als Erste den Herzinfarkt kriegt.«

Sie grinsten einander an. Und Philip sagte: »Morgen musst du nicht fahren. Das übernimmt der Alte.«

»Hör zu. Ich bin echt nicht scharf drauf, mich noch mal ans Steuer zu setzen. Aber ich habe den Autoschlüssel hier, der Wagen steht eine Straße weiter.«

»Ja, und?«

»Wir können ihn nehmen und einfach abhauen. Zur Polizei fahren oder zu deiner Mutter. Scheißegal wohin. Du willst doch wohl nicht ernsthaft bei diesen Irren bleiben, oder?«

Philip lächelte schwach. »Ich glaube, es ist vorerst das Beste. Echt.«

Sie blickte ihn an. Prüfend. »Na gut«, sagte sie. »Dann erklär's mir.«

Also begann er zu erzählen, von Anfang an. Zu Beginn, als seine komplizierten Ausführungen von Kronstedt handelten, vom Starenweg und den Einbrechern, warf Caro noch dann und wann ein unzufriedenes »Warum?« oder »Moment mal« ein. Irgendwann aber blieb sie stumm. Alles breitete er vor ihren entgeisterten Augen aus, und während er sich selbst zuhörte, schien ihm klar zu werden, wie schwer es für Onkel Richard sein musste, einem Außenstehenden all diese Abwegigkeiten so zu erklären, dass dieser sie halbwegs verstand.

Gegen Morgen dann war es still in den zwei nebeneinandergelegenen Räumen. Philip schlief, lang ausgestreckt, mit einem Arm unter seinem Kopf, auf einem der beiden Betten, und Caro betrachtete ihn von dem anderen aus. Sie hatte sich die Bettdecke bis zum Kinn gezogen. Sie fror, aber schlafen wollte sie nicht. In beiden Händen hielt sie die fast leere Colaflasche, die sie an der Tankstelle im Nirgendwo gekauft hatte. Trinken wollte sie nicht mehr, aber sich festhalten schon. Es drang jetzt bläuliches Morgenlicht durch die durchsichtigen Gardinen, und sie konnte den Blick nicht abwenden von Philip, dessen schlanker Rücken sich schutzlos atmend hob und senkte. Er hatte sie beeindruckt, weil er so entschieden gewesen war, so klar. Sie biss sich auf die Lippen und überlegte, ob sie in einer Anwandlung kitschiger Zärtlichkeit tun sollte, was man in Filmen tat – ob sie eine Decke nehmen und über seinen Körper legen sollte. Sie atmete leise ein, schloss die Augen und schüttelte den Kopf.

14

Als der Morgen noch nicht ganz angebrochen war, zog sich Brandy die Hose herunter und pisste in den Wald. Verdammt, es brannte. Das Letzte, was sie gebrauchen konnte, war schon wieder eine von diesen oberüberflüssigen Blasenentzündungen.

Aber sie war jetzt wach, und das war nicht verkehrt. Nicht weit entfernt rauschte die Ostsee. Klamme Feuchtigkeit hatte sich durch beide Strumpfhosen gezogen, und sie war froh, Palituch und Handschuhe im Schlafsack angelassen zu haben. Sie fror, brauchte Bewegung. Deshalb würde sie aufbrechen. Wenn man auf der Straße lebte, brauchte man vor allem einen Sinn fürs richtige Timing, für Ankunft und Aufbruch. Hatte sie. Man brauchte außerdem Menschenkenntnis, also Misstrauen. Gut, andere Menschen brauchte man auch, Zuspruch, ja, aber nie für lange. Man sollte sich nicht einbilden, Treue zu finden. Freunde. Nicht in diesem Leben, in dem jeder am Ende seinen Arsch retten musste, solange es noch ging. Aber Gesellschaft war wichtig, sonst fing man irgendwann an, Selbstgespräche zu führen.

Sie schaute zu der kleinen Holzhütte mit dem spitzen Dach hinüber, die eigentlich nur eine Art Unterstand auf dem Wanderpfad war – vorne offen, sodass man auf der im Halbkreis der Innenwand angebrachten Bank sitzen und zur Küste hinausschauen konnte. Sie kannte den Platz und hatte ihn für die Nacht vorgeschlagen. Nicht unter freiem Himmel schlafen, aber doch in bester Luft. Der Tag war ihnen warm vorgekommen, die Nacht aber war doch verdammt kalt.

Vor allem, wenn man alleine in seinem Schlafsack lag und kalte

Füße bekam, während auf der Holzbank Wiebke und Fred zusammenkrochen. Die hatten schon eine ganze Weile aneinander rumgefummelt, und jetzt – jetzt waren sie ein Pärchen, oder was?

In der letzten Nacht hatte es gegossen. Der Tag zu dritt aber war endlos gewesen, viel Sonnenschein, in dem sie sich benommen geaalt hatten, Stunden, die beim Schnorren in der Fußgängerzone lang und länger geworden waren. Am Nachmittag hatten sie hinter dem Bahnhof die Fahrräder geklaut und waren losgefahren – im donnernden Wind über den Deich. Die Haare waren Brandy um den Kopf geflogen, und sie hatte geschrien vor lauter guter Laune. Später hatten sie Rotwein getrunken, Wiebke hatte irgendwelche wirren Storys erzählt, und dann war sie mit Fred in der Löffelstellung eingepennt. Brandy wünschte viel Glück und mindestens sechs gemeinsame Kinder. Sie fragte sich, was sie zum Abschied sagen sollte, wenn sie ihren Schlafsack und den Rucksack aus der Hütte holen und die beiden versehentlich wecken würde. *Tschüss* musste reichen. Sie würde sich eines der Fahrräder schnappen, kräftig in die Pedale treten und allein weiterziehen. Es war höchste Zeit.

Sie konnte ins *Come Inn* fahren. Da ein paar Tage abzuhängen war jetzt bestimmt das Beste, vor allem, wenn sich da unten blasentechnisch wieder was anbahnte. Die Silke, die in dem Laden das Sagen hatte, war in Ordnung, und wenn sie einen fragte, wie man sich seine Zukunft vorstellte, dann bloß, weil sie das musste. Dafür wurde sie ja bezahlt. Auch dafür, dass sie einem den Entzug vorschlug und Betreuung und so. Und sie hörte sich dann auch an, was man zu sagen hatte. Man konnte ihr das klar auseinandersetzen, dass es so was wie Zukunft überhaupt nicht gab.

»Du bist jetzt 20, und du bist echt schon lange unterwegs. Wo siehst du dich in zehn Jahren?«

»Wo seh ich mich übermorgen? Keine Ahnung. Wer so denkt, hat schon verloren.«

»Warum?«

Weil sowieso alles zusammenstürzen wird, weil Bomben in die Luft gehen werden oder Atomkraftwerke, weil … ach, egal.

Aber das Bedürfnis, sich einfach nur aufzuwärmen, war jetzt sehr stark. In drei Stunden konnte sie da sein. Mit dem Fahrrad war das locker zu schaffen.

Doch dann horchte sie auf. Und etwas später ging ihr durch den Kopf: *Also doch ein mieses Timing.* Hätte sich die scheiß Blase nur zehn Minuten früher gemeldet und sie geweckt, sie hätte friedlich in den Sonnenaufgang radeln können. Aber es sollte nicht sein, also musste sie sich an der Rückwand des Holzhäuschens ducken, so flach wie möglich atmen und lauschen.

Sie hörte Schritte auf dem Weg, Männerstimmen, und sie sah den Schein von Taschenlampen. Wie viel Uhr war es wohl? Schwer zu sagen. Zwischen vier und fünf? Es war nicht klar, was das Gemurmel bedeutete, aber sie spürte, dass es Ärger geben würde. Hinter ihr verlief eine Böschung. Das Gelände, dicht mit Bäumen und Sträuchern bewachsen, stieg leicht an, also kroch sie kurzentschlossen diese Steigung hoch und zog sich hinter einen der breiteren Stämme. Die Räder lehnten auf der anderen Seite des Häuschens an einer hölzernen Tafel, die über die abzweigenden Wanderwege informierte. Sie konnte sie von ihrem Standpunkt aus sehen, da die Dunkelheit sich bereits aufzulösen begann. Weder der Wald noch der kleine Freiplatz lagen in völliger Schwärze, eher in einem trüben Dunst, in einem Grau, in dem die Welt ganz langsam aus einem flüssigen in ihren festen Zustand zurückzukehren schien und die Bäume ebenso wie der hölzerne Unterstand ihre Konturen zurückgewannen. Der Himmel bestand aus einzelnen Flächen, aus schwarzen Wolken und tiefblauer Tinte.

Sie sah die beiden Männer in federndem Laufschritt über den Pfad kommen und vor der Hütte stehen bleiben. Sie sah ihre gepolsterten Jacken, sah ihre Glatzen. *Scheiße.* Es wimmelte von Skinheads in dieser Gegend, und das konnten durchaus die Nazis sein, die sich mit Fred auf der Promenade geprügelt hatten. Warum die extra hierherkommen sollten, und das gegen Morgen, leuchtete Brandy nicht ein, aber für klare Überlegungen war die Angst zu groß. Sie wusste schließlich, wie so etwas ausgehen konnte. In Lübeck hatte sie einmal mit angesehen, wie ganz ähnliche Typen sich einen von den alteingesessenen Pennern vorgeknöpft hatten, einen wehrlosen, schnapsbetäubten alten Mann, dessen einzige Verteidigung darin bestanden hatte, sich stumm die Arme vor den Kopf zu halten. Wie jetzt hatte sie es von nahem mit angesehen, die volle Wucht der Tritte in den Magen, bis irgendjemand, mit dem sie an diesem Tag zusammen gewesen war, an ihrer Jacke gezupft und »Komm weg hier« gesagt hatte.

Jetzt sagte das niemand zu ihr, aber sie hörte die Stimmen der beiden Glatzen, und sie hörte, wie Wiebke aufkreischte und Fred »Ey, was soll das?« brüllte. *Das wird schlimm*, dachte sie und merkte deshalb gar nicht, dass sich zwischen den Bäumen, hinter der Hütte, etwas tat, dass es in den Ginsterbüschen raschelte, dass sich kleine Steinchen vom Untergrund lösten und den Abhang hinunterrieselten.

»Hier auch nicht«, sagte einer der beiden Männer. Brandy war sich nicht ganz sicher, aber er schien dabei ihren Schlafsack prüfend in der Hand zu halten und dann fallen zu lassen.

Der andere aber hatte offenbar etwas gehört, was ihn erschreckte. Er sprang ganz plötzlich vor, auf den Platz, und richtete die Taschenlampe auf den Wald, nein – direkt zu ihr. Sie zuckte zurück und fühlte sich zugleich wie festgewachsen. Brandy konnte den Blick nicht abwenden, obwohl sie am liebsten davongerannt wäre, denn der Skinhead schaute mit aufgerissenen Glubschaugen zu ihr auf, als wäre er selbst in Schockstarre. Und dann rief er den anderen – ein Name war nicht zu verstehen – und zog etwas aus seiner Bomberjacke. Es war gut möglich, dass es sich um eine Waffe handelte, aber das erschien Brandy weniger absurd als sein angstgeweiteter Blick.

Erst jetzt spürte und hörte auch sie, dass sich um sie herum etwas verändert hatte, dass im Wald, hinter ihr, eine Bewegung stattfand. Nein, das stimmte nicht. Es waren *Bewegungen*, die von mehreren Positionen ausgingen. Sofort fühlte sie sich umringt, eingekesselt, gefangen. Es knackte, raschelte, rutschte. Aus den dunklen Flecken der zu Ende gehenden Nacht und aus dem Dunst des aufsteigenden Morgens formten sich Umrisse, die schwerfällig in Gang kamen und dann sehr ruckartige Sprünge den Hang hinunter vollführten. Sie sah vier von ihnen, und eine der Gestalten kam gerade hinter der

Hütte hervor, erhob sich exakt an der Stelle, an der sie eben noch völlig sorglos ihre Hose runtergelassen hatte.

Doch es kam ihr vor, als bliebe sie selbst unsichtbar. Sie war Zuschauerin. Es war anders als bei der Prügelei mit der Bierflasche, anders als zu sehen, wie Springerstiefel in einen nachgiebigen, verlausten Körper traten. Denn bei all der Gewalt, die sie bisher hatte mitansehen müssen und die sie am eigenen Leib ertragen hatte, waren die Körper weitgehend stabil geblieben, hatten dem Martyrium irgendwie standgehalten. Auch Freds Schnitte, die sie mit Watte abgetupft und mit Pflastern versorgt hatte, waren bereits wieder zusammengewachsen. Sie hatten sich ebenso geschlossen wie die Brandwunden, die sich Brandy selbst früher immer wieder mit Zigaretten zugefügt hatte und seltener mit einem Zigarettenanzünder. (Ihr Spitzname hatte nichts mit einer amerikanischen Popsängerin zu tun.)

Nein, dies hier war ein anderes, ein fremdes Schauspiel, denn die Körper gaben nach, sie waren nicht fest genug für diesen Angriff, sie lösten sich unwirklich leicht in weiche, feuchte Einzelteile auf. Vor allem ging es schnell. Sie hatte kaum mitbekommen, wie die beiden glatzköpfigen Männer zu Boden gestoßen worden waren, wie ihre Köpfe aufschlugen, wie ihre Gliedmaßen niedergedrückt wurden. Die aus dem Dunkel der Nacht herausgewachsenen Wesen hockten jetzt auf ihnen, und im Entferntesten erinnerte Brandy all das an die Tierdokumentationen, die sie sich manchmal als Kind im Fernsehen angeschaut hatte – das Brechen von Knochen, das Reißen, das Schmatzen, die völlig ruhige Selbstverständlichkeit von Klauen und Zähnen. *Nur dass es nicht ums Fressen geht*, wie ihr durch den Kopf schoss, *sondern nur ums Zerfetzen von Fleisch und Gliedern, nur ums Töten.*

Sie sah Fred in blinder Panik davonstürzen, aber er kam nicht weit, wurde zurückgerissen, fiel zu Boden. Wiebke schrie jetzt aus vollem Hals. Nein, Kinder würden sie keine mehr haben, weder miteinander noch mit irgendjemand anderem.

Endlich, endlich wandte Brandy den Blick ab, und kurz setzte ihr Herz aus. Sie spürte nicht mal, wie es in ihr zuckte und sich ihre Blase erneut entleerte, wie es heiß wurde in ihrer Hose, denn sie schaute direkt in ein Gesicht. Unmittelbar neben ihr lehnte ein Mädchen an der Böschung, dessen Gegenwart sie vorher nicht gespürt, dessen Annäherung sie nicht gehört, dessen Wärme sie nicht wahrgenommen hatte. Es war da, es blickte sie an, mit Augen, die weiß unter dem Schatten einer Kapuze hervorstachen. Durchdringend, aufmerksam, interessiert. Das Mädchen streckte die Hand nach ihr aus, berührte ihr Haar. Und dann, etwas später, brach vollends der Morgen an.

Vierter Teil

EIN LETZTER WILLE

Der Tag ist schön! Oh, sei nicht bang!
Sie machen nur einen weiten Gang.

Friedrich Rückert: Kindertotenlieder

I

Geister haben, wenn es sie denn wirklich gibt, offenbar jede Menge schlechte Angewohnheiten. Besonders ärgerlich ist, dass sie sich in der Kommunikation mit den Lebenden grundsätzlich so kurzfassen. Man sollte meinen, dass sie, wenn sie sich die Mühe schon machen und durch das Grundrauschen technischer Aufnahmegeräte ihre Botschaften schicken, sich nicht bloß mit schlecht verständlichen Aufforderungen wie »Verschwindet« oder »Kommt näher« begnügen würden. Außerdem sind sie, wie es aussieht, abergläubisch und pedantisch genug, um nur im Dunkeln zu erscheinen und nur an ganz bestimmten, biographisch bedeutsamen Plätzen: an dem Ort, an dem sie gestorben sind, oder dort, wo sie besonders schweres Leid erdulden mussten. Frustrierend für alle Beteiligten.

Frustrierend auch für Philip Steinert und Richard Korff, für Elisabeth Kujawski und Caro Hille, die im strahlenden Sonnenschein des fortgeschrittenen Vormittags aus dem Seat stiegen, Waldluft einatmeten und ehrfurchtsvolle Blicke auf die einsam und schweigend dastehende Villa Köselitz warfen. Das schmiedeeiserne Tor zur Einfahrt war verschlossen und mit zusätzlichen Ketten verhängt. Der Bauschutt, der in Volkers Video zu sehen gewesen war, lag nicht mehr vor dem Eingangsbereich. Das Haus war groß, aber es sah nicht unheimlich aus. Es war verlassen, es war leer, und seinen Besuchern war gleich klar, dass es keine Informationen preisgeben würde.

Sie umrundeten das Gebäude schweigend, wie andächtige Waldspaziergänger. Sie durchbrachen die Stille, hörten ihre Schritte auf dem mulchigen Boden, schauten zu den verwitterten Baldachinen hinauf und befanden sich plötzlich wie von selbst auf dem Gelände. Ein kleiner, kaum benutzter Trampelpfad hatte sie ohne Hindernisse zur Rückseite des Anbaus geführt, der fest verschlossen war. Der Durchgang zum Haupthaus war mit schweren Brettern vernagelt. Korff berührte eine Klinke, schüttelte den Kopf.

Nein, nichts zu machen, und auch im Haus selbst war alles ruhig. Kein Licht drang ins Innere des Anbaus und so gut wie keine frische Luft, während die vier ihn ratlos umkreisten. In seinem zentralen Innenraum herrschte drückende Giftigkeit. Doch was sollte das diejenigen scheren, die längst gestorben waren? Hätte nicht das Geräusch der Klinke sie aus ihrer Totenruhe holen und gesprächig machen können? Hätte sich nicht Friedrich Bergmann noch einmal die Ehre geben können? Jener verdiente Professor der Psychologie, der nicht hier gestorben war, den man am 12. Februar 1988 spätabends auf einem bayerischen Bauernhof tot aufgefunden hatte. (In grotesker Krümmung auf einem Ledersofa übrigens und mit der Mordwaffe noch im Körper.)

Durchaus vorstellbar, dass sein Geist diese Bühne gewählt hätte, um sich in seiner berüchtigten Eitelkeit noch einmal zu präsentieren. Schließlich hatte er hier so viele markante Reden gehalten – allgemeinere und sehr konkrete, harmlosere und sehr viel weniger harmlose.

Er hätte es vermutlich genossen, für die flüchtigen Augenblicke einer Sinnestäuschung aus der völligen Finsternis aufzutauchen und in die Konturen seines Körpers zu schlüpfen, so wie er Mitte der achtziger Jahre ausgesehen hatte. Keine Schritte würden ertönen, aber aus dem Dunkel käme eine Gestalt, die sich aus flimmerndem Nichts, aus minimalen optischen Verschiebungen zu einem erkennbaren Ganzen formieren würde, als hätte man den manuellen Schärferegler einer Kamera benutzt, um sie zu fokussieren.

Ein kleiner Mann, unauffällig und leicht untersetzt, ein Gesicht, das sich nicht für Beschreibungen eignet, weil es, abgesehen von seinen tief hängenden Wangen, über keine besonderen Merkmale verfügt, weil Nase, Augen, Kinn und Stirn weichlich und sanft wirken, was gut ist, wenn er während langwieriger Sitzungen Probanden und Patienten zum unvoreingenommenen Reden bringen will. Er kann verschwinden, wenn er nur zuhört, aber er wird sehr sichtbar, wenn er spricht. Seine Studenten haben es erlebt, wieder und wieder: Der kleine Mann beginnt zu strahlen, seine Stimme gewinnt an Eindringlichkeit, die Gesten, die seine Worte unterstreichen, erwecken den Eindruck energischer Klarheit. Das immer wieder eingestreute Lächeln des grauen Lehrers erscheint plötzlich weltgewandt und geradezu anziehend, und seine Kunstpausen, in denen die sonst so trüben Augen erwartungsvoll funkeln, lassen das Publikum gebannt verstummen.

Was für eine Rede würde er halten, wenn er in der Finsternis noch einmal die Gelegenheit dazu bekäme? Wahrscheinlich würde er noch einmal davon sprechen, was es bedeuten könnte, wenn die Menschen begännen, die Grenzen ihrer Wahrnehmung, die Grenzen ihrer psychischen Sensibilität zu erweitern. Sein großes Thema. Wenn er sich erst einmal in Begeisterung geredet hätte, würde sich vermutlich einer jener späten Abende wiederholen: Es würde der Schein von fahlem Licht ins Dunkel fallen und in durchsichtigen Schemen ein hingerissenes Publikum auferstehen. Unhörbar für Richard Korff und Philip und Caro und Elisabeth Kujawski, die draußen im Freien, im hellen Tag, mit den Schultern zuckten, würde Bergmanns Stimme noch einmal ansetzen und die Gäste dazu auffordern, die Bequemlichkeiten des eigenen Denkens und des brav erlernten Halbwissens in Frage zu stellen.

Wir haben uns gewöhnt an den Käfig, in dem wir sitzen. Das würde er sagen. *Und damit meine ich keineswegs nur uns Einzelne, uns mehr oder weniger glückliche oder unglückliche, mehr oder weniger gebildete oder ungebildete Individuen. Ich meine uns als Menschen der Moderne, als Produkte eines zivilisatorischen Prozesses, der uns als Menschheit so offenkundig bereichert hat. Wir haben einen weiten Weg hinter uns gebracht, den wir im Rückblick mit Fug und Recht als Erkenntnisweg bezeichnen können, als Weg aus dem Aberglauben.*

Wie weit sind wir gekommen, seit unsere Vorfahren sprachlos und demütig unter einem riesigen Himmel standen, zitternd vor den Blitzen, die aus den finsteren Wolken herabschossen und einem strafenden Willen zu gehorchen schienen? Angst lag über diesen Steppen, Angst vor dem Zorn der Götter. Aber der Weg, von dem ich spreche, ist ein Weg, der aus der Furcht vor dem Unbekannten herausgeführt hat, der hingeführt hat zu einem Menschen, der überzeugt davon ist, kraft seines Verstandes die Welt unter Kontrolle gebracht zu haben.

Wir haben es weit gebracht.

Wir haben uns über Jahrhunderte die kontinuierliche Dressur unserer eigenen Vernunft als Geschichte des Fortschritts erzählt, was durchaus berechtigt ist. Aber es ist auch noch eine andere Geschichte, und auch von ihr müssen wir sprechen. Es ist eine Geschichte der Verdrängung. Natürlich war das Verdrängen eine Notwendigkeit, und, verstehen Sie mich nicht falsch, es war gewiss der richtige, der unvermeidbare Weg. Unsere Erklärungsmuster für die unendliche Komplexität allen Lebendigseins waren einst mystisch, später polytheistisch, dann monotheistisch, noch später atheistisch und rationalistisch. Von einem demütigen Eingeständnis, dass es vieles gibt, was wir nicht verstehen, was wir fürchten, haben wir uns weiter und weiter entfernt zu einem immer deutlicheren Verengen der Perspektive.

Systematische Ausscheidung aller Unklarheiten zugunsten eines klar umrissenen Denksystems. Es sind heute Abend auch Naturwissenschaftler unter uns, Vertreter der Forschung, was mich sehr glücklich macht, und ich brauche Ihnen, meine hoch geschätzten Kollegen, nichts über die Notwendigkeit der Arbeitshypothesen in unserem Alltag zu sagen. Nur wenn wir von vornherein einen beschränkten Erklärungsansatz für ein Phänomen annehmen, haben wir eine Chance, diesen Ansatz – unter Nichtbeachtung aller gegenteiligen Hinweise – zu bestätigen. Ich brauche niemandem hier im Saale zu sagen, dass uns dieser Abstraktionsprozess um die absolute Wahrheit gebracht hat. Er hat dazu geführt, dass es keine ernsthaften Wissenschaftler auf der Welt mehr geben kann, die nicht eingestehen: Alles, was ist, könnte so, aber es könnte auch ganz anders sein. Je nachdem, wie wir es uns anschauen. Je nachdem, was wir zu sehen bereit sind und was nicht.

Untersuchen lässt sich nur, was sich materiell greifen lässt, was sich abbilden lässt unter Mikroskopen, was wir in die begrenzte Welt unserer sinnlichen Wahrnehmung zwingen können. Obwohl wir wissen, dass es Farben gibt, die Krebse sehen können, aber wir nicht, obwohl wir wissen, dass wir nicht hören können, was die Fledermäuse, ja was die Hunde hören. Vergegenwärtigen wir es uns: Obwohl wir nicht einmal ansatzweise eine Ahnung davon haben, welche Gerüche in den Hirnen der Tiere zu welchen Bildern, zu welchen Vorstellungen und Erkenntnissen führen, beharren wir darauf, das, was uns nicht unmittelbar spürbar ist, zu leugnen, als Projektionen, Wunsch- und Wahnvorstellungen anzusehen.

Wir wissen, dass Tiere Emotionen riechen können, dass Angst unseren Schweiß verändert. Stellen Sie sich vor, nur für einen Moment, wie es gerochen haben muss auf jenen Steppen der Vorzeit, auf denen unsere Urahnen in ständiger Furcht vor den Göttern lebten. Wir wissen, dass Angst bei uns selbst zu einer Wahrnehmungssteigerung führt, wir wissen, dass sich unsere Rezeptoren unter bestimmten Einwirkungen verändern. Wir wissen, dass die biochemischen Verschiebungen, die etwa bei einem Schock entstehen oder einem Gefühl der sexuellen Ekstase, in unseren Hirnen Bilder, Gefühle, Stimmen erzeugen können, die wir für Trugbilder halten. Doch warum? Warum halten wir sie für Trugbilder? Weil wir sie seit den alten Tagen der Mystik nicht mehr haben sehen wollen, weil diese Wahrnehmungsmomente, diese Gefühle, diese Stimmen unsere zivilisatorischen Anstrengungen, unsere zielorientierte Effizienz behindert hätten. Wir können uns beim Bauen unserer Städte, bei der Entwicklung unserer sozialen Systeme nicht ablenken lassen. Was wäre im anderen Falle passiert? Wir hätten uns wieder ausgeliefert gefühlt unter dem weiten Himmel, hätten uns wie die primitiven Bewohner der Steppen gefühlt, wenn wir aufmerksam geblieben wären.

Wir haben deshalb diejenigen, die all das gehört, gesehen, gefühlt haben, was wir, die Dressierten, selbst bald schon nicht mehr haben sehen, hören, fühlen können, von uns ferngehalten. Wir haben sie als Hexen verbrannt. Wir haben sie als Besessene, als Monster, später als Verrückte, als geistig und körperlich Behinderte aus unserer Mitte gestoßen. Also sind sie verstummt. Aus Angst vor der Mehrheits- und Verdrängungsgesellschaft der menschlichen Zivilisationen haben sie geschwiegen. Sie haben sich die Zungen abgebissen, um nicht an den Pranger und auf die Scheiterhaufen gestellt zu werden.

Statt den Sehenden zuzuhören, statt ihre Sicht der unverstellten Erkenntnis als Bereicherung zu betrachten, haben wir Irrenanstalten mit hohen Mauern gebaut und Medikamente verabreicht, die hellhörige Köpfe taub machen, Psychopharmaka in Pillen- und Tropfenform, die Gedanken abtöten. Wir haben Schuld auf uns geladen.

Nur wenige waren mutig genug, die Wahrheit auszusprechen. Viel-

leicht, weil sie selbst zu denjenigen gehörten, die mehr wahrgenommen, die mehr gehört, gespürt und verstanden haben. »Kranksein«, sagt Nietzsche, »ist lehrreich, wir zweifeln nicht daran, lehrreicher noch als Gesundheit.«

Auch Thomas Mann, den niemand zu einem Irren wird erklären wollen, spricht in einem seiner Texte von diesem Phänomen, wenn er feststellt: »Im Geist, also in der Krankheit, beruht die Würde des Menschen, er ist in desto höherem Grade Mensch, je kränker er ist, der Genius der Krankheit ist menschlicher als der der Gesundheit.«

Sie werden mich verstehen, wenn ich Ihnen gestehe, dass es mich als Psychologen schwer belastet hat, wenn es in meiner eigenen Forschung, in meiner eigenen Arbeit mit den Patienten immer nur um Aufhebung der von der Norm abweichenden Symptomatik, um Heilung gehen sollte. Heilung ist ein schönes Wort, gewiss, faktisch jedoch konnte dieses Wort immer nur bedeuten, zu außergewöhnlich sensiblen Menschen zu sagen:

Hör auf, hinzuhören!
Hör auf, zu sehen!
Hör auf, das zu verstehen, was du nicht verstehen sollst!
Vergiss
und komm zur Ruhe,
hör ein für alle Mal auf damit,
du selbst zu sein!«

An dieser Stelle hätte Bergmann eine Pause gemacht, er hätte in ergriffene, in elektrisierte Gesichter geschaut und dabei vielleicht einen Blick auf die schlanke, schwarzhaarige Frau hinter ihm geworfen. Sie hätte ihm gewiss zugenickt, mit dem Anflug eines Lächelns auf den Lippen.

Es wäre eine der Reden gewesen, die sich auch vor großem Publikum halten ließen, vor esoterisch interessierten Financiers der Stiftung, vor denen er selbstverständlich nichts darüber sagte, welche biochemischen und psychischen Prozesse angeregt wurden, wenn man einem Probanden ein Messer an den Bauch hielt und es langsam tiefer und tiefer in die Eingeweide stach. Hier würde er nicht davon sprechen, dass Hilflose leiden mussten, damit andere sehen lernten.

Wenn er sich auch vorsichtig zurückhielt, so würde sich einer der Zuschauer vielleicht doch aus seinem Sitz erheben und unmerklich nickend beiseitetreten. Ein eigentümlich dürrer, großer Mann in Schwarz – natürlich – daher jetzt und hier umso unsichtbarer –, ein Mann, der auch im geschlossenen Raum seine Kopfbedeckung nicht abgenommen und den später niemand wiedererkannt hätte – höchstens vielleicht an den grünen Lederhandschuhen, die er gewohnheitsmäßig trug. Ein großer schwarzer Fremder, von weither angereist, der mit niemandem sprach, der aber Bergmanns eigentliches Publikum darstellte, wenn er fortfuhr:

Was aber, fragen Sie mich, mag es sein, was die angeblich Kranken sehen, spüren, begreifen? Oder: Was sind es für Nachtmahre, die sich in den Stunden der Dunkelheit flüsternd auf ihre Köpfe setzen? Wem gehören die Stimmen, die am Tage in ihrem Inneren Worte finden, die sie selbst nie gekannt, nie zuvor gelesen, geschrieben, gehört haben?

Es ist auch unsere jüdisch-christliche Religionstradition, die etwas dazu sagen kann oder etwas dazu sagen konnte, als sie Engelsgestalten und Dämonen noch als wahrhaftige Möglichkeit innerhalb ihrer ganz eigenen Schöpfungsmythen anerkannte. Denken Sie an Thomas von Aquin, der zu den letzten Denkern unserer Glaubenstradition gehört, der sich ernsthaft mit diesen Phänomenen beschäftigt hat, mit vorbildlich klarem Kopf, wenn er schrieb, man müsse notwendig das Vorhandensein von unkörperlichen Geschöpfen annehmen. Von Wesenheiten, die nicht aus Stoff und Form bestehen, sondern aus Essenz und Existenz, aus Akt und Potenz. Wesen, die sich also nicht begreifen, nicht berühren, nicht verdinglichen lassen, die aber existieren, die handeln, die auf uns wirken, ohne auf die Gesetzmäßigkeiten unserer Weltgebundenheit beschränkt zu sein, und die sich auch unter bestimmten, von uns meist unabhängigen Umständen materialisieren können. Die wirksam werden durch den Lebendigen Leib. Als Mittler zwischen der stofflichen, dem Menschen wahrnehmbaren und einer anderen, älteren Welt aber kommen sie überall vor. Allen Naturvölkern sind sie vertraut. Ihre Existenz zu leugnen erschiene in manchem Teil afrikanischer Savanne absurd. Uns nicht.

Wir haben uns für die Verdrängung entschieden, denn vor allem eins liegt uns immer am Herzen: Wir wollen uns nicht fürchten. Schließlich wissen wir genau, dass wir allen Grund dazu hätten. Wir spüren etwas, wenn uns bestimmte Dinge passieren, Zufälle oder so genannte Schläge des Schicksals. Wenn wir bestimmte Menschen ansehen, wenn wir ihre Taten betrachten, die uns brutal und grausam oder erhaben und heilig erscheinen, dann spüren wir etwas dahinter, das uns klein und unwissend macht, das uns in die Ohnmacht zwingt. Und hassen wir sie auch, die Spekulation über das, was hinter den greifbaren Dinglichkeiten wirkt, so kommen wir nicht los von ihr.

Die inneren Geheimnisse unserer Welt, unsichtbar für uns wie Schallwellen und infrarote Strahlung, in furchtbaren Andeutungen, Ahnungen, Übereinstimmungen aber ständig um uns, sind bedrohlich, sie sind erschreckend, und wohl nur sehr wenigen dürfte es gegeben sein, in den Abgrund zu blicken und dem Erschauten standzuhalten. Die Scheu zu verlieren, die Herausforderung anzunehmen aber könnte der alles entscheidende erste Schritt sein, den zu gehen wir uns trauen sollten.

Es würde feierlicher Applaus ertönen nach einer solchen Aufforderung, das schabende Geräusch von Stühlen, und doch war es nur das Rauschen eines Windstoßes in den Bäumen, zu denen Philip aufschaute, als er zusammen mit den anderen unverrichteter Dinge Richtung Seat stapfte.

Ein rostiger kleiner Wagen mit leerem Anhänger kam gerade aus einem der Wege, durch deren Mitte sich ein Streifen von Gras zog. Der Fahrer schaute aus seinem Fenster kurz zu ihnen herüber, dann aber war es im Wald schon wieder so still wie zuvor.

2

Heute, das spürte Barbara Rheinberger, war sie ganz in ihrem Element. Auch die Massage mit den heißen Steinen ging ihr jetzt problemlos von der Hand. Zumindest im Vergleich zum gestrigen Tag, an dem ihr die Dinger noch aus den Fingern geglitscht und scheppernd auf die Fliesen geknallt waren, nachdem sie sie aus dem heißen Wasser gefischt hatte. Heute umfasste sie die schwarzen Basalte – angeblich aus echtem Vulkanstein – mit einem flauschigen

Handtuch und platzierte vier davon entlang der Wirbelsäule des schwergewichtigen Mannes, der vor ihr lag.

»Ist das angenehm?«, fragte sie vorsichtig. »Nicht zu heiß?«

Der Hotelgast gab bloß ein Murmeln von sich, das aber durchaus auf wohlige Gefühle schließen ließ.

Jetzt hörte Barbara Schritte im Vorraum, das diskrete Flappen von Sandalen. Also war eine ihrer Kolleginnen aus der Pause zurück. Sie trocknete sich die Hände ab, trat zufrieden lächelnd vor die Liege. Sie beugte sich ein Stück weit hinunter und sagte beinahe flüsternd: »So, ich lasse Sie sich jetzt hier ein paar Minuten entspannen, dann komme ich zurück, und wir kümmern uns um Ihren Energiefluss, ja?« Das hieß, sie würde neue Steine nehmen, klopfend die anderen damit bearbeiten, die auf dem breiten Rücken ruhten, und schließlich würde sie die Marmorsteine aus dem Eiswasser nehmen und seinem trägen Kreislauf einen kleinen Anschub verpassen. Ein gutes Gefühl: Es war, als hätte sie ihr Metier nie verlassen.

Deshalb lächelte sie, als sie den leinenen Vorhang hinter sich zuzog, und hörte auch nicht damit auf, als sie feststellte, dass ausgerechnet Corinna auf einem Hocker saß und sie mit übertrieben großen Augen anschaute. Zugegeben: Sie standen bisher nicht auf bestem Fuß miteinander. Dem jungen Ding – gerade mal zweiundzwanzig war sie und mit sehr vielen, aber dafür sehr dünnen und elektrisch aufgeladenen Haaren ausgestattet – hatte man ziemlich bald angesehen, dass sie mit Barbaras plötzlicher Anwesenheit im Team nicht glücklich war.

Die Corinna wundere sich eben, erklärte ihr eine der anderen Kolleginnen, dass Barbara extra von außerhalb hergeholt werden musste für diesen Job. *Aber der Engpass, der Ausfall?* Hier wusste niemand etwas davon, und überhaupt gab es scheinbar mehrere qualifizierte Kolleginnen aus der unmittelbaren Umgebung, die bereits aushilfsweise im Hotel gearbeitet hatten und dies jederzeit auch wieder tun würden. Eine davon war, wie sich herausstellte, Corinnas beste Freundin.

Gut, Barbara musste sich wohl damit abfinden: Ihr Beschäftigungsverhältnis war durch eine persönliche Gefälligkeit zustande gekommen, aber das wollte sie nicht ausnutzen. Außerdem konnte man ja trotzdem freundlich miteinander umgehen. Also sagte sie, so nett sie konnte: »Na, hattest du eine schöne Pause?«

Corinna stand auf und sagte leise: »Sag mal, hat der Chef gestern mit dir gesprochen?«

»Was meinst du denn?«

»Du hast doch gesagt, du hättest einen Sohn, oder?«

»Hab ich das?« Barbaras Lächeln war verschwunden, sie zog die Stirn kraus. »Kann sein, warum?«

»Also, na ja … komm mal mit.« Sie deutete auf den schmalen Flur, der zu ihrem Aufenthaltsraum und dem kleinen Lager führte, in dem die Handtücher und die Kosmetika untergebracht waren, die sie im Eingang des Spa-Bereichs verkauften.

»Was ist denn los?«, fragte Barbara. Sie erwartete eine Unverschämtheit und beschloss bereits, sich nichts gefallen zu lassen.

»Ich war gestern Abend kurz bei der Inka am Empfang. Ich hatte ihr von oben ein Sandwich mitgebracht, und da bin ich drauf zugekommen, wie sie gerade den Chef angerufen hat, weil zwei Männer ihn sprechen wollten. Na ja, jedenfalls bin ich dageblieben, weil ich mit der Inka sowieso noch was ausmachen wollte. Egal. Der Chef kommt, alles ganz normal, kein Problem. Und dann ziehen diese beiden Typen irgendwelche Ausweise heraus, also Dienstausweise. Polizei, würd' ich mal vermuten.«

»Du, ich hoffe, dass diese Geschichte irgendwas mit mir zu tun hat.«

Corinna nickte angestrengt, und Barbara konnte sehen, dass sie sich Mühe gab, nichts Falsches zu sagen, während sie sich eine Haarsträhne unter ihr Stirnband schob. »Der Chef hat sie jedenfalls gleich ganz eilig ins Hinterzimmer gelotst, hinter der Rezeption. Die Inka hat telefoniert, und ich weiß auch nicht, aber irgendwie dachte ich mir: Da ist was faul. Jedenfalls bin ich aufgestanden und hab mir das angehört.«

Na, das passt ja, dachte Barbara und verzog unwillig den Mund.

»Der Chef hat jedenfalls gefragt, was kann ich für Sie tun und kommen Sie doch mit rauf in mein Büro. Das wollten die aber gar nicht. Einer von den beiden Typen sagt also: Nicht nötig, wir haben nur eine kurze Frage wegen einer neuen Mitarbeiterin.«

Barbara spürte, wie ihr die Hitze über den Hals ins Gesicht schoss, aber sie begriff nichts von alledem.

»Dann hat der eine noch gesagt, es ginge um ihren Sohn und es wäre sehr wichtig.«

»Um … um meinen Sohn?«

»Der Chef hat so rumgestammelt, und dann hat er die Tür zugemacht. War nichts mehr zu hören. Ich weiß auch nicht. Ich musste an dich denken. Da stimmt doch was nicht mit euch, mit dir und dem Chef, oder? Ich wusste nicht, ob ich dir das erzählen sollte, denn erst habe ich gedacht, du hast vielleicht so 'n komisches Arrangement mit dem Chef, und keiner darf wissen, dass du hier bist.« Sie hob abwehrend die Hände. »Ich hab's auch keinem erzählt. Auch der Inka nicht, die hat nichts von dem Gespräch mitgekriegt. War immer noch am Telefon, als die beiden wieder abgezogen sind. Aber eben gerade habe ich gesehen, dass einer von den beiden oben vor der Rezeption sitzt. Wie ein Gast. Das kommt mir echt komisch vor. Wenn das wirklich was mit deinem Sohn zu tun hat, habe ich gedacht, dann musst du das schon wissen.« Sie machte eine Pause, blickte mit unverhohlener Neugier in Barbaras aufgelöstes Gesicht. »Oder?«

»Ja … ja, danke.« Sie lachte kurz auf, stammelte: »Das hat bestimmt nichts mit mir zu tun. Bestimmt nicht.« Sie musste ihre Gedanken in die richtige Reihenfolge bringen und ruhig bleiben. Ganz ruhig bleiben. Wann? Wann hatte sie mit Philip telefoniert? *Wenn ich nichts höre, ist das gut,* hatte sie gedacht. *Keine Neuigkeiten sind gute Neuigkeiten. Wenn er sich nicht meldet, läuft alles,* hatte sie gedacht. Dafür spürte sie jetzt die spitzen Nadelstiche der Panik. Verkehrsunfall, Krankenhaus, alles war möglich. Nein. Es war etwas anderes. Wie war das gewesen gestern Mittag? Onkel Richard hatte sich durchstellen lassen in den Spa-Bereich, Angelika hatte sie gerufen. »Telefon. Für dich.«

Was konnte man denn mehr verlangen? Mehr als einen Anruf am Tag? Sie dachte daran zurück, erinnerte sich, wie sie nicht ganz bei der Sache gewesen war, wie sie immer wieder zu Angelika hinübergelächelt hatte, um ihr zu verstehen zu geben, dass das nicht ständig vorkommen würde – Privatgespräche während der Arbeitszeit. Und an die Stimme ihres Sohnes erinnerte sie sich: »Wir sind noch unterwegs, wir fahren an die See.« Er hatte beklommen geklungen. Nicht genervt, nicht aggressiv, nicht spöttisch. »Alles in Ordnung, Mutter, wir kommen klar.« Ernst. *Unerwartet ernst.* Da stimmte etwas nicht, das war nicht gut, gar nicht gut.

Zum Chef, zu Seitzer. Sie musste ihn zur Rede stellen, was hatte das zu bedeuten? Doch im selben Augenblick wurde ihr klar, dass er ihr nicht die Wahrheit sagen würde. Seitzer, der gute alte Freund von Onkel Richard, der sie so liebenswürdig und zuvorkommend behandelte, als wäre sie sein persönlicher Gast …

Ihre Finger waren wie taub, als sie begann, ihren Kittel aufzuknöpfen.

»Soll ich … deinen Gast übernehmen?«, fragte Corinna, und für den Bruchteil eines Momentes ertappte sich Barbara bei dem Gedanken: *Das willst du, du kleines Biest, loswerden willst du mich.* Aber sie nickte, schaffte es sogar, Danke zu sagen, und stellte im nächsten Augenblick fest, dass sie nach ihrer Handtasche griff.

3

Uwe Bickel hatte seine zweite Welt leidenschaftslos, aber geduldig gehegt, gepflegt und wachsen lassen. Seine Freunde lachten manchmal über diese Schrulle, wenn sie abends auf ein Bier rüberkamen. Schon deshalb, weil das Sofa und die beiden Sessel samt dem Fernseher, auf dem sie sich ihre Fußballübertragungen anschauten, immer weiter abgerückt waren – bis in die äußerste Zimmerecke. Aber wenn sie lachten, dann nur verhalten, und er ahnte, dass sie sich hinter seinem Rücken seufzend dazu gratulierten, dass sie im Leben mehr Glück gehabt hatten als er. Er verübelte es ihnen nicht. Denn, wie sich jetzt herausstellte, nützte es nichts, stillzusitzen und darauf zu vertrauen, dass einem das Schicksal in ausgeglichener Weise nach den schlechten auch einmal gute Karten zuspielen würde. Es gab sie nicht, diese übergeordnete Gerechtigkeit, und es gab auch keine Strafen, keine Vergeltung. Bickel seufzte nun selbst, saß mit abgesackten Schultern im Erdgeschoss seines Hauses, inmitten seines Reiches. Die Möglichkeit bestand, dass er sich verabschieden musste.

Die Züge standen still, und er konnte sich nicht dazu aufraffen, sie in Gang zu setzen. Dabei hatten ihn die mechanischen Bewegungsgeräusche fast immer getröstet. Jetzt aber schien es angemessener, nur dazusitzen und scheele Blicke zu werfen auf die Erhebungen aus satten Kunstwiesen, an deren Saum die Bäume mal gedrängt, mal weit voneinander entfernt steckten.

Lange, ausdauernde Blicke wanderten stockend über die endlosen Schienenstränge, die bergauf und bergab gingen, zu den vereinzelt grasenden Kühen und Schafen und zu den mehrgeschossigen Bauwerken aus verschiedenen Epochen.

Es ruhte ein Storchennest auf einem der Dächer, und der festgeklebte Storch mit den ausgebreiteten Flügeln befand sich seit Jahren kurz vorm Abflug. Vielleicht kam er aber auch gerade heim. Es gab die Bahnhöfe, die Übergänge mit den elektrischen roten Warnlichtern, die Brücken und natürlich die Tunnel sowie das Betriebswerk für die Dieselloks im Maßstab 1:87. Landschaften, Häuser, Maschinen. Keine Menschen, auch nicht auf den Terrassen der an den Hang gesetzten Ausflugslokale. Die Menschenfiguren hatte er nie aufnehmen wollen, sie hatten ihn immer abgestoßen. »Wie nach dem großen Knall«, hatte Reinold einmal gesagt. Bickel hatte verlegen lächelnd mit den Schultern gezuckt, aber gedacht hatte er: *Eigentlich nicht übel, die Idee.*

Nun aber nützte das alles nichts mehr. Vorerst war es vorbei mit dem Spielen, vielleicht für immer. Er war 69 Jahre alt. Sein Arzt drängte, der Termin stand. Er hatte Verpflichtungen, um die es sich zu kümmern galt. Vielleicht sollte sogar so etwas verfasst werden wie ein Letzter Wille. Das hieße wiederum, darüber nachdenken zu müssen, was er eigentlich wollte. Was er *als Letztes* wollte.

Statt sich klar zu werden, saß Uwe Bickel hier, umgeben von einer aufgebockten Landschaft, die er nach Renates Tod aus dem Keller geholt und beständig hatte wachsen lassen. Er saß fast bewegungslos auf einem Stuhl, trank kalt gewordenen Kaffee und rauchte Zigaretten, die er gar nicht mehr spürte. Nur wenn er sie nicht rauchte, spürte er sie. Wenn er versuchte, sie nicht zu rauchen, machten sie ihn verrückt.

Er freute sich, als das Telefon klingelte, auch wenn niemand das auf seinem ausdruckslosen Gesicht hätte erkennen können. Schlank musste er sich machen, um sich schnell durch die schmale Lücke zu quetschen, die ihm blieb, um in den Flur zu gelangen.

»Bickel.«

»Ich bin's.«

»Reinold.«

»Uwe, da sind wieder Leute in Welsheim. Von außerhalb. Du hast doch gesagt, ich soll dir Bescheid geben.«

Als er sich mit der Zunge über die Lippen fuhr, spürte Uwe Bickel, wie rissig und trocken sie waren. Mit dem Hörer am Ohr setzte er sich auf den Hocker neben dem Telefontischchen. »Danke, Reinold. Ist nett von dir, dass du daran gedacht hast. Was sind denn das für Leute?«

»Ja, weißt du, ich habe im ersten Moment gedacht, dieser Typ könnte zurückgekommen sein.«

»Wen meinst du?« Bickel spürte einen Hustenreiz im Hals. Seine Kehle war nicht auf Unterhaltungen eingestellt.

»Na, diesen Zeitungsmenschen. Da ist jetzt einer, der sieht aus wie der. Kommt in etwa hin. Schwarze Lederjacke, so Typ Großstadt. Aber ich hab den ja damals auch nur aus der Entfernung gesehen.«

Bickel schloss die Augen, überlegte. Das war kaum möglich. Rheinberger hätte ihm doch Bescheid gegeben. Er wüsste es doch, wenn er wieder hier wäre. »Ist der Mann alleine?«

»Nein, eben nicht. Da sind noch zwei ältere Leute dabei, ein Mann und eine Frau, und ein junges Mädchen. 'ne kleine Pummelige. Ich bin drüben in Welsheim mit meinem Mofa an denen vorbei. Hätte mir nicht so viel dabei gedacht, aber der Manfred hatte mir gerade erst erzählt, er hätte am späten Vormittag einen Wagen vor der Villa gesehen. Könnten ja gut die Leute gewesen sein. Nützt dir das was?«

Bickel sog angestrengt Atem ein. Sein Kiefer verkrampfte sich, und seine Finger griffen automatisch zu der von Doktor Iffland unleserlich unterschriebenen Überweisung in die Klinik, die vor ihm auf dem Tischchen lag. »Ja, kann gut sein. Sind die denn noch in Welsheim?«

»Im Moment? Ich denke, ja. Haben sich bei Anna ins Café gesetzt. Vor 'ner Viertelstunde.«

Was kommt am Schluss? Die Abrechnung natürlich, sagte eine Stimme in Bickels Hinterkopf. Und das war schon deshalb ungewöhnlich, weil es dort normalerweise ziemlich still zuging. *Ja, es muss abgerechnet werden, bevor alles vorbei ist.*

»Wenn du dich beeilst, kannst du sie vielleicht noch sehen.«

Aus dem kleinen viereckigen Fenster neben der Haustür fiel diffuses Licht, und Bickel konnte ein Stück blassblauen Himmels erkennen. »Du, das mach ich, Reinold. Wir sehen uns morgen Abend bei Manfred, oder?«

»Nee, die Kinder kommen zu Besuch, Ingrid hat doch Geburtstag.«

»Ach ja.« Er räusperte sich. »Grüß sie von mir.«

Er stand auf, griff nach den Autoschlüsseln. Oder doch zuerst anrufen? Nein, besser nicht. Wenn Morten Rheinberger zurückgekommen war, wollte er ihm gleich persönlich gegenübertreten. Und als die Tür hinter ihm laut ins Schloss fiel und ein kaum merkliches Zittern durch die von kaltem Rauch behangenen Berge und Täler seiner leblosen zweiten Welt ging, war Uwe Bickel plötzlich etwas klarer. Er glaubte nun zu wissen, worum es sich bei seinem Letzten Willen handeln könnte.

4

Alles geriet ins Wanken an diesem Morgen, aber während es für Brandy immer schlimmer wurde, ging es für Roth unversehens bergauf. Er erhielt die gute Nachricht – eigentlich schon die zweite gute Nachricht, nach dem Telefonat mit Dezember –, kurz nachdem er über den alten Computer eine E-Mail nach Amerika gesendet hatte. Ihr Inhalt musste dort natürlich noch übersetzt werden, aber Roth hatte genügend Ausrufezeichen vor und hinter jeden Satz gesetzt, um die Dringlichkeit zu betonen. Sollte der verdammte Stewart eben die Entscheidungen treffen. Roth war jetzt auf alles vorbereitet und dachte nur an eines: dass man ihm für seinen Schaden aufkommen musste, dass Stewart ihm bezahlen musste, was er womöglich durch diese Geschichte verlor.

Er würde Briefe schreiben, vielleicht Telefongespräche führen müssen. Mit Angehörigen, mit Unterstützern. Außerdem musste er Margret und Karl Schneider beruhigen, deren Sohn er die linke Kniescheibe herausgeschossen hatte. Manuel schien so weit stabil, der Doktor war früh aus Travemünde herübergekommen, pumpte ihn mit Betäubungsmitteln voll und zweigte gleich noch einige Dosen für die Eltern ab. Aber es stand nun die Frage im Raum, ob sie miteinander hierbleiben konnten. Roth hielt es für unwahrscheinlich, und er fluchte wieder und wieder vor sich hin. Sie hatten so viele Jahre ihre Ruhe gehabt – und ihr Auskommen. Und jetzt ging alles von vorne los, und alle machten dieselben Fehler wie damals.

Dann schlug King an. Er lief bellend vorm Fenster hin und her, mit aufgestellten Ohren. Einer der Männer kam herein, sagte hastig: »Sie sind zurück.«

»Was?«

»Sie ist zurückgekommen!«

»Sie …?«

»Ja!«

»Von selbst?«

Der Mann nickte.

»Und was ist mit …?«

»Sie hat sie mitgebracht.«

»Alle?«

»Keine Ahnung.«

Und während Roth und der andere in einem Anflug von Hoffnung auf den Vorplatz stürmten, hatte Brandy längst das Gefühl, den Verstand verloren zu haben – was im Übrigen gut möglich war.

Sie hatte in zu kurzer Zeit zu viel erlebt, was nicht zu verarbeiten war und während sie durch den Wald hastete, nahm sie sich immer wieder vor, sich wieder zu Wiebke und Fred in die Hütte und in ihren Schlafsack zu legen, wieder einzuschlafen und dabei auf die Meereswellen zu lauschen. Auf das Rauschen, das kam und ging, kam und ging. Und dann, wenn sie irritiert stehen blieb – *ich bin hier, ich bin ja wirklich hier* –, wenn sie spürte, wie sich Krämpfe durch ihren Unterleib zogen, fuhren Erinnerungen wie einzelne Blitze in ihr Bewusstsein: Erinnerungen daran, wie die schrecklich verunstalteten Geschöpfe aus der Dunkelheit die Überreste der Leichen gepackt und die Böschung hochgeschleift hatten. Wie diese toten Körper weich, so weich und nachgiebig, an ihr vorbei über die Hindernisse des Bodens, über Wurzeln und Steine, in die Büsche und zwischen die Bäume gezogen wurden.

Vielleicht, dachte sie dann, waren das die Spätfolgen ihrer Crackphase vom letzten Sommer. Vielleicht befand sie sich in einem Delirium, vielleicht würden diese Erlebnisse gnädig in einem Blackout enden, und sie würde sich später, wenn sie in der Realität erwachte, an all das nicht mehr erinnern können. Aber zugleich kam es ihr unwahrscheinlich vor, denn sie neigte nicht zu Halluzinationen, auch nicht im Rausch. Wo Wiebke und andere kichernd, lallend, euphorisch behaupteten, Löwen über die Dächer springen und riesige Kakteen aus dem Asphalt der Straßen wachsen zu sehen, engte sich ihr zumeist nur die Brust ein, oder der Schädel blähte sich ihr auf, und manchmal senkte sich der Himmel auf sie nieder und riss sie über den Erdboden. Das hatte nur mit Gleichgewicht und Kontrollverlust zu tun. Bilder wie diese waren in ihrem Kopf noch nie entstanden, und deshalb war sie dem blonden Mädchen mit einer halb weggetretenen Verwirrung gefolgt. Es war ein Kind und doch kein Kind, so viel glaubte sie zu spüren, und es hielt ihre Hand sehr fest gepackt, während es sie weiterdrängte.

»Nicht so schnell«, sagte Brandy einmal und schnappte keuchend nach Luft. Es war so verblüffend, wie schön der Boden unter ihr aussah, ein endloser Teppich aus weißen Bärlauchblüten, die sie unter sich plattdrückten. Dann waren sie an einem Wasser gewesen, und die Sonne hatte geschienen, und sie hatte kurz geglaubt, um Hilfe rufen zu können, weil kleine Häuschen in der Nähe des Wassers standen. Aber das Mädchen – *Wie alt war es? Zwölf? Jünger? Älter?* – hatte sie hart angefasst und eindringlich mit ihr gesprochen.

Es war so hell, ein heller Tag, der sich von allen vorigen Tagen ihres Lebens losgelöst hatte. Die Sonne schien, ließ durch die Blätter hindurch weiße Flecken auf den Boden fallen. Dann weiter, weiterlaufen, auf ein unbekanntes Ziel zu. Durch den Wald, Höhen hinauf und Senken hinunter. Irgendwann die Nähe einer Straße, Geräusche vorbeifahrender Wagen, vorbeifahrender Realität – *Menschen hinterm Steuer, ganz normale Menschen, die zur Arbeit fuhren vielleicht oder zum Einkaufen* – und dann aus dem Wald hinaus, ungeschützt auf eine Mauer zu, an der ein Schild angebracht war, das sie nicht hatte lesen können. Aber auch auf diesem Schild hatte sich die Sonne gespiegelt, dort hatte sie aufgeblitzt.

Hinter den Mauern, die mit Efeu bewachsen waren, sah sie Backsteinhäuser und einen kleinen Turm und Tannen – tatsächlich war sie bei Sinnen genug, um zu erkennen, dass es eine Art baufälliger Gutshof sein musste. Wenn sie sich umdrehte, sah sie die Gestalten, die ihr und ihrer zarten Anführerin mit dem harten Griff in kurzem Abstand folgten: Manche bewegten sich aufrecht voran, andere gekrümmt und schleppend, mit verkniffenen Augen, als litten sie unter dem strahlenden Tageslicht, und ihre mit Warzen und blauen Flecken übersäten, aufgequollenen Hände schlugen sie sich vor die verwachsene, entstellte Stirn.

Ihr verwirrter Geist hatte Brandy in einen verdammten Horrorfilm versetzt – ausgerechnet. Damals, als sie noch Stefanie genannt worden war, als sie noch zu Hause gelebt und sich von ihren Eltern hatte beschimpfen lassen, waren sie ihr immer viel zu widerlich gewesen. Sie war eine Schisserin, eine Sich-in-die-Hose-Pisserin vor lauter Angst, und jetzt steckte sie mittendrin in der Monster-Apokalypse. Ja, sie hatte es immer geahnt. Die Welt würde untergehen, alles Standfeste kippte um, die hohen, aus Stein gebauten Häuser, in denen die Menschen sich Sicherheit vorgaukelten, stürzten ein.

In den Atomkraftwerken, vor denen sie sich stets gefürchtet hatte, begann das Kühlwasser zu kochen, unsichtbare Teilchen wirbelten durch die Luft, die die Menschen gierig einatmeten, setzten Seuchen in die Körper, brachten die Zellen dazu, erbarmungslos zu mutieren. Der Wind wehte um sie her, und er wehte über die Zerstörung. Der Waldboden brach auf, und die Untoten kamen zum Vorschein, zeigten ihre Zähne, rammten sie in lebendiges Fleisch.

Das Mädchen stieß sie an, vor sich her, durch eine Tür in einen kühlen Raum, in dem schon ihre ersten stolpernden Schritte Hall erzeugten. Es war wohl eine Art kleine Kirche, mitsamt hölzernen Sitzbänken und einem durch zwei Stufen erhöhten steinernen Altar, dem sich Brandy ungläubig näherte. Wie in Trance.

Die beiden Kreuze, so viel erkannte sie, standen auf dem Kopf, und im nächsten Augenblick standen sie gar nicht mehr, sondern flogen scheppernd zu Boden. Brandy schrie kurz auf, ohne ganz ihre Benommenheit zu verlieren. Eine der stärkeren Gestalten hatte die Kreuze mit Gewalt beiseitegefegt und riss jetzt einen Vorhang im Hintergrund herunter, hinter dem irgendwelche Gefäße standen, die der Entstellte ebenfalls mit wütender Kraft und einem gurgelnden Lallen zu Boden hieb.

Sie wich zurück, irgendwohin, riss sich den Arm vors Gesicht und brach in Tränen aus, als die große Fronttür der Kapelle aufgerissen wurde und grelles Licht hineindrang. Draußen hatte jemand etwas gerufen (*Verheißerin* vielleicht?), und das Mädchen stand mit der Kapuze über dem Kopf im Mittelgang zwischen den Kirchenbankreihen und gab mit der linken Hand ein Zeichen. Eine der Kreaturen schleppte etwas herbei, es waren irgendwelche Überreste, blutige Masse, Stoff, etwas Ausgefranstes, Verklebtes: Fleisch. Fleisch war es – ob von Wiebke, Fred oder einem der beiden kahlköpfigen Männer war für Brandy nicht zu erkennen. Ebenso wenig, ob es ein Stück Bein war oder aus einem Oberkörper stammte. Sie weinte, hielt sich beide Hände vor die Augen. Ihre Schultern hoben und senkten sich schluchzend. *Aufhören! Aufhören! Bitte, aufhören!*

»Kommt zurück. Wir haben, was ihr braucht, die Medizin. Ihr

müsst essen«, rief von draußen eine tiefe, männliche Stimme, und als Brandy den Kopf leicht hob, konnte sie sehen, dass die Leichenteile vor die Tür der Kapelle in die grelle Morgensonne geworfen worden waren.

»Traut ihr euch hier herein? Zu uns?«, antwortete das Mädchen. Aber die Stimme. Die Stimme war ein lautes Dröhnen, das von den Steinwänden widerhallte und Brandy tief in den Körper drang. Von hinten betrachtet, kam ihr das Mädchen nun auch viel größer vor. Die kalte Luft vibrierte, und in ihren schwächer werdenden Beinen kribbelte es. Brandy krümmte sich auf dem Fliesenboden, fühlte schlimmer werdende Stiche, die ihr gleichzeitig in Kopf und Bauch fuhren.

»Es ist so weit«, rief die Männerstimme draußen im Sonnenlicht, und auch sie hörte sich ängstlich an. »Endlich. Jetzt wird alles gut. Diesmal haben wir sie gefunden, diesmal ist es wahr.«

5

Schweiß stand auf Seitzers Stirn. Barbara Rheinberger sah es genau, sah, wie es unter dem fliehenden Haaransatz ihres Chefs glitzerte. Aus dem jovialen Hotelbesitzer war innerhalb weniger Sekunden ein ertapptes Kind geworden, das mit gesenktem Kopf neben einer zerschlagenen Fensterscheibe steht. Sein massiger Körper schien als nasser Sack an ihm zu hängen, ein nutzloses, unangenehmes Gewicht, und als er die Finger ineinander verschränkte, knackten sie überraschend laut. Ihn so zu sehen, ihn stammeln zu hören machte sie schier wahnsinnig.

»Setzen Sie sich doch bitte«, sagte er versuchsweise, während seine Augen rastlos über den Schreibtisch wanderten. Als sie sich nicht rührte, ging er zur Tür. »Inka, würden Sie dem Herrn sagen, dass er zu mir ins Büro kommen soll. Sie wissen schon. Es wäre dringend.«

»Was hat das zu bedeuten?« Sie hatte ihre Stimme nicht mehr unter Kontrolle. Das Muttertier war in Angriffsstellung, und ihr schwerfälliges, schwitzendes Gegenüber wusste nicht, wohin. Sie hatte gerötete Wangen, und sie war bereit, zuzuschnappen. Die Krallen hatte sie bereits ausgefahren.

Seitzer bewegte sich wieder hinter die rettende Barriere seines Schreibtischs, wo verschiedene Urkunden und Familienfotos ihn tröstlich umrahmten. »Glauben Sie mir, ich hätte gerne mit Ihnen gesprochen, gestern schon, aber Sie müssen das verstehen. Ich durfte nicht. Für mich ist die Situation sehr schwierig. Das kann ernsthafte Konsequenzen für mich haben. Ich stehe nicht gut da im Augenblick. Die Belegung. Und ich könnte meine Konzession verlieren. Schon die Tatsache, dass ich Sie hier habe unterschlüpfen lassen.«

»Wovon reden Sie eigentlich?« Barbara Rheinberger spürte, dass sie kurz vorm Explodieren stand. »Sie haben mich doch engagiert. Sie haben doch eine Aushilfe gebraucht!«

Ihre Stimme war laut, er schwieg.

»Das stimmte also überhaupt nicht?« Sie blickte kurz zu Boden. Es rauschte in ihrem Kopf. »Aber Onkel Richard …«

Seitzer schaute sie ungläubig an. Jetzt begriff sie, dass er Dinge wusste, von denen sie keine Ahnung hatte. Aber offenbar hatte er gedacht, sie sei eingeweiht.

»Er hat darauf bestanden, dass ich Sie hier unterbringe, Barbara. Sie wissen doch sicher, dass wir früher … beruflich … miteinander zu tun hatten?«

»Ich weiß überhaupt nichts, Herr Seitzer. Was ist mit meinem Sohn?«

Hinter ihr öffnete sich die Tür, und sie fuhr herum. Zwei Männer betraten den Raum. Der eine trug einen dunkelgrauen Anzug, war noch jung. Anfang dreißig. Der andere älter. Sein gelbes Poloshirt war auffällig, außerdem hatte er sich einen hellblauen Pullover um die Schultern gelegt. Um den Hotelgast zu spielen. Natürlich. Sie hatte ihn heute Morgen gesehen. Er war ihr auf einem der Flure begegnet. Jetzt schaute er von ihr direkt zu Seitzer. Dieser atmete schwer und stammelte: »Frau Rheinberger … sie … möchte wissen …«

»Was ist mit meinem Sohn? Sind Sie von der Polizei? Was hat das zu bedeuten?«

Der Mann im Poloshirt trat zu ihr, und sein Misstrauen stand ihm überdeutlich ins Gesicht geschrieben. »Sagen *Sie* es uns, Frau Rheinberger.«

»Was?«

»Wo sich Ihr Sohn befindet. Sagen Sie es uns.«

6

Die Enttäuschung traf ihn mit einem Schlag, und schon im nächsten Augenblick verspürte er einen weiteren scharfen Stich in seiner Lunge. Uwe Bickel beugte sich über das Lenkrad seines geparkten Wagens und starrte über die Straße hinüber zu Annas Café. Die vier Personen waren gerade vor die Tür getreten und schienen sich etwas unschlüssig zu unterhalten. Das Mädchen schüttelte den Kopf. Der Junge sah niedergeschlagen aus. Und war definitiv *nicht* Morten Rheinberger. Eine dumme Verwechslung. Der Journalist war deutlich über zwanzig, das hier war bloß ein Halbstarker. Nur die Lederjacke war ähnlich.

Sie näherten sich dem Seat mit dem fremden Kennzeichen, das Bickel sich einzuprägen versuchte. Der alte Mann schloss die Fahrertür auf, aber bevor er einstieg, schaute er sich mit ernster Sorgfalt um, als präge er sich die Details dieser unscheinbaren Dorfstraße mit ihren gleichförmigen Wohnhäusern genau ein. Hatte er ihn auf seinem Beobachtungsposten erblickt? Vielleicht.

Bickel spürte, wie ihn Unruhe überfiel. Es war nicht leicht, sich zu erinnern. Vor allem, wenn man sich so sehr daran gewöhnt hatte, die Vergangenheit unangetastet zu lassen. Konnte es sein, dass er diesen Mann schon einmal gesehen hatte? In einer Zeitung vielleicht? Auf einem Zeitungsfoto, das war möglich.

Er ließ ihnen einen Vorsprung, dann startete er den Wagen und folgte ihnen auf dem Egerstädter Weg, der aus Welsheim hinausführte. Der Junge und das Mädchen saßen hinten, und an der ersten Kreuzung, als sich der Abstand zwischen ihren Fahrzeugen weiter und weiter verringerte, drehten sie sich gleichzeitig um und schauten ihn durch die Heckscheibe fragend an. Er hielt dem Blick ausdruckslos stand und bog, wie sie, links ab. Nun sah er wieder nur die Hinterköpfe. Sie unterhielten sich. Der Junge beugte sich vor, sprach mit dem Fahrer.

Das Radio schaltete Uwe Bickel grundsätzlich nicht ein, Musik verwirrte und störte ihn nur. Aber nun schien ihm sich die Stille wie dicke Watte in die Ohren zu bohren, während er seinem Vordermann wie magnetisch angezogen weitere zehn Minuten lang folgte. Nicht einmal den Versuch unternahm er, dies zu verbergen, und schließlich bog er, ebenso wie der Seat, auf einen schmalen Parkplatz ein. Von ungefähr registrierte er den für Landmaschinen ausgelegten Schotterweg, der zwei weit ausgestreckte Rübenfelder teilte. Er kam hier oft vorbei, hatte aber noch nie gehalten. Die Reifen preschten kleine Steinchen auf, und er brachte den Wagen vor einem grünen Abfalleimer zum Stehen. Er schaltete den Motor ab, verharrte kurz im leeren Rauschen des Moments und stieg dann schwerfällig aus. Sein Blick fiel auf die vier Personen im Seat, die eine ganze Weile verwundert zu ihm aufschauten, bevor der Fahrer ebenfalls seine Tür öffnete und langsam sein Fahrzeug verließ.

»Können wir Ihnen irgendwie weiterhelfen?«, fragte der alte Mann.

Bickel antwortete nicht, schaute jetzt zu seinen Füßen hinunter. *Am Schluss kommt die Abrechnung*.

Zwei Autos zogen rauschend am Parkplatz vorbei. Bickel hob den Blick. »Sie waren heute im Wald.«

»Im Wald?«

»Bei … der Villa.«

»Und wenn es so war?«

»Warum waren Sie da?«

Auf der anderen Seite der Bundesstraße, das wusste Bickel, auch wenn man es von hier aus nicht sehen konnte, verliefen Schienen. Der Regionalexpress nach Buchholz musste hier vorbeikommen. Nur noch drei Mal am Tag passierte er Welsheim. Etwa um 16 Uhr 30 würde es wieder so weit sein. Aber er musste sich jetzt zusammennehmen, sich konzentrieren.

»Warum wollen Sie das wissen? Wer sind Sie denn? Wie heißen Sie?«, fragte der Mann.

»Bickel.«

Die Pause kam ihm lang vor, aber er konnte so etwas schlecht einschätzen. Jedenfalls sagte der Mann nach einer Weile: »Bickel. Sie sind … Uwe Bickel?«

Er holte den Inhalator aus der Brusttasche, setzte ihn an den Mund, aber die Kühle, die er aufsog, schmerzte bloß.

»Das ist ja ein Zufall, Herr Bickel.«

Wohl kaum. Er schüttelte den Kopf, ließ den Inhalator wieder verschwinden.

»Sie werden sich vermutlich nicht erinnern, Herr Bickel. Aber wir haben uns einmal getroffen. Ich war bei Ihnen und Ihrer Frau, wissen Sie noch? Es ist lange her.«

»Wie heißen *Sie* denn?«

»Mein Name ist Korff. Doktor Richard Korff. Aber Sie werden sich gewiss nicht mehr an mich erinnern.«

Also doch. Mehr als ein Gesicht auf einem Zeitungsfoto. Aber etwas stimmte nicht. Wieder war da eine Stimme in seinem Kopf, und sie legte ihm nahe, dass es sehr gut sein konnte, dass der Mann ihn dreist belog. Aber er war nicht daran gewöhnt, dass seine Gedanken und Erinnerungen derartig in Bewegung gebracht wurden, und er wusste nicht damit umzugehen. »Warum sind Sie hier?«, fragte er.

»Wir suchen jemanden.«

»Wen?«

Der Mann betrachtete ihn eingehend, zögerte. »Morten Rheinberger.«

Bickel nickte bitter. »Passt Ihnen wohl nicht, dass der seine Nase hier reinsteckt.«

»Ganz im Gegenteil, Herr Bickel. Sie kennen ihn also, Sie haben mit ihm gesprochen?«

»Kann sein.«

»Das ist gut. Bitte, erzählen Sie uns davon. Schauen Sie, der junge Mann da im Wagen, das ist Mortens Bruder.«

Bickel betrachtete mit zusammengekniffenen Augen das vorgereckte Gesicht hinter der Seitenscheibe. Er war zu oft hinters Licht geführt worden. Von Leuten wie dem hier … Korff. *Korff?* Aber ihm war jetzt zum ersten Mal seit der Diagnose klar, was es eigentlich bedeutete, dass er nichts mehr zu verlieren hatte. Es bedeutete auch, keine Rücksichten mehr nehmen zu müssen. Es spielte eigentlich keine Rolle, ob er Morten Rheinberger in den Rücken fiel. Wichtig war jetzt nur noch, dass er mit möglichst vielen Menschen sprach, dass er in Gang brachte, was der Zeitungsschreiber nicht vermocht hatte – aus welchen korrupten Gründen auch immer.

»Nicht hier«, sagte er heiser.

7

»Na toll, und nun kriegen wir alle auch noch Lungenkrebs«, zischte das Mädchen. Nur leise, mit halbem Lachen und angewidertem Gesichtsausdruck, und so, dass es nur der Junge hören sollte. Aber Bickel war ja nicht taub. Seine Bewegungen wurden langsamer. Für einen Moment schien es ihm, als käme er mit der Reihenfolge der eigenen Schritte durcheinander. Weil sie das Wort so aussprach, als bedeute es nichts. Der Junge zuckte mit den Schultern, und so wie er dabei aussah, war es tatsächlich möglich, dass er Mortens Bruder sein konnte. Vielleicht war es richtig, alles zu sagen.

Aber er musste rauchen, wenn er diese Geschichte erzählte, und dafür würde er sich nicht entschuldigen. Also trottete er mit dem Bier, das er sich am Tresen geholt hatte, durch das Restaurant des Lindenkrugs, wo er an manchen Sonntagen Eisbein aß und Grünkohl im Winter. Stumm führte er sie in den durch eine schwere Schiebetür abgetrennten Bereich, wo die Holztische nicht eingedeckt waren. Hin und wieder spielte er hier Karten, aber um diese Uhrzeit war der Raum leer. Lag noch Rauch in der Luft? Roch es schlecht? Er hätte es nicht wahrnehmen können. Sie mussten da jetzt durch, wenn sie hören wollten, was er zu sagen hatte. Sein Feuerzeug flammte auf. Er legte es direkt auf den Tisch, neben die Pall-

Mall-Schachtel und den kleinen Pulverinhalator. Er wusste: Das war ein widersinniges Bild. Aber er selbst betrachtete es beinahe trotzig.

Er räusperte sich, was ihm allerdings keine Erleichterung verschaffte. »Was wollen Sie wissen?«, fragte er.

»Wie sind Sie mit Morten in Kontakt getreten? Und vor allem wann?« Der alte Mann mit der scharf geschnittenen Nase und den eindringlichen Augen sprach wieder mit drängender Stimme. Ja, vielleicht war er einer von denen gewesen, die damals zu ihm und Renate gekommen waren. Vielleicht hieß er Korff, vielleicht nicht. Bickel betrachtete die Asche, die er am inneren Rand des dicken gläsernen Aschenbechers abstreifte. »Anfang März. Montags. Er hat bei mir zu Hause geklingelt.« Die Zigarette wanderte wie von selbst zu seinen Lippen zurück. Er wusste: Es gab Kettenraucher, die umfielen und starben, wenn man sie auf Entzug setzte. Einfach so. »Ich hab ihm die Tür vor der Nase zugeschlagen.«

»Warum?«

»Hab schlechte Erfahrungen mit der Presse gemacht. Hab's immer so gehalten.«

»Aber das war doch nicht alles?«

Bickel ließ die Arme sinken, er musste sich anlehnen. Beim Sprechen schaute er, wie es seine Angewohnheit war, nicht oft seine Gesprächspartner an, stattdessen immer wieder aus dem mit Seidenblumen und Zinnkrügen vollgestellten Fenster zur Straße hinaus. »Am nächsten Morgen hatte ich einen Umschlag im Briefkasten. Kopien von Zeitungsausschnitten von damals.«

»Nämlich?«

»Na ja, es gab da so einen Artikel, ich hatte den schon ganz vergessen, in dem meine Frau und ich vorkamen. Wir haben da irgendwas über die Villa gesagt. Es ging darum, dass unsere Tochter überfallen worden wäre und im Krankenhaus lag.«

»Artikel vom Juli 85?«

»Natürlich. Aber er hatte auch noch einen Zettel dazugelegt, so eine Art Brief. Wer er ist, hat er geschrieben, und dass er die Sache aufrollen und publik machen will, und dass er gerne Informationen von mir hätte.«

Bickel schob die Lippen übereinander. *Außerdem, dass es wieder losging. Dass andere zurückgekommen waren, dass es eine Verschwörung gegeben habe.* Nichts Neues für ihn.

»Er hat geschrieben, ich würde anonym bleiben. Am Abend stand er wieder vor der Tür.«

»Und diesmal haben Sie ihn reingelassen.«

»Ja.«

»Was wollte er denn von Ihnen erfahren?«

»Na, alles. Was sich damals hier zugetragen hat.«

»Was genau?«

Er schnaufte. »Sie wissen das doch alles. Oder nicht?«

Der Mann namens Korff lächelte, aber für Bickel sah das nicht nach Verlegenheit aus. »Für uns ist wichtig, dass wir erfahren, was Sie Morten gesagt haben, damit wir nachvollziehen können, wohin er sich nach dem Gespräch mit Ihnen gewandt hat. Wie er weiter vorgegangen ist. Wir möchten ihn finden.«

Bickel musste lachen, heraus kam aber nur ein trockenes Husten. Dann schüttelte er den Kopf. »Kann ich mir denken.« Seine rechte Hand näherte sich der Schachtel auf dem Tisch, klappte prüfend den Deckel hoch. Noch vier waren übrig. »Er wollte wissen, wann uns das erste Mal diese Schweine da im Wald aufgefallen sind.«

Der Junge sagte dumpf: »Die Gesellschaft für Kritische Theologie?«

Bickel schaute ihn an, nickte. »Wir haben gar nichts von denen mitbekommen. Keiner in den umliegenden Orten hat das, nicht mal direkt in Welsheim. Sie waren einfach irgendwann da, mit ihrer Gesellschaft. 84. Kann sein. Meine Frau und ich … und unsere Tochter, wir haben damals schon in Hecklingen gewohnt, in einem anderen Haus als heute, zur Miete. Aber keiner hat gewusst, was die da machen. Es hat überhaupt niemand wirklich gewusst, wie viele Leute da eigentlich leben. Keiner von denen hat in den Dörfern eingekauft, keiner ist in den Kneipen aufgetaucht, keiner hat hier was gegessen. Die waren ganz für sich. Wir haben gedacht: Die sind sich zu fein für unsereins, die müssen beten und kluge Sachen über Gott und die Welt reden und sich überlegen, wie sie den Hunger in Afrika abschaffen. Wir haben ja nicht die leiseste Ahnung gehabt.«

»Aber dabei ist es nicht geblieben.«

»Nein. Irgendwann ging dann das Gerede los. 85? Ja. Wer damit angefangen hat, weiß ich nicht, das hab ich auch Ihrem Herrn Rheinberger gesagt. Aber das sind sehr kleine Gemeinden hier, unsere Dörfer. Hecklingen. Und Welsheim. Man kennt sich untereinander, schon von Kindheit an. Jedenfalls ging irgendwann das Gerücht um, das wären gar keine piekfeinen Professoren oder Kirchenleute oder was, sondern Hippies, die da wilde Partys veranstalteten.«

Bickel musste an den alten Pfarrer denken, der hatte eine Zeitlang mächtig Rabatz gemacht. Nur der Name fiel ihm nicht ein. Gehörte zur Lutherkirche in Wennau – so einer vom alten Schlag, mit Rauschebart und Glatze. Der war bei den Herrschaften vorstellig geworden, hatte sie wohl eingeladen zum regulären Gottesdienst, und die hatten ihn einfach weggeschickt. Der hatte sich vielleicht aufgeregt. Damals war das Wort zum ersten Mal gefallen. *Sekte. Das sind keine Protestanten und keine Katholiken. Nicht mal Freikirchliche. Eine Sekte, nichts weiter!* Aber um sich weiter mit der Sache zu beschäftigen, war er anschließend einfach zu beleidigt gewesen. *Mit dem Arsch rum*, wie man so schön sagt.

Bickel schaute von einem zum andern, in die fragenden Augen. Die alte Dame mit den kurzen Haaren, die sich neben ihn gesetzt hatte, lächelte ihn an. Sie hatte noch kein Wort gesprochen. War ihm sympathisch. Er richtete die nächsten Worte direkt an sie: »Leute aus Welsheim sind da nachts im Wald unterwegs gewesen und haben Gott weiß was gehört und gesehen. Na ja, und wenn es erst mal heißt, da findet was Verbotenes statt oder … wie soll ich sagen … was Unanständiges, dann sind ja zumindest die jungen Leute nicht mehr zu bremsen.«

»Wie alt war Ihre Tochter damals?«

Bickel hatte das Gefühl, von innen auszutrocknen. Das Bierglas, das er sich auf dem Weg durchs Restaurant mitgenommen hatte, war jetzt leer. Schaum rutschte langsam an der Innenseite herunter. Er fuhr sich mit dem Handrücken übers Gesicht. »Sechzehn … Nein, damals war sie noch fünfzehn. Aber was Sie da andeuten, stimmt nicht. Sie hat nicht zu denen gehört, die sich das mal aus der Nähe anschauen wollten. Aber es gab andere. Nachtwanderungen. Immer mehr Gerüchte. Na ja, und dann ging der ganze Mist eben los.« Er atmete den Rauch ein, sank noch weiter in sich zusammen. Er spürte, dass sich die anderen Mühe geben mussten, ihn zu verstehen. Er sprach leise, kämpfte jetzt schon mit der Erschöpfung.

»Ich kriege das nicht mehr zusammen«, sagte er mit einem Blick auf Korff. »Aber Sie haben doch bestimmt alles in Ihren Unterlagen. Ich glaube, als Erstes ist der Heinrich Gerber angefahren worden. Auf einem der Zufahrtswege hoch zur Villa. Fahrerflucht. Hat er nicht überlebt. Und dann ist dieser Junge verschwunden. Von der Familie, die am Rand von Welsheim in einer von den Wohnungen für Sozialhilfeempfänger gewohnt hat. Den hat man nie wiedergefunden, das weiß ich. Die sind dann weggezogen. Polizei war da. Angeblich kein Zusammenhang mit dem Verein da oben in dem Haus. Aber die Leute vor Ort haben sich damit nicht abgefunden. Ich fand es auch nicht richtig.« Er musste eine Pause machen. Es brannte in seiner Kehle. »Wir hätten auch wegziehen sollen damals.«

»Stattdessen haben Sie die Sache selbst in die Hand genommen.« Das kam von Korff.

Bickel schaute aus dem Fenster, sagte langsam: »Dann erklären Sie mir doch mal, warum die Polizei sich von denen hat verarschen lassen. Sagen Sie mir, warum die damals nicht das Haus unter die Lupe genommen haben und die Leute, die da gehaust haben. Warum nicht?«

»Es gab leider einen sehr einfachen Grund, Herr Bickel.« Überrascht hörte er zum ersten Mal die Stimme der Frau. Er blinzelte durch den blauen Rauch.

»Einer der Unterstützer der Sekte hatte persönliche Verbindungen zur kommunalen Verwaltung«, sagte sie. »Er hatte in der Nähe verschiedene Immobilien erworben und größere Unternehmen angezogen. Wir konnten das später genau nachvollziehen. Deshalb ist wohl auch die ursprüngliche Entscheidung getroffen worden, das

Haus hier zu beziehen. Es ist im Hintergrund sehr viel Druck ausgeübt worden. Diese Leute von der Gesellschaft für Kritische Theologie haben behauptet, die Bewohner der umliegenden Gemeinden verbreiteten Hetzkampagnen. Außerdem würde die Arbeit gefährdet, und es wurde damit gedroht, das angeblich so bedeutende Forschungszentrum zu verlegen. Es sind auch Bestechungsgelder geflossen. Aber wenn wir es richtig verstehen, hatte die Sekte ohnehin bereits beschlossen, ihre Zelte abzubrechen und sich einen neuen Ort zu suchen.«

Er schaute sie einen Moment lang an, dann schnell wieder aus dem Fenster. *Sie wären sowieso gegangen?*

Der alte Mann mit den stechenden Augen wusste natürlich, was in ihm vorging. Und sagte: »Wenn Sie das geahnt hätten, hätten Sie natürlich nur abgewartet. Aber stattdessen haben Sie den Brand gelegt.«

Für einen kurzen Moment stieg der Widerspruch in ihm auf. Seine Freunde von damals wären aufgestanden, hätten diesem arroganten Fatzke in seinem verschissenen Anzug eine verpasst, aber Bickel sackte nur noch ein Stück weiter in sich zusammen und verzog die Mundwinkel. Man hätte die kurze Zuckung in der Leere seines Gesichtes beinahe für ein Lächeln halten können. »Ich habe das Haus nicht in Brand gesteckt.«

»Aber Sie waren dabei?«

»Es war eine ganze Gruppe von Männern aus Welsheim und Hecklingen. Ich bin mitgegangen, ja.«

»Es geht nicht darum, Ihnen Vorwürfe zu machen, Herr Bickel.«

Er sagte erst nichts, dann: »Wenn es Ihnen Spaß macht, tun Sie's ruhig.« Niemand konnte ihm jetzt noch etwas anhaben. Er hatte seine Jahre abgesessen. Einzelhaft im eigenen Leben, im eigenen Haus.

»Haben Sie Morten Rheinberger erzählt, dass Sie damals dabei waren?«

»Nein. Warum auch? Ob ich dabei war oder nicht – was ändert das? Es war doch so: Die Polizei hat sich für die ganze Sache nicht interessiert. Aber bei uns sind die Leute fast verrückt geworden. Wir haben doch alle gewusst, dass der ganze Mist von denen ausgeht.«

Bickel erinnerte sich an den Vater vom Heinrich Gerber, der war nachts draußen gewesen, hatte sich Zutritt verschafft zum Gelände. In den Nebengebäuden hatte er jede Menge Autos gefunden, lauter Wagen von außerhalb, auch ausländische Nummernschilder, aus Holland und aus Dänemark – und die hat nie einer durch die Dörfer fahren sehen, höchstens mal von weitem. Nachts sind die gekommen, über die Autobahn, haben einen großen Bogen geschlagen und sind über die kaum befahrenen Wege hinter Wennau und über die Heide zum Haus gefahren. »Es war allen klar«, sagte er, »dass da was nicht stimmte. Also wollten wir ein Zeichen setzen. Dass die sehen, sie sollen sich irgendwo anders treffen, nicht bei uns. Das Haus hat auch überhaupt nichts abgekriegt. Es ist nur ein Schuppen abgebrannt, und eines der Nebengebäude hat wohl Feuer gefangen. Und es hat ja auch gewirkt … irgendwie.«

»Was heißt das?«, fragte der Junge.

Der Mann, der sich Korff nannte, lehnte sich zurück und sagte finster: »In der Nacht vom vierten zum fünften Juli 1985, als das Feuer gelegt wurde, haben die verbliebenen Bewohner der Villa Köselitz, vermutlich waren es ohnehin nicht mehr viele, fluchtartig das Gelände verlassen und sind abgetaucht. Sie wussten vermutlich nicht, Herr Bickel, dass sich auch in den Nebengebäuden, die sie angezündet haben, zu diesem Zeitpunkt Menschen befanden.«

»Menschen?« Er machte eine Pause, suchte nach den richtigen Worten, beließ es dann bei einem schnaufenden: »Nein.«

8

Wir waren jung. Ich war jung. Uwe Bickel schämte sich nicht, wenn er daran zurückdachte, er war nicht mal wütend. Er wunderte sich bloß über die Tatsache, dass er damals jemand anderer gewesen war. *Ein ganz Stiller*, wie Reinold immer sagte – das war er damals ebenso gewesen wie heute. Aber er hatte eine Kraft in sich gespürt, die Kraft, sein Leben und das Leben der Menschen um ihn herum bestimmen zu können. Die Kraft, zu sagen: *Bis hierhin und nicht weiter*. Ihnen allen war es so gegangen. In jener Nacht hatten sie sich umgeschaut und gedacht: Das ist unsere Gegend, diese Häuser, diese Straßen, die in den Wald führen, die Heide, der Wald und auch das alte Internat, die Villa, um die neue Zäune gezogen worden sind, das gehört doch alles uns. Wir lassen uns das nicht wegnehmen, wir lassen uns das nicht von euch kaputtmachen.

Jetzt war ihm klar, dass er sich in dieser Nacht zum letzten Mal so stark, so unabhängig und so aufgehoben in einer Gruppe Gleichgesinnter gefühlt hatte. Es war die letzte Nacht der Zugehörigkeit – zu Freunden, Nachbarn, zu der eigenen Familie.

Erst hatten sie die Flasche Korn gemeinsam ausgetrunken, dann neu gefüllt und den Stoff zum Anstecken hineingestopft. Er erinnerte sich, dass er da draußen auf dem Pfad, zwischen den Bäumen, den Max in die Rippen gestoßen und ihm zugeflüstert hatte: »Du kannst doch eigentlich anschließend gleich hierbleiben.«

Der Max war bei der Freiwilligen Feuerwehr gewesen. Und er hatte ihnen auch gezeigt, wie man den Molotowcocktail bauen musste. So viele Einzelheiten standen ihm bis heute vor Augen. Niemals hätte Uwe Bickel sie in zusammenhängende Worte fassen können. Niemals hätte er die Energie aufbringen können, all das so zu formulieren, dass seine Zuhörer es auch nur ansatzweise begriffen hätten. Nein, sie würden ihn sowieso nicht verstehen.

Was wisst ihr davon, wie es ist, wenn man alles verliert? Gar nichts. Ihr stellt eure Fragen, ihr schreibt euch etwas auf, für eure Akten oder für Artikel, die dann nie erscheinen oder in denen nur Lügen stehen, und dann kehrt ihr in euer heiles Leben zurück und kümmert euch nicht mehr darum. Den beiden Jugendlichen da kann ich meine Gruselgeschichten erzählen, und vielleicht werden sie die eine oder andere Nacht nicht ganz so gut schlafen. Aber dann? Dann geht ihr Alltag fröhlich weiter. Und ich sitze hier.

Er hatte früher selber daran geglaubt: Auf Regen folgt Sonne, auf weinen wird gelacht. Sein Leben war der Gegenbeweis. Inzwischen hatte es Tage gegeben, an denen es sich aushalten ließ, Tage mit den alten Freunden, beim Kartenspiel, oder wenn er zu einer der Modelleisenbahnmessen nach Köln oder Dresden gefahren war – aber zum Guten hatte sich nichts mehr gewendet. Der Punkt, von dem aus alles zerbrochen war, war jene Nacht gewesen, als einer der anderen, er wusste nicht mehr, wer es gewesen war, vielleicht sogar der Max selbst, die brennende Flasche von sich geschleudert hatte. Dieser merkwürdig kleine Punkt aus Licht, der in hohem Bogen durch die Dunkelheit geflogen war. Er hatte noch gedacht: *So wenig Feuer. Was, wenn die Flamme vorher ausgeht?* Die Sorge hätte er sich nicht machen müssen.

Diese merkwürdige Faszination – unmöglich zu beschreiben –, wenn ein Feuer sich ausbreitet, zu sehen, wie es an Kraft gewinnt, wie es heller wird und heißer. Und dann, langsam lauter werdend: die unverständlichen Rufe, das Geklirr, dumpfes Zerren, die Schreie. Eher ein Fiepen, wild, hemmungslos, schrecklich schrill. Sehr schnell sehr viel Rauch. Aber der Tumult war es gewesen, der die Leute im Haus alarmiert hatte. *Sie wussten vermutlich nicht, Herr Bickel, dass sich auch in den Nebengebäuden, die Sie angezündet hatten, zu diesem Zeitpunkt Menschen befanden?* Nein, keine Menschen. Aber sofort hatte man Licht in den Fenstern gesehen, Silhouetten auf dem Balkon über dem Eingangsportal. Er und die anderen waren zurückgewichen, alle von der Furcht gepackt, man könne sie von dort oben aus erkannt haben. Rückwärtsstolpernd durch den Wald. Max war gestürzt und hatte sich die Jacke aufgerissen an irgendwelchen Ästen. Das war auch so ein Bild, das Bickel lange verfolgt hatte und nun wieder klar vor ihm stand: der klaffende Riss in der Jacke von Max, das weiße Innenfutter, das daraus hervorquoll.

Uwe Bickel schaute auf und sagte: »Wir haben die Feuerwehr sofort alarmiert.«

»Sie müssen sich nicht rechtfertigen. Wenn Sie Morten davon nichts mitgeteilt haben, interessiert es uns auch nicht. Was haben Sie ihm denn über die Tage danach erzählt?«

»Dass die Feuerwehr da war und noch in der Nacht die Polizei. Dass festgestellt wurde, dass alle Bewohner das Weite gesucht hatten und dass es dort nicht mit rechten Dingen zugegangen war. Satanisten waren das ja, oder was weiß ich, was die gewesen sind. Na ja, und die ganzen Drogen, die man da gefunden hat.«

Und Tote. In den Schuppen. Befremdlich aussehende, erstickte Leiber, aber nur wenige. Die anderen waren entkommen. Die Sicherung der Brandstelle, mit dem versickernden Löschschaum im Boden, war nur Auftakt gewesen zu einem Wochenende, an dem die Grenze verschwommen war zwischen dem, was man glauben konnte, und dem, was völlig unvorstellbar war. Aber jeder kümmerte sich vorläufig verstockt und verunsichert um das Seine. Man traf sich auch nicht mehr als Gruppe. Niemand klopfte dem anderen ermutigend auf die Schulter, sie mieden einander. Aber sie alle waren ruhelos, den gesamten Samstag über und die gesamte Nacht – auch als sie noch gar nichts wussten.

»Jemand hat dann etwas im Wald mitbekommen, beobachtet, meine ich … in der folgenden Nacht …«

»In der Samstagnacht …«

»Ja. Ich weiß nicht mehr, wer. Ich konnte es auch Herrn Rheinberger nicht sagen. Die meisten, die dabei gewesen waren, sind sowieso irgendwann weggezogen. Es könnte einer von der Freiwilligen Feuerwehr gewesen sein. Der hat jedenfalls angeblich einen Lieferwagen im Wald gesehen. Und Menschen, die ausgestiegen sind und Gestalten eingesammelt haben.« *Zusammengetrieben*, das war das Wort gewesen. Er wusste natürlich genau, dass es der Max gewesen war, der das beobachtet und später nur davon erzählt hatte, wenn er betrunken genug gewesen war. Eines der kurzlebigen Gerüchte. *Diese Kreaturen haben sich im Wald verkrochen und wurden zusammengetrieben. Gewinselt und gezischt haben die, und sie haben sich bewegt wie Tiere.*

Aber das war spät gewesen in der Nacht. Und vorher? Was war vorher alles passiert? Seine eigene Geschichte überschattete all das, aber später war es natürlich zu ihm durchgedrungen. Es waren kaum vierundzwanzig Stunden vergangen, seit Max ausgeholt und den Molotowcocktail in die Nacht geschleudert hatte, aber sie hatten genügt, um einen Schrecken loszulassen, von dem man nicht in vernünftigen Worten sprechen, den man gar nicht erklären konnte.

Von jetzt auf gleich herrschte ein unbenennbarer Ausnahmezustand in den Gemeinden rund um die Villa Köselitz, während gleichzeitig der Alltag seinen trägen Lauf nahm, als wäre nichts passiert. Während sie einkaufen gingen, aßen, tranken oder an einem Sportfest teilnahmen, das natürlich niemand abgesagt hatte. Warum auch? Weil plumpe Einbrüche und Verwüstungen stattgefunden hatten zum Beispiel. Weil frische, zerfleischte Kadaver gefunden worden waren. Eine allein lebende Bankangestellte lag am frühen Samstagmorgen beinahe unidentifizierbar in ihrem Garten in Wennau, unter dem Apfelbaum. Ein Mann von außerhalb, der mit seinem Motorrad unterwegs gewesen war, erschreckte Passanten in einem Straßengraben. Der Helm noch auf dem Kopf, das Visier nicht hochgeklappt, der Rest seines Körpers … in Fetzen.

Später hieß es in den Zeitungen, es handele sich nicht um Fälle, die miteinander zu tun hätten. Einige der Einbrüche seien aber darauf zurückzuführen, dass mehrere der Drogenabhängigen, die aus dem brennenden Haus im Wald geflüchtet waren, auf der Suche nach Geld und Wertsachen ihr Unwesen in der Umgebung getrieben hätten. Man veröffentlichte zwei Fotos von ungepflegt aussehenden Männern. Es gab Verhaftungen.

»Herr Bickel, was haben Sie Morten von der Sache mit Ihrer Tochter erzählt?«

Saskia.

Der Sportplatz am südlichen Rand von Hecklingen, an die Ausläufer des Waldes angrenzend, war ein Ort, den er seit damals umfuhr. Immer. Dabei hatte er ihn ständig vor Augen, so wie er an diesem Samstagmittag ausgesehen hatte, kurz bevor das Spiel begann. Er hatte seine Tochter dort bloß abgesetzt, obwohl er mit einem kurzen Fußweg von ihrer Wohnung aus zu erreichen war. Sie wollte nicht hingehen, sie wollte vorgefahren werden. Wie eine Prinzessin.

Danke hatte sie nicht gesagt, sie hatte wahrscheinlich überhaupt nichts zu ihm gesagt und er nichts zu ihr. Sie waren nicht gut miteinander ausgekommen. Er hatte sie abgesetzt, den Motor nicht abgestellt und war weitergefahren, um Einkäufe zu erledigen. *Ein ganz Stiller.* Aber es stand ihm vor Augen, dass sie ihre Haare zum Pferdeschwanz gebunden hatte und stark geschminkt gewesen war. Raus

aus dem Auto und hinein in einen Pulk von Mitschülerinnen. Was sie angehabt hatte? Unmöglich zu sagen. Aber dafür wusste er noch, dass die Sonne ihm in die Augen gestochen und er die Blende heruntergeklappt hatte. Und dass überall kleine Wimpel und Fähnchen aufgehängt worden waren. Es handelte sich um ein Freundschaftsspiel, und im Tor der Hecklinger Mannschaft hielt an diesem Nachmittag Sven Hölster, mit dem seine Tochter ging, die meisten Bälle, bevor er für immer verschwand.

Anschließend hatte der Verein ein Sportfest veranstaltet. Es wurde unter freiem Himmel gegrillt, es wurde getrunken, Musik kam aus den Lautsprechern. Es war ein warmer Abend, und später hieß es, die Jugendlichen hätten auf dem Spielfeld getanzt.

Die Polizei hatte währenddessen alle Hände voll zu tun, Absperrbänder auszurollen, Tatorte zu untersuchen und den Motorradfahrer zu identifizieren. Sie konnte nicht überall gleichzeitig sein, und natürlich war sie nicht am Sportplatz, als die Sonne unterging und die Leute sich zerstreuten, als die Spieler ihre Taschen aus den Kabinen holten und Uwe Bickels Tochter Saskia, wie Freundinnen später erzählten, noch ein bisschen spazieren ging mit Sven Hölster. Arm in Arm, tuschelnd, in der warmen Dämmerung. Sie kam nicht nach Hause in dieser Nacht, ihr Freund auch nicht, und seine Frau zwang Uwe Bickel nach langem Herumtelefonieren dazu, ins Auto zu steigen und nach ihr zu suchen. Er saß noch am Steuer, als der Morgen anbrach und sich rosa Streifen durch die kalte Bläue über dem Wald zogen. Die längste Nacht seines Lebens.

»Herr Bickel?«

Er hatte aus dem Fenster geschaut, blickte sich jetzt irritiert um. Es war weniger schwer gewesen, sich mit diesem jungen Reporter zu unterhalten. Der war ihm angenehmer vorgekommen, und es war ihm leichter gefallen, sich auf das Wesentliche zu konzentrieren. Vielleicht auch, weil er damals noch nicht an seinen eigenen Abschied gedacht hatte.

»Ja, ich habe ihm erzählt, dass meine Tochter in der Samstagnacht nicht nach Hause gekommen ist.« Bickels Freunde waren es inzwischen gewohnt, dass er nicht gleich antwortete, wenn man ihm während des Kartenspiels eine Frage stellte. Dass er manchmal überhaupt nicht antwortete.

»Wir haben am nächsten Morgen die Polizei informiert. Jemand kam vorbei, hat sich alles aufgeschrieben. Weiter konnte man nichts machen. Sie war nicht die Einzige. Insgesamt vier von den jungen Leuten, die an dem Sportfest teilgenommen hatten, waren nicht nach Hause gekommen. Und man hatte in der Umgebung Menschen gefunden, die umgebracht worden waren.«

»Aber Ihre Tochter, die kam doch zu Ihnen zurück.«

»Nicht wirklich.«

Er schaute aus dem Fenster und sah sich wieder auf dem offenen Hof hinter ihrem damaligen Haus sitzen, auf dem Saskia als kleines Mädchen gespielt hatte. Er sah sich dort sitzen, rauchen, schließlich aufstehen und gehen. Vielleicht war es eine Ahnung gewesen, jedenfalls war er den Fußweg abgeschritten, und es hatte nicht lange gedauert, bis er etwas in den Sträuchern rascheln hörte. Er war dort hingelaufen, hatte sie gefunden. Unten, am Boden. Weit aufgerissene Augen, die zu ihm aufgestarrt hatten, die Lippen und das Kinn blutig, der Mund geöffnet, aber stumm, bis auf ein heiseres, furchtbares Krächzen. Sie war entkommen, vor etwas davongelaufen, über das sie nie würde Auskunft geben können. Sie hatte sich vom Sportplatz aus so weit geschleppt, wohl schon in der Nacht. Vielleicht hatte sie dort bereits gelegen, als er mit dem Auto die ganze Gegend abgesucht hatte. Wahrscheinlich war sie eine ganze Weile bewusstlos gewesen, gerade erst zu sich gekommen. Er hatte sie nach Hause gebracht, mehr geschleift als getragen, denn in ihren Krämpfen schien es fast, als wehre sie sich, als wolle sie ihm entkommen.

»Sie war verletzt«, sagte er. »Sie sah schlimm aus. Wunden im Gesicht. Ihre Haut hatte sich verändert, überall Blutergüsse, blaue Flecken, fast schon schwarz, sie hatte hohes Fieber.«

Eine kurze Zeit, um sich zu verabschieden. Die Blicke, die zwischen ihm und seiner Frau hin- und her gegangen waren, während ihre Tochter verkrümmt, zitternd, unverständliches Zeug brabbelnd auf dem Sofa gelegen hatte. Es war ein schrecklicher Gestank von ihr ausgegangen, der mit nichts vergleichbar war, das Uwe Bickel je gerochen hatte, und in ihren unkontrollierten Bewegungen hatte sie eine Lampe zerschlagen. Die Entscheidung, den Krankenwagen zu rufen und die Polizei. Die Entscheidung, sie für immer zu verlieren.

»Wir konnten sie noch zwei Mal im Krankenhaus besuchen, dann nicht wieder.« *Unansprechbar, entstellt.* »Man hat sie weggebracht. Irgendwann kam die Polizei … und Ihre Leute … und haben uns gesagt, man müsse unsere Tochter in eine spezielle Quarantänestation verlegen.«

Der Mann räusperte sich. »Das haben Sie Morten Rheinberger erzählt?«

»Ja, genau das wollte er wissen, genau das hat ihn interessiert. Dass immerzu irgendwelche Leute zu uns kamen. Sie selbst ja wohl auch.«

»Ja.«

»Und dass man uns gesagt hat, wir sollten mit niemandem darüber reden.«

»Warum denn nicht?«, fragte das Mädchen, das jetzt noch verwirrter aussah als der Junge neben ihr.

»Weil sie mit einer gefährlichen, ansteckenden Krankheit infiziert worden wäre. Eine Art Pest. So hat man uns das gesagt. Eine Krankheit, über die man noch nicht genug wusste. Angeblich. Man sollte die Öffentlichkeit nicht in Panik versetzen – und die medizinischen Fachleute würden auf Hochtouren arbeiten.«

»Genau so war es auch, Herr Bickel.«

Er öffnete die leere Schachtel, auf der *Rauchen kann tödlich sein* stand. Darum herum ein schwarzer Trauerrahmen. Er musterte sie einen Moment lang, knüllte sie schließlich in der Hand zusammen. »Und dann sagte irgendwer von der Polizei oder, was weiß ich, vielleicht auch einer von Ihren Leuten – *Sie* waren es nicht, daran würde ich mich erinnern –, man würde uns finanzielle Unterstützung zukommen lassen.«

Sie hatten eine Psychologin mitgebracht, die sehr viel dummes Zeug redete, von dem er fast nichts verstand, von dem er auch nichts hören wollte. Es ginge um einen Versuch der Kompensation. *Den Verlust kann Ihnen natürlich niemand ersetzen.*

»Ich hab mich geweigert, hab gesagt, sie könnten mir nicht meine kranke Tochter abkaufen, denn darum ging's doch. Und dann hat der Typ gesagt, sie würden wissen, dass ich Feuer gelegt hätte an der verdammten Villa im Wald und dass ich dafür ins Gefängnis kommen könnte. Ich hab ihnen ihren gottserbärmlichen Wisch unterschrieben. Einen Monat später oder so hat man uns informiert, dass man sie in ein Sanatorium in Süddeutschland verlegt hätte. Meiner Frau hat das keine Ruhe gelassen. Sie ist sogar da hingefahren, aber angeblich gab's da keine Saskia Bickel.«

Renates Stimme, laut und heftig: *Dir ist ja ganz egal, was aus ihr wird.* Seine Schuld, natürlich, alles seine Schuld. Sie hatte recht, denn er war froh, schweigen zu können, er war froh, Journalisten fortzuschicken und nicht mehr daran denken zu müssen. Es war jetzt Geld da, monatlich gingen die Überweisungen ein. Das Schweigegeld hatte ihnen ein kleines Haus eingebracht, und zugleich gab es nur Vorwürfe. Die Beschimpfungen von Renate. Er hasste ihre Stimme. Die Hitze, die Lautstärke. Jede Ohrfeige, die er dem Kind als ungeduldiger junger Vater verpasst hatte, wurde ihm wieder und wieder aufgetischt. Aber wenn er vom Dienst nach Hause kam, war Renate oft nicht da, fuhr irgendwo in der Gegend herum, suchte etwas, das nicht zu finden war. Sie trauerten in entgegengesetzte Richtungen. Während er einen Bogen um jede Erinnerung machte, hielt seine Frau an Saskia fest, saß unentwegt vor den Fotos ihrer Tochter. Manchmal zog sie sich eines ihrer Kleidungsstücke an. Im Winter trug sie Saskias alten Wollschal.

»Als meine Frau aus Süddeutschland zurückkam, war der Brief schon da. *Ihre Tochter ist leider verstorben, selbstverständlich setzen wir die Zahlungen fort.* Keine Beerdigung möglich, nur ein Totenschein und eine Vertraulichkeitsaufforderung. Es hat mich sogar jemand angerufen, um mich daran zu erinnern.«

»Es muss furchtbar für Sie gewesen sein«, sagte die alte Frau.

»Für meine Frau war es schlimmer, aber das wissen Sie ja wohl.«

»Nein«, sagte der Mann. »Inwiefern?«

»Es hat ihr einfach keine Ruhe gelassen. Irgendwann, Jahre später, hat sie Kontakt gesucht zu den anderen Eltern, die nach dem

Sportfest ihre Kinder verloren hatten. Der Freund meiner Tochter ist ja nicht wieder aufgetaucht, einer der beiden anderen Jungen auch nicht. Aber der dritte Junge, der war wohl ebenfalls gefunden worden – von der Polizei im Wald, und der ist auch in irgendein Sanatorium gebracht worden.«

Der Mann runzelte die Stirn, warf seiner Begleiterin einen Blick zu, und sie sagte: »Benjamin Hesse. Der war damals schon über zwanzig, wenn ich mich richtig erinnere.«

Bickel nickte. »Die Eltern sind weggezogen, ich weiß nicht, wohin. Aber meine Frau hat sie aufgestöbert, ist da hingefahren, ohne mir Bescheid zu sagen. Wir haben nicht mehr viel miteinander gesprochen damals.«

»Ihre Frau hatte Kontakt zur Familie Hesse?«

»Ja, das hat Morten Rheinberger auch am meisten interessiert. Vor allem, weil sie mir, als sie wieder da war, erzählt hat, die Mutter von diesem Hesse sei ziemlich durchgedreht.« Er machte eine Pause, kniff die Augen zusammen. »Würde mich ja interessieren, wie Sie die damals zum Schweigen gebracht haben. Die waren schließlich nicht dabei, als das mit der Villa passiert ist.«

»Die Hesses waren beide Ärzte«, sagte die Frau. »Sie hatten Verständnis für die schwierige Situation der Behörden.«

Bickel zuckte mit den Achseln. Es kam ihm unglaubwürdig vor. »Meiner Frau hat die Frau Hesse erzählt, sie hätte auch die Nachricht bekommen, ihr Sohn sei gestorben, ein paar Jahre nach unserer Tochter. Das würde aber gar nicht stimmen. Er wäre verlegt worden, an einen anderen Ort, man hätte ihr das im Krankenhaus verraten, weil sie keine Ruhe gegeben hatte. Sie hat Anzeige bei der Polizei erstattet, aber man kam ja gegen diese Geheimhaltung nicht an. Papiere in Ordnung, Fall erledigt. Jedenfalls hat meine Frau von diesem Zeitpunkt an felsenfest geglaubt, auch unsere Tochter würde irgendwo noch leben.«

Er hustete. Das klang nicht gut. Er hatte eine gewisse Vorstellung davon, dass man auf seinem Gesicht nichts von der Aufregung ablesen konnte, die ihn befallen hatte. Es war ja immer leer geblieben. Was seine Frau wahnsinnig gemacht hatte: *Fühlst du irgend-*

etwas, geht irgendetwas in dir vor? Ich glaube, du empfindest gar nichts. Was ist nur los mit dir?

Dabei ging gerade viel zu viel in ihm vor. Jetzt und hier bot sich eine Möglichkeit. Er konnte diesem Mann, der an alledem beteiligt gewesen war, der sich auskannte, die alles entscheidende Frage stellen. Wenn dieser Korff zu denen gehörte, die ihn damals unter Druck gesetzt hatten, dann musste er doch wissen, ob seine Tochter tatsächlich noch gelebt hatte. *Noch lebte? Ein Versuchskaninchen der medizinischen Forschung.* Er spürte sein Herz, den Druck in seiner Brust. Nicht weil er hier, stellvertretend für Renate, Antwort hätte bekommen können, sondern weil ihm klar wurde, dass er es nach wie vor nicht wissen wollte. Auf keinen Fall.

»Das ist das Ende.« Er erhob sich. Ihm war etwas schwindlig. Seit kurzem wurde ihm oft schwarz vor Augen, wenn er zu lange gesessen hatte.

Draußen war es dunkel geworden, und er war erschöpft. Zu erschöpft, um das eigentliche Ende dieser Geschichte auch nur anzudeuten. Zu erschöpft, um von der Macht zu erzählen, die das Haus auf den Rest seiner Familie ausgeübt hatte. Wenn sie es nicht sowieso wussten, mussten sie nicht von ihm hören, wie seine Frau an einem späten Nachmittag, während er in der Regionalbahn unzählige Fahrkarten stumm abgestempelt hatte, in ihr Auto gestiegen war. Es war derselbe Wagen, mit dem er sich in jener Nacht auf die vergebliche Suche nach Saskia begeben hatte. In diesen Wagen war sie gestiegen und bis zum Parkplatz vor der alten Villa gefahren. Man hatte dort alles halbwegs renoviert, zwei Jahre zuvor eine Jugendherberge daraus gemacht. Ein schlechter Scherz, wie alle fanden, die sich erinnern konnten. Für seine Frau aber war es grauenhaft gewesen. Die Sorglosigkeit dieser Entscheidung hatte sie zutiefst entsetzt.

Niemand hatte sie beachtet, als sie auf dem Parkplatz angekommen war, niemand konnte später sagen, wie lange sie dort gesessen und das Haus angestarrt hatte. Sie erschoss sich auf dem Fahrersitz, mit einer alten Schützenvereins-Pistole ihres Vaters, und ihr Kopf wurde mit voller Wucht gegen die Frontscheibe geschleudert. Der

Knall lockte einige der Kinder an. Zwei Monate später wurde die Jugendherberge für immer geschlossen.

Es hat uns beide angezogen, das Haus, es hat uns gerufen, uns herausgefordert, gehöhnt: Ich bin noch hier, ich bin immer noch hier. Etwas gab es, das er niemandem erzählt hatte, auch nicht Morten Rheinberger: dass er irgendwann selbst noch einmal dort hingefahren war, in einer schlaflosen Nacht. Mit einem Vorschlaghammer und dem letzten bisschen Kraft und Gefühl, das in ihm geblieben war, hatte er gewütet. Kein Feuer, nein. Nur Trümmer, Scherben, Fliesen, Staub, sehr viel Staub, vor allem aber der dunkle, brutale Lärm des Hammers, der all das übertönte, was an Schmerz aus seiner Kehle kam. Hatte jemand ihn gehört? Möglich, aber die Villa im Wald war jetzt zu dem Ort geworden, dem sich niemand mehr nähern wollte, zu dem Ort, von dem sich Welsheim, Hecklingen und Wennau schweigend abgewandt hatten.

Als er in dieser Nacht von seinem Zerstörungswerk zurückkehrte in sein leeres Haus, schmerzten ihm die Arme, der Hals und die Brust wie nie zuvor. Die Heiserkeit des nächsten Morgens war er bis heute nicht mehr losgeworden. Das war das Ende. Bis Morten Rheinberger an seiner Tür geklingelt hatte, Jahre später.

Während er seine EC-Karte in den Schlitz des Zigarettenautomaten im Eingangsbereich des Lindenkrugs steckte, verfolgte er mit müden Augen, wie der Mann an der Theke ihre Getränkerechnung beglich. Natürlich. Sie hatten ihn all die Jahre bezahlt, warum sollten sie jetzt damit aufhören?

»Wie sind Sie denn mit Morten verblieben?«, fragte Korff, als sie nach draußen traten.

»Er wollte von mir wissen, ob ich ihm Adressen oder Namen nennen konnte, an die sich meine Frau auf der Suche nach unserer Tochter gewandt hatte. Ich kannte nur die Hesses. Vom Namen. Keine Ahnung, wo meine Frau sie gefunden hatte. Und ob ich wüsste, dass sich wieder Leute für das Haus interessierten. Wusste ich nicht.« Er schüttelte den Kopf, sein Stöhnen rasselte dumpf in der Brust. Er musste das abschließen. Er konnte nicht mehr. »Ich habe dann später meine Bekannten gefragt. In Welsheim sind wohl vor einiger Zeit irgendwelche Amerikaner aufgetaucht. In einigem zeitlichen Abstand. Mindestens drei Mal. Anfang des Jahres.«

»Wann genau?«

»Weiß ich nicht.«

»Haben diese Amerikaner hier in der Gegend gewohnt? In einem Hotel?«

»Weiß ich nicht, glaube ich nicht. Es war wie damals, nehme ich an. Leute, die aus heiterem Himmel hier aufkreuzen und schnell wieder verschwinden.«

»Wie viele Personen? Männer, Frauen?«

»Ich weiß es nicht. Mindestens zwei Männer.«

»In einem Wagen, in mehreren Wagen? Wissen Sie die Marken, die Farben?«

Er schüttelte den Kopf.

»Wer hat Ihnen denn davon erzählt?«

»Das spielt keine Rolle, das muss ich Ihnen nicht sagen. Mir geht es um mich, um meine Familie. Um meine Frau und meine Tochter. Um das, was man damals mit uns gemacht hat. Als Morten Rheinberger hier war, sah die Sache noch anders aus. Ich habe meine Einstellung in der Zwischenzeit geändert. Ich werde jetzt offen darüber sprechen, egal, wer es hören will. Aber andere Leute müssen ihre eigenen Entscheidungen treffen. Ich ziehe hier keinen mit rein.«

»Hören Sie. Ich verstehe das sehr gut«, sagte Korff. »Aber ich wäre Ihnen dankbar, wenn Sie noch ein wenig warten würden, bevor Sie mit diesen Dingen an die Öffentlichkeit gehen. Morten zuliebe. Wir … wir sollten ihn nicht gefährden, wissen Sie.«

»Ich muss nach Hause. Ich habe keine Zeit mehr«, sagte er, und sein Blick wanderte ab. Zu dem Jungen, der aus seiner Jackentasche ein weißes Ding herausholte, das ihm gleich bekannt vorkam. Wieder hatte er das Gefühl, dass man ihn zum Besten gehalten hatte. »Hast du das die ganze Zeit laufen lassen?«, fragte er. Heiser war seine Stimme immer, jetzt klang sie grob. Der Junge zuckte irritiert zusammen, schaute auf das flache weiße Ding in seiner Hand.

Bickel richtete sich wieder an Korff. »Ich hab es schon gesagt. Ich hab jetzt kein Problem mehr damit, diese Sachen in der Öffentlichkeit zu erzählen. Da muss man nicht heimlich in der Tasche so ein Aufnahmegerät mitlaufen lassen.«

»Das ist ein iPod«, sagte der Junge. »Zum Musikhören, das ist kein Aufnahmegerät.«

»Ihr Morten hatte auch so eins, aber er hat es auf den Tisch gelegt, ganz offen und ehrlich.«

»Glauben Sie mir, wir wollen Sie nicht hintergehen«, sagte Korff. »Wir sind Ihnen dankbar für Ihre Offenheit.«

Bickel wollte weg, er fühlte sich leer, die Bilder, die in ihm aufgestiegen waren, hinterließen ein schrecklich bedrückendes Gefühl. Er winkte ab, verabschiedete sich nicht, ging schnaufend zu seinem Wagen, drehte sich nicht mehr um und ließ den Motor an.

Es ging ihm wahrlich nicht oft so, aber nun hatte er das Gefühl, zu viel geredet zu haben. Er versuchte, sich an alles zu erinnern, was er gesagt hatte, aber es ließ sich nicht mehr ordnen. Als er seine Haustür aufschloss und den Lichtschalter drückte, war ihm klar, dass er Morten Rheinberger wenigstens warnen musste. *Sie sind hinter ihm her, natürlich. Und sie bedienen sich der billigsten Tricks.* Es dauerte eine Weile, bis er aus dem Notizbuch neben dem Telefon den kleinen Zettel hervorgefischt hatte, den ihm der Journalist damals gegeben hatte. Bis jetzt hatte er sie nicht benutzt, nun aber wählte er Mortens Handynummer. Es klingelte drei Mal. Dann nahm jemand ab, meldete sich aber nicht.

»Hallo?«, sagte Uwe Bickel.

Nach einem langen Zögern antwortete jemand: »Ja?«

Es war nicht Morten Rheinbergers Stimme.

9

»Geht es jetzt zu Ende?«, fragte Vera. Sie wusste, diesmal würde sie nicht weinen.

»Nein, nicht unbedingt.« Pahl war direkt neben ihr, seine Stimme nicht viel mehr als ein erschöpftes, sonores Flüstern. Sie standen beide im Dunkeln, blickten durch die Scheibe in den kleinen Raum, in dem nur eine kurze Leuchtstoffröhre über dem halb aufgerichteten Lager des Patienten brannte. Man wollte ihn schonen, ihm Schlaf ermöglichen. Aber das, was sie sahen, war mehr als Schlaf. Oder etwas ganz anderes.

»Er bewegt sich nicht mehr«, stellte Vera beinahe sachlich fest. »Ich sehe ihn nicht mehr atmen.«

»Es ist ein katatonischer Zustand, eine perniziöse Katatonie. In den Aufzeichnungen der früheren Fälle kommt das Phänomen oft vor.«

»Was heißt das? Ist er bewusstlos?«

»Nein. Es handelt sich um einen Stupor. Körperliche oder psychische Aktivitäten sind kaum noch messbar, eine vollkommene Starre setzt ein. Dazu kommen dramatische Kreislaufkomplikationen sowie ein Anstieg der Körpertemperatur. Die Psyche wehrt sich gegen das, was in ihm passiert. Sie weigert sich, all das anzuerkennen, könnte man wohl sagen.«

»Daran kann er sterben.« Ihre Stimme war dünn und sehr weit weg.

»Wir versorgen ihn über die Infusionen. Die Chancen, dass er den Zustand übersteht, sind gut. Danach wird es ihm besser gehen.« Professor Pahl zögerte, und Vera spürte, dass er ihr das Gesicht zuwandte. »Trotzdem sollten Sie sich keine Hoffnungen machen.«

Vera nickte. Ansatzweise verstand sie die medizinischen Erläuterungen, die er ihr seit gestern in vorsichtigen Dosen verabreicht hatte, während der entstellte Björn Weidenheim hinter der Scheibe weiter und weiter in sich zusammengesunken und zu einer beängstigenden Ruhe gekommen war.

Der Pfleger hatte die Infusionsbeutel ausgetauscht, die ihre Flüssigkeiten stetig abgaben. Hochpotente Neuroleptika (Haloperidol zum Beispiel) schoben sich über den Katheter auf Björns rechtem Handrücken in die Vene. Inzwischen kam Dantrolen hinzu, das unternehmungslustig in seinem Blutkreislauf zirkulierte, um die Muskelspannung abzubauen, indem es die weitere Freisetzung von Calcium verhinderte. Heute Morgen hatte man die gelb durchsifften Kopfverbände gewechselt, und anschließend war eine weitere Lumbalpunktion durchgeführt worden. Vera Freytag hatte nicht dabei zugeschaut, wie die 12 Zentimeter lange Nadel zwischen dem vierten und fünften Lendenwirbel in seinen Rücken eingeführt worden war, um das Nervenwasser zu entnehmen. Niemand hätte eine klare Flüssigkeit wie bei einem halbwegs gesunden Menschen erwartet, natürlich nicht. Der schmutzig trübe Farbton jedoch, der sich bei ihm gezeigt hatte, war auch für Pahl ein kleiner Schock gewesen.

Schließlich hatte die Starre eingesetzt. Es war ein geisterhafter Zustand, wie Vera fand. Sie musste an einige Aussagen Müllers denken, an den Wahnsinn jener Sekte, gegen die sie ermittelt hatten. Ihr ging durch den Kopf, dass man Björn in früheren Jahrhunderten womöglich für tot gehalten hätte. Dass man seinen erstarrten, verkrampften Körper in einen Sarg gelegt und begraben hätte.

So durfte man nicht denken. »Er wird also leben«, sagte sie.

»Er wird nicht mehr derselbe sein.«

»Ich weiß. Das haben Sie schon einmal gesagt. Ich hab's begriffen.«

»Ich bin mir nicht sicher. Sie brauchen Zeit dafür. Das ist ganz normal.«

Der Mediziner war offenbar froh, dass er die eigenen Erkenntnisse in einfache, klar verständliche Worte fassen konnte. Vielleicht würde sogar er selbst sie so besser verarbeiten können. Seit sie hier voller Trotz und mit Tränen in den Augen aufgetaucht war, beschränkte sich seine Tätigkeit nicht mehr nur darauf, Verlaufskurven in Dateien einzutragen, schmutziges Nervenwasser und Werte weiterzuschicken und mit den Laboren zu telefonieren. Jetzt konnte er in der dunklen Überwachungskammer etwas Menschliches tun. Vera nahm das wahr, aber es interessierte sie kaum. Sie schaute durch die Scheibe, seit Stunden. Sie dachte daran, wie ungerecht, wie furchtbar ungerecht das alles war. »Er wird entstellt sein, immer«, sagte sie.

»Das allein wäre ja noch nicht so schlimm. Dieser Erreger, dieser winzige kleine Teufel, verändert sich nicht nur ständig, er hält sich auch an keine vorauszuberechnenden Regeln. Aber eins tut er immer: Er durchbricht die Blut-Hirn-Schranke und richtet wahre Verheerungen an. Es ist wie eine psychotische Demenz, eine Tollwut, eine aggressive Regression. Herr Weidenheim wird seine alte Persönlichkeit nicht langsam verlieren, wie es bei einem Alzheimer-Patienten der Fall wäre, sondern aller Wahrscheinlichkeit nach schlagartig. Wenn der Stupor vorüber ist, wird sein Geist einen unwiederbringlichen Schaden erlitten haben. Er wird, wenn es sich so verhält wie bei den dokumentierten Fällen, toben und rasen, und wir werden alle Mühe haben, ihn zu sedieren. Ich muss so hart sein, das wissen Sie: Sie sollten nicht darauf warten. Sie sollten sich das nicht anschauen.«

Aber vielleicht muss ich es sehen, um es zu glauben. Vielleicht werde ich eine Entscheidung treffen können, wenn ich es gesehen habe.

»Nehmen Sie jetzt Abschied, und ziehen Sie den Strich«, sagte der Mediziner.

Sie schüttelte den Kopf. Vor ihr die Scheibe. Björn dahinter. Es gab nichts mehr zu sagen.

10

So viele Kilometer lagen hinter ihnen, so viele hatten sie vor sich. Und so viele Möglichkeiten. Es hätte klarer werden sollen und wurde doch nur komplizierter. Richard Korff lenkte den Seat sicher und zügig von einer Spur zur anderen in östlicher Richtung über die Autobahn. Er sah jetzt ziemlich angespannt aus, seine Lippen waren finster aufeinandergepresst.

Eine Rast würden sie machen, sie würden verschnaufen und das bisher Erfahrene zusammentragen können. Außerdem die Entscheidungen über das weitere Vorgehen treffen. Caro hatte sich bereiterklärt, noch einmal von einem Rechner aus und unter Rückgriff auf Rudis Sicherheitsvorkehrungen nach Morten Rheinbergers Chat-Einträgen zu forschen, die in Richtung Gothic-Szene geführt hatten. Außerdem mussten sie natürlich den Wohnort der Familie Hesse ausfindig machen. Die Amerikaner, die in Welsheim aufgetaucht waren, ließen sich schwerlich ausmachen. Korff hatte es abgelehnt, noch mehr Staub aufzuwirbeln, indem man sich in den

Gasthöfen und Hotels der umliegenden Ortschaften erkundigte. Glücklich machte ihn das alles offensichtlich nicht. »Wenn wir wenigstens auf Rudi zurückgreifen können«, murmelte er vor sich hin.

Philip sah, wie Elisabeth Kujawski ihn lange vom Beifahrersitz aus betrachtete und dann, im Stop-and-go des Abendverkehrs, leise sagte: »Vielleicht hast du dich getäuscht, vielleicht müssen wir eine ganz andere Richtung einschlagen.«

Korff zuckte mit den Schultern. »Möglich.« Seine Augen tauchten besorgt im Rückspiegel auf, suchten die beiden Jugendlichen auf der Rückbank. »Die Zeit läuft uns jetzt sowieso davon, wir haben zu viele Menschen auf uns aufmerksam gemacht.«

»Es ist ein Wunder, dass es so lange gutgegangen ist«, erwiderte die Kujawski und seufzte.

»Was ist so lange gutgegangen?«, fragte Caro.

»Nun, die Menschen, die in all die schrecklichen Vorgänge damals verwickelt waren, haben sehr lange geschwiegen. Fragen wurden nicht gestellt, Geheimnisse bewahrt. Irgendwann rächt sich das natürlich.«

Philip schaute aus dem Fenster, betrachtete die LKW und Kleinwagen, die sie überholten. Die Gesichter hinter den Scheiben. Es beruhigte ihn, dass wenigstens der Straßenverkehr so reibungslos funktionierte, dass die Fahrer, wie man es von ihnen verlangte, automatisch Rücksicht aufeinander nahmen, dass Autos einfädelten und von rechts nach links wechselten, ohne ein vollkommenes Chaos anzurichten.

Er lächelte Caro an, und sie versuchte, auch zu lächeln. Er konnte sehen, dass sie ungeduldig war, dass sie gerne schon jetzt und hier ins Internet gegangen wäre, um offene Enden zu verknüpfen. Aber sie waren auf dem richtigen Weg. Philip hatte genug von Straßen und Restaurants und ständig wechselnden Hotels. Es war ja fast, als befänden sie sich auf Tournee – ein Leben aus dem Koffer. Ein Leben im Kostüm. Die Flucht und das Verbergen erschöpften ihn, und er wusste, ebenso wie Korff und die Kujawski, dass vor allem Caro dabei auf keinen Fall mitmachen würde.

Also hatte er eine Forderung gestellt, einen Endpunkt gesetzt.

Caro und er würden an einem Bahnhof aussteigen, würden zusammen in den Harz fahren – zu seiner Mutter. Im Grunde wusste Philip, dass sein Plan den beiden Alten vernünftig erschien – weil sich so eine gute Möglichkeit bot, wenigstens Caro in ihr altes Leben zurückzubringen. Ganz nebenbei konnte sie so für eine unverfängliche offizielle Geschichte sorgen. Sie konnte ihren Eltern und womöglich auch der Polizei erzählen, dass sie zusammen Philips Mutter auf ihrer Arbeitsstelle im Harz besucht hatten – ein spontaner Einfall, ein kleiner Ausflug, alles ganz harmlos. Alles war mit rechten Dingen zugegangen.

Philip würde bei seiner Mutter bleiben. Richard Korff und Elisabeth Kujawski konnten sich absetzen – nach Süddeutschland oder wohin auch immer, sie konnten weiterhin Mortens Recherche rekonstruieren – auf ein unbekanntes Ziel zu. Die Wege sollten sich trennen, nun also doch. Merkwürdigerweise erleichterte ihn das nicht. Wo war er sicherer? Auf einer absurden Flucht vor allen und jedem oder bei seiner ahnungslosen Mutter, im wirklichen Leben, wo jederzeit jemand aus dem Nichts auftauchen konnte, jemand, der bewaffnet war oder irrsinnig, der all diesen Wahnsinn zurückbrachte zu ihnen.

»Er sah krank aus«, sagte Caro plötzlich. »Oder?«

»Bickel?«

Caro nickte.

»Er hat viel durchmachen müssen«, erwiderte Elisabeth Kujawski und drehte sich halb um.

»Stimmt natürlich. Aber ich fand ihn irgendwie auch unheimlich. Er hatte so was Böses im Blick«, sagte Caro. »Jedenfalls hat er Ihnen immer noch nicht getraut. Vielleicht hat er auch gar nicht alles erzählt.«

»Sehr wahrscheinlich hat er nicht alles erzählt«, sagte Korff dumpf.

»Dafür hat er mir einen derartigen Schrecken eingejagt mit seiner Panik vor dem iPod.« Philip schüttelte sich bei dem Gedanken an die Erregung, die in dem grauen Gesicht plötzlich aufgetaucht war.

»Aber hast du nicht gesagt, dass es Mortens iPod ist?«, fragte Caro.

»Ja.«

»Man kann kleine Mikrofone anstecken an diese Dinger, ich hab das mal gesehen. Bei den neueren ist die Diktierfunktion sowieso mit eingebaut. Insofern war das Misstrauen durchaus begründet.«

Philips Hinterkopf durchzog ein Prickeln, aber er brauchte noch ein paar Sekunden, während Caro weiterredete. Natürlich: *Wieso hatte er so lange auf der Leitung gestanden?* Zittrig holte er das Gerät aus der Innentasche der Lederjacke und unterbrach Caro mitten im Satz: »Kann man das Ding hier im Wagen anschließen, es hier abspielen?«

Caros Augen weiteten sich. »Ich schau mal nach.« Sie hatte ihn verstanden, seine Aufregung sofort begriffen.

»Ich bin mir nicht sicher, ob ich jetzt Musik hören möchte«, sagte Elisabeth Kujawski schwach.

»Nein, keine Musik!« Philips Stimme klang gepresst. »Morten hat Aufnahmen auf dem Ding gespeichert. Ich bin zufällig auf eine gestoßen, aber da hab ich das nicht verstanden.«

»Was meinst du damit?« Auch Korffs Stimme hörte sich deutlich schärfer an. »Interviewmitschnitte?«

»Könnte sein, es war sehr unklar ...« Seine Finger glitten bereits über das Rad, suchten nach dem Track, während sich Caro zwischen Fahrer und Beifahrersitz nach vorne beugte und tastend die Hand Richtung Radio ausstreckte.

»Was machen Sie denn da?«, fragte der Alte irritiert, und es sah kurz so aus, als wolle er ihr über dem Automatik-Schalthebel auf die Hand schlagen, um sie aus seinem Hoheitsgebiet zu verscheuchen.

»Geht sowieso nicht.« Sie ließ sich zurücksinken. »Hast du den Track?«

»Ja. Ich hab mich noch über den Titel gewundert. *Hurra, wir leben noch*. So ein alter Schlager, der überhaupt nicht zu Mortens Musik passt.«

»Milva. Der ist von Milva«, sagte Caro, und ihre Stimme hüpfte.

Philip reichte ihr den linken Kopfhörer und stopfte sich den rechten ins Ohr. Dann drückte er auf Play. Diesmal erschreckten sie sich beide, denn wieder ertönte jenes infernalische Gepolter, ein schmerzendes Rascheln. Natürlich: als schlüge ein Mikrofon gegen einen Widerstand, Stoff würde schon reichen, das Innere einer Jackentasche zum Beispiel. Philip und Caro zuckten zusammen, stießen wie aus einem Mund einen Überraschungslaut aus, und Korff, der sie skeptisch im Rückspiegel gemustert hatte, riss für den Bruchteil einer Sekunde das Steuer zur Seite. Hinter ihnen hupte jemand, und nun gab auch Elisabeth Kujawski einen ihrer spitzen Schreie von sich. Sie griff sich ans Herz und sagte: »Ich muss mich wohl endgültig darauf einstellen, in diesem Auto aus dem Leben zu scheiden.«

»Philip, was soll das?« Der Alte hatte zum ersten Mal die Fassung verloren.

»Es tut mir leid, ich habe nicht mehr daran gedacht, wie laut das ist. Morten hat den iPod wahrscheinlich in einer Tasche gehabt, in seiner Jacke zum Beispiel, und hat ihn angeschaltet, ohne dass sein Gesprächspartner das mitbekommen hat. Deshalb raschelt es erst mal sehr laut, weil er wahrscheinlich gegen das Mikrofon gestoßen ist. Erst hört man danach gar nichts, nur ganz leise Musik, und später Stimmen.«

»Klar«, sagte Caro. »Er hat das Interview heimlich mitgeschnitten. In einer Bar oder einem Café oder so.«

»Ein Interview mit wem?«

»Keine Ahnung, ich hab es mir nicht angehört.«

»Also, das hat so keinen Sinn, das ist ja lebensgefährlich hier.« Korff beschloss, auf dem Parkplatz einer Raststätte zu halten.

In einer ruhigen Ecke stand der Seat, und da nur maximal zwei Personen den *Hurra-wir-leben-noch*-Track hören konnten, indem sich einer den linken und der andere den rechten Kopfhörer ins Ohr steckte, forderten Philip und Caro für sich den ersten Durchlauf.

Richard Korff öffnete die Fahrertür, atmete tief ein und fixierte die beiden Jugendlichen, die angestrengt und wieder bei voller Lautstärke in die Kopfhörer lauschten. »Es ist wirklich sehr weit weg«, sagte Caro. »Ich glaube, Sie müssen die Tür zumachen, man versteht es ganz schlecht.«

Tatsächlich: Irgendwann schälte sich aus einer undeutlichen Atmosphäre aus kaum hörbarer Musik, weit entfernten Gesprächen und bisweilen sehr laut und vordergründig klapperndem Geschirr eine Stimme heraus, die Philip sofort erkennen konnte.

»Schön, dass Sie gekommen sind«, sagte diese Stimme.

»Ich hatte recht, das ist Morten«, entfuhr es Philip.

Der Gesprächspartner war ebenfalls männlich, und er sagte: »Haben Sie's dabei?«

»Hier.«

Noch ein Rascheln.

»Was ist? Mit wem führt er das Interview?«, fragte Korff.

»Ich würde sagen, erst mal bezahlt er seinen Informanten«, antwortete Caro mit ernst zusammengezogenen Brauen.

»Wir hören es uns an und geben es euch dann anschließend«, entschied Philip, und Korff nickte.

Caro grinste ihn an, nur kurz, und dann schloss Philip die Augen, versuchte einzudringen in den unsichtbaren Raum und in die Vergangenheit der Aufnahme. Er stellte sich eine Art Bistro vor. Weit auseinanderstehende Tische, eine lange, geschwungene Theke. Vielleicht war es früher Nachmittag, und es gab nicht viele Gäste. Morten saß an einem Tisch und musterte ein nervöses Gegenüber, das vor Philips innerem Auge keine Gestalt annehmen wollte. Alter? Nicht zu sagen. Dreißig? Vierzig? Eine volle, unfreundliche, tiefe Stimme. Ein untersetzter Mann? Die Gesprächsatmosphäre war jedenfalls angespannt, der Befragte schien sich unwohl zu fühlen, machte lange Pausen, senkte seine Stimme, war manchmal kaum noch zu verstehen.

»Okay. Was wollen Sie wissen?« Damit fing es an.

»Alles, was Sie mir über Ihre Abteilung sagen können.«

»Nee, so läuft das nicht. Was wollen Sie wissen?«

»Na schön. Seit wann arbeiten Sie in Luisenburg?«

»Seit fünfzehn Jahren.«

»Von Anfang an in der Abteilung … wie wird sie bei Ihnen genannt?«

»Es ist die 16. Station 16, das ist alles. War früher eine Quarantänestation. Vor meiner Zeit.«

»Und Sie haben dort von Anfang an gearbeitet.«

»Nein, erst war ich zwei Jahre auf der Inneren. Ganz normaler Pflegedienst.«

»Und dann?«

»Dann hat mich der Kriemler gefragt, ob ich Dienst auf der 16 machen könnte.«

»Wer ist das?«

»Chef der Personalabteilung. Weil es mit einem höheren Verdienst verbunden war, hab ich das gemacht. Gerne gemacht.«

»Aber es bedeutete, dass Sie mit niemandem darüber sprechen durften.«

»Ja, aber das war von Anfang an geklärt. Ich war einverstanden.«

»Wussten denn alle Kollegen, was es mit der Station 16 auf sich hatte?«

»Nein. Ich hab's ja selbst nicht gewusst vorher. Nicht genau.«

»Was hat man Ihnen denn gesagt, was für Patienten dort untergebracht waren?«

»Es war eine Forschungsstation, so hat man das genannt. Für seltene Krankheiten, für sehr seltene Krankheiten.«

»Aber Luisenburg ist doch eine private Klinik.«

»Ja, und?«

»So etwas würde man doch eher in einer Uniklinik erwarten, oder nicht?«

»Darüber hab ich mir keine Gedanken gemacht. Es waren auch nicht viele Patienten da, nie. Einige kamen nur für bestimmte Tests auf die Station und wurden dann wieder in reguläre Krankenhäuser gebracht, andere blieben dort. Sehr wenige.«

»Sind Patienten dort gestorben?«

»Ja, sicher.«

Philip spürte eine Gänsehaut, die sich über beide Arme und seinen Nacken zog. Kurz blickte er zu Korff hinüber, der neben dem Wagen stand und vor sich hin starrte. *Krankenhäuser, Quarantänestationen. Uwe Bickels Tochter. Ihr Freund. Die Verschwundenen. Die Toten.*

»Was waren das für Patienten auf der 16?« Mortens Stimme war klar, ihn schien all das nicht zu überraschen.

»Wie gesagt, ganz unterschiedliche«, antwortete der Mann ausweichend.

»Sie wissen, worauf ich hinauswill, oder?«

»Die mit der Blauwut.«

»Der Blauwut?«

»So haben wir die genannt, die offizielle Bezeichnung war Morbus Skuratov. Es waren drei Fälle. Einer ist gestorben, da war ich gerade erst kurz da, die zwei anderen sind … sind eben dortgeblieben.«

»Bis zu dem Vorfall am 3. Januar.«

»Genau.«

»Also, was war denn genau mit diesen Patienten los? Um was für ein Krankheitsbild handelt es sich da, wie muss ich mir das vorstellen?«

»Ich bin kein Arzt, das wissen Sie.«

»Laienhaft ausgedrückt …«

»Also, sie waren entstellt, hatten am ganzen Körper blaue Flecken, Narben. Waren meistens sehr aggressiv. Deshalb haben wir das unter uns die Blauwut genannt. Es war gefährlich, weil wir wussten, dass sie ansteckend sind. Man musste darauf achten, dass sie einen nicht kratzten oder bissen.«

»Was haben Ihnen die Ärzte zu der Krankheit gesagt? Als Erklärung, meine ich?«

»Eigentlich nichts. Das war die Abmachung. Dass wir dort sind und man uns nichts erklären muss. Und wir … nicht darüber sprechen. Mit niemandem. Aber wir wussten, dass alle Daten gesammelt und erfasst wurden. Man hat uns angewiesen, alles immer sehr sorgfältig in die Patientenakten einzutragen. Klinische Langzeitstudie. Dramatisch war das nicht im Grunde, wir mussten uns nur vorsehen. Und irgendwer hatte mal gesagt – einer der Ärzte muss das gewesen sein –, dass diese Krankheit erfolgreich eingedämmt wäre und dass es deshalb auch besonders wichtig sei, die Patienten nicht in Kontakt mit der Außenwelt kommen zu lassen.«

»Die Station 16 war doch so eine Art Hochsicherheitstrakt, oder nicht?«

»Nein, überhaupt nicht. Das stimmt nicht, sonst wär das ja auch nicht passiert. Das war alles gar nicht so abgeriegelt. So wie ich das verstanden habe, hat sich außer den paar Ärzten kein Mensch mehr für diese Fälle interessiert.«

»Bis zum Januar.«

»Ja.«

»Erzählen Sie, was passiert ist.«

»Ich war nicht da, ich hatte zum Glück keinen Dienst.«

»Ja, aber Sie wissen es doch.«

»Na ja, mitten in der Nacht sind irgendwelche Leute in die Klinik eingebrochen. Haben eine Scheibe im Erdgeschoss eingeschlagen. Die Station 16 liegt im Keller. Die wussten genau, wo sie hinmussten. Es hatten zwei Kollegen Dienst.«

»Pfleger. Keine Ärzte?«

»Nein, es waren keine akuten Fälle auf der Station.«

»Und, was ist passiert?«

»Klaas ist niedergeschlagen worden … liegt im Koma. Und der Andreas, der wollte wohl Alarm auslösen. Sie haben ihn umgebracht.«

»Wie?«

»Sie haben ihn erschossen.«

»Das heißt, das, was in der Zeitung stand, stimmt?«

»Na ja, dass er erschossen wurde, stimmt. Aber es waren eben nicht nur irgendwelche Kriminelle, die Medikamente stehlen und randalieren wollten.«

»Sondern?«

»Na ja, die haben halt einen der beiden Morbus-Skuratov-Kranken aus seinem Zimmer geholt und mitgenommen.«

»Sie haben den Kranken entführt?«

»Ja.«

»Der Name des Patienten?«

»Ich glaube nicht, dass ich …«

»Sie haben das Geld, oder nicht?«

»Lutz Wegener.«

»Aber nur den einen?«

»Ja.«

»Haben Sie eine Vorstellung, warum gerade ihn?«

»Nee, natürlich nicht. Wie sollte ich?«

»Gab es denn einen Unterschied zwischen den beiden Fällen?«

»Heiner Vössler, das war der, den sie nicht mitgenommen haben, dem ging es schon ziemlich lange sehr schlecht. Lutz Wegener aber nicht. Der war eigentlich fit, wir haben ihn immer unter Betäubung gehalten, denn er war – also, der war wirklich gemeingefährlich. Wenn man den unbeaufsichtigt gelassen hätte, da hätte es Mord und Totschlag gegeben. Schwere Probleme mit den Bronchien, Verwachsungen im Brustkorb. Und eben diese schlimmen Vernarbungen im Gesicht. Aber der war auch geistig helle, konnte sich gut ausdrücken, hat genau reagiert, gute Reflexe. Wir hatten alle Angst vor dem. Ich glaube, ehrlich gesagt … na ja …«

»Was?«

»Na ja, also fest steht, die haben die beiden unterschiedlich behandelt. Mit unterschiedlichen Medikamenten. Da sind ja experimentelle Therapien durchgeführt worden, Medikamententests, würde ich sagen. Der Lutz Wegener, der ist einfach sehr kräftig geblieben. Der andere nicht.«

»Was ist anschließend passiert?«

»Na ja, die ganze Station wurde sofort dichtgemacht. Beamte waren da, Polizei und dann … keine Ahnung, Staatsschutz, hieß es, glaub ich.«

»Die haben dann ermittelt?«

»Ja, und die Frau weggebracht vor allem.«

»Welche Frau?«

»Ich dachte, das wüssten Sie?«

»Was für eine Frau? Auch ein Morbus-Skuratov-Fall?«

»Nein, das war ja von Anfang an das Merkwürdigste. Eine Patientin, die angeblich vor allem psychisch krank war. Also die bei uns gar nichts zu suchen gehabt hätte. Sie war wohl jahrelang in der geschlossenen Psychiatrie gewesen, hieß es, und dann hat man sie bei uns auf der 16 einquartiert.«

»Und diese Frau hieß wie?«

»Helene Schwarzer.«

»Wie bitte?«

»Sie kennen den Namen?«

»Ja. Ich … habe ihn schon mal gelesen.«

Caro und Philip tauschten einen Blick. Er zuckte mit den Schultern. *Nie gehört.*

»Helene Schwarzer war also bei Ihnen auf der Station 16?«

»Ja.«

»Obwohl sie nicht krank war?«

»Das würde ich so nicht sagen. Angeblich hatte sie eine schwere Form von Schizophrenie, keine Ahnung. Eigentlich unauffällig, hat mit niemandem gesprochen. Komplett stumm. Es musste sie immer einer von uns begleiten, wenn sie im Park spazieren gegangen ist. Ansonsten hat sie bloß viel Musik gehört, klassisches Zeug, Opern und so, und hat nicht geredet. Und an dem Tag im Januar war sie eben krank.«

»Wie … krank?«

»Sie hatte irgendwas, Herzrhythmusstörungen, glaube ich, sie war jedenfalls zur Beobachtung auf der 32, auf der Kardiologie. Deshalb haben die sie nicht gefunden.«

»Jetzt mal ganz langsam. Sie glauben also, dass die Einbrecher, die den anderen Patienten … diesen Lutz Wegener … verschleppt haben, auch vorgehabt hatten, Helene Schwarzer mitzunehmen?«

»Auf jeden Fall. Die wussten scheinbar genau, wo sie untergebracht war. Sie haben das Zimmer gestürmt, das Bett umgerissen – aber sie konnten sie da natürlich nicht finden.«

»Und dann?«

»Tja, das war's. Station 16 wurde dichtgemacht, und wir sollten weiterhin die Klappe halten. Ich bin jetzt wieder auf der Inneren. Den Zusatzverdienst bin ich natürlich los. So sieht's aus.«

»Und Helene Schwarzer? Ist sie noch in Luisenburg?«

»Wo denken Sie hin? Die haben sich diese Sicherheitsleute, Staatsschutz oder was, sofort unter den Arm geklemmt und mitgenommen. Irgendwo anders hingebracht.«

»Wissen Sie, wohin?«

»Nein.«

»Können Sie's rauskriegen?«

»Nee, glaub ich nicht.«

»Vielleicht doch.«

»Tja. Kommt drauf an.«

»Ja, ich versteh schon. Melden Sie sich bei mir, wenn Sie was in Erfahrung bringen?«

»Kann ich jetzt gehen?«

Die Stimmen, die sehr leise Musik, das Klappern von Geschirr gingen wieder unter in einem neuerlichen Rascheln, und so endete der *Hurra-wir-leben-noch*-Track.

»Das passt doch alles zusammen«, stellte Caro fest und sah Philip lange an.

Korff klopfte gegen die Scheibe. Also tauschten sie die Position. Philip atmete tief ein und konnte kaum sprechen, während die beiden Alten, verbunden durch dünne weiße Kabel, die Köpfe zusammensteckten und lauschten. Es schien eine Ewigkeit zu dauern, und der Wind, der am Waldrand über die Tannen zog, über die Raststätte und die parkenden Wagen, war kühl. Vorne an den Zapfsäulen stiegen mehrere Jugendliche aus einem Bulli und riefen sich gegenseitig etwas zu. Irgendwo heulte ein kleines Kind. Schließlich öffneten sich die Wagentüren erneut, und Korff machte ausladende Schritte um den Seat herum.

»Das ist es«, sagte er. »Sie wollen Helene Schwarzer. Darum ging es von Anfang an.« Sein Kiefer malmte verbissen.

»Wer ist denn das?«, fragte Philip nach einem stummen Moment.

»Sie war Bergmanns Frau, die Mutter seiner Tochter.«

11

Die spontanen Ideen sind oft die besten. Und manchmal die schlechtesten. Aber Karl Schneider war sowieso nicht zum Nachdenken gekommen. Er hatte, so gut es eben ging, bis jetzt funktioniert. Mit einer klirrenden Plastiktüte, einem Schlüsselbund und seinem Hockeyschläger in der Hand stapfte er über den Innenhof und hielt sich dicht an der Hauswand. Er lauschte auf die Geräusche, er schaute zu den dunklen Ecken hinüber. Er war froh, als er die Klingel an der Tür des Haupthauses drücken konnte. Es dauerte, bis jemand reagierte. Zeit genug, den Flachmann zu zücken, den er in der Brusttasche trug, und einen tiefen Schluck zu nehmen.

Roths Silhouette tauchte hinter der Scheibe auf, er drehte den Schlüssel im Schloss herum, sah ihn an.

»Ich habe alles kontrolliert«, sagte Karl Schneider mit schwerer Zunge. »Drei Fenster hinten im Gärtnerhaus sind hin, da müssen neue Scheiben rein. Zwei Türen im Vorderhaus schließen nicht mehr. Zwei andere konnte ich in Ordnung bringen. Hier.« Er hielt Roth das Schlüsselbund entgegen, das er auf seiner Runde benutzt hatte, um die Schäden zu begutachten. »Und das hier.« Jetzt hob er die Plastiktüte, in der sich die leeren Medikamentenfläschchen befanden. Das war eine wichtige Regel: Immer alles wieder abliefern. Trotzdem schaute ihn Roth an, als hätte er Japanisch gesprochen.

»Ist der Doktor noch da?«, fragte er deshalb noch.

Roth schüttelte den Kopf, öffnete aber die Tür, sodass Karl eintreten konnte. Zwei Stufen. *Jetzt nicht stolpern.*

»Ist wegen Margret, sie bräuchte noch was. Für die Nacht.«

Im Flur roch es nach Essen, nach Zwiebeln und Fett. Aus dem Wohnzimmer kam King gehuscht. Er hechelte, näherte sich Karl, schnupperte an seiner Tüte. In der Tür stand einer der Neuen, ein Mann mit schwarzer Jacke und kalten, wachen Augen. Einer dieser Kerle, die hier offenbar jetzt das Sagen hatten, aber die Katastrophe doch nicht verhindern konnten. Roth warf dem Mann, der mit seinen kalten Augen auf ihn zu warten schien, einen grimmigen Blick zu. »Der Doktor ist wieder in Travemünde«, sagte er zu Karl und seufzte. »Geh ins Büro, da steht noch was im Regal, und leg mir die Schlüssel auf den Tisch, ich hab jetzt keine Zeit.« Roth drehte sich um, verschwand mit dem Mann im Wohnzimmer. (Karl konnte diese bulligen, finsteren Kerle nicht auseinanderhalten, auch wenn er glaubte, dass dieser hier ihm schon mal vorgestellt worden war.)

»Ist okay, mach ich«, sagte er. Niemand hörte ihm zu. Als er den Hockeyschläger an die Wand lehnte, sah er, dass Roths Schlüsselbund noch von innen in der Haustür steckte. Er hielt in der Bewegung inne, feuchtete sich die Lippen an. *Die spontane Idee.*

Leise zog er das Schlüsselbund ab, während er hörte, wie Roth gequält sagte: »Die Richters wollten übermorgen kommen und die Kehlings nächste Woche, die muss ich abbestellen.«

King schaute Karl neugierig an und wedelte mit dem Schwanz. Der Mann sagte irgendetwas im Wohnzimmer, eine tonlose, strenge Stimme, und Roth antwortete unwirsch: »Ist ja schon gut. Die Wagen sind morgen Mittag hier!«

Karl Schneider, der kaum dazu kam, sich über sich selbst zu wundern, hatte zwei Schlüsselbunde bei sich, als er in Roths Büro trat und das Licht anschaltete. Er stellte die Tüte vor dem Schreibtisch ab, wo sie klirrend in sich zusammensank. Dann griff er sich eines der dunkelbraunen Fläschchen, die auf dem Sideboard standen, und steckte es ein. Für seine Frau. *Vielleicht.* Sein Blick fiel auf den Waffenschrank, der verschlossen war. Hinter der Glastür fehlte das Gewehr. Er betrachtete die Leerstelle, aber er empfand nichts.

Da war die Idee, die Möglichkeit. Es gab hier für ihn nichts mehr zu gewinnen. Es war nur eine Frage der Zeit, bis die Polizei auftauchte. Das wäre früher undenkbar gewesen. Da hatte man sie in Ruhe gelassen. Die Leute, deren Angehörige hier untergebracht waren, zahlten gut. Ihm aber, der nicht in der Lage gewesen war, gut zu zahlen, weil er nichts gehabt hatte, keinen Cent (nur Manuel), war erlaubt worden, mit seiner Arbeitskraft zu bezahlen. Es hatte eine Vereinbarung zwischen ihnen gegeben, zumindest zwischen ihm und Roth. Seine Frau war ein Fall für sich. Aber jetzt, seit diese Amerikaner aufgetaucht waren, ließ sich nichts mehr absehen. Und auch diese bewaffneten Wachleute mit ihren schwarzen Jacken, den Halftern darunter und den kontrollierenden Blicken hatten nichts verhindern können. Gar nichts.

Er benutzte den kleinen Schlüssel für die Schreibtischschublade. Er hatte oft genug gesehen, wie Roth hier das Geld herausgeholt hatte. Immer musste Bargeld im Haus sein, Kontobewegungen sollten in jedem Falle vermieden werden. Es war weniger, als er gehofft hatte, viel weniger, aber er steckte alles ein, stopfte es sich in die Hosentaschen. Keinen einzigen Schein ließ er zurück. Und er schloss wieder ab.

Das Knarren der Dielen. Karl Schneider zuckte zusammen. Der Hund blieb kurz in der Tür stehen. King sah ihn schief an und kam schließlich zu ihm gelaufen. Karl streichelte ihn. Seine Kehle war trocken, er atmete schwer. Das Schiff sank, das war klar, aber er wollte nicht mit ihm untergehen. Das Untergehen war was für Kapitäne, nicht für Ratten. Er fuhr sich mit der Zunge über die Lippen.

Das Telefon klingelte. Laut, sehr laut, auf dem Schreibtisch, und er starrte es einige Sekunden lang verwirrt an. Er hatte zwei Schlüsselbunde in der Hand, und eines davon ließ er rasch auf die Tischplatte fallen.

King sprang neben ihm her, als er auf den Flur trat, wo noch sein Hockeyschläger an der Wand lehnte. »Telefon«, sagte er dumpf, als Roth ihm gegenübertrat. Dahinter der Mann in der schwarzen Jacke, der ihn misstrauisch musterte. Aber auch der konnte nicht durch Wände sehen.

Karl ging zur Tür, zur Klinke, die über einem Schlüsselloch aufragte, das laut zu schreien schien: *Kein Schlüssel steckt, es steckt kein Schlüssel mehr, eben hat doch hier noch ein Schlüssel gesteckt!* Sah der Mann im Türrahmen, dass sich seine Hosentaschen ausbeulten? Das Geld und die Schlüssel. Karl nahm den Hockeyschläger und nickte dem fremden Arschloch kurz zu. Dann drückte er die Klinke herunter, die in seinem Kopf noch immer Alarm gab und ihn verriet. Er öffnete die Tür und schloss sie hinter sich. Das, was ihn draußen empfing, war kühl und dunkel. Abendluft.

Er sah vom großen Hof aus hinter den Buntglasfenstern der Kapelle Licht, und er sah Licht im kleinen Haus, in dem seine Frau über dem festgeschnallten Körper ihres Sohnes wachte. Mit ihr war nicht zu reden, das musste er gar nicht erst versuchen. Spontan, wie er jetzt war, schlug er also einen anderen Weg ein. Er kannte sich aus, er wusste, dass es hinter dem Haupthaus eine Pforte gab. Es achtete ohnehin niemand auf ihn, niemand interessierte sich für seine Schritte, niemand war jetzt hier. Nein, das stimmte nicht.

Er blieb stehen. Da war einer von *ihnen* auf dem Vorplatz, ein anderer kam aus der Kapelle gewankt. Sie waren noch immer aufgekratzt, immer noch gefährlich. Rasch bog er um eine Ecke, huschte zwischen Roths Wohnhaus und dem jetzt verlassenen Krankengebäude hindurch und versuchte, zu überschlagen, wie viel Geld er genommen hatte, wie weit er damit kommen würde. *Hamburg,* dachte er, *nach Hamburg. Das ist ein guter Ausgangspunkt. Die große Freiheit.*

Es war dunkel hinter dem Haus, sehr dunkel. Kein Licht hinter den Fenstern. Er musste sich vorantasten. Seine Schritte waren ohnehin unsicher, und hinter seiner Stirn pulsierte dumpf der Schnaps. Er geriet ins Taumeln, weil er durch feuchte Erde ging, zwischen den Büschen hindurch. Kurz orientierte er sich. Da hinten irgendwo, bei den Schuppen, hatten sie gestern Riko vergraben.

Er drehte sich um und schlug mit dem Kopf gegen einen der tief hängenden Kastanienäste. Die Blätter raschelten, und Karl Schneider watete weiter. Kurz schloss er die Augen und glaubte, hinter sich etwas zu hören. Wieder raschelte es. Stehen bleiben, nur ganz kurz. Jetzt: ein schmatzendes, schmerzverzerrtes Stöhnen. Das klang gar nicht gut. Er drehte sich um.

Eine Taschenlampe hatte er nicht mitgenommen. Als er mit seinem Kontrollgang begonnen hatte – ein gewissenhafter Hausmeister bei seiner letzten Pflichterfüllung –, war es noch nicht so dunkel gewesen. Er umklammerte den Hockeyschläger. Er sah sie nicht. Wenn sie wirklich mit dem Teufel im Bunde waren, die dunkel Gesegneten, wie diese wahnsinnigen Amerikaner offenbar ernsthaft glaubten, durften sie ihn nicht gehen lassen. Er stieß beim Rückwärtstaumeln gegen die Mauer, verlor den Schläger, und als er versuchte, sein Gleichgewicht zu finden, rutschte ihm Roths Schlüsselbund aus der Tasche. Vielleicht waren auch einige Scheine mit auf den Boden gefallen. Die würde er nicht sehen, nicht finden können. Wichtiger war es, die Waffe aufzuheben.

Das Blut schoss ihm in den Kopf, ihm wurde schwindlig, er

suchte Halt. Seine Finger tasteten sich fieberhaft voran, hinunter, ins Dunkle hinein. Fanden etwas, berührten etwas. Etwas – *wie … wie Fleisch fühlt sich das an!* –, das ruckartig vor ihm zurückwich. Etwas, das lebte. Karl Schneider zuckte zusammen, und es verschlug ihm den Atem. Er drehte sich um. Die Pforte war in unmittelbarer Nähe, er musste sich beeilen, es waren doch nur wenige Schritte, das war zu schaffen, und jetzt, wo er wieder ein bisschen Abstand gewonnen hatte, ein, zwei kurze Meter, sah er sie doch. Er sah sie, wie sie sich aus der Finsternis der Hauswand lösten, wie sie wankten. Sie hatten noch nicht genug getobt. *Wenigstens ist Manuel nicht dabei*, dachte er noch und überlegte, ob er laufen sollte. Dann spürte er, dass er berührt wurde, dass eine Hand nach seinem Unterschenkel griff und sich mit einem so plötzlichen Druck darum schloss, dass er laut aufschrie.

Es war ein schweres, unkontrolliertes Körpergewicht, das ihn zu Fall brachte, dass sich auf ihn wälzte und gurgelnd zudrückte. Es ging alles viel zu schnell, zu schnell für jede Gegenwehr, aber Karl Schneider bekam noch mit, wie sich die scharfen Kanten des Flachmanns in seine Rippen bohrten, bis sie brachen, spürte noch, wie ein dumpfer Schlag seine linke Gesichtshälfte traf und ihm einen Teil seiner unrasierten Wange samt Kiefer ausriss. Ein Geräusch, als würde man ein ganzes Paket Nüsse knacken, fuhr scharf und endgültig durch seinen Körper, und schon im nächsten Augenblick begann er, an seinen eigenen Zähnen zu ersticken. Schreien war jetzt nicht mehr möglich, es dauerte auch nicht mehr lang. Das Schiff sank vielleicht, die Ratte aber ging mit ihm unter.

12

Harald Rheinberger gähnte und schob sich vorsichtig in eine bequemere Position. Die linke Schulter machte ihm zu schaffen. Nur kurz dachte er daran, dass er morgen eine Besprechung mit diesem überengagierten Architekten und am späten Nachmittag eine vermutlich fruchtlose Sitzung mit vier Abteilungsleitern haben würde, deren Namen er permanent verwechselte. Die Augen fielen ihm zu, und er genoss die Vorstellung, jetzt und hier einzuschlafen, während auf dem Bildschirm irgendwelche Parteipolitiker der Bundestagswahl entgegenplapperten.

Er bekam nichts mit, und das war sehr angenehm. Zwischen den schwerer werdenden Lidern fiel sein Blick mal auf das nicht ganz ausgetrunkene Glas Burgunder auf der massiven Glasplatte des Couchtisches und mal auf Susanne, die auf einem der beiden anderen Sofas in einer Zeitschrift blätterte. Über ihr hing das Pop-Art-Gemälde, auf dem sich zwei Kleiderbügel in Blau und Grün vor rosafarbenem Hintergrund verhakten. Auch sie selbst sah, mit ihren angezogenen Beinen und der eleganten Art, mit der ihr blondes Haar über die eine Hälfte ihres Gesichtes fiel, immer noch ein wenig aus, als habe man sie in die Wohnlandschaft hineindrapiert. Harry konnte sie riechen. Handcreme, Parfüm, ein Hauch Haarspray vielleicht. Aber alles sehr leicht, unaufdringlich und schön.

Für Susanne war die Entspannung inmitten seiner Welt noch nicht ganz selbstverständlich, aber das würde noch kommen. Er machte sich da gar keine Gedanken. Sie war noch jung und anpassungsfähig, und vor allem war sie eher der defensive Typ und diskutierte nicht stundenlang. Vor zwei, drei Minuten – vielleicht war er auch eingenickt, und es war in Wirklichkeit schon länger her – hatte sie ihn bloß lächelnd angesehen und es geschafft, ihre Anteilnahme in ein einziges sparsames Wort zu kleiden: »Müde?«

Er hatte ebenfalls bloß nicken und lächeln müssen, und die Tatsache, dass mehr nicht nötig war, musste man doch wirklich als ein Glück auffassen.

Aber so ein Glück, ein ruhiges Glück, dauerte selten an, und so kam, was kommen musste: ein Taxi in diesem Fall, dessen Fahrgast mit schnellen Schritten Richtung Eingangstor eilte und die Klingel drückte.

Susanne ließ die Zeitschrift sinken und schaute auf ihre Armbanduhr. »Schon nach zehn.«

Er seufzte, rieb sich mit der Hand übers Gesicht und erhob sich schwerfällig. »Ich schau nach«, sagte er mit der väterlich-fürsorglichen Stimme, mit der er sich selbst so gerne reden hörte. Er musste sich strecken, und sein Schultergelenk knackte. Als er schwerfällig die zwei Stufen Richtung Eingangsbereich hinauftappte, erinnerte er sich daran, dass Susanne ihm vermutlich hinterherschaute und er wenigstens versuchen sollte, einen halbwegs dynamischen Eindruck zu machen. *Gib dir ein bisschen Mühe, Harry.*

Auch das war ein noch recht behaglicher Gedanke – die Vorstellung, dass es sich wieder lohnen konnte, charmant und agil und männlich zu sein für liebevoll bewundernde Augen. Umso befremdlicher erschien ihm der Anblick auf dem kleinen Bildschirm der mit der Gegensprechanlage verbundenen Überwachungskamera. Er ertappte sich dabei, den Kopf unnötig nah an den kleinen Kasten heranzubewegen, als müsse er kleingedruckte Vertragsklauseln entziffern. »Du?«

»Mach auf, Harry. Es ist wichtig.«

Barbara brauchte nicht lange über den Kiesweg zum Haus. Das Tor hatte sich noch nicht wieder geschlossen, als sie schon im Vorraum stand und mit einer Stimme sprach, die ihm besonders laut und unbeherrscht vorkam. Vermutlich verzog er beim Zuhören schmerzlich das Gesicht, was nicht nett war, aber er war zu verwirrt, um sich zu kontrollieren.

»Du hast doch immer gesagt, dass du gute Anwälte hast, oder? Ich fürchte, die brauchen wir jetzt, Harry.«

»Wir?«

»Ja, aber ich muss jetzt erst mal bei der Polizei anrufen.«

»Hier? Ich meine …«

Ihre Augen waren riesig und ihre Stimme sehr fest, als sie einen Satz sagte, der ihm völlig unverständlich blieb. »Onkel Richard hat Philip entführt. Du musst jetzt alle Hebel ziehen, die du ziehen kannst.«

Sie ging an ihm vorbei, wohl weil sie wusste, dass sich das Telefon im Wohnzimmer befand, wo noch immer die bleiernen Streitstimmen der Politiker aufeinander losgingen.

»Guten Abend«, sagte Susanne schüchtern. Sie hatte sich erhoben, war völlig überfordert ein paar Schritte auf sie zugegangen, mit einer ausgestreckten Hand, die Barbara erst nur verblüfft betrachtete, bevor sie sie fahrig schüttelte und ein gemurmeltes »'n Abend« von sich gab. Sie warf Harry einen Seitenblick zu, und er versuchte, jetzt für beide zu lächeln, um die Spannung aufzulockern. Als müsste er, *ausgerechnet er*, sich für diese Situation entschuldigen.

»Also … äh … ich muss jetzt telefonieren. Mit der *Polizei*.« Das fügte sie noch einmal für Susanne hinzu, in einem Ehrfurcht gebietenden Ton.

Sie nahm das Telefon aus der Station, wählte eine Nummer, die sie von einem mitgebrachten Zettel ablas, wartete kurz, wobei sie erneut von Susanne zu ihm hinüberschaute. Dann sagte sie: »Hallo? Ja, ich bin es, Barbara Rheinberger. Gibt's schon was Neues? Also … gut. Ich wollte Ihnen nur Bescheid geben, wo Sie mich ab jetzt erreichen können.«

Harry machte einen Schritt auf Susanne zu, die sichtbar schluckte. Er hätte gerne eine ihrer Hände genommen, aber sie hatte beide zu ihrem Brustbein geführt, wo ihre Finger den Anhänger ihrer Kette berührten.

»Ja«, sagte Barbara. »Ich gebe Ihnen die Nummer. Ich bin jetzt wieder bei meinem Mann. Harry, welche Handynummer kann ich rausgeben?«

13

Erschöpft bist du, *flüstert das Mädchen.* Das ist gut, ruh dich aus. *Das Mädchen ist zufrieden, es lächelt, es schaut hinab auf die Gestalt, die zusammengekrümmt auf einer der Bänke liegt und unruhig zuckt im Schlaf.* Du träumst natürlich, *denkt das Mädchen*, und es sind böse Träume. Wenn ich dicht bei dir bin, so wie jetzt, kann ich es spüren. Ich kann es sogar riechen, dass dich im Schlaf die Bilder quälen. Aber du weißt auch, dass du entkommen bist, dass dieser Tag eigentlich dein letzter gewesen wäre. Du hast einen Aufschub erhalten, aber das vergrößert deine Angst natürlich nur.

Du schläfst, und wir wachen. Meistens wachen wir in der Nacht. Ich habe es in der Enge meines Zimmers immer gespürt, dass *sie* auch wach sind in der Dunkelheit. Ihre hungrigen Seelen sind wie Lichter hinter den dunklen Fenstern gewesen. Ich habe ihre Verzweiflung, ihre Gier und ihre Not leuchten sehen. Heute ist es nicht anders, obwohl wir so lange unterwegs waren. Draußen auf dem Vorplatz streichen sie noch immer herum, erkunden die Umgebung, schauen sich staunend die Gebäude an, in denen sie bis vor kurzem eingeschlossen waren. Und hinter den geschlossenen Läden, hinter den verriegelten Türen, sitzen Roth und die anderen. Sie sollen den Worten Taten folgen lassen. Aber wahrscheinlich zittern sie bloß vor Angst, halten sich an ihren Gewehren fest, und die Hunde jaulen. Ihr Winseln kann ich hören. Wir haben Blut vergossen, wir haben ihren Willen gebrochen.

Aber sie halten vorläufig Abstand. Sowieso haben die Köter immer einen Bogen gemacht um diesen Ort, den sich Roth und Stewart für ihre Anrufungsversuche ausgesucht haben. Jetzt gehört er uns, jetzt haben wir ihn besetzt, jetzt bestimmen wir, was hier passiert – und wann. Wir werden die Brücke bauen, das Tor öffnen, das weiß ich, wir werden die Kräfte der Alten, ihren Geist und ihre Stärke, zu uns lassen, wir werden ihnen die Rückkehr ermöglichen. Durch uns wird es passieren.

Ja, jetzt bin ich aufgeregt, sehr aufgeregt – und die, die vom dunklen Geist gesegnet wurden, auch. Sie haben keine Ruhe mehr, sie ziehen immer noch hin und her, sie murmeln vor sich hin. Manche reden etwas, das auch ich nicht verstehe. Sie haben ihre eigene Sprache gefunden. Das ist gut. Bei Tag durch die Wälder zu laufen war für sie schwieriger als für mich. Sie sind es nicht mehr gewohnt. Die Schauenden fürchten sich in der Helligkeit, vor dem Licht, in dem alle sie sehen können.

Für mich war es anders, ganz anders. Der Blick hinaus aufs Wasser, auf die Wolken des frühen Morgens. Die Freiheit hat meine Gedanken gelöst. Ich erinnere mich, immer mehr kommt zu mir zurück. Das Schlimme, das ganz, ganz Schlimme, aber auch das Gute. Der Wind in den Büschen hat zu mir gesprochen, und das

Rauschen oben in den Baumkronen auch, aber auf eine neue, auf eine ungewohnte Weise. Plötzlich wusste ich genau, welchen Weg ich einzuschlagen hatte, wusste ganz klar, dass ich einen Hang hinaufstürmen, mich durchs Gehölz schlagen musste, mit dir an meiner Hand.

Dann sind wir stehen geblieben, atemlos, erschöpft. Wir haben uns angelehnt an die Stämme der letzten Bäume, immer noch geschützt, immer noch fast unsichtbar, und haben hinausgeschaut auf einen kleinen Wasserlauf und hinüber ans andere Ufer. Ein paar Häuschen haben da gestanden, winzige Ferienhütten, vier vielleicht. Und vor einer dieser Hütten lag ein grün gestrichenes Ruderboot im unbewegten Wasser. Wie auf einer Kitschpostkarte, die sich amerikanische Touristen kaufen und mit nach Hause nehmen. Stewart zum Beispiel.

Die Wolken haben sich im glatten Fluss gespiegelt. Hell und weiß lagen sie auf der grünblauen Fläche, und ich habe mich der Spiegelung genähert, weil ich wusste, dass ich meine Hand hineinstrecken musste, dass ich die Kühle, die Sauberkeit spüren musste – und noch etwas anderes. Du bist mir widerwillig gefolgt, hast dich umgeschaut, hast überlegt, ob du jemanden um Hilfe rufen sollst. Aber wahrscheinlich hast du, genau wie ich, sofort erkannt, dass diese Häuser leer waren.

Ich habe mich selbst gesucht in der Spiegelung des Wassers, und ich habe mich gefunden. Ich habe mein Gesicht gesehen, und es war, als wendeten sich die Gedanken, die so lange den Zugang zu meinen Erinnerungen verstopft hatten, nach außen. Ich habe mich weinen sehen, und dann habe ich die Hände in mein Spiegelbild stecken müssen. Als wäre es möglich, mich als eine Fremde aus diesem Wasser rauszuziehen. Als könnte ich den Zwilling, der mich aus diesem Wasser heraus anstaunte, zu mir holen und über meine Vergangenheit befragen.

Kühl ist das Wasser gewesen und sauber. Es hat meine Nerven mit unzähligen elektrischen Schlägen berührt, hat Verbindungen hergestellt und eine Stimme in meinem Kopf erklingen lassen. Und diesmal war es keine Stimme, die mit unverständlichen geheimen

Worten zu mir gesprochen hätte, wie schon so oft, sondern eine Stimme, die klar und deutlich zu mir gesagt hat: »Komm, mein Kind, es ist an der Zeit. Komm, mein Kind, empfang das Wasser, auf dass du seinen Geist empfangest, komm, mein Kind, auf dass wir die Gegentaufe vollziehen zu seinen Ehren.« Die Stimme einer Frau?

Und dann habe ich aufgeschaut und IHN gesehen. Am anderen Ufer hat er gestanden, ganz dicht bei uns, und schon im ersten Augenblick der Verwirrung habe ich ihn erkannt, ohne zu wissen, wer er ist. Ich habe nur mit einem weiteren schmerzlichen Schlag in meinem Hirn gewusst: Das ist kein Unbekannter, er ist früher schon einmal bei mir gewesen, und jetzt ist er zurückgekommen.

Er stand so schmal, so groß, so dünn am anderen Ufer, in einem schwarzen Anzug, einen schwarzen Hut tief in die Stirn gezogen, und die Hände hingen, in Handschuhen, locker an ihm herab. Dunkelgrüne Lederhandschuhe. Leise hat er gewartet, sonst nichts. *Erfreut* ist er gewesen. Erfreut, mich zu sehen. Seine Gesichtszüge waren nicht zu sehen, aber ich habe sie in meinem Kopf wiedererkennen können. Es ist eigentlich gar kein Gesicht, das sich unter dem Schatten seiner Hutkrempe verbirgt, es ist eine leere Masse, eine weißliche Hülle, ohne Blick, ohne Nase, ohne Mund – denn all das braucht er nicht, wenn ich da bin, wenn ich für ihn spreche.

Und du? Du hast neben mir am Wasser gekauert und gewimmert. Also hab ich dich im Nacken gepackt, härter vielleicht, als ich wollte. Ich habe deinen zitternden Nacken umschlossen mit meiner starken Hand, mit der ich Riko den Kopf vom Rumpf gerissen habe. »Kannst du ihn sehen?«, habe ich dich flüsternd gefragt. Du hast geblinzelt, du hast den Kopf in meiner Umklammerung leicht gedreht, hast versucht, aus den Augenwinkeln Rückschlüsse aus meinem Gesichtsausdruck zu ziehen.

»Siehst du den Mann am anderen Ufer?«, habe ich wieder gefragt, und meine Stimme hat sich bereits angehört, als gehörte sie nicht mehr wirklich mir.

Du hast geschluckt, fast gewürgt, und dann hast du genickt und gesagt: »Ja, ja, sehe ich.«

Ich habe sofort gewusst, dass du lügst, weil du solche Angst vor mir und den anderen hast. Bloß den jungen Morgen hast du gesehen und den hellen Himmel im Wasser und den ganzen weiten Frühling. Das kleine Boot, das sich nicht bewegt, und die Häuser, in denen sich niemand aufhält. Gut so. Nur sichergehen wollte ich, dass er sich ausschließlich mir zeigt. Nur mir gibt er das Signal, dass es jetzt bald so weit sein wird, dass vollendet werden kann, was vor so langer Zeit begonnen wurde. Nein, du musst ihn nicht sehen. Er muss *dich* sehen. Er hat dich gemustert, er hat genickt. Er hat dich für gut befunden, für *geeignet*.

Das begreifst du alles nicht. Dein Kopf ist zu voll von all diesen Eindrücken. Du bist eingeschlafen, immerhin. Sei dankbar dafür. Jetzt wärmt dich eine der Decken. Für dich ist das alles unverständlich, die mit Blut geschriebenen Zeichen an den Wänden, die Kreuze, die Opferschalen, das alles ist nichts für dich. Dein Gesicht bewegt sich, dein Oberkörper hebt und senkt sich, du schläfst.

Du erinnerst mich an mich. Ich muss dich immer anschauen. Du weißt es nicht, aber du bist, was ich hätte sein können.

14

Philip schaute in die Dunkelheit und auf das blendende Gelb und Rot, das Aufblitzen hier und da. Die Scheinwerfer, die roten Bremslichter. Philip war kalt. Er trat von einem Bein aufs andere, fragte sich zum hundertsten Mal, was er seiner Mutter erzählen, was er tun sollte, wenn er mit Caro im Hotel angekommen war. Würden Polizisten dort auf ihn warten? Er schaute sich um. Mehrere Wagen umfuhren die Tanksäulen, hinter der Raststätte schaltete jemand in einer Parkbucht einen Motor ab. Korff befand sich vielleicht hundert Meter von ihm entfernt in der Nähe des Seats, auf dessen Beifahrersitz Elisabeth Kujawski saß. Wie Philip stand er da, ein zweiter Posten. Er schaute sich um, hoch aufgerichtet, streng, abwartend. Die Schiebetüren der Raststätte öffneten sich. Caro kam mit einer neuen Colaflasche und einigen kleineren Verpackungen im Arm heraus und signalisierte ironisch in seine Richtung, wie schwer sie an der ganzen Verpflegung zu schleppen hatte.

Später schien es Philip, als sei ihm schon in diesem Moment der Gedanke gekommen, dass sie so etwas wie eine geometrische Form bildeten, einzelne Punkte, von scharf gezogenen Linien verbunden. Vor allem, als Caro stehen blieb, weil ihr eine Fruchtgummitüte zwischen den Armen wegzurutschen drohte. Auch Richard Korff sah sie von seinem Standpunkt aus an. Es kreuzten sich die Linien ihrer Blicke, und sie waren für den Augenblick arrangiert wie die Gegenstände auf Mortens Schreibtisch, die darauf warteten, von außen angeschaut zu werden. Jemand war auf Caro zugegangen, eine Frau hatte sie angesprochen.

»Philip?«, sagte der Alte nicht besonders laut, aber es schwang ein eigenartig alarmierter Unterton dabei mit. Das musste auch Elisabeth Kujawski aufgefallen sein, denn Philip konnte sehen, dass sie im Wagen den Kopf umwandte. Was er nicht sehen konnte, waren die zwei Männer, die sich ihm von hinten näherten.

»Philip! Schnell!« Korff rief ihn zu sich, hatte bereits mit unbeherrschtem Schwung die Fahrertür aufgerissen, aber Philip schaute wieder zu Caro, die mit ungläubigen, weit aufgerissenen Augen die Frau ansah, die eindringlich auf sie einredete. *Es ist ja ein Wunder, dass es so lange gutgegangen ist.*

Korff saß am Steuer, hatte die Tür wieder geschlossen, und Philip, der gerade anfangen wollte zu rennen, spürte starke Arme an der Schulter, die ihn mit Gewalt zurückrissen. »Nein!« Panik überkam ihn, und er versuchte, sich zu winden, hörte nicht, was die Männer zu ihm sagten, hörte nur, dass jetzt auch Caro ihm etwas zurief, was er nicht verstand.

Er sah, dass der Alte mit Elisabeth Kujawski zu flüchten versuchte, dass der Motor des Seat aufheulte und er scharf bremste, als sich zwei Wagen vor die Ausfahrt schoben, um sie zu versperren. *Nicht jetzt*, dachte Philip, *nicht ausgerechnet jetzt.*

Fünfter Teil

DAS PERFEKTE MUTTERTAGSGESCHENK

And through her blindfold
She could make out the figures there before her
And how the air was thick with incense, cardamom and myrrh
So goodnight boys, goodnight
Say goodnight boys, goodnight.

The Decemberists

1

Am Tag vor der großen Anrufung, am Tag vor dem penibel vorbereiteten Zugriff, verliert Clemens Baumgarten die Nerven. Es ist der 12. Februar 1988, und obwohl alle Pläne längst festgestanden haben, wirft er sie kurzfristig um. Er geht sogar so weit, den Biber von einer Telefonzelle aus anzurufen und ihn darum zu bitten, sich zu einem früheren Zeitpunkt mit ihm zu treffen. Und als das nichts nützt, bittet er nicht, sondern fordert. Er hat jedes Recht dazu.

Er steht in einer beengten gelben Zelle an einer Straße mit kleinen Geschäften – einem Pelz- und Trachtenhändler, einer Metzgerei, einem Feinkostladen –, und während sich seine Stimme überschlägt, starren seine Augen durch die verkratzte Scheibe nach draußen. Sie suchen die Umgebung ab, heften sich an die Hinterköpfe von Passanten, an die Fahrer der PKW, die langsamer werden, weil sie einen Parkplatz suchen. Auch den Treffpunkt ändert er kurzerhand, und sein Gesprächspartner, der in seinem Hotelzimmer nach Block und Stift greifen muss, kommt gar nicht dazu, Baumgarten gut zuzureden oder ihm zu widersprechen.

Als er aufgelegt hat, sitzt der Biber, dessen Hemdsärmel nicht zugeknöpft sind, noch einen Moment wie versteinert da, mit dem Hörer am Ohr, den er dann nur sehr langsam senkt. Er wendet ebenso langsam den Kopf, und sein Blick begegnet den besorgten Augen der Frau, die sich am Fenster, vor weißen Gardinen, gerade die Haare hochsteckt.

»Was ist mit ihm?«, fragt Elisabeth Kujawski, nachdem sie die Haarnadel entfernt hat, die eben noch zwischen ihren Lippen gesteckt hat. Im Februar 1988 ist sie 45 Jahre alt, hat einen straffen, schlanken Hals, und ihre Stimme klingt noch beinahe zart.

Eine trübe Mischung aus Schnee und Regen stöbert währenddessen über die vom Drechslerhof fünfzehn Kilometer entfernt gelegene Kreisstadt. Die Scheibenwischer der Wagen haben viel zu tun, und

Clemens Baumgarten erledigt nach dem Telefonat seine Einkäufe frierend und mit fahriger Unkonzentriertheit. Immer wieder muss er sich zwingen, seine Gedanken zusammenzunehmen, denn er neigt dazu, in Stresssituationen unbedacht und hektisch zu handeln.

In einer kleineren Tengelmann-Filiale kauft er Kerzen, Brennspiritus und Schnaps. Er legt scheppernd Obst und Hühnersuppendosen von Sonnen-Bassermann in den Wagen, Milch und drei Flaschen Orangensaft. Denn auch wenn Großes bevorsteht, darf die Verpflegung aller Beteiligter nicht leiden. Die Gäste – er hat noch immer keine Ahnung, um wie viele es sich handeln wird – werden Stärkung brauchen. Dann steht er eine ganze Weile zaudernd vor den Schokoladentafeln, bis er sich endlich entschieden hat.

Wie abgesprochen, erblickt er den Biber gegen 11 Uhr 30 vor dem Zeitschriftenregal des Supermarktes, wo er aus einem der Drehständer eine Tageszeitung zieht und sich der Kasse zuwendet. Baumgarten schaut ihm nicht ins Gesicht, fährt aber mit dem voll beladenen Einkaufswagen dicht an ihm vorbei. Kurze Zeit später treffen sie einander an der Rückseite des Gebäudes.

»Ist irgendwas vorgefallen? Warum weichen Sie von den Absprachen ab?«, fragt der Biber. Sein Blick ist deutlich strenger als sonst.

»Ich hab ein ungutes Gefühl. Ich bin mir nicht sicher, ob die mich heute Nachmittag noch aus dem Haus lassen.«

»Hat jemand Verdacht geschöpft?«

Baumgarten zuckt mit den Schultern. Er ist in diesem Winter Ende dreißig, hat nur noch wenige Haare auf dem Kopf und Ringe unter den Augen, die ins Orangefarbene spielen. Unter dem linken Ohr hat sich ein Ausschlag entwickelt, der sich über den gesamten Hals bis unter den Hemdkragen zieht.

»Ich weiß es nicht, aber irgendwas ist los. Bergmann taucht überhaupt nicht auf, bleibt in seinem Arbeitszimmer, lässt sich gar nicht blicken. Und die Schwarzer ist irgendwie anders als sonst. Schwer zu beschreiben.« Er betrachtet seinen rechten Schuh. Ein weißer Rand hat sich auf dem Wildleder abgesetzt, denn oben auf dem Hof ist er heute früh bereits rastlos durch den Schnee gewatet und tief eingesunken. Er friert, reibt sich die behandschuhten Hände, sagt:

»Ich bin mir nicht sicher, aber ich glaube, er ist schon heute angekommen.«

»Wer?«

Baumgarten schaut sich um. »Der Mittler.«

»Wie kommen Sie darauf? Haben Sie jemanden gesehen?«

Ein Kopfschütteln. Baumgarten denkt: *Ich habe etwas gehört, aber das werde ich Ihnen nicht sagen. Sie würden es mir sowieso nicht glauben.* Laut sagt er: »Haben Sie es mitgebracht?«

Der Biber holt ein kleines Fläschchen mit roter Tülle aus der Innentasche seines Mantels, und Baumgarten reißt es ihm aus der Hand. »Wie muss ich es dosieren?«

»Zehn Tropfen werden vollkommen ausreichen. Aber Sie müssen darauf achten, es ihr nicht zu früh zu geben.«

»Also, ehrlich gesagt, ich würde es gerne heute noch hinter mich bringen. Was halten Sie davon?«

Der Biber, auf dessen Gesicht sich selten deutliche Regungen zeigen, scheint zumindest die Augenbrauen ein Stück weit zusammenzuziehen. »Was soll das heißen?«

»Ich weiß einfach nicht, ob ich es fertigbringe, bis morgen zu warten. Die ganze Nacht … Gibt es keine Möglichkeit, dass wir es vorziehen können?«

»Ausgeschlossen, das wissen Sie. Das Risiko, dass meine Kollegen davon erfahren, ist ohnehin enorm.«

Baumgarten stöhnt auf.

»Reißen Sie sich zusammen«, sagt der Biber und schaut ihn an. »Ich riskiere Kopf und Kragen, das wissen Sie. Wir halten uns an den Plan, alles ist für morgen arrangiert.«

Clemens Baumgarten nickt, und der Biber dreht sich um, verschwindet ohne jedes Geräusch im nasskalten Gewirbel. Baumgarten kneift die Augen zusammen, spürt die Kränkung. Das kleine Fläschchen brennt in seiner linken Hand. Er lässt es in seine Jackentasche gleiten, und als er schließlich die Einkäufe in den Kofferraum des Wagens lädt, ist ihm klar, dass er sich nicht an die Absprache halten wird, dass er schon heute Nacht handeln muss, und zwar allein.

Er lässt den Wagen an, fährt ein paar Meter, bremst und setzt zurück. Er hat die Orangensaftflaschen neben dem Auto stehen lassen, statt sie hinter dem Beifahrersitz schräg zu verkeilen, damit sie bei der Fahrt nicht über den Boden rollen. Er seufzt, während er das nachholt, aber es klingt eher wie ein Stöhnen. Ja, er muss sich jetzt zusammennehmen, denn er neigt dazu, in Stresssituationen die Konzentration zu verlieren. Knapp neun Jahre später wird ihn ebendiese Unbedachtheit auf der viel befahrenen Straße einer kleinen Stadt im amerikanischen Osten, kurz vor Erreichen der eigenen Haustür, das Leben kosten. Aber bis es so weit ist, steht ihm noch einiges bevor.

2

Vor ihm, auf dem gewaltigen Tisch, der einen Großteil des Raumes ausfüllte, wartete eine 0,2-Liter-Flasche Cola darauf, getrunken zu werden. Auf einem weißen Porzellanteller lag ein mit Salat und Käse belegtes Brötchen, und mehrere Gläser waren kopfüber auf einer grünen Papierserviette aufgestellt worden. Sie umringten eine leere Kaffeekanne aus Edelstahl. Vergessene Requisiten.

Die Stille machte Philip zu schaffen. Hier zu sitzen, in diesem fensterlosen Konferenzraum, auf einem Stuhl von zweiundzwanzig (er hatte gezählt), und nur zu warten war schrecklich. Aber zum Glück war immerhin die Nacht vorbei.

Als er hier angekommen war, hatte er noch geglaubt, er würde schlafen wie ein Stein. So schwer waren all seine Glieder gewesen, und hinter seinen Augen hatte ein stetiger dumpfer Schmerz gepocht. Aber nachdem er seine Aussagen gemacht hatte, war er aufgekratzt. Außerdem war er offenbar nicht mehr daran gewöhnt, allein zu sein. Das heißt, wirklich allein war er keineswegs. Ein kurzer Blick hatte es ihm bestätigt. Hinter der Tür seines spärlich möblierten Zimmers (seiner Zelle?) saß jemand auf dem kalt beleuchteten Flur und bewachte ihn. Ein noch junger Mann in dunkelblauer Uniform, der von seinem Stuhl aufgestanden war und ihn angelächelt hatte. »Kann ich dir helfen? Alles klar?«, hatte er gefragt, aber Philip hatte nur den Kopf geschüttelt und die Tür leise wieder geschlossen. Jetzt war er also gefangen, und man war freundlich zu ihm, um ihn gefügig zu machen. Psychologische Kriegsführung.

Er hatte etwas Ähnliches schon einmal erlebt, und während er die Cola-Flasche vor sich anstarrte, dachte er an Frau Kujawskis kleine Wohnung, an die Kekse, die sie ihm serviert hatte, und an das Ächzen ihrer Kaffeemaschine im Hintergrund. Gerade als sich seine Gedanken auf Elisabeth Kujawskis müde, besorgte Großmuttergestalt richteten, öffnete sich die Tür, und eine Frau betrat den Raum, die etwa im Alter seiner Mutter sein musste. Vielleicht sogar jünger. Sie hatte sich in der vergangenen Nacht als Katja Wielandt vorgestellt. Auch sie war freundlich zu ihm, auch sie versuchte, ihn für sich zu gewinnen. Wie die Kujawski. Wie Korff.

»Gut geschlafen?«, fragte sie und legte einen Papphefter auf den Tisch.

Er schüttelte den Kopf und verschränkte die Arme vor der Brust.

»Aber du solltest etwas essen.«

Es lag eine leichte Ungeduld und Herablassung in ihrem Tonfall. Sie gab sich etwas zu viel Mühe, wie Philip schien.

»Was ist mit Caro, was mit Onkel Richard und Frau Kujawski?«

»Du brauchst dir keine Sorgen zu machen, Philip, jetzt nicht mehr«, sagte die Frau und setzte sich ihm gegenüber. Sie legte die Arme auf den Tisch und verschränkte ihre Finger ineinander. »Carolin ist bereits auf dem Weg zu ihren Eltern.«

»Sie ist nicht hier?«

»Nein. Sie hat sich das so gewünscht, und den Wunsch konnten wir ihr auch erfüllen«

»Und wenn sie in Gefahr ist?«

»Das ist sie unserer Einschätzung nach nicht, außerdem ist vorläufig noch jemand bei ihr. Außer uns hat sie niemand mit dieser Sache in Verbindung gebracht.«

»Aber es stimmt doch: Sie haben Caro die Facebook-Nachricht geschrieben, damit sie Sie zu mir führt?«

Immer noch lächelte die Frau. Sie erinnerte Philip vage an die Moderatorin irgendeiner Nachrichtensendung. An eine Dunkelhaarige, deren Name ihm nicht einfiel. Auch Katja Wielandt war jetzt auf Sendung, wie es schien. »Das stimmt«, sagte sie in starrer Freundlichkeit. »Wir haben diese Nachricht geschrieben. Und wir sind sehr froh, dass wir dich endlich in Sicherheit bringen konnten. Wir haben uns große Sorgen um dich gemacht, wie du dir gewiss vorstellen kannst.«

»Ich möchte mit meinem Onkel sprechen.«

»Mit deinem Onkel?«

»Meinem Großonkel, ja.«

Katja Wielandt öffnete den Ordner, nahm einige eng bedruckte Seiten in die Hand, und während sie den Text zu überfliegen schien, sagte sie: »Ich denke, wenn das dein Wunsch ist, werden wir es bald ermöglichen können. Aber du verstehst natürlich, dass wir erst seine Aussagen aufnehmen und mit unseren bisherigen Informationen abgleichen müssen.« Sie schaute auf und zeigte lächelnd ihre Zähne. »Und mit deinen Aussagen natürlich.« Gleich würde sie einen kleinen Scherz machen und augenzwinkernd zum Wetterbericht überleiten.

Philip ärgerte sich über sich selbst, über die Schwäche, die in ihm aufstieg. Vor allem fühlte er sich in diesem Moment nicht ernst genommen, und deshalb ballte er unter dem Tisch die Fäuste, biss sich auf die Lippen und schaute die Frau herausfordernd an. Sie hatte ihm gestern gesagt, sie sei in diesem seltsamen Laden … was war es noch gewesen? Eine Koordinatorin – *Sicherheitskoordinatorin*? Keine Ahnung. Und wenn schon!

»Wo bin ich denn hier? Das ist doch kein Gefängnis, oder?«

»Nein, natürlich nicht.«

»Aber ich kann nicht raus.« Auch vor diesem Raum standen ein Mann und eine Frau, die bestimmt bewaffnet waren. Sie trugen Uniformen.

»Zu deiner Sicherheit, Philip.«

»Aber was ist das hier?«

»Ein geschützter Ort, den wir für unsere Untersuchungen bezogen haben. Neben unseren Hauptbüros in Berlin. Wir nennen es einfach unser sicheres Haus.«

»Klingt super.« Er machte eine missmutige Pause. »Was ist mit meiner Mutter, weiß sie schon Bescheid?«

»Es wird alles geregelt.«

»Haben Sie mit ihr gesprochen?«

»Das werden wir.« Sie machte wieder eine Pause. »Ich verstehe, dass dich das alles überfordert, das ist vollkommen normal. Das, was du erlebt hast, musst du in Ruhe verarbeiten. Wir werden dir dabei helfen, so gut wir können. Du kannst auch mit unserer Psychologin sprechen, wenn du möchtest.«

Philip musste an den alten Bickel denken, an sein leeres, krankes Gesicht, an den irgendwie sauren, irgendwie muffigen Geruch, der ihn auch draußen noch, selbst an der frischen Luft, umgeben hatte. »Wann kann ich zu meinem Onkel?«

»Wir müssen erst klären, ob es sich verantworten lässt, Philip. Wir sind uns nicht sicher, ob es nicht zu gefährlich sein könnte.«

»Gefährlich, warum?«

»Du hast zu Protokoll gegeben, er habe dich nicht gezwungen, ihn zu begleiten. Ist das richtig?«

»Ja.«

»Aber warum bist du denn mit ihm gegangen? Was war der Zweck? Was hast du dir davon versprochen?«

»Wir wollten Morten finden, Morten Rheinberger, meinen Stiefbruder.«

»Warum?«

»Weil er in Gefahr sein könnte. Haben Sie sich damit mal beschäftigt? Wissen Sie was darüber? Wenn nicht, sollten Sie das dringend nachholen, würde ich sagen.« Er war wütend, auch verzweifelt. Er fühlte sich benutzt.

»Wir *haben* uns mit Morten Rheinberger beschäftigt, Philip.«

»Und? Wissen Sie, wo er ist?«

Die Frau klappte die Mappe zu. »Na schön«, sagte sie. »Ich habe mich mit meinen Kollegen darüber beraten, und wir haben uns darauf geeinigt, dass wir ganz offen mit dir sprechen werden, Philip. Man hat dich in Dinge hineingezogen, die kompliziert sind und die man nicht auf die leichte Schulter nehmen kann.«

»Ganz was Neues.«

»Weil wir davon überzeugt sind, dass du verantwortungsvoll mit diesen Dingen umgehen kannst, werden wir dir auch mitteilen, was du wissen musst, um die Lage vernünftig einzuschätzen. Und damit du entsprechend mit uns zusammenarbeiten kannst.«

»Ach so.« Er schaute an ihr vorbei, presste kurz die Lippen aufeinander. »Und … nur mal angenommen … ich hätte keine Lust aufs Zusammenarbeiten? Was erwartet mich dann? Waterboarding?«

Es war erstaunlich, wie schnell sich alles umdrehte. Eben noch hatten er und Onkel Richard und Elisabeth Kujawski und auch Caro Fragen gestellt, hatten Menschen dazu gebracht, von allem zu erzählen, was ihnen unangenehm war, was ihnen Angst machte. Jetzt sollte *er* berichten, jetzt sollte *er* verhört werden. Vielleicht war das nur gerecht, aber es fühlte sich alles andere als gut an.

Die Frau schob ihren Stuhl zurück, stand auf und lächelte erneut ihr Moderatorinnen-Lächeln. »Komm«, sagte sie und machte eine einladende Geste. »Du hast recht. Es ist Zeit.«

Er folgte ihr, hinaus aus dem Raum und über die Korridore, auf deren gelblichen Linoleumböden ihre Schritte quietschenden Hall erzeugten. Das Haus war groß und unpersönlich. Es erinnerte Philip an ein heruntergekommenes öffentliches Gebäude, eine Stadtverwaltung, ein größtenteils verlassenes Einwohnermeldeamt. Neben den zahlreichen Türen waren kleine dunkelgrüne Schilder mit Nummern angebracht, auf denen wohl einmal Namen, vielleicht auch Berufsbezeichnungen gestanden hatten. In der Luft lag undeutlich der Geruch von Putzmitteln, und als sie stumm einen weiteren, deutlich engeren Korridor abschritten, begegnete ihnen niemand.

Das Haus mag sicher sein, vor allem ist es aber groß, und es sind nicht sehr viele Menschen hier, dachte Philip, während sie den großen Fahrstuhl umrundeten, dessen Schacht genau durch die Gebäudemitte verlief.

Hinter einer schwer eingefassten Glastür, die in einen anderen Trakt führte und auf der als Beschriftung ein großes rotes »A« prangte, unterhielten sich zwei Männer, einer davon war uniformiert. Mit dem anderen hatte Philip in der vergangenen Nacht gesprochen. Müller. Katja Wielandt öffnete die Tür einen Spalt, indem sie mit dem Ellbogen dagegendrückte, reichte dem Mann – Müller – die dünne Akte und sagte nur: »Ich bin gleich da.«

Die Tür schloss sich wieder, und sie gingen weiter den Gang hinunter. Philip fragte sich einen Moment, was für eine Musik aus dem Trakt hinter der Glastür an sein Ohr gedrungen war. Aber sie schritten zügig voran, nahmen eine Treppe hinauf in den ersten Stock, in dem er übernachtet hatte, und seine Aufmerksamkeit richtete sich ganz auf die Vermutung, dass sie ihn zu Richard Korff bringen würde, um die Ungereimtheiten ihrer Situation zu klären.

Endlich öffnete sie, nach kurzem Klopfen, die Tür zu einem kleinen Raum, in dem ein Stockbett neben einem Schreibtisch und einem Metallspind stand. Der Mann, der auf einem schwarzen Bürostuhl saß und von seinem Laptop aufblickte, schien für einen Moment ebenso überrascht zu sein wie Philip. Aber dann grinste er breit und kam auf ihn zu.

»Na, Gott sei Dank, alles in Ordnung«, sagte Morten, blieb dann offensichtlich etwas verlegen vor ihm stehen und fügte nach einer Weile hinzu: »Du hast meinen Pulli an, oder?«

3

Der Mann mit der Glatze war zufrieden. »Das ist für uns wie Weihnachten und Geburtstag zusammen«, sagte Dario, auch wenn sich weder seine Haltung noch seine Gesichtszüge merklich veränderten. Es war nur ein Satz, der sein Gegenüber ermuntern sollte.

Tatsächlich versuchte sich Dezember an einem Grinsen, nickte und fügte hinzu: »Und *Muttertag*!«

Dario schaute ihn reglos und fest an. »Genau. Und Muttertag.« Dann blickte er auf seine Armbanduhr. Dienstag, 26. März 2013. 11 Uhr 37. Es gab noch viel zu tun vor der Nacht, in der er endlich wieder zum Handelnden werden würde. Vieles hatte er vorher zu erledigen, und ausruhen musste er sich auch, Kraft tanken. Einfach ein Nickerchen, ein *Power-Nap* auf der Matratze. Wenn Dario sich hinlegte, schlief er sofort ein, und wenn ihn etwas weckte, war er sofort da – von jetzt auf gleich. Eine wichtige Voraussetzung für seine Arbeit. Dezember dagegen war ein anderes Kaliber, schwächeres Menschenmaterial. Marko Reichardts Augen waren verquollen. Der schlief nicht mehr richtig, der war ein Risiko. Aber heute hatte er noch seine Rolle zu spielen, die Rolle des Türöffners. Deshalb musste man ihm zeigen, dass man zufrieden war mit den Grundinformationen, die er ihnen über Müllers Außenstelle zugetragen hatte. Auch wenn es verdammt lange gedauert hatte.

Sie lehnten an einer knorrigen Linde, inmitten eines Ostberliner Innenhofs. Auf einer kleinen Bank, vier, fünf Meter von ihnen entfernt, saß eine Frau, blätterte in einer Zeitschrift und wartete mit wippendem Fuß darauf, dass sie mit dem Haarewaschen an die Reihe kommen würde. Aus der spaltbreit geöffneten Glastür des Friseurs drang kühle Lounge-Musik. Dezember ließ den Blick auf die Marke fallen, die er in der Hand zerknittert und schweißig gemacht hatte – noch vier Kunden waren vor ihm dran, er hatte noch Zeit. Natürlich brauchte er keinen Haarschnitt, aber das konnte ihm egal sein, der Treffpunkt war Darios Vorschlag gewesen.

Wenn Dezember sprach, sprach er schnell, und seine Augen suchten in Darios Blick nach Bestätigung. *Der ist fertig*, dachte Dario, *fix und fertig*.

»Für dich ist heute Nacht alles vorbei«, sagte er, merkte aber sofort, dass er mit dieser Formulierung der Wahrheit etwas zu nahe gekommen war. Also atmete er ein, bewegte seine Lippen zu etwas, das unter mikroskopischer Vergrößerung vielleicht an ein Lächeln erinnert hätte. »Wenn wir durch sind, bekommst du dein Geld, dann ist alles erledigt, und du kannst damit machen, was du willst. Urlaub.«

Dezember nickte, fuhr sich mit der Hand durch das dünne blonde Haar, das er sich in Kürze würde schneiden lassen. »Das werde ich dann wohl auch machen müssen, was? Urlaub, meine ich.« Er lachte etwas zu angestrengt, etwas zu laut. Die Frau schaute von ihrer Zeitschrift auf und zu ihnen hinüber, senkte aber gleich wieder gelangweilt den Blick.

»Wisst ihr denn schon, wie ihr auf das Gelände kommen werdet?«, fragte Dezember.

»Darum kümmern sich andere.«

Natürlich wussten sie es. Dario war davon überzeugt, dass sich Roth und die anderen bereits über die Karten beugten und einen präzisen Ablauf entwickelten, den sie in Kürze mittels einer verschlüsselten Mail auch an ihn weiterleiten würden.

Der frühere Truppenübungsplatz in der Mark Brandenburg war riesig, 2500 Hektar voller Heide, Baumbestand und trockenem Boden, über den bis vor einigen Jahren noch die Ausbildungspanzer gerollt waren. In weiten Teilen war das Gelände zum Naturschutzgebiet erklärt und renaturiert worden, und von den wenigen Gebäuden, die noch standen, war eigentlich nur die ehemalige Kaserne 4 von Belang, in die sich Müller mit seiner Sondereinheit zurückgezogen hatte, weil er sie von früher kannte. (Sentimentalität und Nostalgie waren unverzeihliche Fehler.) Die frühere Hauptzufahrt war mit Wachpersonal besetzt, das Haus ebenfalls, aber angeblich gab es die Möglichkeit, sich von Westen her durch den Wald in die unmittelbare Nähe zu bewegen. War man so weit unbemerkt gekommen, sollte der Rest leicht und zügig durchzuführen sein. Vorausgesetzt, dass Dezember funktionierte.

»Du hältst dich bereit, dann gibt es keine Probleme«, sagte Dario.

»Wann … wann bekomme ich Bescheid?«

»Wann fährst du hin, wann beginnt dein Dienst?«

»16 Uhr«, sagte Dezember. Er war unter seiner Verunsicherung und Nervosität stolz, das spürte Dario. Er wollte gelobt werden, plapperte wichtigtuerisch weiter: »Es muss heute sein, denn so wie ich das sehe, wird Müller schon morgen die Zelte abbrechen … ich glaube, ihm wird die Sache zu heiß.«

»Wir müssen noch wissen, wo Korff untergebracht ist. Du musst uns den Weg zeigen.«

»Das wird sehr schwierig – es wird Wachschutz geben.«

»Müller hat nicht genug Leute genehmigt bekommen, und wenn du tust, was wir dir sagen, können wir die größten Schwierigkeiten umgehen«, sagte Dario. Und er dachte: *Es wird schnell vorbei sein und sehr ungemütlich werden, und du wirst keine Zeit haben, das Geld auszugeben, das du schon von uns bekommen hast.* Er wunderte sich ein wenig über sich selbst, über die Sympathie, die er plötzlich für den nervösen jungen Mann empfand, der fast kindisch versuchte, ihm gefällig zu sein. Der dumm genug war, nicht zu ahnen, wie diese Nacht für ihn ausgehen musste. *Es gibt einen Unterschied zwischen Leuten wie dir und mir,* dachte Dario, *und das ist ganz gut so. Wenn alle wären wie du, würde überhaupt nichts mehr funktionieren auf der Welt.*

Er klopfte ihm mit der flachen Hand auf den Rücken und sagte: »Lass dir eine ordentliche Kopfmassage geben. Das entspannt.«

Ohne auf eine Antwort zu warten, drehte er sich um, spazierte sehr gelassen, mit gleichmäßig federnden Schritten, an ihm vorbei und durch die Tür, durchquerte den Laden, in dem die tätowierten Friseure zu wummernden Bässen vier Kunden die in die Waschbecken zurückgelehnten Köpfe einschäumten, und stieg wenige Minuten später in seinen Wagen.

Draußen kicherten die Vögel in den Lindenästen, und Dezember fuhr sich mit den Fingern erneut durchs Haar, als wolle er sich noch ein letztes Mal daran festhalten.

Dario wiederum erreichte knapp zwanzig Minuten später die kleine Schöneberger Wohnung, die man ihm in unmittelbarer Nähe des neu gestalteten Gleisdreieckparks zur Verfügung gestellt hatte und in der es nur zwei Matratzen, einen brummenden Kühlschrank und einen Tisch für den Rechner gab.

Er hatte etwas Mineralwasser besorgt und ein paar Schrippen, aber schon als er den Schlüssel im Schloss herumgedreht hatte, kam ihm der Gedanke, dass er sich die Mühe hätte sparen können. Er schloss schnell die Tür wieder hinter sich, denn ihm war klar, dass dieser Gestank nicht ins Treppenhaus gelangen sollte.

Als er das Zimmer betreten hatte, in dem nicht er, sondern der andere schlief, blieb er stehen, hielt sich kurz die Hand vors Gesicht und konzentrierte sich auf den Geruch der eigenen Haut. Jetzt war es nötig, sehr kühl zu bleiben. *Eins nach dem anderen.* Also klappte er erst einmal den Laptop auf, der auf dem Tisch stand. Gut: Die Mail war angekommen, und er öffnete sie. Mehrere Anhänge, einer davon vermutlich der Lageplan. Den würde er sich später in Ruhe anschauen. Dann Fotos, damit es keine Verwechslungen gab. Sie waren für die anderen wichtiger als für ihn, denn er kannte die meisten Beteiligten ohnehin vom Sehen. Aber er nickte, während er nach seinem Mobiltelefon griff. Roth war schnell am Apparat.

»Ich habe die Daten bekommen. Mit Dezember ist alles im grünen Bereich«, sagte Dario. »Aber hier haben wir einen kleines Problem.«

»Was soll das heißen?«

»Ich glaube, er ist jetzt hinüber«, sagte Dario und warf einen abschätzigen Blick nach unten. Auf der Matratze, die unter dem mit einem Rollo abgedunkelten Fenster zum Hinterhof die Dielen bedeckte, hatte sich ein großer, stinkender Fleck ausgebreitet. Inmitten dieser dunklen Nässe bot der deformierte Körper einen Anblick, der sogar Dario anwiderte und erschreckte. Der Kranke, der schon so lange eine schwere und nutzlose Last gewesen war, lag auf dem durchweichten, zerknitterten Laken wie eingefroren in einem Krampf. Die Gesichtszüge waren verzerrt und regungslos, die Augen unter der vernarbten Stirn geschlossen, die rechte Hand zu einer Kralle geformt und spastisch vom Arm abgewinkelt. Die Medikamentenfläschchen waren auf dem Fußboden zerschellt und ausgelaufen.

»Warten Sie«, sagte Roth, »ich gehe kurz nach nebenan.«

Dario wandte sich ab, überlegte, ob er sich den Rest in der angebrochenen Wodkaflasche genehmigen sollte, die neben der Tür auf dem Boden stand. Er hätte sich gern von innen desinfiziert, denn schlagartig wurde ihm klar, dass er bald schon Hand anlegen musste an diesen Körper, vor dem er sich stets geekelt hatte. Aber nein, das Trinken kam nicht in Frage, er durfte seine Einschätzungsfähigkeit nicht trüben, und er hatte noch einige Kilometer zurückzulegen, bis die Operation Muttertag ihren Lauf nehmen konnte.

»Wie kommen Sie darauf?«, fragte Roth jetzt.

»Bewegt sich nicht mehr, röchelt nicht mehr, stinkt zehn Meilen gegen den Wind. Es war ja schon immer schlimm mit dem Gestank. Aber jetzt … Ist eindeutig.«

»Er hätte uns sowieso nichts mehr genutzt.« Etwas klapperte am anderen Ende. Roth schien mit irgendwelchen Gegenständen zu hantieren, während er telefonierte. Im Hintergrund hupte ein Wagen. »Schaffen Sie ihn weg. Wenn's geht, so, dass niemand die Leiche findet … aber, Dario?«

»Ja?«

Roth hustete. »Es ist manchmal … in diesen Fällen … nicht ganz so eindeutig, wie es scheint. Benutzen Sie Ihre Waffe vorher. Gehen Sie auf Nummer sicher.«

Dario *war* sich sicher, selten war er sich in seinem Leben derartig sicher gewesen. Weshalb er vermutlich einen ziemlichen Schock erlitten hätte, wenn er beim nachdenklichen Schwenken der Wodkaflasche auf die Idee gekommen wäre, sich der Matratze zuzuwenden. Die Gestalt, die dort lag, hatte sich noch immer nicht bewegt, auch hob sich nicht ihr verwachsener Brustkorb. Ihre Augen jedoch waren jetzt geöffnet, sie waren klar, und sie richteten sich auf Darios breiten Rücken. Siebzehn kurze Sekunden später wurde das Telefongespräch mitten im Satz unterbrochen.

4

Nach der Dusche fühlte sie sich besser. Und seit Barbara Rheinberger wusste, dass Philip am Leben war, dass sich die Polizei um ihn kümmerte, sowieso. Aber die Nacht war schlaflos gewesen. Nur Harald war kurz eingenickt, sie hatte ihn tiefer atmen hören und dann, sehr bald schon, aufschrecken. Sie waren im Wohnzimmer geblieben, zu dritt, hatten ausgeharrt, jeder auf einem anderen Sofa, und irgendwann hatte nur noch im Hintergrund eine der kleinen Lampen mit den grünen Schirmen gebrannt. Es war still gewesen, sehr still, bevor hinter den bodentiefen Fenstern und hinter den Bäumen der Himmel sein aussichtsloses Schwarz abgestreift und ein dunkles Blau angenommen hatte.

Sie war aufgestanden, war leise an die Scheiben getreten, hatte sich mit ihrem zusammengeknüllten, bröseligen Taschentuch über die Augen gewischt und hinausgeschaut. Gewartet. Dann war ihr vom Sofa aus Susannes Blick begegnet, scheu, aber mitfühlend, und sie hatte ihr zugenickt.

Tatsächlich hatte es Barbara angerührt, dass ihr Noch-Ehemann ihr nicht eines der Gästezimmer angeboten hatte. Sie waren zusammengeblieben, er hatte sich mit seiner Geliebten nicht ins Schlafzimmer verzogen. Ja, sie waren alle rücksichtsvoll zueinander, ihre Nerven lagen blank, und sie hatten Angst.

Im Wohnzimmer standen Gläser, lagen Wolldecken unordentlich auf den Möbeln: ein provisorisches Lager, in dem sie auf die Lösungen des neuen Tages gewartet hatten. Fast als wären sie Teenager, die sich vorgenommen hatten, die Nacht durchzumachen, und sich gegenseitig wachhielten. Allerdings nicht mit albernen Geschichten und schlüpfrigen Anekdoten, sondern mit Tränen und Sorgen und beklommenem Schweigen.

Der rettende Anruf der Anwaltskanzlei Riedel war gegen acht gekommen, als Susanne gerade im Badezimmer gewesen war. Seitdem telefonierte Harry beinahe ohne Unterlass. Offenkundig musste er sich beschäftigt halten, wollte und konnte nicht abwarten, musste handeln oder wenigstens so tun. Manchmal rief einer der Anwälte auf dem Handy an, während er noch vom Festnetz aus mit irgendwelchen Dienststellen sprach, in Warteschleifen feststeckte oder diejenigen abwimmelte, die ihn in der Firma erwartet hatten. Er legte Termine um, regte sich kurz und heftig über seine Mitarbeiter auf oder bedankte sich überschwänglich. Dabei marschierte er im Wohnzimmer auf und ab, während Barbara und Susanne im angrenzenden Esszimmer am Tisch saßen und ihn erschöpft beobachteten.

Barbara trank Kaffee, Susanne stilles Wasser mit frisch hineingepresster Zitrone. Außerdem aß sie Joghurt mit Dinkelflocken. Sie sah schlank und jung aus, und das zart konzentrierte Kaugeräusch, das sie verursachte, klang erstaunlich tapfer. Barbara blickte sie an und stellte erleichtert fest, dass große Ängste immerhin den Vorteil hatten, banalere Sorgen zu relativieren.

»Nein«, sagte Harry, und sie wussten beide nicht, mit wem er gerade telefonierte, »das haben Sie falsch verstanden. Ich spreche nicht von meinem Sohn, sondern von meinem Stiefsohn. … Was? … Wie meinen Sie das? Morten?«

»Wie haben Sie sich eigentlich kennengelernt?«, fragte Barbara.

Susanne griff zu dem Glas, in dem die winzigen Fruchtfleischfasern schwammen, trank einen Schluck und tupfte sich mit der Serviette den Mund ab. »Wir haben uns in der Firma kennengelernt.« Sie schickte den Versuch eines entschuldigenden Lächelns hinterher.

»Ach. Sie arbeiten für Harry?«

Sie nickte.

»In welchem Bereich?«

»Ich bin Key-Account-Managerin.« Sie nickte wieder, schaute vor sich hin und versuchte, ihr Lächeln aufrechtzuerhalten.

Barbara hob die Augenbrauen und sagte nach einer Pause mit möglichst warmherziger Stimme: »Klingt … gut.«

»Ach … das ist eben so eine dieser Bezeichnungen. Ich betreue die Kunden in Polen und Tschechien, bin ihre Ansprechpartnerin, organisiere alles Mögliche, um die Leute bei Laune zu halten.«

»Dann sprechen Sie ja wahrscheinlich auch die Sprachen …«

»Nur Tschechisch. Mein Vater ist Tscheche.«

Wir haben genug geheult heute Nacht, dachte Barbara, denn sie merkte, dass Susanne mit sich kämpfte. Sie berührte kurz ihre Schulter, fühlte sich mütterlich. *Jede siebte Familie in Deutschland ist eine Patchworkfamilie*, das hatte sie erst kürzlich gelesen. »Haben Sie Kinder?«, fragte sie.

»Nein!« Susanne schaute sie mit verschreckt aufgerissenen Augen an.

»Warten Sie lieber noch damit, den Rat kann ich Ihnen geben.« Barbara blickte auf. Harry stand vor ihnen, legte das eine Telefon auf den Tisch und gestikulierte mit dem anderen in der linken Hand.

»Das ist eine ganz dubiose Angelegenheit«, sagte er. »Völlig undurchschaubar, aber ich hab das jetzt für uns geregelt.«

»Kann ich zu ihm?« Barbara erhob sich.

»Ganz im Ernst: Das ist alles unfassbar. Erst heißt es, man kann uns gar nichts mitteilen, denn die Ermittlungen seien noch im vollen Gange. Aber jetzt wollen sie uns vernehmen. Das ist die Wortwahl: *vernehmen*! Und wir *müssen* da hin.«

»Wohin?«

»Nach Berlin.«

Sie wunderte sich, aber im Grunde war es ihr vollkommen egal. »Na schön, dann eben nach Berlin. Philip ist also in Berlin.«

»Keine Ahnung, das wollten sie nicht sagen.«

»Also, fahren wir jetzt?«

Harry lachte ungläubig auf. »Die holen uns ab! Aber nicht hier. Kommt gar nicht in Frage. Ich hab das schon geklärt. Riedel ist leider nicht in der Stadt, aber wir fahren jetzt zu ihm in die Kanzlei. Sein Juniorpartner ist da, und der hat gesagt, wir sollen ohne ihn gar nichts tun oder sagen. Treffpunkt ist die Kanzlei, und dort kommen dann auch die Beamten hin. Wenn wir nach Berlin fahren, dann nur zusammen mit dem Anwalt.«

»Mir ist das alles vollkommen egal. Hauptsache, die klären uns endlich auf, und man lässt mich zu Philip.«

Neben ihr erhob sich Susanne, trat einen Schritt zurück und sah erneut auf ergreifende Weise jung und sehr gepflegt und tapfer aus. »Ich kann in die Firma fahren, Harald, und dann sagst du einfach Bescheid, wenn du weißt, wann du zurückkommen kannst.«

Barbara, der immer noch überaus mütterlich zumute war, betrachtete sie einen Moment. Dann seufzte sie, schnappte sich ihre Handtasche, die auf der weißen Anrichte stand, und sagte: »Also, meinetwegen können Sie ruhig mitkommen, Susanne. Dann sitzen Sie hier nicht im Unklaren rum.«

Harald stand vor ihnen, hob überfordert beide Arme und hatte offenbar keine Meinung.

»Sie haben recht, das ist eine gute Idee«, sagte Susanne. Ihre Stimme war fester.

Barbara nickte zufrieden. »Also, jetzt müssen wir aber wirklich los!«

5

Morten wirkte entspannt, war glattrasiert und lächelte. Er gehörte so selbstverständlich und handfest zur Wirklichkeit wie der Bürostuhl, auf dem er saß. Trotzdem starrte Philip ihn an, als wäre er das achte Weltwunder. Da war es nun also, das Phantom, das Onkel Richard um Hilfe gerufen hatte und dessen verwirrenden Spuren sie in den vergangenen Tagen gefolgt waren. Philip hatte eine Fensterglasbrille in seinen Kleiderschrank gelegt und sich den verlassenen Käse in seinem Kühlschrank angeschaut. Er hatte seine Musik gehört und schließlich seine Stimme in einem heimlich mitgeschnittenen Interview, vermutlich gedämpft durch eine Lederjacke. Er hatte sein Gesicht gesehen, grinsend und leicht verzerrt, von einer Nachtsichtkamera dabei gefilmt, wie er sich über einen Holzfällerpfad einem Spukhaus näherte. Er hatte gehört, wie Uwe Bickel *Ihr Morten Rheinberger* gesagt hatte und Volker, der Geisterjäger: *Morten war anständig zu uns.* Und jetzt saß ebendieser Morten Rheinberger vor einem aufgeklappten Laptop, sehr gesund und nicht weniger munter, aber doch etwas verlegen, wohl weil Philip ihn so fassungslos betrachtete.

»Hier bist du also«, sagte Philip. Als hätte er nur jemanden kurz aus den Augen verloren, als wäre Morten bloß unbemerkt von einem Zimmer ins andere gegangen. »Wir … wir haben dich gesucht.«

Morten nickte.

»Also sind die Leute hier schneller gewesen. Und haben dich befreit? Gerettet? Vor der Sekte, vor der GKT?«

»Nein, an diese Irren bin ich nie rangekommen. Zum Glück vielleicht. Müllers Leute haben mich vorher aufgegriffen und hierhergebracht, bevor ich ihnen mit meinen Nachforschungen noch weiter in die Quere kommen konnte. Oder ihnen zuvorkommen. Was weiß ich.«

Philip setzte sich auf das untere, ungemachte Bett. Er spürte, dass sich die Dinge Stück für Stück verschoben, dass das, was er bisher geglaubt hatte, bald schon nicht mehr gelten würde. »Das musst du mir echt erklären«, sagte er. »Ich kapier das nicht.«

»Wie auch?« Morten schaute ihn interessiert an und fuhr sich dabei mit der Hand durch die Haare. »Ich hab keine Ahnung, was du schon weißt, aber eins kannst du mir glauben: Ich bin verdammt froh, dass du jetzt hier bist. Ich hatte echt Schiss.«

»Warum?«

»Der Alte war weg, runter vom Schirm. Aber sie haben immer zu mir gesagt, es kann höchstens einen Tag dauern, bis sie euch wieder eingesackt hätten.«

»Aha.«

Morten begann zu erzählen, mit einer weichen und tiefen Stimme, und weil große Teile seiner Geschichte zu dem passten, was Philip bereits in den letzten Tagen erfahren und gehört hatte, wurde es langsam leichter, einen gedanklichen Schritt vor den anderen zu setzen.

»Müller hat mitgekriegt, dass ich recherchiert habe, wahrscheinlich als ich Ende Februar in Welsheim und Wennau war und mit verschiedenen Leuten gesprochen habe.«

»Mit Uwe Bickel.«

»Ja, ihr wart auch bei ihm, hab ich schon gehört. Hat mich erstaunt. Wie seid ihr denn auf den gestoßen?«

»Er ist auf uns gestoßen, er wollte reden. Über seine Tochter.«

Morten nickte. »Er scheint sich einige Gedanken gemacht zu haben. Bei mir war er noch ziemlich zurückhaltend, hat mich nach unserem Gespräch nicht mehr angerufen. Erst gestern, nachdem ihr bei ihm wart. Da hat er wohl Bedenken bekommen und zum Telefon gegriffen. Wenn er das nicht getan hätte, wüssten die hier immer noch nicht, wo ihr steckt. Er hat eure Wagennummer durchgegeben.«

Mortens Zimmer lag, genau wie das von Philip, im ersten Stock des Gebäudes, wenn auch in einem anderen Trakt. Es gab ein Fenster, und von hier aus konnte man die Baustelle sehen, über die sie am vergangenen Abend auf das Gelände gekommen waren. Mehrere Kräne ragten bewegungslos in den trüben Vormittag, und hinter ihnen waren drei halb eingerissene Gebäude zu sehen. Philips Blicke wanderten immer wieder zu diesen ausgeweideten Ruinen hinüber, die aussahen, als hätte man mit einem gigantischen Biss ihre Frontseiten aufgerissen.

»Es war eigentlich ganz spannend«, sagte Morten. »Die Geschichte hatte eine gute Atmosphäre. Saftiges Material. Anfangs dachte ich, ich wäre einfach darauf gestoßen, dass in diesen Dörfern irgendwelche Satanistengrüppchen ihre Rituale abziehen. Aber die Geschichten um die Villa Köselitz gingen dann doch in eine andere Richtung. Ich hab mich informiert, was da früher so los war. Mitte der Achtziger war da 'ne ganze Reihe von Verbrechen passiert. Es gab die offizielle Version eines Drogenrings, aber das stimmte nicht. Uwe Bickel hat mir das bestätigt. Diese Leute haben mit Krankheitserregern herumgepfuscht, Menschen infiziert. Ziemlich krass.«

»Hast du mal einen von ihnen gesehen?«

»Einen von ihnen?«

»Einen … von den Kranken?«

Morten schüttelte den Kopf. »Noch nicht. Aber ich weiß, dass sie hier im Haus einen von denen versorgen. Auf der Krankenstation. Es muss einer der Ermittler sein, er ist erst vor kurzem angesteckt worden. Eine schlimme Sache, vor allem weil sie fast nichts wissen über Morbus Skuratov. Immer noch nicht.«

Es herrschte eine kurze bedrückte Pause, bevor Philip weitersprach.

»Du hast also recherchiert, was damals in der Villa passiert ist?«

»Das war mein erster Aufhänger, genau, aber es war für mich nicht das Entscheidende. Ich hatte ziemlich bald eine andere Geschichte zusammen, was Größeres. Die Behörden haben damals nämlich die Kranken und deren Familien zu absoluter Verschwiegenheit gezwungen. Sicherheitsverwahrungen, Quarantänestationen, geschlossene Sanatorien, absolute Informationssperre, Schweigevereinbarungen. Darüber wollte ich schreiben.« Er lachte matt.

»Und das hat der Verfassungsschutz mitbekommen.«

»Sie sind auf eine Verbindung gestoßen, von der ich selbst nichts wusste. Und deshalb bist du jetzt auch hier.« Morten grinste unbehaglich.

»Was für eine Verbindung?«

»In so einem Fall nehmen sie einen natürlich komplett unter die Lupe, alles, was es an Informationen gibt. Jedes Kind, mit dem man mal im Sandkasten gespielt hat, wird gecheckt, jeder Mensch, der einem mal eine E-Mail geschrieben hat, alles.«

»Und, was haben sie gefunden?«

»Dass deine Mutter meinen Vater geheiratet hat.«

»Ja, und?«

»Na ja … So eine Ehe schließt auch den Rest der Verwandtschaft mit ein.«

Dumme Frage. »Natürlich. Onkel Richard. Onkel Richard gehörte damals zu den Leuten, die diese Fälle untersucht haben. In dieser Kommission in den achtziger Jahren. Er gehörte ja auch zu denen, die sich um Uwe Bickel gekümmert haben.«

»Aber das wusste ich überhaupt nicht. Ich hatte keinen Schimmer, dass ich gewissermaßen an der Quelle gesessen hatte. An die Namen der Kommissionsmitglieder von damals bin ich nie rangekommen, das lag alles unter Verschluss. Aber Müller und seine Leute konnten die Verbindung ziehen und haben es nicht für einen Zufall gehalten.«

»Das heißt?«

»Das heißt, sie sind davon ausgegangen, dass ich nicht auf eigene Rechnung unterwegs war.«

»Sondern *für Onkel Richard*?«

»Ja. Sie dachten, er hätte mich losgeschickt, um die Sache aufzurollen, dabei hatte ich ja noch nie ein Wort mit ihm gewechselt, ich kannte ihn gar nicht.«

»Er war auf der Hochzeit.«

»Ja, jetzt weiß ich das. Aber ich bin ihm dort nicht begegnet.«

»Und deshalb haben sie dich … was … festgenommen?«

»Sie haben erst einmal eine Weile versucht rauszufinden, an wen ich mich so wende, welchen Verbindungen ich nachgehe. Aber irgendwann wurde ihnen die Sache anscheinend zu unberechenbar. Dann haben sie mir eine Spur zugespielt. Jemand hat sich als Informant ausgegeben, über Twitter, und mich nachts auf einen Parkplatz bestellt. Ein blöder alter Trick, aber zu diesem Zeitpunkt hatte ich noch nicht das Gefühl, das irgendwelche offiziellen Stellen Notiz von meiner Arbeit genommen hatten. Also bin ich hingefahren. Das war 'ne regelrechte Entführung, schön war's wirklich nicht. Aber die hatten vermutlich Panik. Sie haben geglaubt, ich stecke mit drin.«

»Wo drin?«

Morten zuckte mit den Schultern. »Die Annahme war, ich würde die Informationen beschaffen, damit die Sekte ihre alten Verbindungen wieder aufnehmen konnte.«

»Ach du Scheiße.«

»Ja, und deshalb sollte ich diese Falle stellen und den alten Mann aus der Reserve locken. Sie haben geglaubt, wenn ich die Nachricht überbringen lasse ...«

»Die Nachricht, die Harry an Onkel Richard weitergeleitet hat.«

Morten nickte. »Sie sind davon ausgegangen, dass er sich verrät, dass er Kontakt mit der Sekte aufnimmt, dass er sich aus der Deckung wagt, mit jemandem telefoniert, sich mit jemandem trifft oder so. Sie haben das Haus beobachtet und das Telefon abgehört.«

Onkel Richard hatte durchaus seine Kontakte alarmiert, Elisabeth Kujawski und Rudi zum Beispiel. Er hatte auch telefoniert, allerdings mit Telefonen, von denen sie nichts ahnten, in Verstecken, von denen sie nichts wussten. Sie hatten ihn verdächtigt, aber sie hatten ihn erheblich unterschätzt. »Ja, und jetzt? Glauben sie denn immer noch, dass du für Onkel Richard unterwegs warst?«

»Nein, ich denke nicht. Auch wenn sie immer misstrauisch sind. Berufskrankheit. Muss man wohl verstehen. Ich meine, ich darf hier nach wie vor nicht raus. Aber immerhin war mein Chef hier, mein Redakteur. Angeblich gibt es einen Deal.«

»Was für einen Deal?«

Morten lachte noch einmal freudlos auf und kratzte sich am Hinterkopf. »Ich kann die Story schreiben, wenn die Ermittlungen jemals abgeschlossen sein werden. Schließlich leben wir in einem Land, in dem es die Pressefreiheit gibt.« Er legte seine Hand in ironischer Fürsorge auf den aufgeklappten Laptop. »Große Ehre, großer Vertrauensbeweis. Aber es ist natürlich klar, dass da am Ende nur irgendeine abgeschwächte Kurzfassung entstehen kann. Wer weiß, ob es überhaupt je so weit kommt.«

»Aber … aber …« Philip schwirrten die Fragen im Kopf herum, und kaum spürte er, wie sein Zeigefinger begann, an der Nagelhaut seines Daumens herumzupulen. »Also, noch mal. Die glauben jetzt nicht mehr, dass du dazugehörst?«

Morten schüttelte den Kopf, schaute Philip lange an. »Nein, es leuchtet ihnen wohl ein, dass ihr keinen Kontakt zu mir gehabt habt vor dieser Sache. Ich bin vermutlich vom Tisch, aber …«

Philip nickte. In seinem linken Ohr wurde wieder die Kriegstrommel geschlagen. »Aber Onkel Richard nicht. Sie glauben, Onkel Richard gehört zu ihnen …«

Morten nickte. »Und du weißt … ich meine …«

»Was?«

»Sie haben dir gesagt, dass er nicht dein Großonkel ist.«

Philip schaute ihn nur an.

Morten seufzte, zog die Augenbrauen zusammen. »Müller und die Wielandt nennen ihn nur den Biber. Theo Kusching.«

»Was?«

»Er gehörte zu dieser Kommission. Der Psychologe, Assistent von Bergmann, sein ehemaliger Vertrauter, das ist er: Theodor Kusching. Richard Korff, also dein wirklicher Großonkel, hatte nie etwas mit dieser Geschichte zu tun. Damals in den achtziger Jahren, als Kusching und die anderen ihre Ermittlungen laufen hatten, war er bereits in Schottland, und dort ist er auch, wenn ich das richtig verstanden habe, vor ein paar Jahren gestorben.«

6

Die alte Dame seufzte. Dann machte sie eine lange Pause und schüttelte bedauernd den Kopf: »Wissen Sie, ich glaube, Sie begehen einen schlimmen Fehler, wenn Sie nicht auf ihn hören.«

Müller lehnte sich zurück und presste kurz die Lippen aufeinander. »Wie soll ich auf ihn hören, wenn er nicht spricht?«

»Oh, ich bin mir sicher, er hat Sie darauf hingewiesen, dass die eigentliche Gefahr von Helene Schwarzer ausgeht und nicht von ihm.«

Der Schlafmangel, die Aktenlage, die Telefonate mit dem Innenministerium, die aufgeschobene Bitte um personelle Unterstützung: *Als hätten wir gerade keine anderen Sorgen, Müller. Bei uns stehen gerade mehrere Rücktritte an, was erwarten Sie eigentlich?* All das drehte sich als knarzendes Mühlrad in Müllers Hinterkopf, während er mit den Achseln zuckte und die Frau, die ihm gegenübersaß, feindselig musterte. »Vorläufig kann ich keinerlei Schlüsse ziehen. Nicht solange er sich weigert, eine vollständige Aussage zu machen.«

Elisabeth Kujawski legte den Kopf schief. »Er vertraut Ihnen nicht. Das ist doch nachvollziehbar. Sie separieren uns. Sie behandeln uns wie Kriminelle, und das nach all den Jahren.«

Rührend, dachte Müller, *aber bei weitem nicht rührend genug.*

»Haben Sie Herrn Sentheimer hinzugezogen?«, fragte sie jetzt.

»Ich glaube, Sie verkennen die Situation. Auf welchem Stand sich meine Ermittlungen befinden, ist für Sie nicht von Belang.« *Dieses verdammte alte Weib.* Es trieb ihn zur Weißglut, dass er sie zu keinem Zeitpunkt mit einbezogen hatte. Bis gestern hatte Elisabeth Kujawski, abgesehen von einer frühen, ergebnislosen Routineüberprüfung, in den Ermittlungen überhaupt nicht existiert. Eine Panne, die zwischen den Befragungen der hinter ihnen liegenden Nacht, über sauer und kalt gewordenem Kaffee, sogar zum Streit mit Katja geführt hatte. *Über Fragen der Professionalität. Über Männer und Frauen.* Dabei hatte auch sie nicht daran gedacht, dabei war sie ebenso blind gewesen! Das erste Mal, dass sie ihn derartig angefahren hatte: »Und warum, bittschön, hat sie euch nicht interessiert? Weil sie nur eine Sekretärin war? Weil natürlich nur die Männer in der Runde von Belang gewesen sein konnten für den Fall? Wie wird das sein in zwanzig Jahren? Sag es mir! Wird dann auch bei mir jeder davon ausgehen, dass ich dir den Kaffee gekocht habe, während du alle relevanten Entscheidungen getroffen hast?«

Wusste die alte Schachtel, dass sie einen Triumph eingefahren hatte? Elisabeth Kujawski schaute einen nicht an wie der Biber. Ihre

Blicke durchbohrten Müller nicht mit kalter Verachtung, aber doch spürte er hinter ihrer milden Bescheidenheit die Berechnung. »Sie erwarten Kooperation, Herr Müller, und das bedeutet ein beidseitiges Entgegenkommen, nicht wahr. Sie wünschen sich, dass er redet, Sie wünschen sich, dass ich rede. Das verstehe ich sehr gut, aber so wird das nicht funktionieren. Es geht nur ganz oder gar nicht, nur mit voller Offenheit.«

Müller hob die Augenbrauen. »Na, das wäre ja mal was.«

»Solange Sie uns voneinander trennen und damit deutlich machen, dass Sie darauf warten, dass sich unsere Aussagen widersprechen, ja, solange sie in dieser Hinsicht die Möglichkeit haben, jederzeit zu *behaupten*, unsere Aussagen würden sich widersprechen, wird er nichts sagen. Natürlich ist Ihnen das klar.«

Müller schüttelte den Kopf. »So kommen wir nicht weiter, Sie kennen die Regeln ebenso gut wie ich. Ich werde es wohl kaum zulassen, dass Sie sich untereinander absprechen. Für wen halten Sie mich?«

Statt eine Antwort zu geben, lächelte sie nur vor sich hin. Neuer Zorn stieg in ihm auf. Wie heißes Quecksilber.

»Lassen wir doch die persönlichen Eitelkeiten für einen Moment außer Acht«, sagte sie. »Ich habe ein großes Interesse daran, all die Missverständnisse aufzuklären, und ich sehe nur einen Weg, ihn zum Reden zu bringen.«

»Und der wäre?«

Sie blickte versonnen auf die Tischplatte vor sich, wo ihre knotigen alten Finger sich an den Spitzen berührten. »Der Junge.«

Müller schnaufte, und Elisabeth Kujawski schaute auf. »Sie haben sich ein bestimmtes Bild von Theodor Kusching zurechtgelegt, an dem Sie unbedingt festhalten wollen. Das ist unklug. Und ob Sie es glauben oder nicht: Er hat eine Schwäche für den Jungen entwickelt. Er fühlt sich verantwortlich für ihn und seine Familie. Wenn es ihm auch vollkommen egal ist, Herr Müller, was Sie und Ihre Kollegen von ihm halten, so ist es ihm doch nicht egal, was der Junge von ihm hält.« Das zuckersüße Altweiber-Lächeln.

Vielleicht hatte sie recht. Vielleicht war es doch die Hauptsache, dass der Biber überhaupt sprach, dass er ihnen Material gab, das sie auswerten konnten.

»Ich nehme an, Philip weiß inzwischen, dass der Mann, dem er vertraut hat, nicht Richard Korff ist. Das muss Theo schwer bedrücken. Geben Sie ihm die Möglichkeit, dem Jungen alles zu erklären, und profitieren Sie davon. Lassen Sie mich und den Journalisten dabei sein, dann wird er reden. Ich bin mir sicher. Er wird das Gefühl haben, dass es sich lohnt, dass ein neuer Anfang möglich ist.«

Müller stand auf, fuhr sich mit der Hand über den Hinterkopf, blickte wütend auf sie herab. Aber sie lächelte, schüttelte sanft den Kopf und fügte hinzu: »Ich weiß. Es ist nie leicht, über den eigenen Schatten zu springen.«

7

Bis jetzt hatte sich jeder Aufbruch in Brandys Leben gelohnt – aber nie war einer so nötig gewesen wie dieser. Schon eine Weile war sie wach, hatte die Augen nur vorsichtig geöffnet, den Kopf kaum bewegt. Aber sie fühlte genau, dass ihr Verstand wieder funktionierte, dass der Schock von ihr gewichen war. *Ich bin wieder da. Die Schrauben sind wieder angezogen, ich kann abhauen von hier.*

Sonnenlicht drang durch die milchigen Buntglasfenster, und irgendwo glaubte sie, einen Wagen zu hören. Sie vermutete, es müsse später Vormittag sein, 12 Uhr oder so, und sie verschätzte sich dabei nur unwesentlich. Ihr Rücken und ihr Hals schmerzten, als sie sich langsam auf der Kirchenbank aufsetzte und sich umschaute.

Wichtig war vor allem, das Kind im Auge zu behalten, das sich nicht wie ein Kind benahm. Das blonde Mädchen, das so zerbrechlich aussah, schlief jetzt. Brandy wunderte sich nicht darüber, denn all diese wankenden, grauenhaften Gestalten hatten fast die ganze Nacht gewütet, waren fiebrig hin und her geeilt. Jetzt herrschte eine geradezu betäubte Stille, und das Mädchen saß in einer Ecke, hatte mehrere der derben grauen Decken übergeworfen und atmete tief und gleichmäßig. Ein Bild der Unschuld.

Die Erinnerungen an den vergangenen Tag ordneten sich in Brandys Kopf, und sie glaubte inzwischen die Zusammenhänge zu verstehen. Fest stand: Das Mädchen war geistesgestört, wenn auch auf eine besonders unheimliche Weise. Es konnte mit verschiedenen Stimmen sprechen, und es hatte eine eigentümliche Autorität an sich. Aber Brandy wusste, dass es möglich war, auf wirklich unbegrenzte Weise durchzudrehen.

Sie hatte in der Nacht, nachdem sie schweißnass aus einem Alptraum aufgeschreckt war, eine Art Unterhaltung mit dem Mädchen geführt, und es hatte sie dabei ohne Unterlass auf jene intensive, gierige Weise gemustert.

Ob sie schon einmal in Amerika gewesen sei? Als sie das verneint hatte, war das Mädchen kurz verunsichert gewesen und hatte schließlich gesagt: »Ich dachte, alle wollten nach Amerika.« Sie habe dort viele Jahre auf der Straße gelebt, so wie Brandy in Deutschland, sie wisse genau, wie es sich anfühle, ohne Zuhause zu sein, ohne Ort, an den man gehöre. Tatsächlich war da etwas in der Stimme des Mädchens, das Brandy stutzig machte. Ein Akzent, eine schwere Zunge, ein ungewohntes Langziehen gewisser Vokale, als habe sie tatsächlich einmal in den Staaten gelebt und dabei fast verlernt, wie man Deutsch spricht.

»Hängst du sehr am Leben?«

Brandy hatte gezittert, mit den Schultern gezuckt, irgendwann mit Tränen in den Augen gesagt: »Ich glaube schon.«

»Das ist gut.« Ein Lächeln, ein rätselhaftes erwachsenes Lächeln. Dann eine dieser langen Pausen, einer dieser eigentümlichen Blicke. »Wenn wir eine Bestimmung haben, müssen wir an unserem Leben hängen, an unserem lebendigen Leib. Einmal bin ich hinaufgestiegen auf eines der höchsten Häuser der Stadt, das war drüben, als ich auf der Straße gelebt habe. In Boston. Hast du schon davon gehört, von Boston?«

»Boston, klar.«

»Ich habe auf dem Dach gestanden, ganz oben, und nach unten geschaut. Es war sehr windig, und ich habe mich hinunterstürzen wollen in den Wind und in die Luft. Und weißt du was? Ich glaube manchmal, dass ich gesprungen bin. Ich war so weit damals, ich war vielleicht so alt wie du jetzt, und ich wollte es: dass Schluss ist. Verstehst du das?«

Ein kurzes, kaum merkliches Nicken.

»Manchmal denke ich, ein Teil von mir ist damals unten auf der Straße aufgetroffen und zerschellt. Aber ich habe die Arme gespürt, die mich hochgerissen haben. Unsichtbare Arme, kräftige, unsichtbare Arme. So was gibt's. Ich bin gestürzt, aber gelandet bin ich auf dem Dach, und über mir der Wind. Da habe ich gewusst, dass ich gar nicht sterben könnte, selbst wenn ich wollte. Es ging noch gar nicht, es war gar nicht möglich.«

Diese Geschichten konnten nicht stimmen, das war Brandy jetzt, bei Tag, klar. Vielleicht war sie zwölf, sie konnte sogar dreizehn sein, aber sie war definitiv viel zu jung, um erlebt zu haben, was sie ihr sehr unzusammenhängend berichtet hatte. Schließlich hatte Brandy sogar nachgefragt: »Wie alt bist du denn?«

Das Mädchen hatte gegrinst, und wieder war es Brandy, die immer noch unter Schock gestanden hatte, vorgekommen, als verändere sich im Dunkeln das Gesicht vor ihr, der Umriss ihres Kopfes, als zöge er sich in die Länge. Auch mit den Augen stimmte etwas nicht, als stülpten sie sich vor und würden immer dunkler dabei. Sie wandte den Blick ab, rasch, spürte aber, wie das Mädchen grinste, als es flüsterte: »Ich wette, ich bin fast doppelt so alt wie du. Oder sehr viel älter.«

Jetzt lag der Mädchenkopf mit dem hellen blonden Haar in den Decken, der kleine, dünne Körper atmete in einem friedlichen Schlaf, und kurz fragte sich Brandy, warum sie dem irren Balg nicht einfach eine geknallt und sich aus dem Staub gemacht hatte. Es war nicht möglich gewesen, aus vielen Gründen. Es hatte Sperren in ihrem Kopf gegeben, und außerdem waren sie umzingelt gewesen von gespenstischen Monstern, von Mutanten … nein, von anderen Irren. Brandy bewegte sich nicht auf ihrer Kirchenbank.

Es gab Dinge, von denen sie nichts wusste, aber immer hatte sie geahnt, dass die Welt voller hässlicher, widerwärtiger Geheimnisse steckte, die den Menschen peinlich waren, die sie hinter verschlossenen Türen verbargen. Sie selbst war ihren Eltern peinlich, und sie wusste – von ihrem Bruder –, dass ihre Eltern niemals bei ihren Freunden und Arbeitskollegen zugeben würden, dass ihre Tochter auf der Straße lebte. Überall Heuchelei. Was nicht schön war, musste versteckt werden. Früher hatten die Leute ihre behinderten Kinder in Kellern eingeschlossen aus Scham. Also war es auch einleuchtend, dass niemand öffentlich eingestand, dass es Menschen gab, die aussahen wie diese Menschen, die sich so verhielten, die andere töteten, indem sie sie auseinanderrissen mit Händen und mit Zähnen. Dachte man nüchtern darüber nach, wozu selbst die Menschen fähig waren, die man rein äußerlich für völlig normal hielt, wie sie sich dumpf zusammenrotteten, wie sie bereit waren, auf jeden einzuprügeln, der anders war als sie selbst, war all das hier eigentlich keine Überraschung.

Gut so, Brandy, so kommst du hier heraus. Mit klaren Überlegungen. Sie wusste nicht, wie viele dieser Monster hier eigentlich auf freiem Fuß waren, und es war auch immer schwieriger geworden, die Übersicht zu behalten, denn im Laufe der Nacht hatten sie beinahe alle diese entweihte Kirche verlassen, waren nach draußen gewankt, gekrochen, gestolpert, manche von ihnen stöhnend, wie unter Schmerzen, desorientiert, lallend, taumelnd. Das Mädchen hatte versucht, sie zurückzuhalten, und manche waren später wiedergekommen. Einer von ihnen war im Mittelgang zusammengebrochen und lag nun dort. Noch immer. Er atmete, er war nicht tot. Aber deformiert, entstellt, und seine Haut war von dunklen Verfärbungen und warzenartigen Geschwüren übersät.

Brandy hatte selbst eine ziemliche Verwandlung in ihrem Leben durchgemacht, seit sie fortgelaufen war, seit sie sich der Kontrolle ihrer Eltern und der Schule entzogen hatte. Trotzdem wäre es ihr unvorstellbar gewesen, dass dieses verkrümmte, monströse, brutale Wesen mit dem entsetzlichen Gesicht früher, einige hundert Kilometer westlich von hier, jung und schön in einem Fußballtor gestanden hatte. Dass es, in einem anderen, einem besseren Leben, die Bälle gehalten und auf dem Rasen getanzt und ein Mädchen geküsst hatte, das auch jung gewesen war und schön.

Aber Brandy beschlich ein neuer, überaus beunruhigender Gedanke: Was, wenn diese Menschen an einer ansteckenden Krankheit litten? Was, wenn sie sich infizierte, indem sie hier hockte und dieselbe Luft einatmete?

Genau in diesem Moment kam eine Erinnerung zu ihr zurück. Irgendwann, wahrscheinlich im letzten Jahr, im Sommer, als sie wirklich viel genommen und mit einigen echt schäbigen Typen in einer völlig verdreckten Wohnung in Travemünde abgehangen hatte, war ihr eine Geschichte erzählt worden, die sie nicht geglaubt hatte. Wer war das gewesen? Ein Junkie, der nur hin und wieder zu ihrer damaligen Gruppe gestoßen war. So ein pickliger mit einer total tiefen Stimme. Ständig war ihm die Nase gelaufen. Und gefaselt hatte er etwas von einer Leprakolonie. Mein Gott. Sie versuchte angestrengt, sich zu erinnern: *Da gibt es ein gottverdammtes Totenhaus, Leute, da gehen die Leprakranken hin zum Sterben, und keiner in der ganzen Umgebung traut sich in die Nähe*. Sie hatten ihn ausgelacht. *Lepra!*

Nein, Brandy war sich ziemlich sicher, dass diese Leute hier keine Lepra hatten (obwohl das Einzige, was sie über die Krankheit wusste, aus einem alten Hollywood-Film stammte, den sie in ihrem früheren Leben mal zu Ostern im Fernsehen gesehen hatte). Aber klar: Der Pickeljunkie konnte durchaus diesen Ort hier gemeint haben. Jetzt, da ihr Gedächtnis auf Hochtouren arbeitete, fiel ihr noch eine andere Geschichte ein, die Fred erwähnt hatte und die sie natürlich nicht mit dem Lepra-Schwachsinn in Verbindung gebracht hatte. Fred hatte von einem Kumpel erzählt, der in ein privates Sanatorium eingebrochen war. Ein Hospiz, wie er sagte (*ein gottverdammtes Totenhaus*, dachte Brandy), um nachzusehen, welche Betäubungsmittel sich dort einsacken ließen. Auf der Anlage hätten ihn dann Nachtwächter aufgescheucht und – ohne Scheiß – auf ihn geschossen. Keine Schreckschüsse. Er war abgehauen, gerade noch entkommen, und Fred hatte zu Wiebke und Brandy gesagt: »Das ist hier kein freies Land mehr. Hier herrscht das Recht des Stärkeren, es will bloß keiner hören.«

Brandy atmete tief ein. Im Unterleib fühlte sie einen ziehenden Schmerz. Aber es war wichtig, klare Vorstellungen darüber zu entwickeln, was sich hier eigentlich abspielte. Dieses Irren-, Seuchen-Totenhaus erlebte gerade den Größten Anzunehmenden Unfall, das stand fest. Jedes von Menschen gemachte System brach irgendwann zusammen. Weil die Natur immer stärker war. Jetzt hatten hier die Menschenfresser die Kontrolle übernommen. Sie hatten Fred und Wiebke umgebracht – und diese bewaffneten Glatzen, die sie offenbar wieder einsammeln sollten, bevor draußen in der Welt etwas durchsickerte. Wenn sie auch unter diesem Schutz des Mädchens stand, das hier eindeutig die Oberirre darstellte, steckte sie sich entweder mit der Mutanten-Lepra an oder wurde niedergemetzelt. Das heißt: *Wenn sie hierblieb und darauf wartete wie so ein dummes Opferlamm …*

Brandy stand auf, und die graue Decke sank auf den Steinboden. Nur der Hauch eines Geräuschs, aber doch nicht nichts. Sie blieb stehen, rührte sich nicht, starrte das schlafende Mädchen an und spürte, wie sich neuerliche Panik in ihr ausbreitete. *Ich würde gern rennen, ich würde gern um Hilfe schreien, aber das geht nicht, ich muss ganz leise sein und sehr, sehr vorsichtig.* Es war zu riskant, durch das vordere Portal zu gehen. Aber sie war nur wenige Schritte entfernt von dem winzigen Raum hinter dem Altar, von dem aus eine kleine Tür ins Freie führte. Wenn das hier tatsächlich eine kleine Kirche war, dann musste es sich um die … um die Sakristei handeln.

Noch einmal schaute sich Brandy um, betrachtete die Schmierereien an den Wänden, die sie nicht verstand. Symbole, fremdartige Schriftzeichen. Es sah ein bisschen aus wie in einem dieser Psychopathenfilme, in denen die Killer immer noch Zeit fanden, mit dem Blut ihrer Opfer irgendwelche Botschaften an die Wände zu schmieren. *Ja,* dachte Brandy, und ihr wurde kurz schwindelig, *das ist Blut.* Zwei Schritte, dann blieb sie stehen, wandte sich erneut um. Noch immer schlief das Mädchen. Aber es würde seine Gefolgschaft herbeirufen, wenn es aufwachte, es würde sie nicht gehen lassen. »Ich bin sehr froh, dass du hier bist«, hatte ihr das Kind heute Nacht leise zugeraunt. »Jetzt sind wir beide nicht mehr allein.«

Noch zwei Schritte, vorbei an dem Spiegel, dessen Mitte zerschlagen war, weil einer der Entstellten in der vergangenen Nacht eine Schale hineingeworfen hatte. *Wozu,* fragte sich Brandy kurz, über den krampfhaft pochenden Herzschlag in ihrem Kopf hinweg, *wozu braucht man einen Spiegel in einer Kirche?* Immerhin war er jetzt nützlich, denn trotz der Splitter konnte Brandy in ihm den Raum hinter sich sehen, das reglos schlafende Mädchen unter seinen Decken. Schon wenige Herzschläge später stellte Brandy fest, dass die schwere Tür, die aus der winzigen Sakristei ins Freie führte, tatsächlich einen Spaltbreit offen stand. Auch durch diese Tür waren die Gestalten in der vergangenen Nacht ein und aus gegangen.

Jetzt also so schnell und leise wie möglich das Gelände verlassen. Hoffentlich gab es kein verriegeltes Tor. Vielleicht würde sie über eine Mauer klettern müssen. Gestern waren sie hier regelrecht einmarschiert, eine humpelnde, taumelnde, sich voranschleppende Prozession der Verstörten und Verkrüppelten. Alle Tore hatten sperrangelweit offen gestanden, damit sie nur ja heimkehrten. Aber Brandy konnte sich nicht orientieren, wusste nicht, ob sie sich zwischen den Bäumen nach links oder nach rechts wenden sollte. Jetzt erstarrte sie mitten in der Bewegung, zog den Kopf zurück. Vor dem Gebäude, das der Kirche am nächsten stand, saß eine Frau.

Sie hockte mit hängendem Kopf auf den Treppenstufen vor einer Tür. Die Fenster des kleinen Hauses waren mit schweren Läden verschlossen, und in ihren Händen hielt die Frau etwas, das Brandy nicht gleich erkennen konnte. Ein Stück Stoff? Nein … ein Kuscheltier? Tatsächlich: Die Frau saß dort mit gesenktem Kopf und betrachtete einen Teddybären.

In diesem Moment durchbrach ein langgezogenes Hupen die Stille, auf das sehr rasch noch zwei kürzere Huptöne folgten. Die Frau schreckte hoch, wandte den Kopf, und ihr Blick streifte Brandy, die ohne Schutz und wie angewurzelt hinter den niedrigsten Ästen der Bäume und vor dem Hintereingang der Kirche verharrte. Die Frau hatte geweint – *sie trauert,* dachte Brandy –, aber ihr Blick zeigte jetzt eine Anwandlung tiefer Furcht. Ihr Gesicht verhärtete sich schon im nächsten Augenblick. *Sie sieht mich an, als würde sie mich erkennen,* dachte Brandy. *Und gleich wird sie schreien.* Aber die Frau schrie nicht. Ihre Gesichtszüge verkrampften sich. *Hasserfüllt,* dachte Brandy. Sie drückte den Teddybären vor ihre Brust, der, wie Brandy sah, kein Gesicht hatte. Die Frau ging rückwärts die drei Stufen hinauf, ohne sie aus den Augen zu lassen, und schloss hinter sich die Tür.

Brandy schluckte, versuchte sich zu beruhigen. *So ist das eben, wenn im Irrenhaus die Irren die Kontrolle übernommen haben*, dachte sie und begann so leise wie möglich zu laufen. Sie umrundete das Haus der Teddybär-Verrückten, aus dem kein Laut drang, warf einen vorsichtigen Blick hinter sich und dann um die Ecke des Gebäudes auf den großen Vorplatz. Hier standen drei Wagen, und mehrere Männer gingen eilig vom Haus zum Vorplatz, luden Taschen in die geöffneten Kofferräume der beiden Wagen. Dahinter erkannte Brandy das weit geöffnete Tor. *Ich muss dort hinaus*, dachte sie und biss sich auf die Lippen. *Ich muss warten, bis sie weggefahren sind, und dann muss ich hier verschwinden. Ich muss ganz dringend hier weg …*

8

Das Mädchen schlägt die Augen auf. Etwas stimmt nicht, *denkt das Mädchen.* Ich muss jetzt wach sein. Manchmal schrecke ich aus dem Schlaf, als hätte mich jemand gekniffen oder mir einen Schlag versetzt. Das kommt vor. Aber jetzt ist es anders. Vielleicht ist da so was wie ein Streicheln auf meiner Wange. Ich werde zärtlich aufgeweckt, und auch wenn ich nicht hinschaue, weiß ich, dass die Finger, die mich in den Tag holen, Handschuhe tragen. Grüne Handschuhe aus weichem Leder. Ich öffne die Augen, vielleicht lächele ich sogar.

Ich sehe es sofort: Sie ist nicht mehr da, sie hat sich aus dem Staub gemacht. Und da drüben steht der Spiegel, das Glas in der Mitte zersplittert. Manches, was ich in der vergangenen Nacht in diesem Spiegel erblickt habe, war sowieso zu viel. Jetzt aber muss ich mich darauf konzentrieren. ER will es. Ich kann seine Umrisse im Spiegel erkennen, seine schwarze Silhouette, die durch die tiefen Risse verzerrt wird. ER weist mir den Weg. Ich soll mich beeilen, muss sie zurückholen. Und dann muss ich sie festhalten. Endgültig. Das verstehe ich jetzt.

Spieglein, Spieglein an der Wand. Ich bin schnell dort, mein Körper funktioniert gut. Besser denn je. Ich kann die Hand auf das Glas legen, und in einer der Spiegelscherben kann ich sehen, dass sie zur hinteren Tür hinausgeschlichen ist. Na schön, dann also hinterher.

Es ist so hell draußen. Die Vögel machen Krach. Wo ist sie denn? Auf dem Platz sind Geräusche. Die Vorbereitungen. Die Autos werden beladen. Eines hupt. Sie brechen auf, das ist gut. Sie erfüllen ihren Auftrag. Jetzt kommen alle hierher zurück, das ist sehr, sehr gut. Sogar Stewart wird kommen. ER hat es mir gesagt.

Sonne und Luft. Einatmen. Das ist ja kaum auszuhalten, wie erholt ich mich fühle. Die alten Erinnerungen kehren zurück, und dafür verblassen die letzten Jahre. Die ganze Verzweiflung wirkt nicht mehr real, aber das hier, das ist die Realität. Da ist ER*:* An der Ecke des Hauses hat er gestanden, aus den Augenwinkeln habe ich ihn gesehen, noch immer wie im Spiegel, verzerrt, ein Puzzle, dessen Teile nicht genau zusammenpassen. Jetzt ist ER zwischen den Tannen verschwunden, und ich beeile mich, ihm zu folgen. Ich fliege ja fast, denn ich muss sie einholen. Sie darf uns nicht entkommen. Sie wird doch noch gebraucht.

Diesen Weg hat sie eben gerade genommen, ich kann ihre Angst riechen. Das macht mich hungrig. Ich muss dringend was essen. Aber jetzt sehe ich sie. Sie drückt sich gegen eine Wand. Ganz zusammengekrümmt vor lauter Furcht, atmet schnell. Ja, ich kann ihren Atem hören. Sie schaut nicht nach hinten, sie starrt nach vorn auf den Platz. Natürlich: auf das offene Tor, durch das die Wagen jetzt fahren. Sie haben ein Ziel, ein wichtiges. Was für ein guter Tag! Endlich ein guter Tag! Aber du? Du willst auch durch das Tor? Nein, nein, das geht nicht. Das geht leider nicht.

Was ist jetzt? Du zuckst? Hast du was gehört, hinter dir? Wahrscheinlich. Ich kann nicht lautlos sein wie ER. Auch wenn ich mir Mühe gebe. Du weißt jetzt, dass ich hinter dir bin, deine Angst hat sich verstärkt. Sie umgibt dich wie eine Wolke, deren Farbe ich sehen kann. Ein helles, kalkiges, giftiges Gelb.

Also drehst du dich um, ganz langsam, und dabei zittert schon deine Unterlippe. Schau, ich lächele dich doch an. Du kannst jetzt einfach wieder mit mir kommen. Wir fassen einander an den Händen und kehren zum Ort der Anrufung zurück wie zwei … Schwestern? Wie wär's?

Nein, du beginnst zu laufen. Du hast ja keinen Funken Verstand mehr in dir, du dummes Ding. Du bist ja hässlich, wenn du solche Angst hast. Du sollst nicht so hässlich sein. Und du sollst nicht so schnell rennen. Ein Kaninchen, das Haken schlägt. Was willst du tun? Hör auf zu rennen, das tut dir weh und mir auch. Es ist ein guter Tag, und ich will keine Schmerzen haben. Du keuchst, und mir schmerzt die Seite. Nein, das darf nicht sein. Du drehst dich um, du schaust hinter dich, du schaust mich an. Ja, genau, ich bin viel dichter hinter dir, als du gedacht hast, und deshalb stolperst du. Was jetzt? Kriechen, krabbeln, schnell und schneller die Füße bewegen und doch kaum vorankommen. Wimmern dabei, heulen und jammern, das kannst du gut. Was ist das? Sprichst du jetzt mit mir? Was kommt als Nächstes? Willst du betteln? Aufstehen, weiterlaufen? Jetzt, wo ich da bin, wo ich bei dir bin? Du versuchst, dich loszumachen, aber ich halte dich fest, drücke mit den Fingern zu. Na, was soll denn das? Du kommst los, du läufst schon wieder. Und ich auch. Aber ich habe Kraft, viel mehr Kraft als du, sie muss nur wachgerufen werden.

Diesmal stolperst du nicht bloß, du stürzt, schlägst hin, schwer. Weil ich da bin, weil ich dich zu mir auf den Boden ziehe. Du strampelst, das Kaninchen will weiterrennen. Kommt nicht in Frage. Zu dir bin ich nett gewesen. Was sagt man dazu? Hör auf zu schreien! Es ist ein schöner Morgen, hell ist er, und die Luft ist gut. Jetzt hab ich Schmerzen, und du schreist. Das muss aufhören. Also drücke ich deinen Kopf auf den Boden, bis du nur noch lallst und dein Blut in ihn hineinsickert. Wenn ich stark bin, schlage ich zu, und wenn ich zugeschlagen habe, noch mal und noch mal, bist du ruhig. Wie kann man so undankbar sein, *goddamn fucking bitch*? Willst du denn gar nicht meine Mutter kennenlernen?

9

Wann war es passiert, wann war dieses Gefühl aufgetaucht, dass sich eine Tür geschlossen hatte, die sich nie wieder öffnen lassen würde? Er sah noch die Blautanne, sah Sofas und Zeitungen, den Fernseher, vor dem er hätte sitzen können mit Frau und Kindern und Hund – im Stillstand, lächelnd der Spülmaschine lauschend, die nebenan ihr Dreckwasser in die Kanalisation zurückpumpte, ohne auch nur die geringste Glaskorrosion zu hinterlassen. *Stell dich nicht so an. Das Klopfen in den Ohren liegt nur an den Stöpseln, die du dir immer in den Gehörgang schiebst. Ist doch klar.* Das war's dann wohl mit dem ganz normalen Alltag. Er gehörte eben jetzt zu denen, die es sich nicht mehr aussuchen konnten, die ihren Kopf nie ganz rausbekamen aus der verpeilten Scheiße, die es nie schaffen würden, sich am eigenen Schopf aus ihr herauszuziehen. *Was soll das Selbstmitleid?*

Philip ging düstere Korridore entlang, mit Morten an seiner Seite, der sich weit weniger Sorgen zu machen schien. Philip aber musste an Uwe Bickel denken. Vor dem Mann mit dem grauen Gesicht hatte er sich im Grunde geekelt, vor der dumpfen Nachlässigkeit, mit der er in einer Rauchwolke hockte und sich dem eigenen Verfall hingab zum Beispiel. Philip glaubte durchaus, begriffen zu haben, dass auch Bickel lediglich hatte glücklich sein wollen, dass er sich irgendwann ebenfalls vor Türen wiedergefunden hatte, die sich nicht mehr öffnen ließen. Zugleich aber ging ihm die Vorstellung nicht aus dem Kopf, wie sich der Mann damals besoffen haben musste, wie er ausgezogen war, um mit seinen Kumpels ein Haus in Brand zu stecken, in dem sich Kranke befunden hatten, denen man hätte helfen müssen. Es war ein schauderhafter Gedanke, dass Menschen immer wieder so reagierten, immer wieder bereit waren zu dieser Art von Gewalt. Philip schnürte sich der Hals zu.

Es musste jetzt etwa Mittag sein. In den nächsten Stunden würde es schwierig werden, das Verstreichen der Zeit nachzuvollziehen, denn nun betraten sie alle nacheinander den fensterlosen Konferenzraum im Erdgeschoss, in dem Philip schon am Morgen darauf gewartet hatte, dass sich die Dinge klären würden.

Elisabeth Kujawski nickte ihm lächelnd zu, und er setzte sich neben Morten, der mit munterem Schwung seinen Schreibblock auf die Tischplatte beförderte. »Ich mache mir Notizen, wenn das niemanden stört.«

»Das wird nicht nötig sein. Alles, was wir hier besprechen, wird ohnehin mitgeschnitten«, erwiderte Katja Wielandt, die ihnen gegenüber einen Stuhl unter dem Tisch hervorzog.

Morten grinste. »Ach, mir hilft das Mitschreiben bei der Konzentration. Außerdem: Sicher ist sicher.«

»Schön«, sagte Müller und blickte vom Kopfende aus in die Runde. »Wir sind hier zusammengekommen, weil es uns sinnvoll erscheint, mit unseren bisherigen Erkenntnissen transparent umzugehen. Dieses Meeting dient der Wahrheitsfindung und soll Grundlage einer vernünftigen Zusammenarbeit sein.«

Philips Blick fiel auf Mortens Block, auf den dieser das Wort *BULLSHIT* kritzelte und mit einem Smiley versah. Er schaute Philip an und grinste.

»Außerdem ist uns daran gelegen, dass Sie, Herr Steinert, Gelegenheit bekommen, Fragen zu stellen, ohne befürchten zu müssen, Antworten zu bekommen, die sich nicht bestätigen lassen.« Philip begriff zuerst gar nicht, dass er gemeint war, aber er nickte verwirrt, während Müller fortfuhr. »Ich gehe davon aus, dass Herr Doktor Kusching bereit ist, in dieser Runde und unter diesen sehr entgegenkommenden Umständen Stellung zu seinem Verhalten und zu den gegen ihn erhobenen Vorwürfen zu beziehen.«

»Wie sieht es eigentlich mit dem Recht auf Vertretung durch einen Anwalt aus … nur mal so theoretisch gefragt?« Es war ein weiterer Zwischenruf von Morten, aber der Mann, den Philip bis vor wenigen Stunden für seinen Großonkel gehalten hatte, schüttelte jetzt den Kopf.

Der Biber, wie Philip ihn sah: Er war beherrscht und undurchschaubar, er hatte Philip angeblickt, aber im Gegensatz zu der Kujawski hatte er nicht gelächelt. Er hatte ihn gemustert, als würde er eine stumme Frage an ihn richten. Ernst war sein Gesicht, die Augen schmal, und, wie so oft, aufs Äußerste konzentriert. Im Profil, aus dem er sich Philip zuwandte, erschien seine knochige Nase gestochen scharf, und er trug, sehr korrekt, Anzug und Krawatte. Er hatte sich erneut verwandelt, wenn auch nicht äußerlich. Er war schon wieder jemand anderer geworden, ein Betrüger zum Beispiel, und er trug nun einen anderen Namen. Er bewegte sich nicht viel, aber er würde sprechen.

»Beginnen wir damit«, sagte Katja Wielandt, »dass Sie Herrn Steinert … Philip … erklären, wer Richard Korff gewesen ist.«

»Ein Freund«, sagte der Biber. »Ja, ein Freund.«

Es war eine Weile still im Konferenzsaal des sicheren Hauses, das, wie sich im Laufe der nächsten Stunden herausstellen sollte, seinen Namen keineswegs verdiente. Und dann, nachdem Müller bereits ungeduldig eingeatmet hatte, begann der Biber mit seiner Version der Geschichte.

»Ich habe ihn in Schottland kennengelernt. Anfang der neunziger Jahre hatte ich zum ersten Mal mit ihm zu tun. Ich habe Vorlesungen an der School of Psychology der University of Aberdeen gehalten, und er war zu diesem Zeitpunkt Mitarbeiter in der historischen Bibliothek. Es war kurz vor seinem Ruhestand. Wir sind miteinander in Kontakt gekommen, nachdem uns ein Kollege von mir vorgestellt hatte, der davon ausgegangen war, dass wir uns sowieso schon kennen müssten. Als Landsleute. Wir waren beide aus Deutschland nach Schottland gekommen, und wir waren beide, wenn ich das so sagen darf, allein in der Fremde. Richard Korff war gut zehn Jahre älter als ich, aber tatsächlich sahen wir einander ein wenig ähnlich. Nun, zumindest waren wir beide gleich groß, hatten einen ähnlichen Körperbau.«

Nur eine kurze Pause, ein kurzes Nachdenken. »Er war ein scheuer Mann, viele hielten ihn für schwierig, für etwas menschenfeindlich. Aber das war er eigentlich nicht. Der Kontakt zu den meisten Leuten strengte ihn nur eben sehr an. Außerdem war er sehr ungeschickt in den praktischen Verrichtungen des Alltags. Unser Kontakt hat sich auch nur deshalb intensiviert, weil er meine Hilfe brauchte. Es hatte sich herausgestellt, dass er schwer herzkrank war. Die Ärzte hatten ihm keine guten Prognosen gestellt, und er hat mich gebeten, für ihn zu regeln, was zu regeln war. Daher wusste ich von seinen finanziellen Verhältnissen. Ich habe Rechtsanwälte beauftragt, die seine Angelegenheiten in Deutschland in Ordnung gebracht haben. Es gab zwei Grundstücke zu verkaufen, und es waren in Schottland einige geringfügige Schulden zu bezahlen.

Seine Operation verlief recht dramatisch. Er war sehr gebrechlich anschließend. Außerdem, das muss ich wohl zugeben, etwas verwirrt, desorientiert. Aber er war mir sehr dankbar. Ich habe ihm einen ungewöhnlichen Vorschlag gemacht, und schließlich, nach einer gewissen Zeit, hat er ihn akzeptiert.«

Wenn Philip sich Schottland vorstellte, dann dachte er an grüne Wiesen, die schräg und feucht auf einen grauen Himmel zuliefen, an Steilküsten und rauen Wind. Vor seinem inneren Auge sah er zwei alte Männer, die miteinander an einer solchen Küste entlangspazierten, und wie einer von ihnen – derjenige, der nicht hinkte, derjenige, der nicht an einem schwachen Herzen litt – dem anderen mit klaren, einleuchtenden Worten seine Vorschläge unterbreitete. Philip wusste, wie überzeugend dieser Jemand sein konnte, wenn er sich Mühe gab.

»Sie haben dem schwerkranken Richard Korff vorgeschlagen, die Rollen zu tauschen.« Katja Wielandt blätterte in ihren Akten.

»Er wusste, dass ich gut versorgt war und dass es sich auch für ihn lohnen würde.«

»Sie haben, als Sie 88 aus dem Dienst ausgeschieden sind, eine sehr hohe Abfindung bekommen«, sagte Müller.

»Sie war nicht so hoch. Aber ich habe sie gut angelegt. Außerdem habe ich an der Universität anständig verdient und nie viel ausgegeben. Ich habe Korff vorgeschlagen, seine Unterbringung in einem Pflegeheim zu übernehmen, und darum gebeten, unter seinem Namen nach Deutschland zurückkehren zu dürfen. Wir haben eine entsprechende Vereinbarung getroffen. Ich vermute, Sie haben die finanziellen Transaktionen inzwischen zurückverfolgt.«

Müller nickte.

»Aber warum wollten Sie überhaupt zurück nach Deutschland?« Mortens Interviewstimme, derselbe Tonfall, mit dem er auf dem

Hurra, wir leben noch-Track den Pfleger befragt hatte. »Warum unter dem Namen eines anderen?«

»Der Zeitpunkt schien mir richtig. Sie wissen, wer Gregor Sentheimer gewesen ist?«

Morten nickte.

»Er hatte mir ein halbes Jahr zuvor mitgeteilt, dass die Untersuchungen gegen mich und meine Kollegen endgültig eingestellt worden waren. Ein abgeschlossener Fall. Das war eine große Erleichterung und hat – wie soll ich es ausdrücken – meine Lebensplanung noch einmal in eine neue Richtung getrieben. Denn was mir nun nicht mehr drohen würde, waren irgendwelche Scherereien, Verdächtigungen, Observationen.« Er hatte die ganze Zeit Philip angeschaut, jetzt wandte er sich Müller zu. »Hier hatte man das Interesse an der alten Geschichte verloren, und ich war … nun ja … erschöpft.«

»Sie hatten sich nichts mehr zuschulden kommen lassen«, sagte Müller. »Warum der falsche Name?«

»Ich wollte jeden Ärger vermeiden. Naturgemäß. Sie wissen, welche Vorteile es hat, über eine Biographie zu verfügen, die sich lückenlos nachvollziehen lässt. Es bedeutete die Freiheit eines kompletten Neuanfangs und anfänglich nur ein minimales Risiko. Richard Korff hatte mir, in der Zeit, in der er noch geistig dazu in der Lage gewesen war, viel über sein Leben erzählt, und ich wusste … oder glaubte zu wissen, dass es keine nahen Verwandten mehr gab, die zu ihm irgendwelchen Kontakt gepflegt hätten. Nur eine Schwester, die gestorben war und von der er auch nie viel hatte wissen wollen. Das Verhältnis war sehr schlecht gewesen. Die Nichte war ihm entweder entfallen, oder er hat sie absichtlich verschwiegen.«

Der Biber räusperte sich, schaute gedankenverloren vor sich hin und setzte seine Rede dann fort. »Wenn ich gewusst hätte, was noch kommen würde, wäre ich, wie Sie sich denken können, in Schottland geblieben. Aber so schien es mir richtig. Also habe ich ein Haus angemietet. Meine Abfindung und die Pensionszahlungen haben mir ein gutes Polster gesichert, aber trotzdem war es langfristig eine Frage der Kosten. So bin ich auf Kronstedt gekommen.«

»Aha.« Müller sah wenig überzeugt aus. »Diese Wahl hatte also nichts damit zu tun, dass Sie damit in die Nähe von Rudolf Pape gezogen sind?«

»Wer ist das denn jetzt?«, fragte Morten.

»Ein Polizeibeamter. Der Neffe von Gregor Sentheimer.«

»Das sollten Sie nicht überbewerten«, sagte der Mann, der nicht Richard Korff hieß. »Es war ein glücklicher Nebeneffekt. Gregor Sentheimer hat diesen Kontakt vermittelt, das stimmt natürlich. Es war alles mit ihm abgesprochen, er hielt es für eine gute Idee, die Möglichkeit zu haben … nun …«

Elisabeth Kujawski meldete sich zu Wort: »Für den Notfall sollte es möglich sein, Schutz und Beratung zu erhalten.«

»Also reden wir nicht um den heißen Brei.« Müllers Ärger war unüberhörbar. »Sie haben das alte Netz Ihrer Informanten wiederbelebt.«

»Das war gar nicht nötig, denn wir alle haben uns über die Jahre immer wieder miteinander kurzgeschlossen, um sicherzugehen, dass von keiner Seite Gefahr droht.« Der Biber machte eine kurze Pause. »Bevor ich nach Deutschland zurückkehrte, habe ich diejenigen, die sich als vertrauenswürdig erwiesen hatten, um eine aktuelle Einschätzung gebeten. Um zu prüfen, ob sich an irgendeiner Stelle womöglich etwas getan hatte, das es erforderlich gemacht hätte, die Rückkehr zu überdenken.«

»Und? Gab es Hinweise?«

»Anfangs nicht. Es schien ruhig, und es schien richtig. Und dann«, er sah jetzt wieder Philip an, »dann stand eines Tages, und das war wirklich eine Überraschung, deine Mutter vor der Tür, Philip. Wie aus heiterem Himmel, ohne einen vorherigen Telefonanruf. Es war ein schlimmer Nachmittag.« Er unterbrach sich, fügte mit dem Anflug eines Lächelns hinzu: »Und dann doch wieder nicht.«

Auch Philip erinnerte sich, aber nur vage. Wie seine Mutter ihm damals in Harald Rheinbergers Kasseler Villa verkündet hatte, sie habe ihn endlich gefunden, *den einzigen Verwandten*.

»Aber es musste doch bedeuten, dass Ihre Tarnung aufgeflogen war«, sagte Morten.

»Das war ja das Überraschende für mich. Barbara hatte ihren Onkel zum letzten Mal als kleines Kind gesehen. Sie umarmte mich, sie freute sich, sie schöpfte nicht den geringsten Verdacht. Sie sagte, sie wolle sich an Stelle ihrer verstorbenen Mutter mit mir versöhnen, ich sei der einzige lebende Verwandte, den sie noch hätte.«

»Wie war sie auf Sie gekommen?«, fragte Morten.

»Nun, sie wollte Ihren Vater heiraten. Wie Sie ja wissen, sollte es eine große Feier werden, und es waren viele Gäste geladen. Aber eben niemand aus ihrer eigenen Familie. Sie hat also Briefe nach Schottland geschrieben oder E-Mails … und sie hat telefoniert. Irgendjemand in Aberdeen hat ihr mitgeteilt, dass Richard Korff zurück nach Deutschland gezogen sei. Ich hatte für Richard eine Nachsendeadresse hinterlegt. Er war zu diesem Zeitpunkt schon eine Weile tot, aber manchmal kam noch Post für ihn. So hat sie die Adresse in Kronstedt herausgefunden. Sie wusste, dass Richard Korff menschenscheu war, ein Einsiedler. Ihre Mutter hatte ihr erzählt, mit ihrem Bruder sei nicht zu reden. Also dachte sie wohl, es sei das Beste, direkt vorbeizukommen. So konnte ich sie nicht so leicht abweisen.«

»Sie kamen nicht auf die Idee, ehrlich zu ihr zu sein … oder sie wenigstens zu vergraulen?« Morten runzelte die Stirn.

»Ich war so erleichtert, verstehen Sie, über die Tatsache, dass sie keinen Verdacht schöpfte. Und, was soll ich sagen, es war eine so rührende Begegnung. Sie hat in meinem Lesezimmer in Kronstedt gesessen, sie hat ganz vertraut und vorbehaltlos mit mir gesprochen, und dann haben wir den Kuchen gegessen, den sie mitgebracht hatte. Philips Mutter hat sich so sehr gefreut, sie war auf ihre eigene Weise sehr einsam, würde ich sagen.« Er schaute Philip an. »Sie wollte vor allem eines haben, etwas, das auch ich nicht gehabt habe, wenn auch aus völlig anderen Gründen.«

»Eine Familie«, sagte Philip dumpf.

Der Biber atmete tief ein. »Ich dachte – und natürlich war das ein Fehler, und diesen Fehler bereue ich sehr –, ich könnte zwei Fliegen mit einer Klappe schlagen. Ich konnte der Einsamkeit meines Alters vorbeugen und zugleich eine angenommene Identität beglaubigen durch den einzigen lebenden Verwandten. Zum anderen wusste ich, dass sie mit ihrem Mann und ihrem Sohn in Kassel wohnen würde. Ich bin davon ausgegangen, dass wir uns nicht oft sehen würden.«

»Nur dass sich meine Mutter die Sache anders überlegt hat. Wie immer.«

»Vor einem halben Jahr stand sie dann erneut vor meiner Tür, diesmal in Tränen aufgelöst. Und zusammen mit dir, Philip. Um bei mir einzuziehen. Ich war nicht nur in Verlegenheit, ich war am Ende meiner Möglichkeiten. Richard Korff war deutlich älter gewesen als ich, Richard Korff hatte das steife Bein gehabt. Nun gut. Es sollte nur vorübergehend sein, also habe ich zugestimmt. Erst hieß es, zwei Tage, dann zwei Wochen, dann nur so lange, bis sie Arbeit gefunden hätte. Ich habe auf deine Mutter eingeredet, Philip. Ich habe versucht, ihr klarzumachen, dass ihr ausziehen, dass ihr euch etwas anderes suchen müsst.«

»Ich vermute, sie hat dir schlicht und einfach nicht zugehört«, sagte Philip.

»Ich habe mir gedacht, ein halbes Jahr, schön und gut. Aber dann wurde es umso komplizierter.«

»Warum?«

»Weil ich auf der Bildfläche erschien«, sagte Elisabeth Kujawski.

10

Sie gehörte nicht zu den Frauen, die im Alter schlank blieben oder abmagerten, und wenn sie dies auch nicht gerade freute, so schien es Elisabeth Kujawski zumindest das Zeichen einer robusten Gesundheit zu sein. Ihr Hals war nicht mehr hoch und dünn, sie hatte einen Bauch bekommen, gegen dessen Wuchs sie manchmal mit Walking-Stöcken über Waldwege marschierte. Enge Kleidungsstücke trug sie ungern. Eigentlich hatte sie es auch nicht mehr nötig zu gefallen. Immerhin: Nichts fraß von innen an ihr, kein Krebs und nicht einmal die Einsamkeit, die Theodor Kusching oben in Schottland so zugesetzt hatte.

Sie wandte den Blick in seine Richtung und lächelte. Der Biber, wie Elisabeth Kujawski ihn sah: Nur wenig hatte er sich verändert seit damals, und auch sein ausdrucksvolles, schönes Gesicht war nicht eingefallen. Im Gegensatz zu ihr war er schlank geblieben, und er strahlte noch immer jene Intelligenz und Würde aus, die sie für sich selbst stets als vornehm bezeichnet hatte. Sie war froh, dass er jetzt sprach. Sie hörte ihm zu, sehr genau, sehr aufmerksam.

»Elisabeth war eine der Kontaktpersonen. Wir haben eng zusammengearbeitet in den letzten Monaten damals. Sie war als Sekretärin in der Zentrale in Hamburg tätig, später, ab 85, hatte Sentheimer sie ausschließlich für unsere Kommission abgestellt. Als ich nach Deutschland zurückgekommen war, hatte ich mit ihr zwei Mal telefoniert.«

»Ich lebe jetzt in der Nähe von Stuttgart. In Leonberg«, fügte sie hinzu.

»Worüber haben Sie sich unterhalten?«, fragte Müller. Elisabeth Kujawski schüttelte innerlich den Kopf. Dieser Mann konnte einfach nicht zwischen den unwichtigen und den wichtigen Dingen unterscheiden.

»Es waren belanglose Gespräche, freundschaftlich, für Sie ohne Interesse. Sie hatten kaum etwas mit den damaligen Ereignissen zu tun«, sagte Theodor Kusching, und sie versuchte nicht allzu zufrieden zu lächeln. Er fuhr fort: »Ende Februar rief Elisabeth mich dann allerdings plötzlich an und war beunruhigt.«

Der Biber warf ihr einen Blick zu, also nahm sie den Faden ohne zu zögern auf. »Mir waren die Verlegungen aufgefallen.«

Müller schien diese Aussage nervös zu machen, der Journalist aber nickte demonstrativ. Philip saß neben ihm und sah hilflos aus. Auch sehr dünn. Er tat Elisabeth Kujawski leid.

»Vielleicht sollte ich vorausschicken, dass mich die Ereignisse von damals immer beschäftigt haben«, sagte sie. »Es gehörte zu meinen Aufgaben, die Unterbringung der Kranken mit zu organisieren, die Sicherheitsverwahrungen. Das meiste davon ist über meinen Schreibtisch gewandert. Mir ist insbesondere das Schicksal der Angehörigen nie aus dem Sinn gegangen. Deshalb habe ich, soweit es mir möglich war, immer mal wieder die zwei Institutionen in Hamburg aufgesucht, wenn ich dort war. Ich habe mit Mitarbeitern gesprochen, mich erkundigt. So habe ich auch mitbekommen, dass die Kranken sehr plötzlich verlegt worden waren – in eine andere Einrichtung. Wohin genau, wusste aber angeblich niemand. Daraufhin habe ich mich umgehört. Ich habe auch immer noch Verbindungen zu einem anderen Pflegeheim in Osnabrück, zum Katharinenstift. Auch die zwei dort untergebrachten Fälle waren, exakt am selben Tag, ohne Angabe einer Adresse verlegt worden. Das konnte kein Zufall sein. Ich habe mich mit Theodor kurzgeschlossen, der mir von seinem häuslichen Dilemma berichtete. Daraufhin habe ich mich entschlossen, ihn für eine gewisse Zeit zu unterstützen.«

Zurückzukehren, noch einmal aktiv zu werden. Nach all der Zeit. Nicht dass sie unglücklich gewesen wäre, keineswegs. Sie hatte ein Leben, ein sehr schönes, unten in Leonberg, ein Leben ganz ohne Spektakel. Sie lebte, nach einer wenig erwähnenswerten kurzen Ehe, einen erfüllten Alltag. Auch mehrere gute Freundinnen nahmen daran teil, mit denen sie sich regelmäßig traf. Sie kochte oft und gut, sie las englische Romane aus dem 19. Jahrhundert, ging ins Theater und mit den Walking-Stäben durch den Wald. Aber jetzt konnte sie noch einmal die Augen aufhalten, zuhören, Dinge organisieren und sich mit dem Biber besprechen. Noch einmal spüren, dass er zu schätzen wusste, wie gut sie in dem war, was sie tat.

»Ich bin alleinstehend, ich hatte keine Verpflichtungen«, erklärte sie. »Also habe ich meinen Koffer gepackt und bin nach Kronstedt gefahren. Ich habe dort pro forma eine möblierte Ein-Zimmer-Wohnung gemietet.«

Katja Wielandt notierte sich etwas in ihren Akten, während Müller ihren gemächlichen Redestrom unwirsch abhackte. Er wandte sich wieder direkt an Theodor: »Das klingt alles sehr gut. Einsamkeit im Alter, der Wunsch nach Familie – ich verstehe, dass Sie dieses Bild entwerfen wollen. Aber ich will Ihnen sagen, wie die Geschichte in unseren Akten aussieht, Herr Kusching, wie Ihre Rolle darin aussieht. Ist es nicht möglich, dass Sie all die Jahre nur auf den

Tag gewartet haben, an dem die Ermittlungen gegen Sie offiziell eingestellt wurden? Dass Sie in all den Jahren nicht nur mit Gregor Sentheimer in Kontakt geblieben sind, sondern auch mit Elisabeth Kujawski. Dass Sie nach Deutschland gekommen sind, um zu Ende zu bringen, was 1988 nicht möglich gewesen war. Und ist es nicht vorstellbar, dass Sie in Kontakt geblieben sind mit Clemens Baumgarten, mit dem zusammen Sie im Februar 1988 das Kind von Friedrich Bergmann und Helene Schwarzer aus dem bayrischen Drechslerhof entführt und damit unserem Zugriff entzogen haben?«

11

Der Schneefall nimmt wieder zu. Es mischen sich scharfe Graupelstücke dazwischen, und was am Vormittag angetaut war, friert innerhalb weniger Minuten wieder zu. Die Wagen, die jetzt unterwegs sind, bewegen sich im Schritttempo, ihre Scheibenwischer mühen und mühen sich gegen den dichter werdenden Ansturm. Es ist der 12. Februar 1988, das Gebirge steht als weiße Trutzburg zwischen den Wolken, und Clemens Baumgarten hat, auf seinem Weg zurück zum Drechslerhof, das ungute Gefühl, eine höhere Macht wolle seine Ankunft verhindern.

Das Wetter war schon die ganze Woche unberechenbar, heute Morgen aber sah es noch so aus, als würde alles besser werden. Nun brennt das kleine Fläschchen mit der roten Tülle in seiner Jackentasche, und der Ausschlag unter seinem Ohr juckt. Fahrig bedient er die Gangschaltung, während er den Wagen die enger werdenden Serpentinen bergauf steuert. Was, wenn die Gäste es bei diesem Wetter nicht schaffen werden? Bisher ist nur das Ehepaar d'Uxelles aus Luzern eingetroffen, schon vor sechs Tagen. Beide, sie und er, sind schweigsam und grau, verbringen die meiste Zeit auf ihrem Zimmer, und das einzig Auffällige an ihnen ist ihr großer, eisenbeschlagener Schrankkoffer, aus dem sie vorgestern einige metallische, sehr alt aussehende Gegenstände hervorgeholt haben. Er hat beobachtet, wie Madame d'Uxelles vorgestern Abend diese beängstigenden Werkzeuge (Instrumente?) auf dem Küchentisch ausgebreitet und sie mit verbissener Miene blankgeputzt hat, als handele es sich um angelaufenes Silberbesteck.

Nein, nein, Clemens Baumgarten ist sich ganz sicher, dass es auch für die anderen kein Problem sein wird, dem Wetter zu trotzen. Wahrscheinlich befinden sie sich längst in der Nähe, sitzen hinter Gasthausfenstern im Dorf, bereiten sich vor und sagen ihre Gegengebete auf. Wahrscheinlich sind sie es, die diesen Sturm heraufbeschworen haben, um seine Pläne zu durchkreuzen.

Er stöhnt auf, spricht leise mit sich selbst: *Hör auf, wie ein Wahnsinniger zu denken, hör auf, dich in ihre Gedankenwelt hineinzubegeben.* Er ermahnt sich, weiß aber, dass in ihm längst ein tiefer Zweifel gewachsen ist, ein Zweifel nicht nur an seiner Mission, sondern an allen klaren Grenzen zwischen der einen und der anderen Seite. Er spürt, dass er nicht mehr vertrauen will, auch nicht dem Biber. Er kratzt sich mit der linken Hand die Wange, während er durch die vom Schneetreiben bestürmte Windschutzscheibe auf die sich auflösende Fahrbahn starrt. *Vielleicht*, denkt er, *war es ein Fehler, dem Biber überhaupt irgendwas zu sagen …*

Das Entscheidende aber ist nur der Gedanke an das Kind, für das er sich verantwortlich fühlt. Das Mädchen, das mit keinem Namen angesprochen werden darf, hat von Anfang an seine Nähe gesucht, und er hat auch gleich verstanden, warum. Weil er als Letzter hinzugestoßen ist in die so sorgsam abgeschirmte Gemeinschaft. Weil er die Welt da draußen kennt, die dem Mädchen so fremd ist, die es nie hat sehen dürfen.

Aber die Kleine ist nicht dumm, im Gegenteil. Sie kann sich Dinge vorstellen. Sie sitzt ganz ruhig an einem Tisch, ihre Beine baumeln, und unter ihrem blonden Pony bewegen sich die Gedanken nach draußen. Ein stilles Forschen. Was malt sie sich wohl aus? Sie fragt ihn manchmal nach der Welt jenseits des Drechslerhofes, nach den Städten und den anderen Menschen, die nichts von ihrer versteckten Existenz ahnen. Sie richtet ihre zarte, aber nie weinerliche Stimme an ihn, wenn sie gemeinsam über das Grundstück spazieren. Ihre kleine Hand in seiner großen. So wie heute Morgen, als er ihren wollenen Fäustling zwischen seinen klammen Fingern fühlen konnte. Einen kleinen Schritt nach dem anderen. Er muss sich Mühe geben dabei, denn seine Beine sind lang. Heute Morgen, als kurzzeitig die Sonne schien und er sich den Schal lockern konnte, hat er sich getraut, sie zu fragen: »Hast du denn gar keine Lust, es selbst zu sehen?« Eine verbotene Frage.

Das Mädchen, klein und sehr, sehr blass, unvorstellbar ernst für ein Kind seines Alters, hat ihn mit großen Augen angestarrt und mit leiser Stimme gesagt: »Das geht doch nicht.«

Es wird schwer werden mit ihr, das weiß Clemens Baumgarten, aber er sieht ihren angstvoll geweiteten Augen an, dass auch ihr nicht verborgen bleibt, dass etwas bevorsteht, ein Ereignis, das einen Einschnitt bedeutet, der nicht mehr rückgängig zu machen sein wird. »Ob ich auch nichts falsch machen werde morgen?«, hat sie ihn gefragt.

»Natürlich nicht.« Er hat zum Hof hinübergeschaut und möglichst munter gesagt: »Hörst du? Deine Mutter spielt.«

Ganz leise dringt die Musik zu ihnen hinüber, denn die Fenster des Musikzimmers sind offen. Helene Schwarzer spielt Mozart, eine aufgewühlte, traurige Sonate. Helene Schwarzer spielt so oft sie kann, darf nicht gestört werden. Manchmal erhalten er und das Kind die Erlaubnis, ihr zuzuhören. Dann sieht man ihr an, dass ein Teil von ihr nicht anwesend ist, während ihre Finger von Taste zu Taste springen.

»Schön, nicht?«, fragt Clemens Baumgarten.

Das Mädchen schüttelt stumm den Kopf.

Sie hat so viel erlebt, sie hat so vieles vergessen, sie ist ein einziges Rätsel. Ihre Seele hat sich aufs Ungeheuerlichste ausgedehnt, hat ungeahnte Winkel erschlossen und wieder verschlossen, hat so viel Schreckliches abgespalten und aus ihrem Bewusstsein gedrängt, dass er es selbst nicht fassen kann, wie ruhig sie meistens scheint an seiner Seite. Immerhin: Noch ist sie körperlich unversehrt. Zumindest glaubt Clemens Baumgarten das. Man hat sie bewahrt, sie sorgsam aufgespart, und er ist sich sicher, dass dies am folgenden Tag anders werden wird. Er hat sie angeschaut, von der Seite, hat sich gefragt, wie viel die Seele eines Kindes zu ertragen in der Lage ist, und in diesem Augenblick ist es passiert.

Das Kind hat den Kopf zu ihm gedreht, hat ihn angeschaut wie nie zuvor, hat Besitz genommen von seinem Kopf, von seinem ganzen Inneren, und dann hat es mit einer Stimme gesprochen, die nicht die Stimme des Mädchens war, mit einer Stimme, an deren Klang er sich nicht mehr hat erinnern können, sobald sie aufgehört hatte zu sprechen. Aber die Worte klingen auf der Rückfahrt zum Drechslerhof noch immer in seinem Kopf, während die Scheibenwischer auf und nieder gehen: »ES IST SO WEIT, UND ES KANN NICHT VERHINDERT WERDEN, DU KANNST NICHTS TUN, NUR DAS, WAS DIR ZUGEDACHT WURDE.«

Clemens Baumgarten hat sich nicht gewöhnen können an die Halluzinationen, die ihm auf dem Drechslerhof bisher begegnet sind. Er hat Stimmen flüstern hören und sich verfolgt gefühlt, er hat Gesichter gesehen in der Nacht, er hat Tiere schreien gehört, die es hier nicht geben kann. Dieser Moment aber, im Schnee und in der aufblitzenden Morgensonne, ist der schlimmste.

Das Mädchen sieht ihn an, als benehme er sich wie ein Irrer, weil er zurückweicht mit offenem Mund, weil ihm Schweiß über die Stirn läuft. Es ist ihm klar, dass das Kind nichts davon weiß, dass *es* aus ihr gesprochen hat, aber er kann sich kaum noch auf den Beinen halten. Und schreckt furchtbar zusammen, als er feststellt, dass Helene Schwarzer vom Haus aus auf sie zukommt. Ob sie die Stimme auch gehört hat? Ihre Schritte sind eilig, wie ihm scheint, und während sie sich nähert, blickt sie selbst mit einer eigenartigen Verunsicherung auf das Kind herab, das diesen Blick geduldig und unbeeindruckt auffängt und sich dann wieder verträumt den schweren Tannen zuwendet, von denen schubweise der Schnee rutscht.

»Es ist wärmer geworden, finden Sie nicht?«, fragt Helene Schwarzer und reibt sich den Oberarm, als wolle sie sich mit dieser fröstelnden Geste selbst widersprechen. »Bringen Sie mir bitte noch eine Packung Melissentee mit, wenn Sie runter ins Dorf fahren?«

Er nickt, will sich endlich abwenden, aber sie hält ihn am Arm fest. Ihr Griff ist verkrampft und doch nicht allzu fest. »Vielleicht …

vielleicht können Sie *ihr* auch etwas mitbringen.« Ein kaum merkliches Nicken in Richtung der Tochter.

Clemens Baumgarten schaut Helene Schwarzer an, die er noch nie so verunsichert gesehen hat. Sie sagt: »Schokolade? Vielleicht etwas Schokolade?«

Er nickt beklommen. Die Frau sagt: »Fahren Sie jetzt gleich«, und nimmt das Mädchen an die Hand.

Etwas ist anders, als es sein sollte, aber er weiß nicht, was. Er weiß es immer noch nicht, als er auf seiner Rückfahrt, nach dem katastrophalen Gespräch mit dem Biber, die Einfahrt des Drechslerhofes vor sich auftauchen sieht, als er schlitternd am Tor anhält und drei Mal die Hupe drückt.

Es ist Lutz Wegener, der ihm mit hochgeschlagenem Mantelkragen entgegenkommt. Schwerfällig, aber, wie meistens, grinsend, stemmt er sich gegen den Schnee. Er ist bullig, muskulös und bösartig, aber genau deshalb befindet er sich ja hier und kümmert sich um das, was Bergmann als »die Schaffung eines notwendigen Sicherheitsrahmens« bezeichnet. Jetzt schiebt er das Tor auf, und als Clemens Baumgarten geparkt und den Kofferraum geöffnet hat, hilft er dabei, die Einkäufe in die Küche zu tragen. »Du musst noch die Festräume präparieren«, sagt er, wischt sich über das vom Schnee feuchte Gesicht und lehnt sich gegen die Arbeitsplatte. »Anweisung.«

Baumgarten spürt, wie seine Nase zu laufen beginnt, schnieft und sagt: »Sollte das nicht Roth machen?«

Wegener grinst. »Der hat sich hingelegt. Hat wieder seine Kopfschmerzen.«

Baumgarten nickt, holt die Lebensmittel aus den Plastiktüten, stellt den Orangensaft in den Kühlschrank. Jeder hat hier seine Rolle. Roth ist zuständig für die Einkäufe, die nicht offiziell getätigt werden dürfen. Und weil er seine Kontakte so hervorragend einzusetzen weiß, hat er sich das Recht erarbeitet, bei den erworbenen Waren selbst großzügig zuzugreifen. Ein verdammter Fixer, weiter nichts, einer, der hier lebt und so gut wie gar nichts mitbekommt, weil er ständig dicht ist. Noch mit dem kleinen, nur leicht gelockerten Gummiriemen am Oberarm hat Baumgarten ihn auf seinem

Bett gesehen. Da liegt er dann, starrt mit glasigem Blick zur Zimmerdecke hinauf und merkt von seinem Nirwana aus nicht, wie ihm der Speichel aus dem Mundwinkel rinnt.

»Und beeilen sollst du dich«, sagt Wegener, wendet sich gelangweilt ab, schlurft irgendwohin, wo es nichts zu tun gibt.

Clemens Baumgarten aber nimmt die Kinderschokolade aus der Einkaufstüte und betrachtet das grinsende Jungengesicht auf der Packung. »Das hat Vorrang«, flüstert er vor sich hin, faltet die Plastiktüte zusammen, legt sie in eine der Schubladen und verlässt die Küche.

Draußen hat es sich so weit zugezogen, dass es im Inneren des Hauses inzwischen fast dunkel ist. Der Schnee wabert unablässig um den Drechslerhof, und Baumgartens Schuhe hinterlassen kleine Pfützen auf den Dielen, obwohl er sie beim Eintreten gründlich abgestreift hat. Er betätigt den Lichtschalter und stellt fest, dass auf der Treppe, die nach oben führt und die er selbst gerade nehmen wollte, jemand steht.

Ich habe recht gehabt, denkt er und sagt mit belegter Stimme: »Guten Tag.«

Er ist schon hier. Da steht ein fremder Mann auf der Treppe, ganz in Schwarz, und er hat den Hut nicht abgenommen. Er ist ungewöhnlich groß und ungewöhnlich dürr, sein Anzug liegt sehr eng an, wie eine zweite Haut aus dunklem Stoff, ein Stil, der ganz und gar nicht üblich ist in der weit geschnittenen Herrenmode des Jahres 1988. Er hat den Kopf leicht gesenkt, um Baumgarten sehen zu können, der wiederum die Gesichtszüge des Mannes kaum erkennen kann. Beinahe erscheint es ihm in der schwachen Flurbeleuchtung, als hätte er überhaupt keine. Der Mann nimmt die Hand vom Treppengeländer, die in einem dunklen Handschuh steckt, dreht sich wortlos um und geht die Treppe hinauf. *Zu ihr?*

Baumgarten umkrampft die Kinderschokolade mit der linken Hand, atmet tief ein und spürt das Zittern am ganzen Körper. Seine Füße sind bleischwer, es kribbelt in seinen Beinen, fast als wären sie eingeschlafen. Deshalb braucht er eine gefühlte Ewigkeit, um das obere Stockwerk des Drechslerhofes zu erreichen.

Zu seiner Überraschung ist die Tür zu ihrem Zimmer nicht geschlossen. Wahrscheinlich ist der Gast soeben eingetreten. In dem Ausschnitt des Zimmers, den er vom Korridor aus sehen kann, fehlt er allerdings. Helene Schwarzer sitzt auf dem Kinderbett, vor dem die Tochter mit gesenktem Kopf kniet. Die blonden Haare sind gelöst, fallen in seidigen Wellen. Er riecht das Shampoo. Sie haben ihr das Haar extra noch einmal gewaschen, haben sie in seiner Abwesenheit herausgeputzt. Auf dem Boden stehen mehrere Gefäße, ein verschnörkeltes, mit einer spitzen Klinge besetztes Instrument aus dem Schrankkoffer der d'Uxelles, einige silberne Schalen, vermutlich mit Flüssigkeiten gefüllt. Daneben lehnt ein rahmenloser Spiegel. *Die Gegentaufe*, denkt Clemens Baumgarten. *Das hätte laut Plan morgen Mittag stattfinden sollen. Es sind die Präliminarien. Sie ziehen den Ritus vor. Sie ziehen ihn tatsächlich vor …*

Er hört sich selbst sprechen, kann nicht glauben, dass schrecklich dumme Worte aus seinem Mund herausfallen: »Ich habe die Schokolade mitgebracht …«, stammelt er.

Helene Schwarzer schaut auf. Ihr Blick ist beinahe leer. Es ist, als spiele sie Klavier und würde im Inneren nicht aufhören, sich zu konzentrieren. Sie erhebt sich und schließt stumm und mit einer einzigen fließenden Bewegung die Tür zum Kinderzimmer. Baumgarten hört, wie auf der anderen Seite ein Schlüssel umgedreht wird. Es ist sehr, sehr still. Er weiß jetzt, was er zu tun hat. Er weiß nur noch nicht, wie.

12

Den Namen Clemens Baumgarten hatte Morten Rheinberger bislang noch nicht gehört, er war ihm in keinem einzigen Abschnitt seiner Recherche untergekommen, und in den Gesprächen mit Müller war er nie gefallen. Auch Philip, der mit großen Augen neben ihm saß und dem er kurz einen zweifelnden Blick zuwarf, zuckte nur mit den Schultern.

Doch der Name stand jetzt im Raum, und Morten schaute von

einem Ende des Konferenztisches zum anderen, um die Reaktionen aufzuschnappen, die er hervorrief. Elisabeth Kujawski senkte bedrückt den Kopf, Müller hingegen lehnte sich zufrieden zurück. Katja Wielandt schien abzuwarten. Und Theodor Kusching?

Der Biber, wie Morten ihn sah: Seine Lippen waren streng aufeinandergepresst, und er starrte bitter vor sich hin. Nicht als wäre er nun endgültig in die Enge getrieben worden, sondern als ärgere er sich maßlos über all die Unterstellungen, gegen die er sich zu wehren hatte. Er fühlte sich gedemütigt, das glaubte Morten zu erkennen. Vielleicht würde er sich nun doch wieder in das Schneckenhaus seines düsteren Schweigens zurückziehen. Aber nein: Kusching wollte sich präsentieren, er wollte seine Version zu Protokoll geben (und Morten protokollierte eifrig).

»Ihre Unterstellungen bezüglich Clemens Baumgarten sind unsinnig«, sagte der Biber.

»Also, das geht mir zu schnell«, warf Morten ein. »Wer ist das denn?«

»Er war einer unserer Mitarbeiter«, antwortete der Biber ohne Erregung in der Stimme. Sein durch den Raum wandernder Blick traf Morten, der fahrig umblätterte und den neuen Namen in Großbuchstaben hinkritzelte, ohne aufs Blatt zu sehen. »Vielleicht unser wichtigster Mitarbeiter. Weil es uns gelungen war, ihn in den engeren Kreis der GKT einzuschleusen.«

»Ihr hattet einen Mann in der GKT?«, fragte Philip. »Schon in der Villa Köselitz?«

»Nein, natürlich nicht. Viel später.« Die Stimme des Bibers senkte sich. Er hatte sich wieder Philip zugewandt, und er erklärte ruhig, in einem verständnisvollen Ton. Morten begriff, dass Kusching sich vor Philip rechtfertigen wollte. Auf merkwürdige Weise imponierte ihm das. Trotzdem klopfte er mit dem Stift auf seinen Block und sagte: »Wäre es nicht schön, wenn wir das hier in eine vernünftige Ordnung bringen würden? Wo wir schon mal so nett beisammensitzen. Vielleicht können Sie einfach kurz zusammenfassen, Herr Kusching, was nach den Vorfällen in der Villa Köselitz passiert ist. Wenn mich Herr Müller und seine Kollegen richtig informiert haben, wovon ich natürlich nur bedingt ausgehen kann …« (er grinste) »… dann ist Ihre Kommission, dieser so genannte Biberrat, erst anschließend einberufen worden.«

»Das ist korrekt«, sagte Theodor Kusching. »85 legten die Männer aus Welsheim Feuer an die Villa Köselitz. Der Brand hat die Ermittlungen in Gang gebracht. Man fand die Leichen einiger Morbus-Skuratov-Erkrankter, man fand auch einige der Kranken im Wald. Aber eben nicht alle, und es kam zu den Gewalttaten, zu den Todesfällen und Einbrüchen, von denen auch in den Zeitungen berichtet wurde. Die Kranken wüteten unkontrolliert. Die Behörden vor Ort haben das Gesundheitsministerium informiert, und dies hat sich, wenn ich das richtig rekonstruiere, angesichts der dramatischen Befunde mit dem Staatsschutz in Verbindung gesetzt.«

»Wann genau wurde der Biberrat einberufen?«

»Ich denke, im Sommer 85. Gregor Sentheimer hatte ihn als Expertenrat vorgesehen, der sich sowohl in Sekten, in okkultistischen Vereinigungen als auch in den medizinischen Fachfragen auskannte. Ich bin ja erst etwas später hinzugezogen worden, im September.«

»Wegen Ihrer Verbindung zu Bergmann.«

Der Biber nickte. »Bei der genauen Durchsuchung der Villa Köselitz entdeckte man Hinweise auf Bergmann. Er hatte in der Eile des Aufbruchs einige Schriften und Bücher zurückgelassen, die sich schließlich identifizieren und ihm zuordnen ließen. Erst danach ist man an mich herangetreten. Ich bin sicher, die genauen Daten finden sich in Ihren Unterlagen, Herr Müller.«

Morten nahm aus den Augenwinkeln wahr, wie Katja Wielandt ungeduldig auf ihrem Stuhl vorrückte. Vermutlich, weil er das Fragenstellen übernommen hatte. »Wie sah Ihre Tätigkeit beim Biberrat denn aus, welche Schritte haben Sie denn unternommen?«

»Wir haben zum einen versucht, die Umtriebe der GKT zu analysieren, versucht, uns in Bergmann hineinzuversetzen. Und die Mitglieder der Sekte aufzuspüren. Nach dem überstürzten Aufbruch aus der Villa Köselitz in Welsheim haben sie sich in alle Winde zerstreut, sind abgetaucht«, sagte Theodor Kusching. »Die Villa diente, wie uns später klargeworden war, ohnehin nur als eine Art vorläufiger Sammelstätte. Bergmann hat dort vor allem spiritistischen Hokuspokus aufgeführt, um leichtgläubige Geldgeber zur finanziellen Unterstützung seiner Gesellschaft zu bewegen. Nach dem Brand und der Flucht ist der innere Kreis aber unter sich geblieben, hat einzelne Treffen an unterschiedlichen Orten veranstaltet, und es gab keinen großen Stammsitz mehr. Das hat uns die Arbeit erschwert und viel Zeit gekostet. Irgendwann, ich glaube, im Sommer 86, haben wir dann aber den Wohnort von Bergmann und seiner Frau, Helene Schwarzer, ermitteln können. Sie waren auf einen ziemlich großen Bauernhof, den Drechslerhof, in der Nähe vom Chiemsee gezogen und hatten einige wenige Vertraute um sich geschart. Außerdem einige Skuratov-Fälle. Aber längst nicht so viele wie damals in der Villa. Drei Erkrankte, wenn ich mich nicht irre.«

»Um was mit ihnen zu tun?«

Kusching zögerte. »Bergmann hat sie in seinen Aufzeichnungen immer als die Schauenden und die Rufenden bezeichnet. Er war der Ansicht, sie würden Geister- und Dämonenpräsenzen wahrnehmen und kanalisieren. Die Theorie der GKT besagte, ihre Krankheit sei bereits eine Art von Besessenheit, eine dunkle Segnung. Als würden die Infizierten bereits mit einem Bein in einer anderen Welt stehen. Bei den Ritualen wurde dann zudem die symptomatische Aggressivität der Betroffenen ausgenutzt. Sie wurden unter anderem dazu benötigt, die Blutopfer zu töten und sich einzuverleiben.«

»Tieropfer?« Mortens Stift blieb kurz über dem Papier stehen.

»Nein, es waren nicht nur Tiere.«

»Ich glaube, die Details können wir uns hier ersparen«, sagte Müller. »Kommen wir zu den konkreten Vorgängen auf dem Drechslerhof zurück.«

»Meinetwegen«, sagte der Biber kühl. »Es fanden auch dort Treffen statt. Wir wussten, dass immer wieder Okkultisten, auch aus dem Ausland, für kürzere Zeitspannen mit ihnen lebten. Wir wussten, dass sie wieder im größeren Stil Drogen bezogen und auf dem Hof lagerten, und es lag uns viel daran, ihre Verbindungen komplett zu ermitteln. Es gab allerdings auch Stimmen, die darauf drängten, die Bewohner des Hofes schlicht und einfach festzunehmen.«

»Stattdessen haben Sie sich für die Einschleusung eines V-Mannes entschieden«, sagte Morten. »Und das ist dieser …« Er schaute auf seinen Block. »Clemens Baumgarten?«

Katja räusperte sich, und Müller meldete sich zu Wort: »Eine ausgesprochen befremdliche Wahl.«

»Warum?« Die Stimme des Bibers: kalt, herausfordernd.

»Er war vollkommen ungeeignet. Es liegt uns sogar ein entsprechendes Gutachten von damals vor. Der Mann war psychisch instabil, und er kannte sowohl Friedrich Bergmann als auch Sie von früher. Es handelte sich nicht um einen Außenstehenden.«

»Es ist doch nur eine Frage der Perspektive, Herr Müller«, antwortete Elisabeth Kujawski. »Das, was Sie jetzt im Nachhinein als Problem ansehen, hat ihn damals zum idealen Kandidaten gemacht. Wir hätten uns schwerlich einen geeigneteren Mann wünschen können.«

Der Biber nickte. »Clemens Baumgarten war in Hamburg Student gewesen. Er hatte noch unter Bergmann seine Zwischenprüfungen abgelegt und unter mir sein Diplom. Das schriftliche, zum mündlichen ist er nicht erschienen. Er hat dann auch keinen Abschluss erworben. Bergmann kannte ihn, und, was noch wichtiger war, Bergmann wusste von Baumgartens psychischen Problemen. Als Junge hatte er immer wieder längere Zeitspannen in psychiatrischen Einrichtungen verbracht, er hatte eine schwierige Familiengeschichte und früh Angststörungen entwickelt. Seine Therapie war weitgehend erfolgreich verlaufen. Wie auch immer, im Studium war er dann mit dem Leistungsdruck nicht gut zurechtgekommen. Er war sehr nervös, sehr belastet, hatte depressive Schübe und immer wieder Angstepisoden. Bergmann hat ihn beraten, hat sich intensiv mit seiner Geschichte auseinandergesetzt. Es dürfte ja allen hier Anwesenden inzwischen klar sein, dass es Bergmann in der Gesellschaft für Kritische Theologie genau darum zu tun war: Er wollte seelisch und körperlich Kranke als Medium benutzen, ihre psychischen Energien studieren. Baumgarten war ein idealer Kandidat.

Bergmann war froh, ihn dabeizuhaben, und er hat ihm von Anfang an vertraut. Tatsächlich haben wir alle wesentlichen Erkenntnisse über die GKT von Baumgarten bekommen. Wir säßen jetzt überhaupt nicht hier, wenn er nicht aufgrund seiner labilen Vorgeschichte eine derartige Vertrauensstellung bei Bergmann und Helene Schwarzer genossen hätte.«

Morten schaute ihn an. Der Kiefer des Bibers hatte sich angespannt, er verteidigte sich jetzt mit Nachdruck. »Es war ein schwieriger, langwieriger Prozess. Baumgarten musste erst mit zwei anderen okkulten Gruppen Kontakt aufnehmen und mehrere Monate lang darauf warten, dass jemand seine Bekanntschaft mit Bergmann auf natürlichem Wege herausfand. Er musste sich zieren und schließlich so tun, als müsse man ihn dazu überreden, seinen ehemaligen Professor wiederzusehen. Und er hat all das sehr gut gemacht.«

»Klingt doch hervorragend«, sagte Morten unbekümmert. »Wo war das Problem?«

Müller atmete tief ein. »Das Problem? Zum Beispiel die Tatsache, dass es heimliche Absprachen gegeben hat zwischen Baumgarten und Kusching, die den geplanten Zugriff im Februar 1988 verhindert haben.«

Der Biber hatte den Blick auf Philip gerichtet, der neben Morten unruhig auf seinem Stuhl hin und her rutschte. »Es hat Unstimmigkeiten gegeben, das ist wahr. Tatsächlich hat Clemens Baumgarten erneut der hohen Anspannung nicht standgehalten. Aber es wäre unmöglich gewesen, ihn vom Drechslerhof abzuziehen, das hätte alle bisherigen Ermittlungserfolge zunichtegemacht. Wir hatten uns innerhalb der Kommission und mit Sentheimer darauf geeinigt, dem ganzen Treiben ein Ende zu setzen. Es sollte angeblich ein wichtiges Treffen geben, monatelang war darauf hingearbeitet worden. Es wurde Besuch auf dem Drechslerhof erwartet, wenn auch niemand wusste, wie viele Gäste kommen würden. Aber uns allen schien der Zeitpunkt ideal, um möglichst viele Beteiligte auf einen Schlag festsetzen zu können. Bergmann und die Schwarzer hatten für diesen Tag, es war der 13. Februar, eine bestimmte Zeremonie geplant, eine so genannte Anrufung, bei der … bei der ihre eigene

Tochter zum Medium werden sollte. Es stand für Baumgarten fest, dass es eine blutige Angelegenheit für das Kind werden würde, auch wenn er keine genaue Vorstellung vom Ablauf der Rituale hatte.«

»Es gab also eine leibliche Tochter, ein kleines Mädchen«, sagte Morten.

Der Biber nickte. Er wählte jetzt seine Worte noch sorgfältiger als bisher. »Es ist der alte Traum dieser Leute. Ein Satans-, ein Dämonenkind, wie auch immer. Soweit wir wissen, haben Bergmann und Helene Schwarzer das Mädchen sehr früh konditioniert. Schon als es noch ein Kleinkind war, haben sie Rituale mit ihm durchgeführt. Sie haben ausführliche Dokumentationen darüber angelegt, Protokolle von absurden psychoanalytischen Sitzungen mit einer Zwei- oder Dreijährigen, auch frühe Video- und Tonbandaufnahmen. Soweit wir das einschätzen konnten, wurde das Kind nicht körperlich misshandelt. Sie haben es sogar sehr verwöhnt, wie es aussah. Sie wollten, dass es jede Scheu im Umgang mit Dingen verlor, die uns Angst machen, und das ist wohl auch geglückt. Diesem Kind wurde systematisch die Furcht vor der Dunkelheit abtrainiert, es wurde früh mit Blut und toten Tieren konfrontiert, es lebte in engem Kontakt mit den Skuratov-Erkrankten. Das Mädchen wurde nicht nach unserem Verständnis von Moral erzogen, und es wurde systematisch von der Außenwelt abgeschottet. Es war ein Menschenexperiment, und es war scheußlich. Aber erst durch Clemens Baumgarten haben wir überhaupt von der Existenz des Kindes erfahren.«

»Und … was sollte mit dem Mädchen passieren an diesem 13. Februar?«

»Wir wussten es nicht genau, aber es sollten Gäste anreisen, um die entsprechenden Rituale vorzunehmen. Die Rede war von einem so genannten Mittler, der die Verbindung zu anderen Dimensionen herstellen sollte. Das Öffnen der Pforte, so hatte es Bergmann in seiner pathetischen Rhetorik wohl ausgedrückt. Es war mit Gregor Sentheimer abgesprochen, dass seine Leute dabei zugreifen würden, natürlich bevor dem Kind irgendein physischer Schaden zugefügt werden konnte.«

Es herrschte wieder einen Moment lang Stille. Der Biber trank

Wasser aus dem Glas, das vor ihm stand. Er warf Elisabeth Kujawski einen Blick zu, den Morten nicht interpretieren konnte, und auch sie zeigte keinerlei Regung.

»Baumgarten hatte die Atmosphäre auf dem Drechslerhof schwer belastet, sie hat ihn verwirrt«, sagte Kusching. »Weil er mich persönlich kannte, mir vertraute, war ich sein Kontaktmann. Er hat mir gesagt – gegen Ende hin immer öfter –, dass er anfing, Bergmanns Vorstellungen Glauben zu schenken.«

»Was heißt das?« Morten bemerkte, dass er immer schneller am Ende seiner Seiten anlangte.

»Nun, er fing an, die Gespenster zu sehen, die Bergmann herbeifantasierte. Er begann, von dämonischen Präsenzen zu reden. Er fürchtete sich davor, hatte jeglichen Abstand verloren.«

»Sie meinen, er war nicht mehr zurechnungsfähig?«, fragte Katja Wielandt scharf. »Davon findet sich nichts in den Akten. Wenn es so gewesen wäre, hätten Sie die Pflicht gehabt, ihn abzuziehen, egal, welche Konsequenzen das für die Ermittlungen gehabt hätte.«

»Sentheimer hätte das gewiss anders gesehen. Außerdem stand der Zugriff unmittelbar bevor. Ich habe mäßigend auf ihn eingewirkt. Ich habe ihm sogar Beruhigungsmittel zukommen lassen, nur sehr schwache allerdings.«

»Auch das ist neu«, sagte Katja und schüttelte unzufrieden den Kopf.

Der Biber fuhr fort: »Vor allem hatte Baumgarten eine Beziehung zu dem Mädchen aufgebaut, hat viel mit der Kleinen gesprochen. Er fand sie erstaunlich normal, ein freundliches, zugängliches fünfjähriges Kind. Er konnte den Gedanken nicht ertragen, dass das Einsatzkommando mit dem Zugriff zu spät kommen würde. Er vermutete sogar, dass es absichtlich zu spät kommen würde, um weitreichendere Anklagen zustande zu bekommen. Und … ich hatte das Gefühl, dass er damit nicht ganz unrecht hatte.«

Morten schaute auf. »Klar, wenn man sie wegen Beihilfe zum Kindsmord drankriegen kann, ist das natürlich für einen späteren Prozess eine bessere Grundlage als die bloße Beteiligung an einer schwarzen Messe.«

»Es gab allerdings keine Anzeichen dafür, dass sie ihr Kind umbringen wollten«, wandte Elisabeth Kujawski ein.

Der Biber schüttelte den Kopf. »Baumgarten hatte sich verrannt. Er … er befürchtete Schlimmeres.«

Die Pause war dramatisch, offenbar viel zu dramatisch für Müllers Geschmack, denn gequält sagte er: »Hören Sie auf, das ist doch lächerlich.«

Der Biber sah ihn an. Wieder einer dieser unangenehmen Blicke. Morten musste es zugeben: Es lag etwas Beängstigendes in den Augen des alten Mannes. »Baumgarten fürchtete, dass der Ritus die Seele des Kindes zerstören würde, da das Mädchen als körperliches Gefäß für die Manifestation eines dämonischen Geistwesens benutzt werden sollte. Er hat diesen kruden Wahnsinn geglaubt, und das hat eine schwere Panik bei ihm ausgelöst. Er hatte sich in den Kopf gesetzt, das Kind zu retten, es bereits vor dem Zugriff aus dem Haus zu holen.«

Müller schlug mit der flachen Hand auf die Tischplatte und sagte: »Was Sie dabei geflissentlich übergehen, ist die Tatsache, dass Sie von Baumgarten massenweise Material zugespielt bekommen haben – Material, das Sie nicht weitergegeben, sondern unterschlagen haben. Dass Sie sich mit ihm getroffen haben, ohne dass die anderen Mitglieder der Kommission davon wussten. Warum?«

»Er hatte mich gebeten, Bergmanns Aufzeichnungen, die Materialien über das Kind, zu vernichten. Wie gesagt, er hatte sich in die Sache hineingesteigert, er glaubte an diese Dämonengeschichten. Er bildete sich ein, die Ergebnisse der Experimente seien gefährlich, sie dürften nicht in die falschen Hände geraten. Dass er so paranoid wurde, hat mich sehr beunruhigt. Vor allem hat mich beunruhigt, was die Kommission beschließen würde, wenn sie von seinem irrationalen Verhalten erfahren würde. Daher habe ich das Material vorläufig nicht weitergeleitet, ich wollte damit bis nach dem Zugriff warten.«

»Sie wussten doch, dass der Zugriff unter diesen Voraussetzungen überhaupt nicht planmäßig stattfinden konnte.«

Der Biber malmte mit dem Kiefer, seine Augen richteten sich auf die Tischplatte vor ihm, und Morten spürte ein Kribbeln im Hinterkopf. *Wir kommen der Sache näher*, dachte er.

»Ich hatte mich bereiterklärt, Clemens Baumgarten zu helfen. Und dem Kind. Das ist alles.«

Müller warf Katja Wielandt einen Blick zu, worauf sie den Biber sachlich, aber scharf ansprach: »Es gibt eigentlich nur zwei Möglichkeiten, Herr Kusching, wenn es um die Rekonstruktion des 12. Februars geht. Die eine ist, dass Sie, der Sie von Baumgartens Labilität von Anfang an wussten, den Mann benutzt haben. Vielleicht war ihm überhaupt nicht klar, *wem* er das Material in die Hände spielt, *wem* er da eigentlich vertraute. Die zweite Möglichkeit entspricht dem Vorwurf, der damals auch offiziell gegen Sie erhoben wurde: dass Sie mit ihm zusammengearbeitet haben. Dass Sie von Anfang an gemeinsam und planmäßig das entscheidende Material aus dem Hof geschafft haben, damit es nach dem Zugriff unauffindbar sein würde, dass Sie die ganze Zeit von einem großen Ritus am 13. Februar geredet haben, um Zeit genug zu haben, das Kind außer Reichweite zu bringen. Womöglich, Herr Kusching, haben Sie zusammen mit Clemens Baumgarten das Kind *für die GKT* aus dem Haus geschafft. Sie haben es entführt.«

13

Es ist noch nicht einmal Nachmittag, aber die finsteren Wolken, die sich immer tiefer über das Gebirge senken und aus denen dicht der Schnee fällt, nehmen hier oben fast jedes Licht. Es ist der 12. Februar 1988, und Clemens Baumgarten steht, mit einer Packung Kinderschokolade in der Hand, vor der Tür, die sich gerade geschlossen hat. Der Schlüssel hat sich gedreht, und dahinter, das weiß er, kniet das Kind. Die Gegentaufe ist noch nicht der Ritus, damit versucht er sich zu beruhigen. Die Tochter wird nur vorbereitet, sie wird nur gereinigt, es wird nur Kontakt hergestellt zu dem, was in ihr ist, zu den Stimmen und Gedanken, die normalerweise von ihrem Unterbewusstsein schützend zurückgehalten werden. *Es ist meine Aufgabe, die Festräume unten im Keller zu präparieren, es ist meine Aufgabe, den Kranken die Aufputschmittel zu geben, es ist meine Aufgabe, auf das Kind aufzupassen in der Zeit zwischen Gegentaufe und Anrufung. Also muss es noch einige Stunden geben für mich, also habe ich noch ein paar Stunden Zeit. Vielleicht nur zwei. Werde ich mit ihr allein sein? Wahrscheinlich. Dann muss es sehr schnell gehen. Warum beeilen sie sich so? Warten sie nicht auf die Gäste? Ist vielleicht nur der eine Gast nötig, von dem Bergmann immer mit so viel Unruhe spricht? Der Mittler? Der, der nicht gerufen, der nicht bestellt werden kann? Er ist bereits hier, er hat mich angesehen, auf der Treppe, ich weiß, dass er es ist. Vielleicht ist alles Weitere unnötig, vielleicht ist er es, der den Plan geändert und zur Eile aufgerufen hat. Ja,* denkt Clemens Baumgarten, *so muss es sein.*

Er weicht zurück. Seine Haut brennt und seine Augen auch. Es ist so dunkel. Er geht den Flur hinunter zu seinem Zimmer. Er wird zwei der Tabletten nehmen, die ihm der Biber neulich für seine Nerven zugesteckt hat. Sich kurz hinsetzen und die Gedanken ordnen, um nichts Unkluges zu tun. Er muss jetzt schlauer sein als alle anderen. Eigentlich ist er sich sicher, dass das nicht möglich sein wird. *Aber ich muss es wenigstens versuchen.*

Clemens Baumgarten öffnet die Tür zu seinem Zimmer. Die Jalousie des schrägen Fensters ist unten. So dunkel. *Habe ich sie nicht hochgezogen heute Morgen?* Er geht zu seinem Schreibtisch, kniet sich hin. Sein Kopf schmerzt. *Es ist doch zu viel, zu viel Verantwortung für mich.* Er zieht mit geschlossenen Augen die unterste Schublade auf, greift hinein, holt unter mehreren Papieren die Tabletten hervor. Er erhebt sich, drückt zwei von ihnen aus der Packung und steckt sie sich in den Mund. Er dreht sich um, weil die Wasserflasche auf seinem Nachttisch steht. Und bleibt stehen.

Eine plötzliche Hitze läuft über sein Gesicht.

Das Gefühl, ohnmächtig zu werden.

Jemand sitzt auf seinem Bett, hat auf ihn gewartet.

Clemens Baumgarten schwankt. Er hat Schmerzen und weiß nicht einmal genau, wo. Es ist so dunkel. Es ist eine Falle.

»Was nimmst du da?« *Mein Gott, es ist Roth. Es ist nur Roth. Aber warum sitzt der Fixer auf meinem Bett?* Clemens Baumgarten kann nicht sprechen, nur den Mann ansehen, der ruhig zwischen Kissen und Decke auf der Matratze hockt. Roth spricht, wie immer, sehr langsam. Er ist sechs Jahre jünger als Baumgarten, er ist dünn, sein Arm, mit dem er sich aufstützt, ist merkwürdig abgewinkelt. Übersät mit den kleinen verkrusteten Blutergüssen der Einstiche. Er sagt: »Du hast doch hier alles, was du brauchst. Ich kann dir auch stärkere Sachen besorgen. Alles eigentlich. Frei Haus. Du hast deine eigene Apotheke hier, und trotzdem holst du dir dein Zeug bei wem anders. Warum?«

»Das ist nur gegen Kopfschmerzen. Hab … habe ich mir aus der Stadt mitgebracht.«

Roths Zunge ist schwer, er spricht in einem Singsang ohne Melodie. *Das ist gut*, sagt sich Clemens Baumgarten. *Er ist dicht, er ist drauf, er weiß gar nicht wirklich, was er sagt.* Aber vielleicht doch. Roth sagt: »Das ist verboten, das weißt du doch.«

»Ich weiß.«

»Es ist auch verboten, mit Leuten über das zu reden, was hier passiert.«

Clemens Baumgarten starrt ihn an. Roths Gesicht liegt fast völlig im Dunkeln. Seine trüben Augen sind zu erkennen, die Lider senken sich oft, aber er grinst. Die schiefstehenden Zähne des Junkies stechen deutlich hervor. Er fährt sich immer wieder mit der Zunge über die Lippen und macht dabei speichelnde Geräusche, die unnatürlich laut klingen. »Es ist verboten, Geheimnisse auszuplaudern.«

»Das … hab ich nicht getan.«

»Na klar.« Roth kichert heiser, halb weggetreten.

Vielleicht ist das nur ein Test.

»Du hattest Papiere hier in deinem Zimmer. Von *ihm*.« Roth streckt sehr langsam die Hand aus. Berührt fast zärtlich die Tapete hinter sich, klopft dagegen, fährt sich mit der Zunge über die Lippen und singt seine Melodie. »Hinterm Bett. Zwischen Bett und Wand. Süß. Ein Kinderversteck.« Der Fixer verdreht die Augen, schließt sie kurz, als würde er irgendwo etwas hören. Sein Oberkörper schwankt auf dem Bett. Dann ist er wieder da, fixiert Clemens

Baumgarten mit einem neuen Grinsen. »Und du hast die Sachen nach draußen gebracht. Ja. Genau. Du hast dich mit wem getroffen.« Er schließt kurz die Augen, atmet tief ein. Dann sagt er lallend: »Wir haben … dich … beobachtet. Idiot.«

»Das stimmt nicht.« Nein, es stimmt wirklich nicht. Clemens Baumgarten weiß, dass das nicht sein kann. Er hat auch schon lange nichts mehr hinter seinem Bett versteckt, nur am Anfang. Nicht einmal der Biber hat das Versteck gekannt. Roth hat ihn nicht verfolgt, und Wegener auch nicht. Es hat ihnen jemand erzählt. *Der Mittler*, Clemens Baumgarten ist sich sicher. *Der Mittler, der nicht gerufen werden kann, ist gekommen und hat alles gewusst.*

»Aber das ist jetzt eh egal«, murmelt Roth mit geschlossenen Augen und hat den Satz noch nicht zu Ende gebracht, als der erste Schrei des Mädchens durch den Drechslerhof hallt. Es ist ein heller, lauter Ton, der auf seinem Höhepunkt in ein Wimmern übergeht, das so nachdrücklich aus der Kehle gepresst wird, dass Clemens Baumgarten das Gefühl hat, das Herz könne ihm physisch zerreißen. Panisch wendet er sich von Roth ab, Richtung Tür.

Wegener steht in dieser Tür, die eine Hand ausgestreckt und gegen den Rahmen gelegt, als Sperre. *Natürlich*, denkt irgendetwas in Clemens Baumgarten. Wegener schaut ihn direkt an, mit wachen, aufmerksamen Augen – das völlige, beherrschte Gegenteil von Roth. Und völlig beherrscht sagt der Mann, der für den notwendigen Sicherheitsrahmen sorgt: »Du scheißverdammtes Arschloch.«

Jetzt ist die Hand nicht mehr am Türrahmen. Sie ist jetzt nämlich eine Faust, und sie trifft, nachdem sie ausgeholt hat, irgendwo in Clemens Baumgartens Gesicht auf. Sie könnte gut die Nase erwischt haben, aber der Schmerz ist so gewaltig, dass er jede Lokalisierung unmöglich macht. Er dringt in Wellen von außen nach innen, tief hinein in Clemens Baumgartens Kopf, der währenddessen den Halt verliert und im Fallen seinen Schreibtischstuhl mit sich reißt. Er nimmt von Ferne wahr, dass man ihn mehrmals in die Seite tritt, und er hofft, dass er möglichst schnell das Bewusstsein verlieren wird. Ein bescheidener Wunsch. Noch nie in seinem Leben ist er von jemandem geschlagen worden, höchstens vom Schicksal, und während es passiert, fühlt es sich wie etwas Unmögliches an, wie etwas, das gar nicht sein kann. Aber doch, ja, es kann durchaus sein, und jetzt läuft auch schon jede Menge Blut über sein Kinn. Er will die Augen öffnen, aber er sieht nur verschwommen. Da ist Wegener über ihm, dessen Gesicht sich nähert. Er spricht zu ihm, aber dabei erlebt Clemens Baumgarten eine weitere Drechslerhof-Halluzination. Es ist dieselbe Stimme, die heute Morgen aus dem Mädchen gesprochen hat. Er hört sie wieder. Jetzt kommt sie aus Wegeners Mund, und der weiß vermutlich gar nichts davon. Die Stimme sagt: KEINE SORGE, DU WIRST TUN, WOFÜR DU HIER BIST. DU WIRST DEINEN TEIL ERFÜLLEN. Aber danach erfüllt sich erst einmal Baumgartens bescheidener Wunsch, und sein Bewusstsein gibt vorläufig auf.

14

Katja Wielandt spürte schon eine ganze Weile, dass sie dem Zeitpunkt näher kam, der zwangsläufig in langen Vernehmungen eintritt. Der Moment des Einrastens. Auch wenn nichts bewiesen werden konnte, auch wenn Aussagen verweigert wurden oder anderen Aussagen unvereinbar entgegenstanden, kam der Punkt, an dem sie definitiv zu wissen glaubte, ob ihr Gegenüber die Wahrheit sagte oder log. Umso wichtiger war es, Objektivität zu wahren. Also schrieb sie Notizen in die Akte, hörte zu und schaute nicht allzu häufig auf. Vor allem wechselte sie kaum Blicke mit Müller, der es hin und wieder darauf anlegte, auf den sie aber sehr wütend war. Er würde so nicht weitermachen können, und er würde morgen schon die Außenstelle aufgeben müssen. Es war zu riskant. Sie hatte Meldung machen müssen über die Sicherheitslücken, über das Auftauchen von Vera Freytag zum Beispiel. Sie standen hier draußen auf verlorenem Posten, und sie hatten sich verrannt. Gregor Sentheimer, der große alte Mann, hatte seinen Sonnenplatz am Zürichsee, sein Diktiergerät und seine dienstbereite Sekretärin bereits grollend zurückgelassen und war zum Flughafen Richtung Berlin aufgebrochen, um die Aussagen des Bibers zu bestätigen und Rudolf Pape aus der Untersuchungshaft zu holen. Das wusste sie, es hatte bereits ein erbittertes Telefonat gegeben. Sie wusste, dass Barbara Rheinberger alles daransetzte, ihren Sohn zu sehen. Das würde sich nicht mehr lange aufschieben lassen. Sie wusste, dass dieser Sohn, der junge Philip Steinert, Theodor Kusching freiwillig begleitet hatte und ihm kein körperlicher Schaden entstanden war. Jetzt schaute sie auf.

Der Biber, wie Katja Wielandt ihn sah: Gekränkt, verärgert, eigensinnig ließ er die Blicke schweifen. Ein Exzentriker, der nach seinen niederschmetternden Erfahrungen jedes Vertrauen in das System verloren hatte, das sie und Müller repräsentierten. Der aber auch selbstverliebt genug war, um davon auszugehen, dass er alle Knoten besser allein lösen könnte, der sich anmaßte, raffinierter und effektiver zu sein als alle anderen. Sie hatte das Einrasten kaum bemerkt, aber mit großer Beunruhigung stellte sie jetzt fest, dass es bereits stattgefunden hatte.

»Ich habe mich darauf eingelassen«, sagte Theodor Kusching, der Biber. »Clemens Baumgarten hatte Angst um das Kind, er hatte Angst, dass wir zu spät kommen würden. Er hat mich dazu überredet, das Mädchen vor der Anrufung, also unmittelbar vor dem Zugriff, aus dem Haus zu schaffen. Er war sich sicher, dass er das Kind betäuben und vom Hof bringen könne. Am Vormittag des 13. Februars.«

»Wozu es betäuben?«, fragte Müller.

»Er war sich nicht sicher, ob es mit ihm kommen würde. Freiwillig. Es hatte kein Bewusstsein für die Gefahr, in der es sich befand. Es sollte zum Besten des Kindes sein, das war alles.«

»Wie sollte das vonstattengehen?«, warf Katja Wielandt ein.

»Wir hatten einen Treffpunkt verabredet. Ich selbst hätte ihn und das Kind in eine Pension gebracht und nach dem Zugriff ganz selbstverständlich den Behörden anvertraut. Es ging nur um eine zusätzliche Vorsichtsmaßnahme, weiter nichts.«

»Das können Sie im Nachhinein leicht behaupten«, sagte Müller. Katja schaute ihn jetzt doch an. Auf Müllers Stirn zeichnete sich eine dick geschwollene Ader ab, und er preschte voran: »Entscheidend ist doch, dass Sie sich am Tag vor dem Zugriff mit Baumgarten verabredet hatten, bereits am 12. Februar.«

»Wir haben uns getroffen, das ist richtig. Er war panisch, wollte die Aktion unbedingt vorziehen. Und das, obwohl wir vorher abgeklärt hatten, dass es im Ablauf des nächsten Vormittags eine hervorragende Gelegenheit geben würde, weil er dazu eingeteilt worden war, vor der Zeremonie auf das Kind aufzupassen. Ich habe ihn scharf zurechtgewiesen. Und ich hätte es nicht für möglich gehalten, dass er die Sache ohne mich zu Ende bringen würde. Aber jetzt ist natürlich auch mir klar, dass er den Plan gefasst hatte, die Behörden komplett zu umgehen und das Kind nicht auszuliefern.«

»Du hattest gleich diesen Verdacht, schon damals, als du ihn zurückgelassen hattest«, sagte Elisabeth Kujawski. »Du hast dich gefragt, was du tun könntest, um seine unbedachten Handlungen zu verhindern, ohne alles kaputtzumachen.«

Einen kurzen Moment lang schloss der Biber die Augen. Katja Wielandt konnte sehen, dass er sich an seine definitive Niederlage erinnerte, an den Moment, über den er nie hinwegkommen würde. Es war eine Erniedrigung, die er ihr und Müller persönlich übelnahm, obwohl sie damals mit der Sache noch gar nichts zu tun gehabt hatten.

Der Biber fuhr langsam und gemessen fort: »Ich kann Ihnen jetzt sagen, dass mir klar war, dass ich Sentheimer informieren musste, dass ich schon unmittelbar nach diesem vorgezogenen Treffen diesen Plan gefasst hatte, aber das werden Sie mir nicht glauben. Elisabeth hat recht: Es war bereits zu spät. Als ich wieder in meinem Hotel ankam, warteten Zivilbeamte auf meinem Zimmer. Sie hatten einige der Unterlagen gefunden, die Clemens Baumgarten beiseitegeschafft und an mich übergeben hatte. Und sie hatten das Telefonat mitgeschnitten, das wir an diesem Morgen geführt hatten.«

»Also haben Ihnen Ihre eigenen Kollegen nicht vertraut, jemand hatte Verdacht geschöpft«, sagte Morten Rheinberger. Katja Wielandt sah, dass er jede neue Wendung mit Feuereifer aufnahm. Für eine Story. Die es nicht geben durfte.

»Jemand muss mich denunziert haben«, sagte der Biber tonlos.

»Wer wusste denn von Ihrem Alleingang?«, fragte Morten Rheinberger.

»Ein Alleingang war es keineswegs. Elisabeth wusste damals von meinen inoffiziellen Kontakten zu Clemens Baumgarten, auch Ferdinand von Reitnitz. Hubert Matz wusste es nicht und Hartmut Illner auch nicht. Zumindest nicht von mir. Aber trotzdem vermute ich, dass er wusste, dass etwas vorging, in das wir ihn nicht eingeweiht hatten.«

Elisabeth Kujawski nickte. »Wir waren uns all die Jahre sicher: Hartmut Illner fühlte sich ausgegrenzt, er hat sich immer wieder deswegen mit uns gestritten.«

»Ich habe später noch mehrmals versucht, ihn deswegen zu befragen. Er wollte nie mit mir reden, hat jeden direkten Kontakt verweigert. War es Illner? Sie müssen es doch wissen«, fragte der Biber und schaute nun Müller direkt an.

»Es spielt keine Rolle«, sagte dieser nur.

»Nein, für Sie vielleicht nicht. Aber was eine Rolle spielt, für uns alle in diesem Augenblick, ist die Tatsache, dass ich den Beamten sofort meine Befürchtung mitgeteilt habe, dass Clemens Baumgarten noch an diesem Abend, dem 12. Februar, das Kind aus dem Drechslerhof schaffen würde. Und auf *meine* Warnung hin wurde der Zugriff vorgezogen. Auf *mein* Insistieren hin wurde er noch in derselben Nacht durchgeführt. Trotzdem sind sie zu spät gekommen und haben, soweit ich das beurteilen kann, vor allem ein gigantisches Chaos angerichtet.«

»Na, da bin ich ja mal gespannt«, sagte Morten Rheinberger fröhlich, und Katja Wielandt konnte sich nicht zurückhalten, ihm einen vernichtenden Blick zuzuwerfen. Sie erhob die Stimme: »Die Einsatzkräfte waren nicht sofort bereit, aber die Dokumentation ist schlüssig und befriedigend. Der Zugriff erfolgte am selben Abend, kurz vor 22 Uhr, und führte zur kompletten Zerschlagung der so genannten Gesellschaft für Kritische Theologie. Helene Schwarzer wurde verhaftet, ebenso Lutz Wegener. Darüber hinaus das Ehepaar Jean und Marion d'Uxelles, das sich bereits seit Tagen auf dem Drechslerhof befand. Zwei der Skuratov-Erkrankten konnten in medizinische Behandlung verbracht werden, der dritte war tot – offenbar bei einem der Rituale ums Leben gekommen.«

Der Biber wandte sich an Morten. »Es kam während des Zugriffs zu einem Schusswechsel. Lutz Wegener tötete zwei Beamte, wurde selbst angeschossen. Johannes Roth, Bergmanns persönlicher Drogendealer, ist während des Chaos oder vorher verschwunden. Haben Sie ihn je aufgegriffen?«

Die Frage galt Müller, der nur vor sich hin stierte.

»Bergmann ist doch auch ums Leben gekommen dabei.« Der Satz kam von Philip Steinert. Der Alte hatte ihm offenbar einiges erzählt. Die Frage war nur: *was*? Katja Wielandt schaute ihn prüfend an und sagte: »Er wurde tot aufgefunden. Getötet. Nicht von den Einsatzkräften.«

»Von wem dann?«, fragte der Journalist.

»Wir haben es nie ermitteln können. Seine Frau, die in einem völlig verzweifelten, geistig zerrütteten Zustand angetroffen wurde, hat nie auch nur eine Aussage zu Protokoll gegeben, Wegener und das Ehepaar d'Uxelles behaupteten, es nicht gewusst zu haben.«

Müller übernahm mit aufgebrachter Stimme: »Clemens Baumgarten war nicht mehr im Haus, ebenso wenig wie das Kind. Sollten irgendwelche weiteren Gäste von außerhalb dort gewesen sein, so waren sie es nicht mehr. Auch in den kommenden Tagen reiste niemand mehr an, wir mussten also davon ausgehen, dass man sie gewarnt hatte oder dass es das geplante Treffen nie geben sollte, dass es nur einer Finte war, um von den eigentlichen Vorgängen, dem Beiseiteschaffen des Materials und der Umsiedlung des Kindes, abzulenken.«

»Also hat man Sie dafür verantwortlich gemacht?«, fragte Morten, indem er sich dem Biber zuwandte.

»Die Kommission wurde umgehend aufgelöst, wir wurden verhört, ich habe zu Protokoll gegeben, was ich Ihnen auch gesagt habe. Aber die Verfahren gegen uns wurden eingestellt.«

»Aus Mangel an Beweisen«, sagte Müller.

»Aus Berechnung«, erwiderte der Biber scharf. »Natürlich ist dieser Bespitzelungsdienst davon ausgegangen, dass wir uns über kurz oder lang verraten würden, wenn man uns unter Bewachung auf freien Fuß setzt. Es war lächerlich. Sentheimer hat bald schon eingesehen, dass das unhaltbar war.«

»Haben Sie irgendeine Strafe aufgebrummt bekommen, ein Disziplinarverfahren oder so was?«, fragte Morten Rheinberger.

Der Biber schnaufte. »Ganz im Gegenteil. Wir haben alle eine Abfindung erhalten, Ferdinand von Reitnitz, Matz und Illner auch. Aber in unsere alten Beschäftigungsverhältnisse konnten wir nicht zurück. Zudem muss ich ganz klar sagen: Wir hatten es satt. Wir wussten, dass man uns im Auge behalten würde. Aber was soll ich sagen? Irgendwann haben sich die Wogen geglättet.«

»Sie haben demnach nie wieder etwas von Clemens Baumgarten gehört?«, fragte Morten.

Der Biber schüttelte den Kopf. »Nein. Für ihn gab es offenbar nur den einen Weg. Er hat sich immerhin konsequent verhalten, hat alle Brücken abgebrochen und ist mit dem Mädchen abgetaucht.«

»Warum, glauben Sie, hat er sich nicht mit Ihnen getroffen und es stattdessen vorgezogen, allein zu verschwinden, ohne dass Sie seine Spuren nachvollziehen konnten?«

»Ich sagte es Ihnen ja bereits. Er war stark paranoid. Er hat niemandem mehr getraut, auch uns nicht. Ich habe es ihm nie wirklich verübeln können. Aber vergessen Sie bitte nicht: Wir sind rehabilitiert worden. Nicht ohne Grund wurden alle Ermittlungen eingestellt und die Akten geschlossen. Und jetzt, nach all den Jahren, ist das Erste, was Ihnen einfällt, diese Verdächtigungen wieder hervorzuholen.« Er sprach scharf, aber ohne die Kontrolle über seine Stimme zu verlieren.

»Theodor ist sehr offen gewesen. Offener, als Sie es erwarten konnten«, sagte Elisabeth Kujawski. »Wir haben alle dasselbe Interesse, das dürfte doch nun endgültig feststehen. Sie wissen besser als wir, was sich bisher zugetragen hat, und nach all unserer Offenheit wäre es nur recht und billig, wenn Sie uns an Ihren Erkenntnissen teilhaben ließen. Wir wissen, dass Anfang des Jahres in der Villa Köselitz erneut Rituale stattgefunden haben. Wir wissen, dass Lutz Wegener aus einer der Anstalten befreit wurde und anschließend alle Skuratov-Fälle verlegt wurden. Sonst wissen wir nichts.«

Katja Wielandt antwortete langsam, zögernd. »Was ich Ihnen zusammenfassen kann, ist Folgendes: Im Sanatorium Luisenburg ist am 3. Januar dieses Jahres eingebrochen worden, und drei bewaffnete Männer haben Lutz Wegener in ihre Gewalt gebracht und verschleppt.«

Müller gab einen Ton des Missfallens von sich. Katja beachtete ihn nicht und fuhr fort: »Offensichtlich hatten sie es ebenfalls auf Helene Schwarzer abgesehen, die zu diesem Zeitpunkt aber gerade in einer andern Abteilung untergebracht war. Es war eine Befreiungsaktion, die aus heiterem Himmel kam. Daraufhin sind neue Ermittlungen aufgenommen worden – auf der Basis der alten Erkenntnisse. Als uns Ihre Recherchen aufgefallen sind, Herr Rheinberger, haben wir auch festgestellt, dass Sie ein angeheirateter Verwandter eines gewissen Richard Korff waren, der sich bei der üblichen Personenkontrolle schnell als Theodor Kusching identifizieren ließ. Wir haben, nachdem wir sie hierhergebracht hatten …«

»Auf übrigens sehr bequeme und rücksichtsvolle Weise …«, warf Morten ein.

»Wir haben also von hier aus die Reaktionen von Herrn Kusching testen wollen. Und was soll ich sagen? Einen Tag später lässt Herr Kusching seine Nichte von Rudolf Pape aus Kronstedt wegbringen, und noch in derselben Nacht treffen unsere Observanten, als sie wegen eines Hilferufes eingreifen, niemand anderen als Lutz Wegener in Ihrem Haus an.«

»Moment!« Philip Steinert erhob seine Stimme, und sie schwankte. »Das versteh ich nicht.«

Der Biber hob die Hände. Zum ersten Mal machte sich auf seinem Gesicht ein Ausdruck echter Bestürzung breit. »Sie wollen sagen … dieser Skuratov-Erkrankte … war Wegener?«

Katja Wielandt antwortete nicht, schaute ihn nur an und versuchte, die Reaktionen auf dem Gesicht des alten Mannes einzuordnen.

Der Biber schloss die Augen. »Ich habe mich sowieso gefragt, warum … Wegener war nicht infiziert damals, er hatte nur die Schussverletzung. Wann ist das passiert?«

»Medikamententests …« Philip Steinert formulierte seine Worte langsam, er schien sie beim Sprechen zu suchen, und alle schauten ihn überrascht an. »Er war nicht so wie der andere Patient, das hat der Pfleger gesagt, der Pfleger, den du interviewt hast.« Morten erwiderte mit offenem Mund seinen Blick.

Müller räusperte sich. »Was soll das heißen? Was für ein Interview? Was für ein Pfleger? Warum wissen wir nichts davon?«

»Du hast das Interview gehört?«, fragte Morten. Er war ganz offenkundig baff. Dann lächelte er, schaute Müller an. »Philip hat recht. Etwas war anders mit Lutz Wegener, er hat angeblich andere Medikamente bekommen.«

»Das spielt keine Rolle«, sagte Katja Wielandt entschieden. Das fehlte gerade noch, dass der Journalist herausfand, dass an dem 88 verwundeten Lutz Wegener eine experimentelle, ärztlich überwachte Infektion mit den Krankheitserregern durchgeführt worden war. »Die Frage ist, wie erklären Sie die Tatsache, dass sich Lutz Wegener an diesem Abend in Ihrem Haus befand, als unsere Kollegen eingriffen?«

»Sie sind eingebrochen. Sie müssen doch die Spuren gefunden haben. An der Hintertür.«

»Das hätten Sie auch manipulieren können«, sagte Müller.

Der Biber schien in sich eingesunken zu sein, seine Gedanken arbeiteten fieberhaft. Seine Lippen bewegten sich, formten tonlose Worte. Er sagte leise: »Natürlich.« Dann schaute er auf, wieder kalt und konzentriert. »Natürlich müssten Sie sich vor allem etwas ganz anderes fragen – nämlich wie diese Leute, die offenbar ein Interesse haben, die alten Umtriebe des Zirkels zu reaktivieren, überhaupt auf diese Anstalt namens Luisenburg gekommen sind. Wegener und die Schwarzer müssen erst lange nach unserer Zeit dorthin verlegt worden sein. Die Intensivfälle. Ich jedenfalls hatte noch nie etwas von diesem Ort gehört. Er gehörte nicht zu den Einrichtungen, in denen die Skuratov-Fälle damals isoliert wurden.«

»Das stimmt«, sagte Elisabeth Kujawski. »Wohin man die Verletzten aus dem Drechslerhof gebracht hatte, war uns nie bekannt gewesen.«

»Sie sind Anfang der Neunziger nach Luisenburg verlegt worden«, sagte Katja Wielandt. »Es gab die entsprechenden Aktenvermerke darüber, die Sie sich mit Ihren Verbindungen zu Gregor Sentheimer durchaus hätten beschaffen können. Die Unterlagen waren nicht mehr als Verschlusssachen abgelegt.«

»Denken Sie den Gedanken zu Ende«, sagte der Biber. »Was stand in diesen Akten? Der Verdacht gegen mich natürlich. Die Anschuldigung, ich hätte, als alter Vertrauter von Bergmann, mit Clemens Baumgarten und der GKT gemeinsame Sache gemacht, ich hätte mit ihm zusammen die Unterlagen beiseitegeschafft, ich hätte das Mädchen aus dem Drechslerhof entführt. Davon sind diese Leute ausgegangen, genau das haben sie geglaubt. Und dann fragen Sie sich, was Lutz Wegener in meinem Haus zu suchen hatte?«

»Sie meinen, er wollte sich rächen?«, fragte Morten.

Der Biber schüttelte den Kopf, und seine Blicke wanderten fiebrig von Müller zu Katja Wielandt. »Nein. Sie glaubten, von mir Informationen über die Rituale bekommen zu können. Sie wollen fortsetzen, was sie damals angefangen haben. Aber nur Helene Schwarzer und Bergmann kannten die genauen Abläufe der Kulthandlungen. Baumgarten hat eindeutig klargemacht, dass auch Wegener und Roth nicht eingeweiht waren in die Hintergründe, in die Praktiken, dass sie vor allem nicht wussten, wo die Kontakte zu den Besuchern lagen, zu den Beschwörern und Anrufern. Diese Leute brauchen diejenigen, die damals dabei gewesen sind, die an den frühen Ritualen mit dem Mädchen teilgenommen haben. Natürlich. Sie brauchen die Schwarzer, und weil sie den Beschuldigungen in den Akten glauben, brauchen sie mich. Weil sie herausfinden wollen, was damals exakt stattgefunden hat. Herrgott, weil sie eine Anleitung haben wollen, wie man den Ritus wiederholen oder daran anknüpfen kann.«

»Nur so ergibt es einen Sinn«, sagte Morten.

»Moment, Moment«, Müller wehrte ab, aber Katja hatte eine ganz bestimmte Unruhe erfasst. Das, was sie hier beobachtete, war keine einstudierte Show, dessen war sie sich sicher. Sie hatten miteinander eine Schwelle überschritten. Sie standen der Wahrheit gegenüber – und diese Wahrheit war alles andere als beruhigend.

Es war Elisabeth Kujawski, die sie aussprach: »Sie sagen, die Akten waren mehr oder weniger zugänglich. Vor allem natürlich für Mitarbeiter hier vor Ort. Das sollten Sie sich vor Augen halten.«

»Das ist eine schwere Anschuldigung«, wehrte Katja Wielandt ab. Weil sie das Gefühl hatte, dazu verpflichtet zu sein.

»Nicht schwerer, vor allem aber naheliegender als die Vorwürfe gegen uns. Jemand aus dem Dienst, jemand aus dem Inneren konnte jederzeit an die Unterlagen heran.«

»Die Einbrecher«, sagte Philip jetzt. »Sie wussten, dass Beobachter vor dem Haus waren.«

Der Biber schaute auf.

Der Junge schluckte sichtbar, dann murmelte er mit weit geöffneten Augen: »Sie haben geflüstert, damit man sie von draußen nicht hört.«

»Das verstehe ich nicht«, sagte Katja zögernd.

»Lutz Wegener und der andere Mann, der Mann mit der Glatze, wollten, dass wir das Haus über den Hintereingang verlassen, und als Ihr Mitarbeiter an der Vordertür erschien, zogen sie sich sofort zurück«, entgegnete Korff. »Natürlich! *Weil sie es wussten*. Weil sie wussten, dass ich observiert wurde.«

Philip räusperte sich, seine Wangen glühten, und er wandte sich mit offenem Gesicht an den Mann, den er bis vor kurzem für seinen Großonkel gehalten hatte. »Da ist noch was. Du hast doch gesagt, Baumgarten und die Mutter des Kindes hätten Aufnahmen gemacht, Tonaufnahmen während der Rituale.«

»Ich weiß, was du meinst.« Mortens Stimme war laut geworden, und zur allgemeinen Überraschung erhob sich der Biber von seinem Stuhl. »Natürlich, sie haben diese Aufnahmen dabeigehabt, sie abgespielt und nachgespielt. Sie haben sie exakt nachgesprochen, das war eindeutig. In der Villa Köselitz. In jener Nacht.« Morten ließ seinen Stift fallen.

Der Biber sagte: »Und es waren Menschen dabei, die sich auf

Englisch unterhalten haben. Außerdem waren Amerikaner in Welsheim, das hat Uwe Bickel uns zum Abschluss noch gesagt. Niemand von uns weiß, wohin Clemens Baumgarten damals gegangen ist – aber warum nicht nach Amerika?«

»Könnte mich mal bitte jemand aufklären …«, sagte Müller, und das Eingeständnis ihrer beider Hilflosigkeit machte Katja Wielandt für einen Moment fast wahnsinnig.

Der Biber nickte. »Zu den beschlagnahmten Unterlagen gehörten die Tonbänder, die von den Ritualen mit dem Mädchen existierten. Ich nehme an, auch diese Tonbänder, wenigstens eine Auswahl davon, liegen bei Ihren Akten. Sie sollten mal nachprüfen, ob wirklich alle noch da sind.«

»Ob überhaupt noch welche davon da sind«, ergänzte Elisabeth Kujawski.

Es war kein gutes Gefühl, wie Katja Wielandt zugeben musste, aber sie waren der Wahrheit noch nie so nahe gewesen.

15

Alles schon vorbei? Als Clemens Baumgarten am 12. Februar 1988 zu sich kommt, findet er sich eine ganze Weile lang nicht zurecht. Natürlich schmerzt ihm der Kopf. Seine Nase ist geschwollen, mindestens angebrochen. Wenn es anders wäre, könnte er den schweren Geruch wahrnehmen, der von einem der benachbarten Räume hier eindringt. Weihrauch liegt darunter, aber noch etwas anderes, etwas Stechendes, Faules. Er hat das Gefühl, ersticken zu müssen, also spuckt er keuchend aus. Zähflüssiges Blut tropft von seiner Lippe. Verschwommen sieht er es auf dem Teppich auftreffen. Was für ein Teppich ist das überhaupt? Ein ausgetretener Perser, dunkelrotes, blaues, schmutzig weißes Muster. Die Füße, die er darauf erkennt, sind seine eigenen. Immer noch die weißen Monde aus Schnee und Streusalz auf seinen Schuhen. Man hat ihn mit dem Oberkörper gegen das dunkelbraune Ledersofa gelehnt, und er kann den Nacken stützend gegen die Sitzfläche drücken. An der Wand tickt eine Uhr.

Er hört den Pendelschlag, aber es kostet ihn einige Mühe, sich darauf zu konzentrieren und zu der Antiquität aus dunklem Holz hinüberzusehen. Ihm entfährt ein Stöhnen, als er es schafft, die Uhrzeit abzulesen. 21 Uhr. Kann das sein?

Jemand geht dicht an ihm vorbei, beinahe lautlos auf dem Teppich. Er schaut mühsam hinter dem Mann her, erkennt Lutz Wegener, der sich mit einem Glas in der Hand auf einen Polsterstuhl neben der Tür setzt und über Baumgarten hinweg in den Raum blickt.

Clemens Baumgarten folgt diesem Blick, und langsam findet er sich zurecht, erkennt den Raum. Es ist eines der Arbeitszimmer von Bergmann. Unten im Keller. Neben den Räumen, die er für die Anrufung und die nachfolgenden Zeremonien hätte präparieren sollen – mit roten und weißen Tüchern, mit Stühlen im Halbkreis, mit den Gefäßen auf dem Altar, mit den Kerzen und dem Spiegel. Sofort hat er das Gefühl: Alles hat schon stattgefunden, all das ist bereits erledigt. Ist er hierher getragen worden, oder hat man ihn geschleift? Vielleicht hat man ihn auch die Treppe hinuntergeworfen. Sein Körper fühlt sich so an. Aber immerhin weiß er wieder, wo er ist.

Auf dem großen, schweren Schreibtisch mit den ausgeschnitzten Jagdmotiven auf den Holztüren (Hunde und Hirsche, ein Mann mit Gewehr vor dem Gesicht, Ranken, Bäume, Vögel) steht eines der Tonbandgeräte. Bücher sind daraufgestapelt, Papier und Post, ein zierlicher Ständer, in dem Kugelschreiber und Lineal und Papierschere stecken, daneben eine Schreibmaschine und sogar eine Blumenvase mit zwei rosafarbenen Callas darin. Es ist drückend warm.

Hinter dem Schreibtisch sitzt Professor Friedrich Bergmann und sieht ihn an. In diesem Zimmer ist er in den vergangenen Tagen wohl oft gewesen, Baumgarten hat ihn ja kaum zu Gesicht bekommen. Hier hat er sich eingeschlossen, gegrübelt und geplant. Sich auf die Anrufung vorbereitet, die nun offenbar hinter ihm liegt. Bergmann sieht erschöpft aus. Ein wohlgenährter, inzwischen weißhaariger Mann mit schwer übers Kinn hängenden Wangen. Jetzt ist er müde. Er trägt unter dem grauen Sakko ein weißes Hemd, dessen oberste Knöpfe offen sind. Er schwitzt. Auch vor ihm steht ein Glas. Es könnte Cognac darin sein.

»Wie lange haben wir noch?«, fragt Bergmann, aber Clemens Baumgarten starrt ihn nur verständnislos an.

»Bis die Leute kommen, um uns festzunehmen. Wie lange haben wir noch?«

Baumgarten weiß nicht, ob er sprechen kann. Seine Zunge bewegt sich tastend am Gaumen, sucht die Reihe der oberen Zähne. Er hat das Gefühl, als würden sämtliche Knochen in seinem Kopf aus ihrer Verankerung brechen, wenn er den Mund öffnet. Aber er weiß auch, dass jetzt alles zu spät ist. »Morgen. Erst morgen«, sagt er mühsam.

Bergmann schüttelt nachdenklich und sehr langsam den Kopf. In seinem Gesicht hat sich eine Verkrampfung festgesetzt, ein sichtbares Bedauern. Er schaut Baumgarten an und sagt: »Ich glaube nicht. Es wird nicht so lange dauern. Du hast sie heute Morgen informiert. Du wusstest, dass wir unsere Pläne vorgezogen hatten.«

Baumgarten bewegt den Kopf. Es tut weh. Sehr. »Sie kommen erst morgen.« Kann man ihn überhaupt verstehen?

Bergmann erhebt sich schwerfällig, schaut auf sein Glas und trinkt es aus. »Weißt du«, sagt er, nachdem er nachschmeckend die Lippen aufeinandergepresst hat, »es spielt nicht mehr die geringste Rolle. Was wir tun konnten, haben wir getan.« Er steht eine Weile dort, vor seinem Schreibtisch, der kleine, untersetzte, weißhaarige Mann. Er hat die Hände in den Hosentaschen, lässt den Blick über seine Bücherwand fahren, und Baumgarten kann sich nicht daran erinnern, ihn jemals so bedrückt erlebt zu haben. *Was ist hier passiert?*

»Komm, steh auf, setz dich auf das Sofa«, sagt Bergmann. Er ist bei ihm, stützt ihn und hilft ihm fürsorglich dabei, sich auf der Sitzfläche niederzulassen. »So schlimm ist es doch gar nicht. Stell dich nicht so an«, sagt er und nimmt dicht neben ihm Platz.

Baumgarten schluckt.

Der Weißhaarige schaut ihn an, wie er ihn oft angeschaut hat. Clemens Baumgarten, dem früh die Eltern gestorben sind, der früh gewusst hat, was wirkliches Unglück bedeutet, ist ein faszinierendes Studienobjekt. Dem nun aber nicht mehr zu helfen ist. Bergmann scheint das traurig zu machen, und er sagt: »Es ist gut. Wir werden gemeinsam warten. Es musste irgendwann so weit kommen.« Er legt die Hände in den Schoß, schaut seufzend auf sie hinunter. Baumgarten lässt den Blick zu Wegener wandern, der immer noch an der Tür sitzt und in einer Mischung aus Verblüffung und Ekel zu ihnen hinüberstiert.

Bergmann sagt: »Wir geben nur unseren Teil, mehr können wir nicht leisten in dieser Welt. Dienende Kräfte können wir sein, fördern und unterstützen. Unsere Zeit, unsere Seelen und Gedanken können wir leihen. Und unsere Körper. Mehr können wir nicht tun.« Er lacht kurz und trocken auf, was sich unsagbar traurig anhört, und Baumgarten zuckt zusammen. *Er ist zerstört, er ist zerbrochen*, denkt er, und seine Einschätzung ist nicht schlecht. Weder er noch Wegener wissen, dass Bergmann vor nicht einmal einer Stunde den Raum verlassen musste, in dem der Ritus stattgefunden hat, dass der Mann, der all das über Jahre hinweg unermüdlich und ohne jeden Skrupel geplant hat, nicht mitansehen und mitanhören konnte, wie eine faszinierende Hypothese Wirklichkeit geworden ist. Weder Wegener noch Baumgarten in seiner Bewusstlosigkeit haben gesehen, wie sich der große Theoretiker draußen in den Schnee übergeben hat. Keiner von beiden hat ihn weinen sehen, niemand wird ihn je weinen sehen. Aber die kalte Dunkelheit vor dem Drechslerhof und die schwarzen Götter der Nacht wissen: Es ist so gewesen.

»Es ist ein merkwürdiges Gefühl, wenn etwas so Wichtiges seinen Abschluss gefunden hat«, murmelt Bergmann vor sich hin. Sein Blick geht durch den Raum, fixiert schließlich Baumgarten, dessen verängstigte Augen unstet zum Schreibtisch gewandert sind, zu dem Lineal und der Schere.

»Schau mich an!«, sagt Bergmann streng. Nein, dieser Mann wird keine glühenden, verführerischen Vorträge mehr halten, das ist jetzt klar. »Du hast getan, was andere von dir verlangt haben, ich weiß das. Und ich weiß jetzt, wie sich das anfühlt. Es ist kein gutes Gefühl, nicht wahr? Antworte mir!«

»Nein.«

Bergmann erhebt sich sehr rasch, macht ein paar Schritte, lacht wieder. Dann verändert sich sein Gesicht, verliert für einen Moment jede Spannung: Er blickt erstaunt zu Baumgarten hinüber, sagt leise: »Für jeden Vater kommt einmal dieser Zeitpunkt, nicht wahr?« Im nächsten Moment ist er schon wieder bei ihm, hat weit ausgeholt und ihm mit dem Handrücken eine Ohrfeige verpasst, die Baumgartens verwundetes Gesicht zu zerreißen scheint und die ihn laut aufschreien lässt. »Man muss loslassen können, verstehst du? Man muss wissen, wann man ausgedient hat. Wir beide, Clemens, du und ich, wir haben jetzt ausgedient, verstehst du das?«

»Ja.«

Wegener steht ruckartig auf. Die Tür hat sich geöffnet, und Helene Schwarzer betritt den Raum. An der Hand: das Kind.

Die Mutter ist aufgelöst. Ihre Frisur ist in Unordnung, und ihre Brust hebt und senkt sich schnell. Die Augen huschen angespannt hin und her, in der linken Hand hält sie die Steppjacke ihrer Tochter, und sie sagt: »Wegener, lassen Sie uns allein.«

»Aber Sie haben doch gesagt …«

»Ja, ich weiß. Aber jetzt bin ich ja da!« Ihre Stimme überschlägt sich fast. Sie ist überreizt, zittert vor Unruhe. »Helfen Sie Roth!«

Wegener nickt widerwillig, verlässt das Arbeitszimmer, schließt die Tür, und Helene Schwarzer macht ein paar Schritte auf Bergmann zu, der vor dem Sofa steht und dessen Kiefer sichtbar malmen.

Clemens Baumgarten aber betrachtet nur das Mädchen. Er kann den Blick nicht von Bergmanns Tochter abwenden, obwohl ihn das, was er sieht, zutiefst verstört. Sie hat notdürftig mit Verbandszeug verbundene Wunden an beiden Oberarmen und mehrere tiefe Schrammen im Gesicht. Ihre Haare sind wieder gekämmt worden, einige stehen elektrisiert ein Stück weit vom Kopf ab. Sie trägt ein dünnes Shirt und ihre blaue Latzhose. Man hat sie notdürftig wiederhergestellt, sie auf eilige, ruppige Weise reisefertig gemacht. Der Blick des Kindes ist auf den Boden gerichtet und völlig ausdruckslos. Sie ist hier, und gleichzeitig ist sie nicht hier.

»Roth packt die Sachen«, sagt Helene Schwarzer.

»Wozu?«, fragt ihr Mann.

»Wir müssen so schnell wie möglich hier weg.«

Bergmann lacht erneut auf seine tonlose Weise. »Was willst du denn noch? Nach alledem?«, fragt er.

Sie ist auf die Knie gegangen, und Baumgarten beobachtet, wie sie mit flatternden Händen versucht, dem Mädchen, das sich nicht bewegt und keine Mithilfe anbietet, die Jacke über die verbundenen Arme zu ziehen. Sie blickt in wütender Verzweiflung zu Bergmann auf. »Ich werde meine Tochter in Sicherheit bringen.«

»Na, das möchte ich sehen, wie du das jetzt noch anstellen willst.« Er murmelt wieder, ist fast nicht zu hören.

»Sie muss hier raus, sie ist noch nicht so weit, der Zeitpunkt ist noch nicht gekommen.« Sie ist laut, aber auch Bergmann wird jetzt lauter, und wieder zuckt Clemens Baumgarten zusammen, als der Weißhaarige plötzlich auffährt: »Du bleibst hier!« Er zeigt mit ausgestrecktem Finger auf das apathische Mädchen. »Sie auch! Wir werden hier warten, bis sie kommen. Es ist genug! Es ist nicht mehr an uns. Wir kommen hier sowieso nicht mehr raus. Warum sollten wir auch? Wofür?«

Helene Schwarzers Körper scheint für den Moment stocksteif zu werden. »Wofür?«, wiederholt sie leise. Sie wendet den Kopf, blickt zur geschlossenen Tür, dann zum Schreibtisch.

Clemens Baumgarten befindet sich in einem bemitleidenswerten Zustand. Sein Nasenbein ist angebrochen, sein Gesicht geschwollen. Er hat Blut verloren, und zwei Rippen sind gestaucht. Er hat eine leichte Gehirnerschütterung, und er hat Angst. Er hat viele merkwürdige Dinge auf dem Drechslerhof gesehen und gehört, einige davon können nur Halluzinationen gewesen sein. Das meiste davon hat er an den Biber übermittelt, ebenso wie die Aufzeichnungen und Tonbänder, deren er unauffällig habhaft werden konnte. Das, was er jetzt mitansehen muss, ist aber keine Halluzination.

Helene Schwarzer geht zum Schreibtisch, während ihr Mann sie mit ruhiger Verachtung betrachtet. Sie greift nach etwas, das Clemens Baumgarten erst erkennen kann, als es sein Ziel gefunden hat: Es ist die Schere.

Die beiden Schneiden sind geschlossen, als sie sie ihrem Mann mit geschmeidiger Wucht in den Brustkorb rammt. Professor Friedrich Bergmann scheint im ersten Moment vor allem überrascht zu sein, er blickt an sich herunter, und dann schaut er seine Frau an, deren Gesicht auch für Clemens Baumgarten gut zu erkennen ist. Es ist nicht mehr ihr Gesicht, Anstrengung und Entschlossenheit haben es verändert. Das schmatzende Geräusch, mit dem die Schere aus der Brust gezogen wird, dauert eigenartig lang, weil Helene Schwarzer ihre Waffe dabei einen möglichst großen Schaden anrichten lässt. Da ist jetzt sehr viel Blut, das gleichzeitig rinnt und schwappt und für einen kurzen Moment eine massige, schwärzliche Fontäne bildet. Bergmann ist nicht tot, aber genauso wie Helene Schwarzers Entschlossenheit sich physisch spüren lässt – eine dunkle, zornige Kraft –, ist sein Wille spürbar, dies jetzt geschehen zu lassen. Es ist, als wollten seine weit aufgerissenen Augen, sein geöffneter Mund noch sagen: *Du hast recht, dies ist tatsächlich die einfachste Lösung.*

Aber Helene Schwarzer stößt ein Würgen aus, ein verzweifeltes, widerwilliges Würgen. In ihren Augen flackert ein Staunen darüber, dass er immer noch nicht tot ist, obwohl er es doch längst sein müsste. Also schlägt sie noch einmal zitternd zu. Diesmal ist es nur eine Schneide, die das Opfer trifft. Baumgarten, der neben dem sterbenden Bergmann auf dem Sofa sitzt – in einer hilflosen Unbeweglichkeit, die ihm selbst unverständlich ist –, glaubt nicht, dass sie ihn genau dort treffen wollte. Ihr Mann scheint vor ihr zurückzuzucken, nun doch, und die silbrige Schneide trifft sein rechtes Ohr, dringt knackend in den Schädel ein. Blut schießt Bergmann aus der Nase, und die freie Klinge baumelt neben seinem Kopf.

Jetzt rappelt Clemens Baumgarten sich auf. Ihm ist schwarz vor Augen, und alles tut ihm weh. Er hat Blut an sich, sein eigenes und das von Bergmann. Aber er muss, er muss diesen Keller verlassen. An der Rücklehne des besudelten Sofas hält er sich fest, muss sich sammeln. Er sieht das Kind. Es schaut nicht mehr zu Boden. Es schaut den grotesk sterbenden, unwillkürlich zuckenden Körper des eigenen Vaters an, in dessen Ohr tief die Schere steckt. *Das darf nicht sein*, denkt Clemens Baumgarten, und jetzt möchte er am liebsten laut protestieren, möchte das alles anhalten, verhindern. Zu spät. Doch das Kind betrachtet den Vater interessiert, nähert sich ihm.

Die Jacke hängt dem kleinen Mädchen halb über einer Schulter, und jetzt schaut es erst seine Mutter an, die immer noch zittert und beide Hände abwehrend zu ihrem Hals geführt hat. Dann schaut es zu ihm, fast herausfordernd.

Wir sind nicht mehr allein, denkt Clemens Baumgarten, auch wenn er es selbst nicht versteht. Er dreht sich um, aber da ist niemand.

Auch Helene Schwarzer scheint etwas bemerkt zu haben. Sie senkt die Hände, sie strafft ihren Körper. Ihr Blick geht kurz ins Nichts. Sie scheint etwas zu hören, sich zu konzentrieren. Dann schaut sie ihn an, sagt gefasst: »Ich kümmere mich um alles hier. Nehmen Sie sie mit, bringen Sie sie weg von hier.« Diese Stimme hat eine bedrückende Überzeugungskraft, und Clemens Baumgarten nickt, ohne es eigentlich zu wollen. »Bringen Sie sie in Sicherheit, aber lassen Sie sie nicht der Polizei in die Hände fallen. Dort ist sie auch nicht sicher. Sie darf nicht gefunden werden.« Helene Schwarzer beugt sich über den Schreibtisch. Sie schreibt etwas auf.

Das Mädchen steht vor der Vaterleiche, die jedes Zucken, jeden letzten Krampf eingestellt hat. Das Kind – es lächelt beinahe.

Clemens Baumgarten macht ein, zwei wankende Schritte, glaubt zu wissen, dass es Helene Schwarzer, genau wie ihm, jetzt nur noch um das Kind geht. *Weder die eine noch die andere Seite soll es haben, es muss fort.* Er nimmt das Mädchen an der Schulter, zieht es behutsam von dem schrecklichen Anblick fort. Er muss husten. Der Kiefer schmerzt ihm so sehr.

»Sie werden Geld brauchen«, sagt Helene Schwarzer. Erst viel später wird Clemens Baumgarten auffallen, dass ihre Stimme, so fest, so klar, so ohne jedes Gefühl, in diesem Moment nicht ihre eigene gewesen sein kann. »Rufen Sie diese Nummer an.« Sie hat ihm einen Zettel in die Brusttasche seines Hemdes gesteckt. Er hat es kaum mitbekommen. Den darf er nie benutzen, denkt er. Auf keinen Fall. Aber was wird man tun, wenn man verzweifelt ist? Wenn man nicht weiß, wohin? Er nimmt das Kind an der Hand. Es ziert sich nicht. Es folgt ihm. Die kleine Hand in seiner großen. Beide eiskalt. *Wir machen einen Spaziergang. Draußen im Schnee.*

»Sie müssen sie beschützen«, sagt die Mutter mit einer Stimme, mit der auch das Kind selbst schon einmal gesprochen hat. Clemens Baumgarten öffnet die Tür.

16

Die Mutter erinnerte sich genau an diesen Moment: wie Clemens Baumgarten die Tür öffnete, wie er das Mädchen an der Hand hielt. Er brauchte es nicht hinter sich herzuziehen, und es drehte sich auch nicht nach ihr um. Sie verschwanden im Kellergang, und Helene Schwarzer blieb im Arbeitszimmer des Mannes zurück, den sie gerade umgebracht hatte. Sie war jetzt ruhig, denn ER ragte groß und dünn und dunkel hinter dem Toten auf, faltete die behandschuhten Hände und nickte. ER war zufrieden, weil sie das Richtige getan hatte.

Sie erinnerte sich genau, gerade heute. Seit jener Nacht hatte sie ihre Tochter nicht mehr gesehen, aber seit jener Nacht hatte sie gewusst, dass sie irgendwo dort draußen beschirmt und bereitgehalten wurde für ihre eigentliche Stunde. Helene Schwarzer hatte mit Hilfe einer Papierschere, mit der man Zeitungsartikel ausschnitt und vielleicht auch mal einen Briefumschlag aufriss, dafür gesorgt, dass niemand zu früh seine Ansprüche auf das Kind stellen würde. Seitdem hatte sie geduldig geschwiegen und darauf vertraut, dass die Macht, die all das vorantrieb, ihr mitteilen würde, wenn der Tag gekommen war.

Der Tag: Heute stand sie in ihrer Zelle im sicheren Haus, in der Außenstelle der Sondereinheit Luisenburg, stocksteif und mit weit geöffneten Augen. Sie lauschte und hörte ihr Herz klopfen.

Dann, irgendwann, wusste sie es. Sie rieb sich mit den Händen die Oberarme, rieb sie fest und war hochkonzentriert. Dann wählte sie die Musik. Man ließ ihr Mozart aus therapeutischen Gründen, weil sie sonst nicht kooperierte, weil sie sonst ihre Medikamente nicht nahm, weil sie sonst nicht nur das Sprechen verweigerte, sondern auch noch die Nahrungsaufnahme. Es war von großem Vorteil, für geisteskrank gehalten zu werden. Mit der Zeit machte es die Menschen, deren Aufgabe es war, sie in Schach zu halten, immer milder, immer gleichgültiger. Man musste nur Geduld haben.

Sie holte die Klaviersonaten hervor, wählte, natürlich, die achte. A-Moll. Köchelverzeichnis 310. Lange hatte man geglaubt, Mozart habe in dieser Komposition den Schmerz über den Tod seiner Mutter verarbeitet. Aber es stimmte nicht, die Sonate war bereits vor ihrem Tod entstanden. Das Stück war etwas viel Interessanteres als ein Abschiedsgruß, es war eine Prophezeiung. *So etwas ist häufig in der Kunst,* hatte Bergmann einmal zu Helene Schwarzer gesagt. *Nur in der großen Kunst natürlich. Bei der Hervorbringung ihrer Werke durchstoßen die Künstler den Schutzmantel der Verdrängung, treten ein in die Welt, vor der wir sonst scheu zurückschrecken. Hier finden sie Altes, unvorstellbar Altes, unvorstellbar Wahres. Und betrachten wir mit ehrlichen, mit mutigen Augen Goyas Gemälde, lesen wir die Strophen des Novalis, hören wir Bartóks Quartette, dann erfasst auch uns selbst eine befreiende Ahnung von dem Geschauten, dem tiefen Grauen, dem tiefen Schmerz und dem tiefen Glück einer unverstellten Erkenntnis.*

Sie nickte jetzt, als hätte er ihr all das nicht vor Jahren, sondern gerade eben erst vorgetragen. Sie hatte ihn, ihren treuen weißhaarigen Gefährten, erstochen, weil es ihr gesagt worden und weil es nötig gewesen war. Er hatte sich verweigert, wie ein störrisches Kind, das der höheren Autorität aus reinem Trotz die Stirn bieten will. Beinahe hatte er alles verdorben und den notwendigen Eintritt der Tochter, der Verheißerin, in die Welt verhindert. Aber das hieß nicht, dass sie nicht gern an ihn zurückdachte. In der Erinnerung hörte sie ihrem Ehemann noch immer gerne zu.

Jetzt wandte sie sich um, und ihre Augen wurden feucht. Der erste Satz der a-moll-Sonate hob an, *maestoso*, und wie immer in gewaltiger Lautstärke. Ein Sturm aus Klang, in dessen Auge sie ruhig wurde. Dieses Stück hatte sie selbst gespielt, an jenem 12. Februar. Zumindest hatte sie es versucht, zu langsam natürlich, aber sehr konzentriert. Sie war gut gewesen, und irgendwann hatte sie nicht mehr gewusst, wo sie war und wer mit ihr sprach. Jetzt ließ sie sich langsam auf ihrem Bett nieder, starrte mit starr aufgerichtetem

Oberkörper in ihr winziges Zimmer hinein. Die Musik drängte in selbstbewusster Klarheit, spülte einen warm pochenden Schmerz in ihr Inneres. Aber zwischen den so rasch aufeinanderfolgenden Tönen formte sich noch etwas anderes, ein Flüstern, eine Abfolge von Lauten, die einen eigenen Gesang mit sich brachten und eine eigene Botschaft.

Der Nachmittag schritt voran, die Sonne schien sich zu beeilen, und bald schon würde es um die Außenstelle der Sondereinheit Luisenburg herum ebenso dunkel sein, wie es am 12. Februar 1988 vor dem verschneiten Drechslerhof gewesen war. Die Zeit zwischen beiden Jahren, zwischen beiden Tagen, zog sich zusammen für Helene Schwarzer, und hin und wieder rollte eine unbemerkte Träne über ihre Wange. Eine arme Irre war sie, unzurechnungsfähig und gefangen in ihrem Wahn. So sah sie Marko Reichardt, als er mit einer fast unerträglichen Beklemmung durch das Beobachtungsfenster blickte. Er schaute sie zögernd an, bevor er seine eigentliche Richtung einschlug, mit dem Wachmann plauderte und tat, was er tun musste. Eine alt gewordene Frau mit aufgelösten Haaren und feuchten, überanstrengten Augen sah Marko Reichardt, die ihre knotigen Hände krampfhaft in ihre Oberarme presste, während sie Mozart hörte. Eine arme Irre, die sehr genau lauschte, wie die Stimme des Mittlers nach all den Jahren endlich wieder in glasklarer Deutlichkeit zu ihr sprach: HEUTE NACHT NOCH, sagte der Mittler. HEUTE NACHT WIRST DU SIE WIEDERSEHEN, DEINE TOCHTER, UND SIE WIRD SEIN, WIE SIE DAMALS WAR: JETZT IST ES ENDLICH SO WEIT. Noch eine Träne fiel. Helene Schwarzer spürte, dass er sie nicht betrog. Das Warten hatte sich gelohnt.

17

Ab und zu passierten eben scheußliche Sachen. Davon würde man in den Berliner Zeitungen lesen können – eine Geschichte, an der man nicht vorbeikommen würde: In einem Hinterhof in Gleisdreiecknähe wurden am späten Nachmittag mehrere Fotos geschossen, und geduldige Männer standen mit einer Bahre bereit. Sie warteten darauf, dass die Spurensicherung ihre Arbeit erledigt haben würde.

Irgendjemand muss immer derjenige sein, der auf das Verbrechen aufmerksam wird, der sich den Magen und die Gedanken verdirbt und die Polizei alarmiert. Irgendwer ist immer fällig. *Aber muss es ausgerechnet im eigenen Haus passieren?* Für Sandra Peuker war dieser 26. März jedenfalls ein guter Grund, auszuziehen. *Hier bleibe ich auf keinen Fall*, dachte sie und schluckte. Ihr Blick wanderte über den Hof, blieb an der kleinen Holzbank hängen, an deren Rücklehne sie selbst einen Flaschenöffner angebracht hatte und auf der sie abends so oft mit den Nachbarn saß, von denen viele ihre Freunde waren. So wie Sabine zum Beispiel, die im Fenster ihres Wohnzimmers im zweiten Stock saß, eine Selbstgedrehte rauchte und fassungslos nach unten blickte.

Am schlimmsten war, dass sie es gehört hatte. Nur weil sie sich noch eine weitere Woche hatte krankschreiben lassen, nur weil sie dieses verdammte Pfeiffersche Drüsenfieber verschleppt hatte. Ihr war der Hals zugeschwollen und die Milz gewachsen und die Leberwerte angestiegen, und wenn sie auch wieder auf dem Weg der Besserung war, hatte sie gegen 11 Uhr matt auf ihrem Sofa gelegen und unter sich diesen schrecklichen Krach gehört. Keine Schreie zum Glück, aber ein Poltern und ein Zersplittern von Glas, das ihr gleich sehr unheimlich vorgekommen war.

Nach unten auf den Hof geschleppt hatte sie sich nur, um den Biomüll in die grüne Tonne zu werfen – sie wollte nicht riskieren, Ungeziefer anzulocken –, und dann hatte sie es nicht einmal sofort bemerkt. Wahrscheinlich waren schon einige der Nachbarn daran vorbeigegangen, ohne darauf zu achten. Aber die Tür hatte offen gestanden, und da waren Scherben gewesen, nur sehr kleine allerdings. Deshalb hatte Sandra Peuker nachgesehen.

Später waren die Wagen gekommen, mit angeschalteter Sirene, um schneller durch den dichten Verkehr auf der Potsdamer Straße zu kommen. Gegen 16 Uhr hatte sie dann alles einer freundlichen, jungen Polizistin zu Protokoll gegeben.

Es war die Wohnung unter ihr, im Erdgeschoss. Die kleine, die irgendeiner Erbengemeinschaft gehörte, die sie an Berlinbesucher und manchmal an Saisonarbeiter vermietete. Die Terrassentür, die nicht zu einer Terrasse führte, sondern nur zu einem mit zwei Stufen erhöhten Bereich neben den Mülltonnen, stand offen, und wenn man, wie sie, einmal genauer hinschaute, war das Blut sogar hier draußen, vor der Tür und auf den Stufen zu sehen.

Auf den Leichnam im Inneren der Wohnung hatte sie nur einen ganz kurzen Blick geworfen. Das hatte genügt, um zu erkennen, dass diesem kräftigen Mann, den sie noch nie gesehen hatte, übel mitgespielt worden war. Jetzt zuckte ein Blitzlicht, Sandra Peuker kniff die Augen zusammen, und mehrere Beamte telefonierten. Einige steckten in weißen Ganzkörperanzügen, sogar ihre Schuhe hatten einen Plastiküberzug. Und sie trugen Mundschutz.

Auch die Kriminalpolizisten, die nun wirklich genug zu sehen bekamen Tag für Tag, schien die Tatsache zu verstören, dass sich die Glieder des Toten nicht mehr am Leib befanden und seine Kehle ausgerissen worden war. So was hat man nicht oft vor Augen, und es genügt, um einen Brechreiz zu erzeugen, der nicht so bald vergehen würde. Zudem war da dieser Gestank, die Medikamentenpackungen, das besudelte Lager auf dem Boden. Einer der Beamten stellte gerade den immer noch aufgeklappten Rechner sicher. Das Foto eines älteren Mannes war auf dem Bildschirm zu sehen, aber hier wusste niemand von der Existenz und der besonderen Bedeutung von Richard Korff alias Theodor Kusching. Es wurde telefoniert, es wurde fotografiert, und Sandra Peuker, die auf dem Hof an der Hauswand lehnte, dachte an ihren Arzt. »Vermeiden Sie einfach jeden Stress«, hatte er erst vorgestern zu ihr gesagt. Jetzt plante sie bereits ihren Umzug.

18

Wenigstens Flipflop freute sich von Herzen. Er hechelte, bellte zwei Mal aufgekratzt und sprang zur Begrüßung an Caros Beinen hoch. Sie kniete sich hin, drückte ihn kurz an sich und schaute dann in die beunruhigten Gesichter ihrer Eltern. Es war nicht richtig, dass sie jetzt hier war, und das schlechte Gewissen machte ihr schwer zu schaffen.

»Was hat denn das alles zu bedeuten?«, fragte ihre Mutter und berührte unsicher ihre Wange. Als wolle sie prüfen, ob sie tatsächlich echt sei: Die wirklich wahre Carolin Hille, frisch angeliefert von einem jungen Mann, der Krawatte und Sakko im Wagen gelassen hatte, um sich auf dem Nordufer-Campingplatz nicht ganz so deutlich abzuheben, und der eine kleine Ledermappe bei sich trug.

»Können wir uns vielleicht unten am Strand ins Café setzen und das besprechen?«, fragte Caros Vater, um dessen Hals noch immer das Fernglas hing, mit dem er heute Vormittag stundenlang auf den Nasswiesen und dem Niedermoor Vögel beobachtet hatte. Das war das Größte für ihn, und Caro wünschte sich, sie hätte ihn nicht aus seiner Ruhe geholt.

Der Mann, der sie hergebracht hatte, kam ein Stück näher und sagte: »Mir wäre es lieber, wir könnten die wichtigsten Dinge hier klären, wo keine Leute um uns herum sind.« Sein Blick huschte einigen Kindern hinterher, die laut kreischend zwischen den Kiefern Fangen spielten. Sie liefen noch einmal Richtung Strand hinunter. *Ich hab dich! Gleich hab ich dich!* Sie würden bald von ihren Eltern gerufen werden, denn langsam wurde es dunkel und kühl.

»Caro kann uns das ja auch alles in Ruhe erklären«, sagte ihre Mutter, die in ihrer Outdoorjacke und mit ihren geröteten Wangen dringend auf Beruhigung zu warten schien.

Der Mann – Caro wusste nur, dass er Konstantin hieß – schüttelte den Kopf. Im Grunde fand sie ihn auf seine kühle, professionelle Weise sehr nett, sogar attraktiv, aber das half jetzt auch nicht weiter.

»Das ist es ja gerade. Frau Hille, Herr Hille, ihre Tochter darf vorläufig mit niemandem über diese Dinge sprechen, zu ihrer eigenen Sicherheit. Wir hoffen, dass diese Regelung bald schon teilweise aufgehoben werden kann, aber vorläufig …«

»Das ist doch Blödsinn, Sie können meiner Tochter doch nicht verbieten, mit uns zu sprechen!«

»Natürlich nicht«, sagte der Mann, der Konstantin hieß und

ohne Angabe eines konkreten Dienstgrades für den Verfassungsschutz arbeitete. Er öffnete seine Ledermappe. »Deshalb muss ich Sie bitten, diese Vertraulichkeitsvereinbarungen zu unterzeichnen. Wenn durch Sie oder Ihre Frau oder Ihre Tochter irgendwelche Informationen oder Mutmaßungen an die Öffentlichkeit geraten, machen Sie sich strafbar, Herr Hille.«

»Ich unterschreibe überhaupt nichts!«

Caro schaute ihren Vater an, und sie war schon wieder gerührt. So eine Idiotie hatte er nicht verdient. Die dümmste Idee war ja sowieso ihre eigene gewesen, das war ihr während der Autofahrt hierher klar geworden. Heute Morgen war sie nach ihrer dritten Aussage, nach der zweiten Wiederholung, in Tränen ausgebrochen. Heute Morgen hatte sie erklärt, mit alldem nichts zu tun zu haben, hatte gesagt, dass sie nach Hause wolle, zu ihren Eltern, dass sie doch sowieso nichts wisse. Man hatte es ihr gestattet. Die Leute waren froh gewesen, dass sie eingeschüchtert war, dass sie sich verkriechen und die Klappe halten würde. Jetzt fühlte sie sich schlecht. Sie konnte hier schweigend in einem der Strandliegestühle neben ihrer besorgten rotwangigen Mutter sitzen und auf ein Meer hinausschauen, das eigentlich ein See war. Sie konnte mit ihrem Vater in einem Tretboot sitzen und mit ihm auf einen Hochsitz steigen, sein Fernglas nehmen und sich geschützte Vogelarten zeigen lassen. Sie konnte aber auch aufhören, so feige zu sein.

»Du musst gar nichts unterschreiben, Papa«, sagte sie entschieden und schaute Konstantin direkt an. »Es hätte sowieso keinen Zweck, weil ich eh alles ausplaudern werde. Ich bin allgemein als Quasselstrippe bekannt, und kein Geheimnis dieser Welt ist bei mir gut aufgehoben.«

»Carolin!« Ihre Mutter versuchte streng zu klingen, aber dafür war sie offenbar zu verwirrt.

Konstantin seufzte. »Was soll denn das jetzt?«

»Kann ich Sie mal kurz unter vier Augen sprechen?«, sagte Caro und zog ihn ein, zwei Schritte beiseite, während sie über die Schulter hinweg ihren Eltern einen vielsagenden Blick zuwarf.

»Carolin?« Diesmal ihr Vater.

»Was ist mit Philip? Kann der auch zu seiner Mutter?«, fragte Caro.

»Darüber weiß ich nichts. Selbst wenn …«

»Sie werden ihn doch rauslassen. Philip, meine ich. Er kann ja nichts dafür, dass diese verrückten alten Leute durchdrehen.«

Er schaute sie nur an.

»Ich will zurück. Jetzt gleich«, sagte sie.

»Carolin, Sie sollen hier bei Ihren Eltern bleiben. In ein, zwei Tagen …«

»Sagen Sie diesem Herrn … Müller …, dass ich zur Zeitung gehen werde, wenn ich nicht zurück darf. Ich will zu Philip. Ich will da sein, wenn er rauskommt. Oder wenigstens zu seiner Mutter will ich. Mit ihr sprechen. Vielleicht kann ich ihr irgendwie helfen, sie beruhigen. Also, was ist? Nehmen Sie mich jetzt mit zurück, oder was?«

»Carolin?«, rief ihre Mutter.

»Haben Sie schon mal Urlaub am Steinhuder Meer gemacht?«, zischte Caro mit Nachdruck.

Konstantin, der gar nicht mal so unattraktiv war, atmete mit zusammengepressten Lippen langsam und angestrengt ein, und Flipflop, der sich so sehr darüber gefreut hatte, sie wiederzusehen, bellte ungeduldig.

19

Es war still in ihrem Haus, und Manuels Mutter schauderte. Es war empfindlich kalt geworden. Draußen ließ sich niemand sehen, die Pfützen waren getrocknet. Am Himmel zog langsam die Nachtschwärze auf. Irgendwo, hoch oben, kreuzten Flugzeuge, setzten Lichter über den Wolken, und hier unten bei ihnen strich der Wind, der von der See kam, noch einmal durch die Tannen. Margret Schneider schloss das Fenster, ließ den Blick hinüberwandern zu ihrem Sohn und setzte sich stumm auf einen Stuhl. Ganze Stunden saß sie hier, spürte nicht, wie unbequem der Stuhl war, und wartete, ohne irgendetwas zu sehen.

In der Kapelle, hinter dem Haus, waren Schritte zu hören, auf dem Steinboden, und leises Stöhnen zwischen den Kirchenbänken. Roth hatte die Gefäße schon oft auf den Altar gestellt. Offenbar aber jedes Mal in der falschen Reihenfolge. Jetzt sagte man ihm, wie es richtig war, wie es sein musste. *Die Tochter* sprach. Sie hatte nicht mehr die eigene Stimme – die Worte hallten von den Wänden –, und Roth wunderte sich, dass sich die Verwandlung bereits vor Beginn des Rituals so deutlich ankündigte. Er hatte vorhin noch ein paar Gramm Koks durchgezogen, zur Stärkung der Euphorie. Es ließ die Angst beinahe wie Geilheit wirken, das war gut. Er fühlte sich bereit, wenn auch ziemlich nervös. Ausgerechnet er trat das Erbe an, ausgerechnet er. Roths Finger fuhren über das Feuerzeug. Er entzündete Kerzen – nicht weil die Kerzen etwas bedeuteten, sondern weil *sie* für ihre Präzisionsarbeit Licht brauchte.

Die Schauenden, die dunkel Gesegneten, die ihre Medikamente bekommen hatten (sie hatte es zugelassen, zum Glück), zuckten. Sie krochen betäubt in die hinterste Ecke der Kapelle, bewegten sich, schabten, strichen mit ihren Körpern an den Wänden entlang, einige wiegten sich hin und her. Sie waren aber allesamt verstummt. Man hörte asthmatisches Atmen, man konnte riechen, dass einige von ihnen sich besudelt hatten, und die Stimme, die aus der Tochter heraussprach, murmelte Altes, Vorzeitliches. Es gab Laute, die rau waren und kehlig und durchsetzt von einem hohen Zischen, Laute, die Erinnerungen ins Bewusstsein brachten, die es gar nicht geben konnte. Aber es gab sie, auch in Roth.

Die Tochter zog sich die Ärmel hoch, betrachtete konzentriert ihre Narben. Sie prägte sich jede Kleinigkeit der Verwachsungen ein, und dann griff sie zu dem Messer, das auf komplizierten Routen und unter Umgehung sämtlicher Zollvorschriften aus Amerika angeliefert worden war und das Roth bereitgelegt hatte.

Das andere Mädchen lag bewusstlos auf einer Bank und war bis auf die Unterwäsche ausgezogen worden.

»Das einzige Gesetz ist das des Lebens, des Atmens, des Wachsens, des Vergehens«, betete die Tochter.

Roth spürte saure Übelkeit in seinem Magen. Er glaubte, Bergmann selbst zu hören. Nein, er war sich sicher. »Nichts kann sein, ohne dass es getragen wird vom lebendigen, atmenden, sterbenden Leib, nichts kann handeln, nichts kann wirken ohne den *Lebendigen Leib.*«

Die Tochter sah sich die eigenen Narben an. Eine Raute auf dem linken Oberarm, schräg zum Herzen weisend, ein gezackter Stern mit verlängerter Spitze auf dem rechten. Sie näherte sich dem Mädchen, das sie aus dem Wald mitgebracht hatte, und schon im nächsten Moment begann sie zu schneiden. Als Brandy die Augen aufriss und sich wehrte (ihr Mund war mit schwarzem Klebeband verschlossen), schlug die Tochter sie in neuerliche Bewusstlosigkeit. Das Mädchen aus dem Wald hatte bereits ein dunkel leuchtendes Hämatom auf der linken Schläfe. Jetzt war die Haut aufgeplatzt über dem verschwollenen Auge. Das Blut wurde aufgefangen, in afrikanischen Schalen aus Elfenbein. Säuberlich, es ging nicht viel daneben.

Roth stand vor dem Altar, neben sich eines der invertierten Kreuze. *Keine Gnade mehr*, dachte er, *die Zeit der Gnade ist abgelaufen.* Er war sehr aufgeregt, und ihm war übel. So wie auch, hoch, hoch oben, einem der amerikanischen Passagiere auf dem Flug von La Guardia nach Frankfurt sehr übel war. Ein gewisser Stewart Sangster, 41-jähriger Erbe einer Ostküsten-Hotelkette, die längst nicht mehr so florierte wie noch vor fünfzehn, zwanzig Jahren, öffnete mit unsicheren Fingern die Spucktüte. Dann schaute er sie schicksalsergeben an, während sich die Maschine durch mittelschwere Turbulenzen schob und die Stewardessen sich vorsichtshalber anschnallten. Frankfurt war nicht mehr weit, und der Eingeweihte hoffte, dass sie auf ihn warten, dass er nichts Entscheidendes verpassen würde.

Es war das Mindeste. Er hatte so viel gezahlt, dass sogar er anfangen musste, etwas sparsamer zu werden. Seine Accountants hatten ihm eine Strafpredigt gehalten, und sein Vater, der ihn sowieso nie verstanden hatte, war erbost. Aber Opfer mussten gebracht werden, und seines war noch das unerheblichste. Was erst würde mit *ihr* geschehen, noch in dieser Nacht, noch vor diesem Morgen? Er hatte sich so glücklich geschätzt, als man damals das Mädchen zu ihm gebracht hatte, ein verdrecktes, selbstmordgefährdetes Bündel

Hoffnungslosigkeit, das schon Jahre ohne Ziel durch Boston gestreift war. Die Children of Entropy, harmlose, aber kundige Gläubige, waren an ihn herangetreten, weil man auch bei ihnen wusste, dass er sich für das Thema mit einer Leidenschaft interessierte, die ihm wirklich etwas wert war. Es war schon lange kein bloßes Hobby mehr. Auf der Universität hatte es begonnen, da gab es die ersten Zirkel, zu denen er sich Zutritt verschafft, die ersten Bücher, die er erworben hatte, die ersten Abschriften wissender Meister, später teure Originale, Folianten aus Europa. Der älteste, den er vertrauenswürdigen Freunden in einer Glasvitrine zeigte, stammte aus dem Spanien des 17. Jahrhunderts.

Er hatte von der Existenz des Mädchens gewusst, natürlich. Über ihren Verbleib spekulierte man auf der ganzen Welt – in eingeweihten Foren. Die *deutsche Verheißerin, die Beseelte des alten Gottes, die, die ohne Alter ist* war eine Legende gewesen, ein Mythos *(The German Girl)*, aber einer der wenigen, denen man Glauben schenken konnte, weil es noch Menschen gab, die von ihren Weihungen in Deutschland berichten konnten. Alles war vorbestimmt, und so hatte es ihn nicht gewundert, als sie zu ihm gebracht worden war von den Children of Entropy, bei denen sie als verwirrte Obdachlose Unterschlupf gefunden hatte. Kein Zufall, sondern ihre Bestimmung, sie war dorthin geführt worden. Die Zeichen waren eindeutig, auch wenn es lange gedauert hatte, sie zurückzuführen. Damals hatte sie noch ganz anders ausgesehen.

Er selbst war jetzt eine Art Held, man verehrte ihn dafür, dass er an ihrer Wiedereinsetzung arbeitete. Mails und handschriftliche Briefe erreichten ihn täglich von den wahren Gläubigen. Sie dankten ihm, dass er die Verbindungen knüpfte, fortführte, was unterbrochen worden war, damit die Pforte geöffnet und die Brücke geschlagen werden konnte für die Kräfte der Alten. Es war möglich, vorausgesetzt, man dachte nicht in kleinen Dimensionen. Aber Stewart Sangster, dessen Magen sich in der fragilen Bequemlichkeit der Business-Class hob und senkte und der nicht in die Bodenlosigkeit hinter dem kleinen Fenster hinausschauen konnte, dachte immer in großen Dimensionen. Wenn er auch zwischendurch geglaubt hatte, alles sei umsonst gewesen, nichts ließe sich regeln, so schien er nun doch für seine Geduld und seine finanziellen Einlagen belohnt zu werden. Er würde filmen, was es zu sehen gab, er würde Tonbandaufnahmen machen, er würde jede Kleinigkeit aufschreiben. Er würde einen Ruhm ernten, wie er nur wenigen Okkultisten je vergönnt gewesen war. Wenn die Maschine nicht abstürzte, würde er in einer knappen Stunde landen.

20

Vielleicht war es tatsächlich gut, etwas zu schlafen. So lange hatte sie durch die Scheibe geblickt, Björn in seiner fiebernden Starre angeschaut und nachgedacht, sein altes Gesicht gesucht, sein Lächeln, das es in dem kleinen Behandlungsraum nicht mehr gab, genauso wenig wie seine Enttäuschung. *Das Wesentliche.* Es war beruhigend, wenn Professor Pahl zu ihr sagte: »Legen Sie sich etwas hin, schlafen Sie.« Vera schob sich die Hände unter den Kopf, zog die Knie an ihren Bauch. Das war bequem. Sie glaubte jetzt, dass es möglich sein würde, sich zu lösen. Sie hatte fast schon genug gesehen hinter der Scheibe. Und während sie den Raum um sich herum vergaß, dachte sie darüber nach, allein nach Lissabon zu fahren. Sie würde sehen, was er sehen wollte, entdecken, was er ihr vielleicht hatte zeigen wollen. Das war eine Möglichkeit. Das Liegen tat ihr gut, und tatsächlich schlief sie ein. Jeder Sturm braucht die Ruhe, die ihm vorausgeht.

21

»Es ist schon kurz nach zehn«, sagte der Wachmann und schaute ihn verunsichert an.

Der Biber zuckte mit den Schultern. »Herr Müller hat uns zugesichert, dass wir uns hier frei bewegen können, solange wir das Gebäude nicht verlassen.«

»Ich werde Sie trotzdem begleiten müssen.«

»Wozu?«

»Zu Ihrer eigenen Sicherheit.«

»Natürlich«, sagte der Biber und lächelte müde. Anschließend öffneten sie eine Tür und gingen einträchtig den Korridor hinunter.

22

Wenn man spät noch arbeitete, wenn erwartet wurde, dass man bis tief in die Nacht hinein am Rechner saß und Daten abglich, brauchte man seine Pausen. Man brauchte Kaffee, und wenn man Raucher war, brauchte man seine Zigaretten. Es gab im Erdgeschoss einen stickigen Raucherraum mit gelben Wänden, aber hin und wieder tat auch etwas frische Luft sehr gut. Machte den Kopf klarer. In der momentanen Krisensituation wurde der Balkon im ersten Stock der ehemaligen Kaserne 4, der zum so genannten Kasino gehörte und auf der Gebäuderückseite nach Norden zeigte, eigentlich nur tagsüber genutzt. Aber Marko Reichardt war ein Nachtarbeiter. Er stand dort neben dem mit Sand gefüllten Ascher im Dunkeln, rauchte und spürte, wie ihm der Wind durch die frisch geschnittenen Haare fuhr. Es war 22 Uhr 30, und er wusste, dass es hier keine Kameras gab. Es gab sie vorne am südlichen Tor, der Hauptzufahrt bei der großen Schranke, und die war gute sechshundert Meter entfernt. Es gab auch eine Kamera auf der östlichen Außenseite der Kaserne, weil sich dort der Eingang für die Zulieferer und die Krankenwagen befand – in direkter Verbindung auch zur Arreststation. Im Inneren gab es kaum elektronische Überwachung und auch nicht hier am Balkon.

Er wusste, dass seine Zigarette als kleiner roter Punkt im Dunkeln aufleuchtete, wenn er an ihr zog, und er schaute angestrengt über die Brüstung hinaus in die Finsternis. Unter ihm brannte ein schwaches Licht unter dem Vordach, aber er sah die halb eingerissenen Gebäude auf der anderen Seite des Kasernenhofs nur als Abstufungen von Schwärze. Ehemalige Unterkünfte, Wachstuben und Waffenkammern waren Krater, nur noch Löcher, eingerahmt von porösen Mauern, die sich dem naturgeschützten Areal öffneten. Der Wald: eine lebende Masse aus kleinen Bewegungen, ein rauschender, raschelnder Körper, der sich im leichten Wind reckte und streckte. Für den Wald ist die Nacht immer die beste, die freieste Zeit.

Er warf die noch brennende Kippe über den Balkon, und sie flog, angefeuert vom Wind, als kurzlebiges Glühwürmchen ins Nichts hinaus. Er fröstelte, als er sich abwandte, den Balkon verließ und die Tür anzog. Er tat nicht, was selbstverständlich gewesen wäre. Er schloss sie nicht ab. Stattdessen stand Dezember schwer atmend im dunklen Raum, im ersten Stock der Außenstelle, und fuhr sich mit den Händen über das Gesicht. Lange warten musste er nicht.

23

Die Männer, die in der Gebäuderuine gegenüber hockten und das kleine rote Zigarettenglühwürmchen sterben sahen, kannten nicht einmal untereinander ihre wahren Namen. Sie trugen schwarze Stoffmasken, die nur die Augen freiließen, und kugelsichere Westen. Sie hatten leichte Heckler-und-Koch-Schnellfeuerwaffen bei sich, P30-Selbstladepistolen und einige M14-Gewehre, und sie verstanden es, sich auch in der Gruppe beinahe lautlos und wie ein präzise agierendes Individuum zu bewegen. Sie gaben sich Handzeichen, und sie waren schnell.

Das hohe Risiko stellte niemand in Frage, aber selbst wenn alles schiefging, wenn man sie aufgreifen und ihnen die Vermummungen vom Gesicht reißen würde, ließe sich nicht viel anfangen mit dem, was man ermitteln konnte. Die wahre Identität dieser mehr als anständig bezahlten Söldner war über kurz oder lang aufzudecken, aber über ihre Auftraggeber wussten sie selbst kaum etwas. Sie waren bei einer Sicherheitsfirma angestellt, die lediglich über eine Briefkastenadresse in Wiesbaden mit der physischen Welt verbunden war. Dass das Honorar für den nächtlichen Einsatz, für die Operation

Muttertag, aus den Vereinigten Staaten gekommen war, würde sich unmöglich ermitteln lassen. Alle Beteiligten verfügten über ausreichende Berufserfahrung, und Diskretion war eine absolute Selbstverständlichkeit. Es existierten keine Spuren.

Die Männer hatten ihre Informationen per chiffrierter Mail erhalten und fanden sich vor Ort gut zurecht. Es war zuallererst, bevor die strategische Operationsplanung begann, eine Frage der Mathematik. Wenn sich am Südtor (draußen bei der Schranke) zwei Bewaffnete befanden, für den Objektschutz abgestellte Beamte der Bundespolizei, und im Inneren des Hauses noch einmal zehn, war es sinnvoll, selbst vierzehn Männer zu stellen – und sie geschickt zu verteilen. Nach Luisenburg, wo sie zu dritt eingebrochen waren, ahnte hier gewiss niemand, dass sie bei ihrem nächsten Versuch die Mannschaft derartig massiv aufstocken würden.

Es gab einen kleinen Wermutstropfen, denn einer von ihnen war nicht planmäßig erschienen. Dreizehn Männer waren also im Einsatz, was Abergläubische hätte beunruhigen können. Doch Aberglaube war in ihren Kreisen nicht verbreitet. Sie waren nicht darüber informiert worden, warum ihr Kollege, der sich Dario genannt hatte, fehlte. Aber was hätte es ihnen auch genutzt, wenn sie gewusst hätten, dass er sich zurzeit in Einzelteilen in der Berliner Gerichtsmedizin befand, wo ein Pathologe der Charité über seinen voneinander getrennten Gliedmaßen ernste Runden zog und mit ausdrucksloser Stimme in ein Diktiergerät sprach?

Immer noch waren sie gut aufgestellt, und niemand war auf die Idee gekommen, die Operation abzublasen. Schon morgen war das Zeitfenster geschlossen, schon morgen würde die Außenstelle aufgelöst werden. Außerdem hatten sie heute Nacht einen Mann im Haus, einen Türöffner.

Die besondere Schwierigkeit bestand nicht darin, sich Zugang zu verschaffen, sondern zwei Personen lebendig und möglichst unverletzt aus dem Haus heraus und in die bereitstehenden Fluchtfahrzeuge zu bekommen. Dazu mussten die Wagen so nahe wie möglich an das Gebäude herangebracht werden, genauer: an das Tor auf der Ostseite. Es würde einen Alarm geben, deshalb musste sichergestellt sein, dass zu diesem Zeitpunkt ein Großteil der Sicherheitskräfte im Inneren des Gebäudes und auf dem Gelände anderweitig beschäftigt war. Es war 22 Uhr 32 und das Timing entscheidend. Während also acht von ihnen still und schweigend auf der Nordseite des Gebäudes die Balkonbrüstung erklommen, einer nach dem anderen, und durch die Tür ins dunkle Kasino traten, musste Dezember nicht sprechen. Er musste nur die Wege zeigen. Das Treppenhaus hinauf in den leeren zweiten Stock vorerst für sechs von ihnen. Die zwei anderen begleiteten ihn hinunter und in Richtung Arreststation. War man bereits im Gebäude, wenn der Sturm losbrach, den Dezember auslösen sollte, hatte man einen ungemeinen Vorteil. Das Risiko war immer noch hoch, aber die stummen Männer mit den schwarzen Masken waren zuversichtlich. Jeder Einzelne von ihnen, auch diejenigen, die aus der Entfernung tätig wurden. So näherte sich bereits ein Transporter mit dunklen Scheiben der Biegung auf der Bundesstraße, die zur südlichen Haupteinfahrt führte. Nichts wies auf den ehemaligen Truppenübungsplatz hin, aber es gab ein unmissverständliches Durchfahrt-Verboten-Schild. Der Wagen, der sich nicht daran hielt, hatte noch einen knappen Kilometer Waldweg zurückzulegen, bis er den Sicherheitsleuten auffallen würde, die am Südtor im Pförtnerhaus saßen. Aufmerksam waren sie auch jetzt schon, ganz sicher, sie erfüllten ihren Dienst gewissenhaft. Dass sie dennoch den Mann nicht bemerkt hatten, der sich bereits in ihrer unmittelbaren Nähe befand, geschützt im Wald, konnte man ihnen schwerlich ankreiden. Dieser Mann war zu Fuß gekommen. Er war dunkel gekleidet, und zu seiner Ausstattung gehörte ein Nachtsichtgerät. Er war schon länger im Wald, hatte einen Rucksack bei sich und darin eine Thermoskanne. Er schraubte den Deckel ab, goss Kamillentee ein, trank ein, zwei Schlückchen, kippte den bitter gewordenen Rest aber in einen Busch. Seine Hand fuhr wieder in den Rucksack, denn es war Zeit, sein Gewehr zusammenzubauen. Er arbeitete nur mit dieser Waffe (einer Sauer SSG 3000). Sie war seine Vertraute, sie hatte ihm stets verlässliche Dienste geleistet, und ihr wichtigstes Utensil war das Zielfernrohr, das er jetzt, da es so weit war, in zügigen, selbstverständlichen Bewegungen an den Lauf schraubte.

24

Philip zuckte zusammen, als es an seiner Tür klopfte. Inzwischen schien jede Störung neues Unheil zu bedeuten, und er gab nur ein klägliches »Herein« von sich.

Draußen auf dem Flur war es sehr hell. Ein kühles, grünliches Licht fiel in seinen Raum, und die Silhouette, die schlank und schwarz darin auftauchte, war unverkennbar: Onkel Richard.

Nein, das stimmte nicht: Einen Onkel Richard hatte es in seinem Leben nie gegeben.

»Schläfst du noch nicht?«, fragte der Mann.

Philip schüttelte den Kopf.

»Dachte ich mir. Macht es dir etwas aus, wenn ich mich noch eine Weile zu dir setze?« Es lag keine Unsicherheit in der Stimme des alten Mannes, sie war wieder sehr klar. Aber auch höflich, und Philip wusste, dass es in Ordnung gewesen wäre, wenn er jetzt abgelehnt hätte. *Scher dich zum Teufel, alter Mann, wo du hingehörst, scher dich zum Teufel.* Aber er sagte: »Ist kein Problem.«

»Vielen Dank.«

Theodor Kusching nahm auf dem weißen Plastikstuhl Platz und sah Philip an, der mit untergeschlagenen Beinen auf seinem Schlaflager hockte und nicht wusste, was er sagen sollte. Sie hatten vorhin alle miteinander zu Abend gegessen, Morten, Elisabeth Kujawski, Theodor Kusching und er – eine neue Lage belegter Brötchen, die von einem uniformierten Polizisten auf einem großen weißen Tablett in den Konferenzraum gebracht worden war. Sie hatten Mineralwasser getrunken, und Morten hatte aus seinem Zimmer eine Ritter Sport geholt – eine kleine Tafel Alpenvollmilch, die für vier Personen reichen musste. Aber mit Theodor Kusching hatte Philip bislang kein einziges persönliches Wort gewechselt. Auch seinen Blicken war er ausgewichen, hatte bloß das ein oder andere Zungenschnalzen gehört. Philip setzte sich auf seine Hände. Er wollte nicht, dass der Alte sah, wie tief er die Haut rund um seine Fingernägel aufgepult hatte. Er war noch immer verlegen, warum eigentlich? Es hätte doch genau andersherum sein müssen.

»Wie geht es denn jetzt weiter?«, fragte Philip. Es war gut, bei den äußeren Umständen zu bleiben.

»Müller ist nach Berlin zurückgefahren. Die werden eine Nachtschicht einlegen und ihre eigenen Leute auseinandernehmen. Wenn wir Glück haben, geht jetzt alles sehr schnell.«

»Das ist gut.«

Theodor Kusching blickte Philip ernst an. »Ich möchte mich bei dir entschuldigen, Philip. Deshalb bin ich noch einmal vorbeigekommen. Es ist überfällig.«

Keine Überraschung. Auch seine Mutter entschuldigte sich manchmal bei ihm – wenn sie sehr ungerecht gewesen war, wenn sie völligen Mist gebaut hatte. Es war jedoch einfacher, mit ihren Entschuldigungen umzugehen, weil sie eben dazugehörten, weil die Entschuldigungen seiner Mutter, begleitet von einem flüchtigen Kuss auf die Stirn beim Frühstück oder abends, wenn sie noch einmal zur Tür hereinschaute, zwar ernst gemeint waren, aber gleichzeitig auch nicht allzu viel bedeuteten. Das hier war sehr wichtig und sehr endgültig. »Du hast mir all das erzählt – von früher, von der Sekte und so weiter. Warum hast du mir nicht erzählt, wer du wirklich bist?«

»Du hättest dich nicht darauf eingelassen, mit mir zu kommen, wenn du gewusst hättest, dass ich dir und deiner Mutter eine Rolle vorgespielt habe.« Es war eine sachliche Feststellung. Und, wie immer bei ihm: Sie traf zu.

Philip nickte, aber nach einer Pause sagte er: »Ich stelle mir das sehr anstrengend vor. Die ganzen Lügen.«

Der Mann, der nie wirklich Onkel Richard gewesen war, hob den Kopf, schaute sich in dem kleinen Raum um und erwiderte: »Es ist die Rolle, die einem Sicherheit gibt. Ich bin seit damals, seit die Kommission aufgelöst worden war, immer misstrauisch gewesen. Ich habe immer gewusst, dass die Möglichkeit besteht, dass ich als Sündenbock benutzt und auf bloßen Verdacht hin aus dem Verkehr gezogen werde. Wir haben selbst früher die Menschen mundtot gemacht, wir haben sie unter Druck gesetzt und ihr Schweigen erkauft.«

Uwe Bickel. Ein ganz Stiller.

»Wenn man so etwas tut, wenn es zur eigenen beruflichen Tätigkeit gehört, entwickelt man zwangsläufig die Erwartungshaltung, dass es einem eines Tages ebenso ergehen wird. Ich will meine Unaufrichtigkeit nicht bagatellisieren, es liegt mir nur daran, sie zu erklären. Wenn wir nicht all das herausgefunden hätten, wenn wir nicht mit diesen Geisterjägern und Uwe Bickel gesprochen hätten, wenn du nicht das Interview gefunden hättest, hätten sie mir hier niemals geglaubt. Ich hätte nicht argumentieren können. Sie hätten mich gar nicht angehört.«

Philip schaute ihn an, betrachtete das Rätsel, das vor ihm saß, mit gerunzelter Stirn. So viel ging ihm durch den Kopf, so vieles von den sechzehn Jahren, die hinter ihm lagen und in denen er sich mehr schlecht als recht behauptet hatte. Was jetzt vor ihm lag, war dunkel. Manchmal glaubte er, nichts würde mehr kommen. Die Tür war zu, und keine weitere konnte sich noch öffnen. Ihm gegenüber aber lächelte geduldig und ernst der alte Mann, der gut fünf Jahrzehnte mehr durchgemacht hatte als er, der auf- und abgetaucht war, in diesem Land und in anderen Ländern, der in all diesen Jahren gearbeitet und Geld verdient hatte, der krank und einsam, glücklich und zufrieden gewesen sein, Frauen oder Männer geliebt und Pläne geschmiedet haben musste – Pläne, die nicht nur Verschwörungen, Sekten, Geheimdienste betrafen. Wie hatte er das gemacht? Wie hatte er es geschafft, so lange die Oberhand zu behalten?

»Morten hat vorhin etwas gesagt …«

Der Biber hob die Augenbrauen.

»Er meinte, ich wäre eigentlich doch deine Geisel gewesen, deine Absicherung.«

Der Blick des alten Mannes veränderte sich nicht. Er hatte also einen Nerv getroffen. »Müller und diese Leute hier haben die ganze Zeit damit gerechnet, dass du mir irgendwas tust oder mich als Druckmittel verwendest, wenn sie dir auf die Schliche kommen. Morten meint, du hättest das gewusst. Er sagt, keines deiner Argumente hätte Müller und diese Katja Wielandt so sehr überzeugt wie die Tatsache, dass du mir nichts getan und mich nicht bedroht hast.

Du hättest gewusst, dass du genau so vorgehen musstest, um am Ende besser dazustehen.«

Der Biber lächelte. »Er hat natürlich recht. Aber die Dinge sind immer noch etwas komplizierter. Es war für mich von Vorteil, dass du bei mir warst, das ist korrekt. Aus genau den Gründen, die der junge Herr Rheinberger unterstellt. Aber als ich dir damals sagte, dass ich auf dich aufpassen wollte, dass ich sichergehen wollte, dass du nicht der anderen Seite in die Hände fällst, war das ebenso wahr.«

Philip betrachtete seine Schuhe und nickte. »Ich weiß.«

»Es ist etwas wohlfeil, jetzt diese Entschuldigung auszusprechen. Aber es liegt mir daran, es dennoch zu tun. Ebenso wie ich mich bei dir bedanken möchte.« Er machte eine Pause, und Philip sah ihn an. »Du bist eine große Hilfe und eine große Unterstützung für mich gewesen in den vergangenen Tagen.«

»Ich habe nichts gemacht«, sagte Philip. »Ich bin dir bloß hinterhergelaufen.« Das war es. Ja, das war der Grund, warum er sich schämte, warum er wütend war – auf sich selbst. Er dachte an seine Mutter, an seine Hand in ihrer, und daran, dass es nie anders gewesen war. Er spürte noch den Haustürschlüssel, den der Alte ihm in den Rücken gebohrt hatte, wie eine unverheilte Wunde, und es kam ihm vor, als hätte er ihn an diesem Schlüssel einfach weitergeführt, als hätte er ihn ferngesteuert durch die nächsten Tage. Was hatte er schließlich getan? Bloß ungläubig zugeschaut, wie der Biber Mortens Wohnungstür geöffnet, Volker zugehört und Bickel befragt hatte. Ein ehrfurchtsvoller Zeuge, bloß eine Absicherung, eine willige Geisel, sonst nichts. Hätte er nicht etwas unternehmen sollen, etwas eigenes? »Wird Zeit, dass ich nicht immer nur mache, was andere von mir wollen«, sagte er feindselig.

Der alte Mann lächelte. Es war ein freundliches Lächeln, ein Onkel-Richard-Lächeln. »Du schätzt dich noch immer falsch ein, Philip. Dass du deinen eigenen Weg gehen wirst, steht außer Frage. Aber schon jetzt hast du sehr viel Verantwortung übernommen, hast deiner Mutter beigestanden und auch mir.«

»Angepasst hab ich mich.«

Hinter der Tür waren Stimmen zu hören, und Philip schaute auf.

»Mein ganz persönlicher Bodyguard plaudert mit deinem«, sagte Theodor Kusching und lächelte. »Ist doch gut, dass sie sich mal austauschen. Es hilft … manchmal. Miteinander zu reden. Offen.«

»Ja.«

»Aber vielleicht sollten wir für heute Schluss machen. Wirst du schlafen können?«

»Hoffentlich.« Noch so eine Nacht. Eine Angstnacht. Eine mit Alpträumen. Eine, in der man immer wieder erwachte, in der man spürte, wie die Eingeweide sich auflehnten, weil man nicht dort war, wo man sein sollte, nicht bei denen, die man brauchte. Und die einen brauchten. »Ein bisschen Musik wäre gut. Um zur Ruhe zu kommen, meine ich.« Philip lächelte jetzt auch.

»Was ist mit deinem iPod?«

»Beweisstück. Hat Müller eingesackt. Ich wollte noch nachfragen vorhin. Irgendwer hört hier klassische Musik, und zwar total laut. Da hätte ich mal nachfragen sollen, ob ich ein paar CDs und einen Player kriegen kann.«

»Ach ja?« Theodor Kusching war aufgestanden, schaute auf ihn herab und zog die Stirn in Falten. »Jemand hat Musik gehört? Ziemlich laut?«

»Ja, in irgendeinem dieser Trakte hier. Hat mich gewundert, weil es ziemlich gedröhnt hat.«

Der Biber kam näher, und Philip sah sofort, dass etwas in ihm angesprungen war. »Du kennst dich doch aus«, sagte der alte Mann. »Was war es für Musik?«

Philip schluckte verunsichert, zuckte mit den Achseln. »Ich hab es nur kurz gehört und undeutlich. Es war … eher fröhlich, würde ich sagen.«

»Barock, Klassik, Romantik?«

»Puhh …« Philip wand sich.

»Könnte es Mozart gewesen sein?«

Philip nickte. »Ja.«

»Herr im Himmel. Sie ist hier.«

25

Für Marko Reichardt waren im Ablauf des Abends zwei Auftritte vorgesehen. Im Gegensatz zum zweiten verlief der erste problemlos. Um 22 Uhr 41 tauchte er mit zwei randvollen Kaffeetassen in den Händen auf, die er mit ungeschickter Anstrengung auf Brusthöhe balancierte. Der Wachmann – es handelte sich um den 36-jährigen Berliner Bundespolizisten Sebastian Kroll, der in den vergangenen zwei Jahren bereits bei einigen prominenten Staatsgästen den Personenschutz übernommen hatte – runzelte hinter der mit einem großen A versehenen Scheibe kurz die Stirn. Dann lächelte er aber. Sie hatten sich am frühen Abend flüchtig unterhalten. Reichardt hatte das Gespräch gesucht, war nervös gewesen wegen dieser Nachtschicht.

Kroll öffnete die Tür zu der schmalen Station, in der zurzeit nur ein einziges Zimmer belegt war. Klaviermusik war zu hören, undeutlich, dumpf, irgendwo im Hintergrund. »Ist der für mich? Der Kaffee, meine ich?«

Reichardt grinste verlegen. »Eigentlich für meinen Kollegen. Aber wenn du mich die Abkürzung über die Station nehmen lässt, kannst du meinen haben«, sagte er. Eine Treppe führte hinten im Gang in den ersten Stock, wo auch die Büros lagen. Auf dieser Treppe befanden sich zu diesem Zeitpunkt bereits zwei der bewaffneten Maskenträger.

»Ist auch so okay«, sagte Kroll. »Wie lang musst du denn noch?«

»Ach, Scheiße!« Reichardt hatte Kaffee verschüttet. Er war aber auch ungeschickt! »Kannst du … kannst du mir mal die eine Tasse abnehmen? Vorsicht, heiß!«

Kroll nickte, kam auf den Korridor hinaus, und die Tür zur Station schloss sich hinter ihm. Er streckte die Hand nach Reichardts Tasse aus und wunderte sich, dass dieser einen Schritt zurücktrat. Im selben Moment spürte er die Gegenwart des anderen Mannes und riss den Kopf herum. Er schaute direkt in zwei Augen, in den Sehschlitz der schwarzen Stoffmaske. Nur Sekundenbruchteile später empfing er die Kugel, die ihn sofort verstummen ließ. Der

Schalldämpfer der Waffe hatte einen Plop-Laut verursacht, der zwar nicht zu vergleichen war mit dem Knall eines ungedämpften Schusses, der Marko Reichardt aber dennoch sehr laut vorkam. Er zuckte zusammen, verschüttete wieder Kaffee und blickte sich verstört um.

Gedanken gingen sehr schnell, zu schnell, durch seinen Kopf, und Dezember merkte, dass sie nicht mehr klar waren, dass sie ihn destabilisierten. *Das war nicht ich, zum Glück,* dachte er, *das habe nicht ich getan, das hat der andere getan.* Er sah Blut an der Wand, und noch immer glaubte er, dass er später einmal Zeit haben würde für Alpträume, in denen dieser erste Schuss und dieses Blut vorkommen würden. Zeit für ein schlechtes Gewissen. Seine Eltern tauchten kurz in seinen Gedanken auf, saßen ihm gegenüber an einem Tisch. Sein Vater fragte ihn, ob er beten wolle, und er weigerte sich hartnäckig. Mechanisch stellte er die beiden Tassen auf dem Boden ab und sah zu, wie der Mann mit geübten Griffen die Pistole des Wachmanns aus dessen Halfter holte. Seine eigene, die mit dem Schalldämpfer, hielt er Reichardt hin. Für seinen zweiten Auftritt, den er allein und ohne Rückendeckung absolvieren musste, würde er sie brauchen. Der Vermummte hob den Wachmann hoch und sah Reichardt auffordernd an. Dezember dachte: *Du bist es, der hier handelt, du sagst mir, was ich zu tun habe, und ich tue es dann, mehr nicht.* Jetzt stellte er verzweifelt fest, dass er den anderen angrinste wie ein verrückter, höriger Hund.

Also hielt er ihm die Tür mit dem A darauf auf, durch den dieser ohne erkennbare Anstrengung den Körper wuchtete. *Gut gemacht, Dezember.* Er wandte sich ab. Jetzt war hier alles vorbereitet. Die Befreiung aber konnte erst beginnen, wenn er den Alarm ausgelöst hatte.

26

Helene Schwarzer schaltete die Musik ab und lauschte. Sie konnte den schallgedämpften Schuss nicht gehört haben, aber es war ihr so vorgekommen, als habe ihr jemand die Hand auf die Schulter gelegt und zugedrückt. Es war jetzt so weit, das wusste sie. Also strich sie die Ärmel ihrer Strickjacke bis zu den Handgelenken herunter, schlüpfte aus den Pantoffeln, setzte sich auf die Bettkante und zog sehr ruhig ihre festeren Schuhe an.

Auch Björn Weidenheim war zu weit entfernt von dem mit einem A bezeichneten Korridor, um irgendetwas gehört zu haben. Aber gewisse Ereignisse haben womöglich ihre eigene Energie: Es heißt, ein eineiiger Zwilling könne es über Kontinente hinweg spüren, wenn seinem Bruder oder seiner Schwester etwas zustößt. Selbst ein so wenig intuitionsbegabter Mensch wie Uwe Bickel bildete sich lange ein, er habe in dem Moment, als sich seine Frau vor der Villa Köselitz die Pistole an die Schläfe gesetzt und abgedrückt hatte, einen Stich in der Brust gespürt. So heftig war er gewesen, dass er beinahe die Fahrkarte fallen gelassen hatte, der er seinen Zangenabdruck geben wollte.

Björn Weidenheim jedenfalls schien ziemlich genau zu dem Zeitpunkt, als Sebastian Krolls lebloser Körper in sich zusammenfiel, aus seiner grausamen Starre befreit zu werden. Die Muskelverkrampfung ließ nach, und seine Schultern zitterten. Die Augen hatte er noch geschlossen, dafür ließ das plötzliche Piepsen Professor Pahl aufschrecken. Er musste eingenickt sein hinter der Scheibe, aber jetzt informierten ihn die Geräte eindringlich darüber, dass sich Puls und Kreislauf des Patienten rapide änderten. Ausgerechnet jetzt, mitten in der Nacht. Der Pfleger schlief in seinem eigenen Raum, er hätte ihn um Mitternacht ablösen sollen. Sollte er ihn auf dem Pager alarmieren? Noch nicht. Pahl setzte seine Brille auf, schlug das Krankenblatt auf und notierte die neuen Werte.

Björn Weidenheim röchelte. Seine aufgerissene Lippe bewegte sich, seine Finger öffneten sich und schlossen sich wieder. Pahl erhob sich langsam und schaute durch die Scheibe. Auch sein eigener Puls hatte sich erhöht.

27

Dezember umrundete den Fahrstuhl in mäßiger Geschwindigkeit, näherte sich seiner Bühne. In ihm tickte die innere Uhr, die ihm sagte, dass er nicht zu früh und nicht zu spät bei seinem zweiten Auftritt erscheinen durfte. Jetzt hatte er eine Waffe bei sich und versuchte, noch immer daran zu denken, dass er am Ende dieses Engagements Freiheit und Geld haben würde. Ein Gewissen würde er haben, ein quälendes. Aber das hatten viele, diesen Preis konnte man bezahlen. Er hatte die Waffe bei sich, er ging weiter. Bislang war ihm niemand begegnet. Noch besser, als sich Mut zuzusprechen, war es, seinen Text zu wiederholen, ihn sich im Geiste aufzusagen. Seine Lippen bewegten sich stumm. *Kommen Sie schnell*, formten sie. Schweiß stand über diesen Lippen. *Kommen Sie, es ist ein Notfall, wir brauchen Ihre medizinische Hilfe. Wir haben hier einen Verletzten.* Noch ein paar Schritte, noch zwei Türen, jetzt nur noch eine Tür.

28

»Großer Gott, was wird das denn?« Der Wachmann am Südtor blickte auf einen der kleinen Monitore und warf erst seinem jüngeren Kollegen einen beinahe wütenden Blick zu und dann der Uhr (22 Uhr 51, nein: 52). Er nahm den Telefonhörer ab, drückte die Drei und fing sofort an zu sprechen. »Hier nähert sich ein Fahrzeug, Transporter, fährt sehr langsam. Kannst du den Wagen schon sehen?« Die Frage war an den Kollegen gerichtet, der konzentriert durch die Scheibe nach draußen schaute. Er nickte. »Positiv.«

»Vielleicht ist das nur 'ne Nutte, die ein ruhiges Plätzchen für ihren Freier sucht«, sagte der Mann am Telefon, aber er klang nicht überzeugt.

»Die haben ihre Scheinwerfer abgestellt«, sagte der andere.

»Jetzt haben sie ihr Licht ausgemacht, aber sie fahren weiter, ganz langsam, direkt auf die Schranke zu.«

Der Jüngere, 28 Jahre war er alt, hatte seine Waffe entsichert und war nach draußen getreten. Er stand in der Nacht, uniformiert und breitbeinig, nur einige Sekunden und ging langsam auf die vom Kontrollhäuschen fahl angeleuchtete Schranke zu, die von metallenen Streben verstärkt wurde, die bis zum Boden reichten. *Hier kommt niemand durch, handelt euch bloß keinen Ärger ein*, sagte seine Körpersprache. In seinem Kopf gingen vielleicht bereits andere Gedanken herum. Der Wagen war immer noch gute fünfhundert Meter entfernt. Jetzt hielt er an. Der Motor brummte lauernd. *Warten. Sich gegenüberstehen*. Das war lange genug. Im nächsten Moment brach der junge Sicherheitsbeamte zusammen, die Füße sackten ihm weg, und gleichzeitig schien in einem druckvollen Schwall etwas Dunkles aus seiner Stirn geschleudert zu werden. Dieses Schussgeräusch war deutlich zu hören gewesen. Der Mann schlug auf dem Asphalt auf, und der ältere Kollege starrte entsetzt durch die Scheibe.

»Verstärkung, schickt Verstärkung.« Er brüllte den Notfallcode durchs Telefon, ging gleichzeitig hinter der Scheibe in Deckung und prüfte mit einem hektischen Blick die Waffen, die ihm zur Verfügung standen. »Jansen ist niedergeschossen worden. Der Schuss ist direkt in den Kopf gegangen. Beeilt euch!«, sagte er, aber im selben Augenblick explodierte unmittelbar neben der Schranke die erste Handgranate. Beißender Rauch bauschte sich auf und fuhr ruckartig durch die Nacht. Der Fahrer des Transporters hatte seine Pflicht bereits getan, war durch die Hintertüren des Wagens ausgestiegen und hatte sich Richtung Straße aufgemacht. Der Scharfschütze schleuderte in einigem zeitlichen Abstand und aus seiner Deckung heraus noch drei weitere Handgranaten auf die Szene, bevor er seinen Rucksack mitsamt Thermoskanne vom Waldboden aufhob und zügig, aber ohne Hektik, zwischen den Bäumen verschwand.

29

Es war ein kurzes Knacken in den Funkgeräten, und die Stimmen wurden angespannter. Das war deutlich zu hören, auch wenn sich nichts verstehen ließ. Als einer der beiden zu laufen begann und seine Schritte sehr rasch leiser wurden, riss Theodor Kusching in Philips Zimmer die Tür zum Korridor auf. Vor ihnen stand einer der Sicherheitsbeamten. »Was ist los?«, fragte der Biber.

»Wir haben einen Notfall, bleiben Sie vorerst auf dem Zimmer!«

Der alte Mann drohte tatsächlich die Fassung zu verlieren, Philip hatte ihn noch nie so aufgebracht gesehen. »Sagen Sie mir, was los ist!« Er schaute zur Decke. Über ihnen, wo niemand sein durfte, waren eilige Schritte zu hören. Draußen startete ein Motor. Dann, in der Entfernung, ein Knall. Philip zuckte zusammen.

»Verdammte Scheiße«, sagte der Wachmann, und in seinem Funkgerät meldete sich wieder eine Stimme. Philip konnte sich nicht darauf konzentrieren, seine Ohren pochten. Aber das Wort *Südtor* schnappte er auf. »Verstanden«, sagte der Mann. Dann schaute er auf. »Ich bringe Sie jetzt ins Erdgeschoss.«

»Die stürmen das Gebäude, habe ich recht?«

»Kommen Sie einfach mit!«

»Wo ist das Südtor?«, wollte Theodor Kusching wissen. Seine Stimme zitterte. »Sind wir gestern durch das Südtor gekommen?«

Der Wachmann berührte ihn an der Schulter, sah sich um.

Neue Schritte, klappernde, helle Schritte. Katja Wielandt tauchte auf dem Korridor auf. Sie hatte eine Waffe in der Hand. »Schnell, beeilen Sie sich!«, rief sie ihnen zu.

Der Biber schüttelte erregt den Kopf. »Sie müssen zu ihr, zu Helene Schwarzer. Auf die haben sie es abgesehen.«

»So weit kommen sie gar nicht«, sagte Katja Wielandt. »Sie sind vorne an der Schranke. Nun machen Sie schon. Wir müssen uns beeilen.«

»Das ist ein Ablenkungsmanöver! Philip, du weißt doch noch, wo du die Musik gehört hast, oder?«

Er nickte.

»Herr Kusching!«

»Schicken Sie alle vorhandenen Leute zu ihr! Kommen Sie, zeigen Sie mir den Weg. Philip, wo muss ich hin?«

30

Einen Schritt vor den anderen. Dezember schaute nicht nach links, und er schaute auch nicht nach rechts. *Sie werden mich mitnehmen, sie müssen mich mitnehmen*, dachte er, während er um die Ecke bog. Darauf versteifte er sich wie ein Kind. Er glaubte, dass sie gut zu ihm sein würden, wenn er jetzt alles richtig machte. *Sie werden mich belohnen, sie können meine Informationen gebrauchen, immer noch, ich bin nützlich für sie, sie werden ihren Maulwurf nicht ausschalten.* Er hatte eine Pistole bei sich, die er benutzen würde. Er war auf dem Weg zu einem unbewaffneten und unbewachten Zivilisten, den er niederschießen würde. Dann Alarm schlagen: *Kommt her, seht euch das an, jemand hat auf ihn geschossen!* Einen weiteren Brandherd verursachen, der weitere Leute von der Bewachung von Helene Schwarzer und Theodor Kusching abziehen würde. *Wenn ich wenigstens wüsste, wer es sein wird*, dachte er, als er schon beinahe sein Ziel erreicht hatte. *Der Arzt oder der Pfleger.* Einer von beiden wird Dienst haben, der andere wird nicht da sein. *Kommen Sie schnell*, das musste er sagen. *Kommen Sie, es ist ein Notfall, wir brauchen Ihre medizinische Hilfe. Wir haben hier einen Verletzten.* Das würde er sagen. Oder auch nicht.

Beide Türen standen offen. Die Tür zum kleinen Überwachungsraum und die zum Krankenzimmer. Wer war es? Der Arzt. Dezember konnte die aufgebrachten Signaltöne der Geräte hören. Aber immerhin: Pahl war tatsächlich allein bei dem Kranken, er bemühte sich um ihn, und Björn Weidenheim schien sich in einem neuen Krampfanfall zu winden. Hieß das, dass der Pfleger bereits unterwegs war, dass bereits andere zu Hilfe gerufen worden waren? Dezember brach der Schweiß aus, aber er ging wie hypnotisiert auf das zuckende, schnaufende Schauspiel zu.

Pahl drehte kurz den Kopf nach ihm um, weil er seine Schritte gehört hatte, sah ihn aus dem Krankenzimmer heraus an. »Ah, gut, helfen Sie mir hier mal, bitte!«

»Herr Doktor, wir haben einen Notfall«, sagte Dezember. Seine Stimme war gedrückt und nicht einmal annähernd überzeugend. Sein Blick fiel auf Weidenheim, den Entstellten, der sich in heftigen, ruckartigen Bewegungen wehrte. Die tiefe Spalte, die durch sein Gesicht verlief, schien sich weiter aufgerissen zu haben, sie klaffte fleischig und dunkelrot, Blut quoll aus ihr hervor und rann über die Wange des Mannes. Er war noch immer fixiert, aber er hatte einen Arm frei, mit dem er um sich schlug. Er gab ein unterdrücktes Stöhnen von sich.

»Stehen Sie da nicht rum, halten Sie ihn fest, damit ich ihm die Injektion geben kann!«

Draußen kann es jeden Moment losgehen, vielleicht ist es schon losgegangen. Dezember schaute auf seine Armbanduhr. 22 Uhr 52. Es war der Moment, in dem der Transporter, der sich auf seiner schleichenden Fahrt Richtung Südtor befand, die Scheinwerfer ausschaltete. Dezember zog die Pistole, er machte einen Schritt auf das Krankenzimmer zu, in dem es, wie er wusste, Kameras gab. Er schoss vom Korridor aus, aber weil der Mediziner sich vor seinem schwierigen Patienten noch immer hektisch bewegte, traf er ihn nur an der Schulter. Pahl schrie laut auf, stürzte und schaute dabei mit weit aufgerissenen Augen zu der Glasscheibe des Überwachungsraumes hinüber.

Dezember schluckte, trat einen Schritt vor. In ihm selbst stieg ein Schluchzen auf. Irgendwo draußen explodierte die erste Handgranate. *Timing ist das alles Entscheidende.*

»Helfen Sie mir!«, stieß der Mediziner hervor, während er in unbeholfenen Bewegungen über den Boden rutschte und eine Hand gegen die Wunde drückte. Das Blut sprudelte dunkel durch seine Finger hindurch. »Tun Sie was!«

Er sprach mit jemandem. *Mit jemandem hinter der Scheibe.* Der Pfleger? Nein. Dezember schaute durch die Tür, und Vera Freytag blickte ihn an. *Sie ist hier, sie hat alles gesehen, sie hat alles verstanden.*

Auf der Wange Abdrücke eines Kissens. Sie hatte auf der Liege gelegen, war dort erschrocken zurückgeblieben, als das Piepsen alarmierend wurde und Pahl zu Björn hinübergeeilt war. Ihre Haare waren wirr, ihre Augen aufgerissen, entsetzt. Noch einen winzigen Augenblick harrte sie aus, dann handelte sie.

Sie ist vom Dienst suspendiert, sie hat keine Waffe. Aber ich, ich habe eine. Er hob die Pistole. Er musste schießen.

Sie wusste, wo der Alarmknopf war.

Er wusste nicht, ob er tun konnte, was er tun musste.

Sie drückte den Knopf, und im selben Moment schrillte die Sirene los. Björn Weidenheim schnaufte, wimmerte, wand sich auf seinem Stuhl. Vera Freytag hob kalt und langsam den Telefonhörer ab, und Marko Reichardt drehte sich mit verzerrten Gesichtszügen um. Sie tat, was eigentlich er tun sollte. Jetzt löste eben sie den Sturm aus. *Na, wenn schon. Ganz egal. Aber mich müssen sie mitnehmen, jetzt müssen sie mich mitnehmen, sie dürfen mich nicht hierlassen.* Er rannte, rannte den Gang hinunter. Er wusste ja, wohin. Er rannte. Schweißnass sein Hemd, die Pistole in der Hand. *Sie dürfen mir nichts tun, sie müssen mich mitnehmen*, dachte Dezember, der hechelte, dem der brennende Schweiß in die Augen tropfte und der seinen zweiten großen Auftritt gerade gründlich in den Sand gesetzt hatte.

31

Oben wurde die Tür aufgerissen. Die erste. Theodor Kusching befand sich nicht in seinem Zimmer. Die nächste wurde eingetreten. Ein leerer Abstellraum. Hinter der dritten Tür: Elisabeth Kujawski, die mit einem beinahe lautlosen Ausruf der Überraschung aus ihrem Stuhl hochfuhr. Schutzlos, in einem dünnen Pyjama, die Haare ungekämmt. Drei Männer in Schwarz, die Gesichter verdeckt, nur die Augen frei. Blicke, die sie nur kurz fixierten, die desinteressiert blieben, weil die graue alte Frau nicht die Richtige war. Ihr Raum war ebenfalls klein, geradezu winzig. *Hier ist kein Platz, um den Biber zu verstecken.* Elisabeth Kujawski blieb zurück, allein und unverletzt und nach Luft ringend. Es hatte nur wenige Sekunden gedauert. Sie schloss die Tür, zitternd, stellte einen Stuhl davor, lauschte auf die nächsten Schüsse. Dann kam der Alarm, die Sirene. Sie konnte nichts sehen in ihrer Kammer, aber sie konnte hören, dass das gesamte Gebäude von einem wütenden Chaos erfüllt wurde, das lauter und lauter zu werden schien. Er war unter ihr und über ihr, und er fegte durch die Treppenhäuser. Der Sturm.

32

Auf der Treppe kamen Dezember zwei Bewaffnete entgegen. Auch sie rannten, aber sie waren nicht außer Atem. Noch nicht. Er hatte den Revolver in der Hand, er schwitzte, seine Stimme überschlug sich, als sie ihn fragten, wo er hinwolle. »Hilfe holen«, japste Dezember. »Jemand hat auf den Arzt geschossen.« Sein Gesicht war immer noch verzerrt. »Sie sind hier, sie sind im Haus.« An dieser Stelle war die Sirene nicht so laut. Sie ließen ihn zurück. Sie wussten es vielleicht schon. Er musste weiter, in die Richtung, aus der sie gekommen waren, die Treppe hinunter. Er hatte es fast geschafft: die Tür mit dem A darauf.

33

Um sich Eintritt bei der Mutter zu verschaffen, musste eine kleine Sprengladung gezündet werden. Die Kamera, die vor einigen Tagen hinter der Lüftungsklappe angebracht worden war, empfing die Erschütterung, zeichnete Dunst auf, und die schwarzweißen Bilder verzerrten sich. Man konnte die Männer sehen und Helene Schwarzer, die aufgesprungen war und ihnen entgegeneilte. Der Beamte, der aus Sicherheitsgründen an der Ostzufahrt geblieben war, während die Kollegen den Einfall am Haupttor abzuwehren versuchten, gab im selben Moment über Funk durch, was er auf dem Monitor sah, griff seine Waffe, wetzte die Stufen hinauf und wurde hinterrücks niedergeschlagen. (Das Wort Sicherheit bedeutete von Sekunde zu Sekunde weniger in Müllers sicherem Haus.) Helene Schwarzer lachte. Man hörte es nicht, denn ihre Stimmbänder hatten es verlernt, Laute hervorzubringen. Aber die Augen der Mutter strahlten, und sie nickte mehrmals erregt mit dem Kopf.

34

»Es ist Marko Reichardt«, sagte Vera Freytag, und währenddessen gab Katja Wielandt die Anweisungen durch. Es war ein Alle-Mann-Kehrt, das vielleicht – sehr wahrscheinlich sogar – zu spät stattfinden würde. Hinter ihnen versorgte der Pfleger den blutenden Arm des Arztes, und Björn Weidenheim versuchte, winselnd, jaulend, immer aggressiver geifernd, von seinen Fesseln freizukommen. Philip, Theodor Kusching, der Wachmann, Katja Wielandt und Vera Freytag liefen weiter, um den Fahrstuhl herum. Sie waren in Bewegung, und ihre Stimmen überschlugen sich unter dem alles durchdringenden Schrillen der Alarmsirene, die keinen Nutzen hatte, außer immer weiter ihren langgezogenen Empörungsschrei auszustoßen.

35

Dezember riss die Tür auf, er setzte immer noch einen Schritt vor den anderen. Hinter sich hörte er die Stimmen, vor sich sah er die Männer in Schwarz. Vielleicht war Dario darunter, sein Kontaktmann, der ihm heute Morgen noch versichert hatte, dass alles gut werden würde. Er hatte ihm auf die Schulter geklopft. Da war die Frau, die sie aus ihrem Zimmer herausgeholt hatten. Sie waren am Ziel. Er lief, er rannte zu ihnen, sie wussten ja, wer er war. *Ich bin's, ich gehöre zu euch.* Er hatte sich für sie in die Archive gegraben, für sie Tonaufzeichnungen und Akten gestohlen, er hatte ihnen die

Tür geöffnet, er hatte ihnen den Weg gewiesen, er hatte geschossen, er war ein treuer Hund. Der treue Hund hechelte, stieß hervor: »Sie haben mich gesehen, sie sind hinter mir her!« Die Frau, Helene Schwarzer, schaute ihn mit wilder Begeisterung an – und hinter ihnen ging erneut die Tür auf, die Tür mit dem A darauf. »Stehen bleiben!«, rief eine Stimme. Ein einzelner Sicherheitsmann, das war zu erwarten gewesen. Die anderen mussten sich erst sammeln, mussten erst vom Südtor aus umschwenken. Zwei der Vermummten schützten Helene Schwarzer, rissen sie mit sich um die Ecke, ein anderer tat das Naheliegendste. Er drückte ab und beendete Dezembers Rolle in dieser Geschichte. Marko Reichardt hätte sehr dumm sein müssen, wenn ihn das überrascht hätte, und es war auch nicht Überraschung, was er als Letztes empfand. Vielleicht war es eher das Gefühl, dass es ohnehin viel zu anstrengend und viel zu viel geworden war. Was immer auch vor seinem inneren Auge ablief, es dauerte nicht lange. (Sollte es also, wie es immer so schön heißt, sein ganzes Leben gewesen sein, so musste es sich sehr beeilt haben.) Ihm stand noch sehr viel Schweiß im Gesicht, und sein Hemd war klitschnass, als er sich auf dem Boden der Station ausstreckte und liegen blieb. Die Sirene schrie weiter und weiter. Sie schrie auch für ihn.

36

Der Mann, der Dezember erschoss, war es auch, der mit einem konzentrierten Blick erkannte, dass sich auf der anderen Seite der Glastür, im Hintergrund, die andere Zielperson befand, die die anderen längst aufgegriffen haben sollten. Seine Haltung veränderte sich, er sagte etwas, gab ein Signal, und auch hinter der Tür verstand man, was es bedeutete.

37

»Sie müssen hier weg, die haben es auf Sie abgesehen! Laufen Sie links und dann die Treppe hinauf, wir versuchen sie aufzuhalten.« Das hatte der Wachmann gesagt, und Philip konnte überhaupt nicht mehr denken. Eine Kugel drang durch die Glastür, zerstörte das große rote A. Katja Wielandt ging in Deckung, rutschte aber aus. (Jemand hatte hier vorhin Kaffee verschüttet.) Im Sturz sah sie das Blut des ersten Sicherheitsbeamten, der in dieser Nacht sein Leben hatte lassen müssen, sah Sebastian Krolls Blut als ausgefransten, dunklen Fleck an der grünlich-gelben Wand. Sie schlug sich das Knie auf, und neben ihr warf sich auch Vera Freytag fluchend zu Boden.

38

Philip rannte. An seiner Seite der Mann, mit dem er auch aus dem Haus im Starenweg geflohen war, der damals Richard Korff geheißen hatte und nun Theodor Kusching. Aber noch bevor sie das Treppenhaus erreicht hatten, sahen sie, dass vier weitere Männer um den Fahrstuhl gebogen kamen, vier weitere Männer mit schwarzen Stoffmasken. Sie hatten Gewehre bei sich. Theodor Kusching schob Philip, der beinahe stehen geblieben wäre, auf die Tür zum Treppenhaus zu, die er keuchend aufriss. Hinauf, hinauf, hinauf – nicht in den ersten, sondern weiter bis in den zweiten Stock. Es war dunkel hier oben, und sie rannten durch einen großen Raum voller Stühle und Tische. Unten waren Schüsse zu hören, aber diejenigen, die ihnen auf den Fersen waren, schossen noch nicht. Philip war schneller als der über siebzigjährige Theodor Kusching, riss eine Tür auf und befand sich auf einem weiteren Korridor. Plötzlich, während er voranstürmte, wurde ihm klar, dass sie ihn und Theodor Kusching nicht umbringen, sondern einfangen wollten. (Es war eine Alptraum-Erkenntnis, ein Alptraumwissen, gegen das man anstrampeln konnte, das einem aber im erbarmungslosen Ablauf des Traumes nichts nützte.) Er hatte das schreckliche Gefühl, dass sie ganz dicht hinter ihnen waren. *Ich hab dich, gleich hab ich dich!* Sein Körper riss an ihm von innen, Schmerzen erfüllten ihn, und eine zunehmende Atemnot verstopfte Brust und Kehle. Er kam ins Stolpern, er schaute sich um, sah, dass Theodor Kusching noch dicht hinter ihm war. Sie wechselten kurz einen Blick, sie hörten beide die Schritte, ihren festen, gleichmäßigen, unerbittlichen Rhythmus. Die hatten die bessere Kondition, eindeutig. Der alte Mann schaute Philip an, er packte ihn am Arm, fest, und riss ihn mit sich. Er öffnete eine weitere Tür. Dahinter: ein kleiner, ein dunkler Raum. Philip sah nichts mehr, als sich die Tür hinter ihm geschlossen hatte. Er war allein, das wollte er nicht. Er wollte nicht hier allein in der Falle sitzen, das ging nicht, das durfte nicht sein. Alles dröhnte in ihm, laut, ganz furchtbar laut, und immer noch hörte er die Schritte, er hörte auch, wie Kusching lief, glaubte, die Schritte des Alten und die seiner Verfolger auseinanderhalten zu können. Er versuchte sich zu orientieren. Das Schwarz mündete im Grau. In diesem Raum gab es Fenster, vor denen schwere Jalousien heruntergelassen waren. Nur eine von ihnen war nicht ganz unten. Vor dem Fenster war Nacht, aber diese Nacht war nicht vollständig finster. Ein winziges bisschen Licht, auf das er sich zutastete. Er stieß gegen etwas, irgendein Ding. Ein Gegenstand fiel scheppernd zu Boden, und er erstarrte. *Nein, bitte, bitte nicht.* Er bekam keine Luft, er zitterte, er hatte das Gefühl, in Ohnmacht zu fallen vor lauter Angst. *Ich muss mich verstecken*, dachte er, *ich muss einen Ort finden, an dem ich mich verstecken kann.* Hinter dem Fenster eine Tür, die er nur leise zu öffnen wagte. Er schloss sie sofort hinter sich und war sich im selben Moment sicher, dass die Verfolger von der anderen Seite in den Raum eindrangen, den er gerade verlassen hatte. In letzter, in allerletzter Sekunde. Er rannte wieder, rannte schneller. Es gab hier Türen, immer wieder Türen, durch die er hindurcheilte, ohne sich umzuschauen. So war es in Alpträumen. Sie wollten ihn fangen, sie tauchten von allen Seiten auf, und irgendwann würde er die Beine nicht mehr bewegen können. Die nächste Tür, die nächste Treppe. *Hinauf, hinauf, hinauf.*

39

Die vier Verfolger, die noch lange nicht die Grenzen ihrer Kondition erreicht hatten, vielleicht aber die ihrer Geduld, sahen einen leeren Raum. Sie waren den Schritten des Bibers gefolgt, und diese Schritte, die quietschend, hallend, schlitternd die akustische Spur gelegt hatten, waren verklungen. Der alte Mann war hier, er musste hier sein. Sie bewegten sich in den Raum hinein, und einer von ihnen drehte sich um, sicherte den toten Winkel. Da war er. Das war ein schwacher Versuch. Der Flüchtige wollte hinter ihnen einen Haken schlagen, wieder auf den Korridor hinaus, aber er wusste wohl schon, dass er es nicht schaffen würde. Einer von ihnen drehte sich um, machte nur drei Schritte. Wie alt war dieser Mann? Er war dünn, er war schwach. Es genügte eine Berührung mit dem E-Schocker, um ihn zusammenbrechen zu lassen. Ein kurzer, sehr kurzer epileptischer Moment, dann Ruhe.

40

Ich kann nicht hier stehen bleiben, dachte Philip. *Nicht mitten im Raum.* Der Alarm war abgestellt worden. Plötzlich war es still. Philip ging weiter, drückte eine Klinke, hatte wieder einen Korridor vor sich. Und Dunkelheit. Ein dunkles, unendliches Labyrinth der Flure, der Treppen, der Stockwerke, durch die jetzt die schwarz vermummten Männer mit ihren Waffen stiegen. Unten, sehr viel weiter unten inzwischen, ertönten wieder Schüsse, und Philip schreckte zusammen. Er stürzte über den Flur, er wusste gar nicht, wo er sich befand. Als Erstes nahm er den Geruch wahr. Natürlich. Gegenüber mussten die Toiletten sein. Es war nur ein leichter Uringeruch, aber man konnte ihn erkennen, und auch das abgestandene Wasser ließ sich erahnen – wie in den Gemeinschaftsduschen in Jugendherbergen. *Ich komme hier sowieso nicht raus*, dachte Philip, und das Zittern wurde schlimmer. Er huschte über den Korridor in den Raum gegenüber, nur Sekunden dauerte das. Hier war es kalt und stockdunkel. Er presste sich gegen die Wand, weil er jetzt Schritte hörte, wieder Schritte, schwere Stiefelschritte, die es sehr eilig hatten, die sehr fest auftraten. Unter sich? Oder draußen im Korridor? Oh, er zitterte so sehr. Er wartete, bis sie leiser wurden, und tastete sich voran. Mit der Hand stieß er gegen kaltes Porzellan. Seine Finger ertasteten zitternd ein Waschbecken, daneben noch eines. Er ging durch die totale Finsternis, spürte, wie der Raum größer wurde, wie er sich als gigantischer schwarzer Schlund auftat. Er spürte auch, wie ihm die Tränen über das Gesicht rannen. *Ich kann jetzt nicht hier alleine sein, ich kann nicht,* dachte er, während seine Füße unsicher über den Boden gingen, in der Erwartung, gegen ein Hindernis zu stoßen oder ins Nichts. Es konnte sein, dass er in einen tiefen Krater stürzen würde, dass dieses Haus, das er panisch erklommen hatte, höher und höher, dass dieses Haus ihn verschlucken würde, wenn er weiterging. Aber er ging weiter. *Ich kann das nicht, ich kann das nicht,* dachte er dabei. Seine Hände konnten nichts mehr tasten, er stand frei. Hier und in dieser Nacht, in dieser Schwärze, in der ein Raum kein Raum mehr war, zogen sich die Zeiten zusammen, sie berührten einander, sie schoben sich übereinander, und die Geister vereinigten in dunklem Jubel ihre unsichtbaren Kräfte. Er konnte jetzt in der Villa Köselitz sein, Schritt für Schritt weitergehen in die Villa hinein, in der, oben auf dem Podium, ein scharfes Messer durch die Kehle einer festgebundenen Ziege fuhr, Sehnen zerschnitt, die knallend auseinanderklafften. Tauben kreisten in Todesangst darüber. Oder er konnte sich umwenden – was war hinter ihm? – und in den Drechslerhof eintreten, in dem der noch nicht wieder nüchtern gewordene Roth für Helene Schwarzer und das Kind die Koffer packte und mitten in der Bewegung innehielt. Roth hörte eine Tür schlagen, er blickte aus dem Dachfenster, sah eine Gestalt im Schnee, nein, zwei Gestalten. Den Mann und das Kind. Und ihm entglitt, was er in Händen hielt. *Es ist vorbei, ich muss hier weg,* dachte Roth. Und: *Ich kann nicht weiter, keinen Schritt weiter,* dachte Philip in der Finsternis, durch die ein weiterer Schuss hallte. Jemand schoss dem flüchtenden Roth hinterher – es konnte gut Wegener sein, der versuchte, ihn aufzuhalten, der ihn aber verfehlen würde. Roths Zeit war noch nicht gekommen, auch die Zeit des Kindes nicht, deshalb ging der Schuss ins Nichts, deshalb fiel er nur in die Schwärze der Nacht und löste den Zugriff von Sentheimers Einsatzkommando aus, das jetzt damit begann, vorzeitig den Drechslerhof zu stürmen. Die Zeiten stießen zusammen, fünfundzwanzig Jahre saugten einander auf. Für die Geister der Nacht war es ohnehin nur ein flüchtiger Augenblick gewesen. Machte Philip noch einen Schritt? Wenn ja, in welche Richtung? Dort, im Dunkel, hätte er, mit ausgestreckten, weitertastenden Armen, womöglich den Mann berühren können, der in starrer, verzerrter Krümmung auf seinem Ledersofa hockte, dem noch die Schere im rechten Ohr steckte. Seine Augen waren weit geöffnet, auch sein Mund öffnete sich, ein Mund, der doch längst verwest sein musste und aus dem mit fremder Stimme ein anderer leise lachte. Das hörte Philip nicht, aber die Schüsse drangen an sein Ohr, und erneut zuckte er zusammen. Sie kamen von unten. Noch immer hatte all der Wahnsinn nicht aufgehört, noch immer stand er in der Finsternis des Raumes, der sich gigantisch erweitert hatte und sich nun wieder zusammenzog. Noch immer stank es nach Urin, der Geruch war sogar stärker geworden. Philip hielt sich links, irgendwann musste eine Wand kommen, sie musste kommen. Da war etwas, etwas Festes, ein Stück Welt, aber es gab nach, es entglitt ihm, er konnte es nicht festhalten, es entzog sich ihm, und dabei wäre er fast gestürzt. Großer Gott, was war das nur? Es machte ein Geräusch, ein Quietschen drang an sein Ohr, aber alles blieb dunkel. Philip konnte seinen eigenen Atem hören, ein hauchdünnes Wimmern, das aus seiner Brust kam. Aber er wusste es jetzt. Er hatte eine der Toilettentüren nach innen aufgestoßen. Hier waren die Kabinen, ja genau, die Toilettenkabinen. Er ertastete die nachgebende Tür, er stieß mit dem Bein gegen die Kloschüssel. Also hier. Hier abwarten. Er verschloss die Kabine von innen. Er setzte sich auf den heruntergeklappten Klodeckel, zog die Knie hoch und legte den Kopf dagegen. Philip saß in völliger Dunkelheit, und er weinte lautlos.

41

Die Zeit hat sich zusammengezogen, ja, es ist ein großer Tag. Selten geht bei solchen Unternehmungen alles glatt, aber mit diesem Ergebnis können die Männer in der schwarzen Vermummung zufrieden sein. Nur einer von ihnen ist auf der Strecke geblieben, nur zwei weitere sind leicht verletzt. Sie sitzen in zwei getrennten Fahrzeugen: mit stillen, ernsten Gesichtern. Einer der Wagen befindet sich auf einer Bundesstraße, der andere auf einer Autobahn. Nach einem solchen Einsatz ist es etwas Gutes, an einem Steuer zu sitzen, nicht zu sprechen und dunkle Landschaften um sich herum zu sehen. Alleen, Dörfer, Felder, verlassene Bushaltestellen, die vorbeiziehen, die man hinter sich lässt, weil man ein Gaspedal drückt, weil man lenkt und blinkt und vorankommt. Sie haben die Frau, Helene Schwarzer, und sie haben den Mann, Theodor Kusching, und sie haben dasselbe Ziel. Sie werden ihre Lieferung zustellen, damit fortgesetzt werden kann, was eben gerade, vor fünfundzwanzig kurzen Jahren, unterbrochen wurde. (Nur ein Augenaufschlag für die Geister der Nacht.) Die Tochter aber hat eine Schere in der Hand, die sie entrückt betrachtet. Vielleicht erinnert sie sich. Sie schneidet Haare mit dieser Schere, die Haare eines anderen Mädchens. Sie zieht weißen Stoff über einen Körper, dessen Brandwunden auffällig sind im flackernden Kerzenschein. Auch neue Wunden hat dieser Körper, an beiden Armen, und sie sind notdürftig verbunden. Das Mädchen aus dem Wald, das Mädchen, das sich selbst Brandy genannt hat, atmet noch. Die Tochter aber, das blonde Kind, das mit der fremden Stimme spricht, macht eine Veränderung durch.

Jetzt bleibt sie plötzlich stehen, diese Tochter, erstarrt, und es kommt Clemens Baumgarten vor, als sei in der plötzlichen Kälte, draußen vor dem Hof, ein Bann gebrochen. Sie haben das Haus verlassen. Es ist eiskalt draußen, und sie sinken beide im Schnee ein. »Komm weiter«, flüstert er.

Sie fängt jetzt an zu weinen, sie schluchzt, umklammert ihn für einen Moment, schlingt ihre Arme um seine Hüften und weint. Das ist der Beginn ihres Vergessens, aber das weiß Clemens Baumgarten in diesem Augenblick noch nicht. Er weiß nur, dass es gut ist, dass sie jetzt weint wie ein normales Kind weinen würde. Es ist gut, dass der Drechslerhof bereits nachlässt, seine unheilvolle Wirkung auszuüben. »Ist schon gut«, flüstert er. »Es wird alles wieder gut.«

Sie gehen weiter, durch den Schnee, der hell unter dem schwarzen Himmel leuchtet. Sie gehen hinter dem Haus, kommen mühsam voran, aber Clemens Baumgarten weiß, dass sie bald außer Sicht sein werden. Er dreht sich noch einmal um. Dass Roth durch eines der oberen Fenster einen Blick auf sie wirft, kann er von ihrem Standpunkt aus nicht erkennen. Aber er erwartet, noch einmal den großen, dünnen Mann zu sehen, vielleicht auch noch einmal seine Stimme, die Stimme des Mittlers, zu hören.

Aber da ist nichts. Sie können jetzt gehen.

Er wird ihn lange nicht sehen, er wird ihn lange nicht hören, aber immer darauf warten. Es dauert noch einige Jahre, und dann begegnet er ihm tatsächlich wieder. Zu diesem Zeitpunkt hat die Angst, die unausgesetzte Angst, längst einen anderen Menschen aus ihm gemacht, und er kann, natürlich, seinen Wahrnehmungen nicht mehr trauen.

Er wird ihn sehen, an einer Straßenecke, während er an der Ampel steht und auf das grüne Licht wartet. Er wird erschöpft sein, weil er gerade von der Arbeit in der Wäscherei nach Hause kommt, und wie immer wird er in Sorge sein, dass ihr in seiner Abwesenheit etwas zugestoßen sein könnte. Sie macht Probleme, sie macht immer Probleme, sie ist unzuverlässig, sie ist manchmal nicht sie selbst. Wie sollte sie auch – nach alledem? Daran wird er denken, als er an der Ampel steht, und dann wird sein Blick zufällig nach links gehen, und er wird einen hochgeschossenen, sehr schlanken Mann sehen, der einen Hut trägt. Und dieser Mann wird ihm das Gesicht zuwenden, aber kein Gesicht haben unter der Krempe seines Hutes. Jetzt ist es also so weit, die Zeiten schieben sich übereinander. Was zwischen den Jahren liegt, ist unwichtig geworden, und Clemens Baumgarten überquert zusammen mit den anderen Passanten die Straße. Er befindet sich in einem Zustand der Panik. Das Blut prickelt und sticht in seinem ganzen Körper, ihm leuchtet der Ausschlag am Hals. Er hat nur noch wenige Meter zurückzulegen, und als er sich umdreht, ist der Mann direkt hinter ihm. Jetzt muss er sich beeilen. Trotzdem sollte er nicht vergessen, auf den Straßenverkehr zu achten. Clemens Baumgarten wird auf die Straße treten und eine weitere Unachtsamkeit begehen. In Stresssituationen neigt er dazu.

Sechster Teil

EINE UNENDLICH TRAURIGE MOTTE

Die insgeheim am meisten gefürchtete Sache
geschieht immer.

Cesare Pavese

1

Um 5 Uhr 01 schreckte das Medium hoch. Es war noch dunkel. Die Vorhänge zugezogen. Mittwoch, der 27. März 2013. Volker richtete sich neben ihr auf, schaltete die Nachttischlampe ein und reichte ihr das Wasserglas. Schatten standen an den Wänden, unten hörte man eine frühe Straßenbahn. Marion trank nicht, sie rührte sich auch nicht, starrte nur vor sich hin. Volker musste nichts sagen, nichts fragen. Er kannte das schon. Erschöpft schloss er die Augen, ihre aber blieben offen. Sie zitterte nicht, aber ihr Nacken war schweißnass. Marion hatte diesmal, das wusste sie, *alles* gesehen.

2

Sie murmeln, sie fassen sich an den Händen, sie trinken. Aus ihren Mündern dringt eine Sprache, die sie nicht verstehen. Jemand hat eine Kamera in der Ecke aufgestellt, auf einem wackligen Stativ, inzwischen aber vergessen. Vor dem Altar liegt ein Körper, blutig gebissen, getötet, geöffnet. Es ist einer der Kranken gewesen, einer, der nur zu diesem Zweck infiziert worden ist. Er hat seinen Dienst erfüllt, seine Aufgabe erledigt. Er ist geopfert worden. Sein Leib ist geöffnet worden, weit geöffnet. Starke Hände haben ihn auseinandergezogen, und die Rippen und Knochen haben laut geknackt, als sie dabei zerbrachen. Er hat die Pforte geöffnet mit seinem Inneren, um die Brücke zu schlagen. Anderen sind die Münder noch feucht und rot, verschmiert. Sie wiegen sich, sie schnaufen. Schlucken. Es ist der Tag der vorbestimmten Ankunft.

3

Ich schneide, und ich trinke. Ich bin jetzt jenseits des Leibes, jenseits der Schreie, jenseits der Körper. Ich bin es wahrscheinlich schon seit damals gewesen, seit die Mutter über mir die Worte des großen Geistes der Nacht gesprochen hat, bin nur noch ein Gespenst gewesen. Ein Gespenst kann nicht alt werden, kann auch nicht von Dächern springen und sich selbst den Leib nehmen, nein, es muss auf den Leib warten, den es besitzen, durch den es eins werden kann mit der Essenz der anderen. Jetzt, wo ER die Worte spricht, wo er durch Roth die Worte spricht, ist das ganz klar. Es ist ein Licht im Raum, das nur ich sehen kann, ein Licht, in dem ich mich auflöse, in dem alles schwindet, in dem nichts übrigbleiben wird von der alten Hülle. Endlich, endlich ist das vorbei, endlich entpuppe ich mich, endlich bricht sie auf, diese zu dünne Haut, endlich kommt die Wahrheit ans Licht, die endgültige Wahrheit, die nicht mehr zurückgenommen werden kann. Ich werde jetzt geboren. Es ist ein gutes Gefühl, dass meine Mutter hier ist, dass sie mit ansehen kann, wie ich geboren werde. Schaut her, jetzt bin ich hier, jetzt bin ich zum ersten Mal wirklich … ich bin wirklich … wirklich hier.

4

Als Theodor Kusching zu sich kam, standen Menschen um ihn herum. Es war warm. Geschwitzt hatte er in seiner Bewusstlosigkeit. Es stank faul, es stank süß – nach Tod und einer rasch beschleunigten Verwesung. Versengte Haut. Kerzen brannten. Er konnte sich nicht orientieren, er wusste nicht, wo er sich befand. Vorhin, da war etwas gewesen, unklare Erinnerungen daran, dass man ihn befragt hatte. Sie waren nicht weit gekommen mit ihm, er hatte sie enttäuscht.

Jemand filmte ihn, das begriff er irgendwann. Er lag auf dem Boden und versuchte, sich zu bewegen. Etwas stimmte nicht, sie hatten ihm etwas gegeben. Er war betäubt worden. Alles drehte sich. Jemand sprach. Theodor Kusching blinzelte, kniff die Augen zusammen. Er erkannte Helene Schwarzer, die abgemagert über ihm stand, nur ein ausgemergelter Schatten ihres früheren Ichs. Er sah, wie sie den Kopf schüttelte. Daneben ein Mann, der eine weiße Robe trug, die mit Blut- und Fettflecken übersät war wie ein Fleischerkittel. Es dauerte eine Weile, bis er begriff, dass es Johannes Roth war, Bergmanns Dealer. *Sie haben nie wirklich Schluss gemacht, sie haben nie aufgegeben*, dachte Theodor Kusching, und der Mann hinter der Kamera sagte: »It's no use.« Roth wandte den Kopf. Hinter ihm waren helle Lichter, sehr helle Lichter, wie Scheinwerfer, die sich hin und her bewegten. Eine Art Gesang, ein Stöhnen, ein Wimmern. Die Laute hallten von den Wänden wider, verdoppelten sich. Irgendwo ließ sich ein Zischen hören, das Zischen eines Tieres, das sich windet, das schwer und träge durch den Raum zieht, schlangenhaft und riesig, das sich dabei unter zuckenden Wehen entpuppt, das kurz davor ist, wie ein Mensch zu reden, eigene Worte zu finden. »Wir brauchen ihn nicht, es funktioniert«, sagte Roth. Helene Schwarzer beugte sich dennoch zu ihm herab und sprach. Sie sprach mit einer Stimme, die *von weither* zu kommen schien. Es war keine Frauenstimme. Eine Männerstimme aber war es vielleicht auch nicht. Die Stimme sagte: WIR BRAUCHEN SIE ALLE. EINEN NACH DEM ANDEREN. WIR WERDEN ANKOMMEN. WIR NEHMEN UNS, WAS WIR BRAUCHEN. WIR NEHMEN UNS DAS FLEISCH. WIR NEHMEN UNS DEN LEBENDIGEN LEIB. Er konnte sich nicht wehren, jemand hielt ihn am Handgelenk fest. Ihm wurde eine Spritze gegeben. Grob drang die Nadel ein. Tief. Mit einem scharfen, brutalen Druck. In seinem Arm wurde es heiß, sehr heiß. Wenige Sekunden später fiel Theodor Kusching, der all das nie hatte glauben wollen und Clemens Baumgartens Ängste immer für Wahn gehalten hatte, in eine neue Ohnmacht.

5

Brandy sah die Menschen, sie sah den alten Mann, dem die Spritze gegeben wurde. Ihr Kopf bestand nur noch aus Schmerzen. Sie sah den ausgeweideten Leichnam vor dem Altar, sie hörte das Zischen, das Flüstern, das durch den Raum ging, vor und zurück. Es kam von oben und von unten, wie mit Händen griff es nach ihr. Eben war dort noch das Mädchen gewesen, das Mädchen aber gab es nicht mehr. Sie sah das Licht, und dann sah sie, wie das Licht in sich zusammengezogen wurde und einen schwarzen Fleck vor ihren Augen bildete. Der Mensch kann nur sehen, was sich von seinem Gehirn zu Bildern umwandeln lässt. Dies hier konnte nicht nach menschlichen Wahrnehmungsgesetzen abgebildet werden. Es blieb nur Schwärze übrig, aber Brandy spürte, dass in dieser Schwärze etwas pulsierte, voller Euphorie und Kraft. Sie spürte, dass etwas lebte.

6

Um sie herum war es still. Bald würde die Sonne aufgehen. Trotz allem. Margret Schneider wusste das. Sie löste den Riegel, öffnete das Fenster und ließ die Luft des frühen Morgens in das stickige Zimmer. Das Deckenlicht brannte noch, und jetzt machte sie es aus. Sie legte den gesichtslosen Bären ins Bett, nachdem sie die Riemen an Manuels Armen gelöst hatte. Sie nahm seine Hände, die schwer waren und krumm und geschunden. Vernarbte Hände, dunkel, voller Geschwüre. Sie legte sie übereinander, über den Bären. Dann ging sie die Treppe hinunter. Langsam, vorsichtig, damit sie nicht stolperte. Ohne Angst war sie, beinahe ohne jedes Gefühl. *Es wird Zeit, dass du einmal an dich selber denkst. Du musst loslassen können.* Das hatte irgendjemand vor langer Zeit zu ihr gesagt. Vielleicht war es ihre Schwester gewesen. In einem anderen Leben. Margret Schneider zögerte mitten auf der Treppe. Ihre Finger griffen um das Geländer. Sie atmete tief ein. Die Tränen waren ihr auf den Wangen getrocknet, ihre Gesichtshaut spannte. Unten in der Küche machte sie ebenfalls die Fensterläden auf, schaute zur Kapelle hinüber. Es war laut gewesen dort, sehr laut. Jetzt war es still. Aber es war noch nicht vorbei. Das spürte sie. Es machte ihr nichts aus. All das hatte nichts mehr mit ihr zu tun. Sie zog den Mantel an, der vor der Eingangstür im Flur am Kleiderhaken hing, ließ erst den einen Arm, dann den anderen hineingleiten. Gekauft hatte sie ihn vor Ewigkeiten. So etwas trug man jetzt vielleicht nicht mehr. Sie hatte keine Tasche bei sich, kein Gepäck. Sie holte noch einmal tief Luft, warf einen Blick zurück, über den Küchentisch hinweg ins Treppenhaus, wo alles dunkel war. Dann trat sie ins Freie. Es war kalt. Schwarzblauer, großer Himmel. Vögel riefen aus der Ferne. Ihre Schritte waren unsicher, sie wandte sich nach links und machte dann auf dem unebenen Boden ein paar Schritte nach rechts, als könne sie sich nicht entscheiden. Aber sie war ganz ruhig jetzt. Sie stand, allein und winzig, mitten auf dem großen Hof, als die Polizeifahrzeuge durch das Tor kamen, das noch offen stand. Auch das irritierte Margret Schneider nicht. Sie warf der Kapelle noch einen letzten Blick zu, ganz, ganz langsam schüttelte sie den Kopf, und dann ging sie leicht schwankend auf einen der Wagen zu. Die Leute, die ausstiegen, die jetzt überall waren, trugen Waffen, einige von ihnen zeigten mit diesen Waffen direkt auf sie. Margret Schneider wischte sich die Tränen von der Wange, denn jetzt merkte sie auch, dass sie leise schluchzte. Das hörte sie als etwas Fremdes. Ihre Arme nahm sie nicht hoch, auch wenn sie dazu aufgefordert wurde, sie ging einfach weiter, mit geöffnetem Mantel, immer weiter auf die Scheinwerfer zu. Eine unendlich traurige Motte, geblendet, aber ohne Angst. Man rief ihr etwas zu, und gleichzeitig begann hinter ihr die Erstürmung der Kapelle. Ein Schuss dröhnte, und sie zuckte nicht zusammen. Dann nahm sie jemand in Empfang, berührte sie sanft an der Schulter, fragte sie, ob sie verletzt sei. Ein Mann. Sie schüttelte den Kopf, schaute ihn an, sagte nur: »Mein Sohn ist heute Nacht gestorben, wissen Sie?«

7

Als er erwachte, dachte Theodor Kusching: *Es war unsere Aufgabe. Wir hätten das Schlimmste verhindern müssen. Wir hätten es glauben und wir hätten es verhindern müssen.* Auf dem Boden der Kapelle, dicht bei ihm, lag eine Waffe, wie eine Einladung. In seinen Erinnerungen tauchte etwas auf, das er nicht einordnen konnte. Eine der Geschichten von Clemens Baumgarten. Es war ein länglicher, verschnörkelter Gegenstand mit scharfer Klinge. Er fühlte sich merkwürdig leicht an in Kuschings Hand. Man schien nicht mehr auf ihn zu achten, weil man die junge Frau mit den kurz geschnittenen Haaren vor den Altar führte, wo Helene Schwarzer sie mit ausgestreckten Armen in Empfang nahm. *Die Tochter,* dachte Theodor Kusching, *das muss die Tochter sein.* Er war sogar klar genug, um sich zu überlegen, ob das Alter stimmen könnte. Sie sah jung aus, im Gesicht aber völlig zerstört. Sie hatte ein gewaltiges blaues Hämatom an der Schläfe. Helene Schwarzer strich ihr übers Haar und schaute triumphierend zu Kusching herüber, ihm direkt ins Gesicht. Eine Aufforderung? Seine Hand umkrampfte die Waffe. Roth stand hinter dem Altar, wo er stumm gebetet hatte. Kusching schloss die Augen. Es gab Dinge, die man nicht sehen konnte, die man nicht aushielt, zu sehen. Eine Schwärze drang aus der jungen Frau heraus, die kurz zuvor im Kopf des Bibers wie ein Wesen ausgesehen hatte, wie eine formlose Gestalt, die gleichzeitig von oben und von unten nach dem Mädchen griff, das er für Bergmanns wiedergekehrte Tochter hielt. *Einschreiten, so lange es noch geht. Den Spuk beenden.* Roth sagte etwas sehr laut und mit klarer Betonung – *noch eine Aufforderung? Für wen?* –, und Kusching stürmte voran. Der Biber stieß mit der Waffe zu, *noch einmal, noch einmal.* Der Körper bot kaum Widerstand, oder er spürte zumindest keinen, er war ganz weich, dieser Körper. Er tötete das Mädchen, der Biber tötete das Mädchen. Die anderen ließen es zu. Sie schauten ihn an, den Mädchenkörper, der blutig einknickte, bevor er sich noch einmal aufbäumte. Warum ließen sie es zu? Ein schrilles, euphorisches Geheul begann in Kuschings Kopf widerzuhallen. Es war, als ginge etwas von dem

Mädchen in ihn selbst über, dann durch ihn hindurch, schneller und schneller, lauter und lauter, heller und heller, etwas drang tief ein in das alte Gemäuer. Im nächsten Moment, vielleicht aber war es auch immer noch derselbe, gab Helene Schwarzer, aus deren Kehle seit fünfundzwanzig Jahren kein Laut gedrungen war, einen langgezogenen Schrei von sich. Er klang nach Panik. Vielleicht, aber das dämmerte Theodor Kusching erst später, war es auch irrsinnige Begeisterung. *Nach bestem Wissen und Gewissen. Tun, was zu tun ist.* JEDER SPIELT DIE ROLLE, DIE IHM ZUGEDACHT WORDEN IST. Er taumelte zurück, dann holte er erneut aus.

8

Der entscheidende Hinweis war von dem Laptop ausgegangen, den der Mann, der Dario genannt worden war, nicht mehr hatte herunterfahren können. Die Dienststellen hatten bereits am frühen Abend des 26. März gut und schnell zusammengearbeitet, und nachdem sich im Laufe der Nacht zweifelsfrei herausgestellt hatte, dass Marko Reichardt das Leck gewesen war, durch das die Informationen nach draußen gelangt waren, ließen sich von seiner Person eindeutige Verbindungen ziehen. Noch in der Nacht war die richterliche Durchsuchungsanordnung erteilt worden, und man hatte seine Wohnung auf den Kopf gestellt. Hinter der Heizung im Badezimmer war der Chip gefunden worden, und man hatte die letzten Gespräche zurückverfolgt.

Wenn es wirklich schnell gehen musste, ging es schnell. Der Ort, an dem alle Fäden zusammenliefen, stellte sich als ein privates Hospiz- und Pflegeheim in der Nähe von Travemünde heraus, das sich auf die Betreuung weniger Patienten beschränkte, deren Angehörige sich die Pflege viel kosten ließen. Johannes Roth hatte (unter dem Namen Rüdiger Schmidt) bereits vor sechzehn Jahren den alten Gutshof bezogen und zur medizinischen Einrichtung umbauen lassen. Wie er später bereitwillig aussagte, war es ihm möglich gewesen, zahlreiche der alten Kontakte Friedrich Bergmanns aufzufrischen, die ihm bei der Bewirtschaftung des so genannten Friedrich-Heimes finanziell behilflich gewesen waren. Nach der Zerschlagung der GKT, die 1988 erfolgt war, hatten mehrere miteinander vernetzte Angehörige von Morbus-Skuratov-Kranken ängstlich den Kontakt mit offiziellen Stellen des Gesundheitswesens gemieden, und es hatte, wie Roth aussagte, ein großes Interesse an einer zentralen und kundigen Unterbringung bestanden. Er gab alle Namen an, inklusive der Adressen und Telefonnummern.

Für die Rekonstruktion der letzten Jahre erwies sich nicht zuletzt die auf dem Gelände aufgegriffene Margret Schneider als wichtige Zeugin. Wenn es auch anfangs nicht leicht war, ihren Aussagen zu folgen, denn wie sich herausstellte, litt sie unter schwerer Alkohol- und Medikamentenabhängigkeit. Man musste behutsam mit ihr umgehen, konnte es ihr gleichwohl nicht ersparen, dass auch auf sie ein Strafverfahren zukommen würde. Sie hatte zusammen mit ihrem Mann, der, wie sie aussagte, seit über 24 Stunden vermisst wurde, Hausmeister- und Pflegetätigkeiten übernommen, sich um die Morbus-Skuratov-Fälle gekümmert, zu denen im Übrigen auch ihr Sohn gehört hatte. Es sei in früheren Jahren immer wieder auch Pflegepersonal von außen beschäftigt worden. Seit vergangenem Jahr habe sich dies jedoch geändert. Margret Schneider beschrieb das Gelände als abgeriegelt. Sie habe zudem eine verstärkte Betätigung im Bereich okkulter Gottesdienste und Rituale beobachtet, die sie mit den ersten Besuchen amerikanischer Gäste in Verbindung brachte, auf die auch eine Aufstockung des Sicherheitspersonals folgte.

Als die Beamten am Morgen des 27. März etwa um zwanzig Minuten nach fünf auf dem Gutshof eintrafen, war ein Großteil dieses Sicherheitspersonals nicht mehr vor Ort. Roth hatte, wie er sagte, so gut wie alle Beschäftigten aufgefordert, das Gelände zu verlassen. Die Festnahmen verliefen überraschend reibungslos und ohne nennenswerte Gegenwehr. Von den Männern, die an der Erstürmung der Kaserne 4 beteiligt gewesen waren, befanden sich nur zwei vor Ort. Sie konnten schon im Eingangsbereich des Friedrichs-Heims, das sie sichern sollten, überwältigt werden. Alle anderen Personen trafen die eingesetzten Beamten in der kleinen Kapelle an.

Die Situation, die dort vorgefunden wurde, erschien anfänglich chaotisch, ließ sich aber rasch unter Kontrolle bringen. Die Sekte befand sich offenbar noch im Vollzug einer rituellen Handlung, die von einigen der Beamten nachträglich mit dem Begriff Blutbad beschrieben wurde. Nachdem ein erster Warnschuss abgegeben worden war, feuerte einer der Beamten einen weiteren Schuss ins linke Bein von Theodor Kusching ab, der, wie es den Anschein hatte, im Moment der Erstürmung im Begriff gewesen war, die mit ihm zusammen aus der Kaserne 4 verschleppte Helene Schwarzer mit einer Art kultischem Messer niederzustechen. Dies konnte im letzten Moment verhindert werden.

Man fand die Leiche einer jungen Frau, ebenso wie die eines Mannes, der an einem schweren Stadium des Morbus Skuratov gelitten hatte. Beide hatten offenbar als Opfer in einem der Rituale des Kultus gedient. Theodor Kusching bestätigte dies später.

Festgenommen wurden Johannes Roth, Helene Schwarzer, der in Travemünde praktizierende Allgemeinmediziner Gerald Tellmann, ein Amerikaner namens Stewart Sangster sowie dessen zwei Begleiter, die er in der späteren Vernehmung als seine persönlichen Assistenten bezeichnete, Harold Fisher und Stephen Rigby. Man fand zudem auf dem Gelände zwölf schwer kranke Menschen, die alle an Morbus Skuratov litten. Sie waren, wie sich später herausstellte, mit Ausnahme von vier nicht identifizierbaren Fällen, unter der Umgehung der zuständigen Behörden von ihren Angehörigen im Pflegeheim untergebracht worden.

In den späteren Vernehmungen stellten die Ermittler, allen voran Katja Wielandt, fest, dass weder Roth noch der Mediziner noch der Amerikaner Probleme damit zu haben schienen, sich über das Vorgefallene zu äußern. Sie zeigten sich, trotz der ihnen drohenden Freiheitsstrafen, kooperativ. Lediglich über den Ablauf des ausgeführten Rituals schwiegen alle beharrlich, und auch Kusching gab an, die meiste Zeit über bewusstlos gewesen zu sein. Man stellte bei den medizinischen Untersuchungen fest, dass man ihm schwere Betäubungsmittel verabreicht hatte sowie eine hohe Dosis Natrium-Thiopental, mit dem man offenbar versucht hatte, ihn dazu zu bringen, sein Wissen über die 1988 stattgefundenen Vorgänge auf dem Drechslerhof und seine Verbindung zu Clemens Baumgarten und Friedrich Bergmann preiszugeben. Theodor Kusching gab zu Protokoll, er habe, als er zu sich gekommen sei, versucht, sich aus der Gefangenschaft zu befreien und sich mit der aufgefundenen Waffe zu verteidigen, um nicht als Nächster in eine der Opferhandlungen verwickelt zu werden. Dementsprechend sei es auch zum Übergriff auf Helene Schwarzer gekommen.

Helene Schwarzer, die erneut in psychiatrische Behandlung verbracht wurde, lächelte, während man versuchte, sie zu verhören. Sie schwieg. Die Gutachter sagten später, sie mache einen irrational zufriedenen Eindruck. Gleiches traf auf die anderen an dem Ritual Beteiligten zu.

Viel versprach man sich von den Videoaufnahmen, denn die Kamera hatte anderthalb Stunden lang aufgezeichnet. Leider jedoch waren sämtliche Bilder bis zur Unkenntlichkeit verrauscht. Der Ton war zu hören. Immer wieder ließen sich einzelne Stimmen ausmachen, aber auch sie wurden von einem Grundgeräusch übertönt, einer Art Brummen, das immer wieder in ein beinahe tierisch klingendes Zischen überging. Man nahm diese Aufzeichnungen zu den Akten, vor Gericht jedoch würde man sie nicht verwenden können.

9

»Haben Sie das gehört?«, fragte Vera Freytag.

»Was meinen Sie?« Katja Wielandt zog die Stirn kraus und blickte zu dem dritten Krankenwagen hinüber, der jetzt auf das Gelände bog. Einer der Notärzte stand an der weit geöffneten Kapellentür, sprach in ein Funkgerät und winkte gleichzeitig zwei der Sanitäter näher. Theodor Kusching, der bereits notdürftig versorgt worden war, bewegte sich unruhig auf seiner Trage hin und her. Er sprach mit schmerzverzerrtem Gesicht. Für Vera Freytag sah es so aus, als habe er Angst. Noch immer.

Die Sonne erhob sich sehr langsam hinter den Bäumen. Hunde strichen feindselig und irritiert an den Gebäuden entlang. Aber da war noch etwas anderes. Vera Freytag, die energisch darauf bestanden hatte, Katja Wielandt zum Einsatzort zu begleiten, glaubte, etwas gehört zu haben. Vielleicht war doch noch jemand hier, jemand, den sie bisher nicht gefunden hatten. Jemand, der ihre Hilfe brauchte. »Ich bin gleich wieder da«, sagte sie. Katja Wielandt nickte erschöpft.

Sie betrat das kleine Gebäude direkt neben der Kapelle, das Gebäude, in das die bedauernswert verwirrte Frau namens Schneider sie vorhin bereits geführt hatte, in dem der Leichnam ihres Sohnes gefunden worden war, mit einem Teddybären im Arm. Er hatte ausgesehen … er hatte ausgesehen, wie Björn aussehen würde. Irgendwann.

Vera Freytag versuchte sich zu beruhigen. Ihr Herz hämmerte, sie hörte es in ihrem Kopf.

Den Puls.

Und darunter, ein Wimmern, einen Hilferuf, ein kindliches Jammern. Das war doch eindeutig. War jemand hier?

»Hallo?«

Sie hörte sich rufen, merkte, wie sie zielgerichtete Schritte machte. Was für ein merkwürdiger Ort. Aber so etwas gab es ja: dass man einfach wusste, wohin man sich wenden musste. Ein Instinkt. Manchmal arbeitete eben auch der Teil des Gehirns, den man sonst ungenutzt ließ. Das war gut, es zog sie voran. Da war eine Tür, vielleicht zu einer Vorratskammer, denn sie führte von der Küche ab. Sie wollte Licht machen, aber die Glühbirne in der Küchenlampe brannte nicht.

Hinter der Tür waren die Geräusche, das Schaben, das Kratzen, das Weinen. Vera Freytag, die eine lange Nacht hinter sich hatte, machte einen Schritt und dann noch einen. *Ein Kind.* Sie spürte bereits unendliches Mitleid in sich aufsteigen. Sie näherte sich der Tür und zögerte. Draußen setzte sich einer der Krankenwagen in Bewegung. Es war noch schummrig, sie spürte ihre Angst. Besser wäre es, wenn sie Licht machen könnte. Sollte sie wirklich die Tür öffnen?

Sie musste es doch, wieso sträubte sie sich plötzlich? Warum diese Angst? Ihre Hände berührten die Klinke.

10

Das Medium schnappte nach Luft. Als würde Marion ertrinken, schon wieder, tiefer sinken, weiter und weiter hinabgezogen, ins Dunkle, als würde sich über ihr das Wasser schließen wie Beton, als würde sie nun elendiglich ersticken. Volker stürzte auf Marion zu. Sie war kalkweiß, saß am Küchentisch. Und obwohl sie völlig starr war, begann sie zu zittern, am ganzen Leib. Der Mund schnappte auf und zu. Ein Anfall? Er riss sich das Handy aus der Tasche, er musste Hilfe holen, 1-1-2. Marions Mund formte ein Wort. Es konnte gut »Nein« sein, aber es war nicht zu hören.

11

Die Tür geht auf. Vera Freytag hält die Klinke noch in der Hand. Der Raum ist winzig, aber dunkel. Es ist jedoch vorstellbar, dass er sich hinter der engen Kammer ins Gigantische vergrößert. Am Boden hockt ein blondes kleines Mädchen und schaut mit fragenden, traurigen Augen zu ihr auf. »Was machst du denn hier?«, will Vera Freytag fragen, aber sie kann nicht, denn der Blick des Mädchens hält sie gefangen, macht sie steif. Das Mädchen, das sich zu bewegen scheint, obwohl es seine Position nicht verändert, lächelt jetzt. Vera Freytag denkt: *Man muss doch das Brüllen hören! Die anderen müssen doch kommen, wenn sie diesen schrecklichen Lärm hören!* Aber es ist ganz still in der Küche. Das Mädchen sitzt auf dem Boden, hat die Knie umschlungen mit seinen Armen, aber jetzt verändert es sich. Etwas Schwarzes strömt groß und stark aus ihm heraus, umarmt Vera Freytag und saugt sich

12

fest an ihrem *Lebendigen Leib*, saugt sich fest, übernimmt. *Sie* also soll es werden. DAS SPIEL KANN JETZT BEGINNEN, JETZT SIND WIR HIER, JETZT GEHT ES WEITER, WARTET. LANGE WIRD ES NICHT MEHR DAUERN. VIELE WERDEN WIR SEIN.

13

Noch war die Sonne nicht zu sehen. Aber es lag schon genügend Licht über Hamburg-Eppendorf, und von seinem Bett aus konnte Uwe Bickel sehen, wie es über die großen und die kleinen Häuser fiel, als wolle es sie lächeln lassen. Eine ganze Welt, doch nicht aus Modellen. Beton und Farben, Bäume, Fenster. Dahinter: die Menschen, die duschten, frühstückten, ihre Kinder weckten und Kaffeemaschinen mit Wasser füllten. Er konnte sie nicht sehen, dafür waren sie zu weit weg, aber er wusste, dass sie da waren, sich bewegten. Und vielleicht war das ein Trost.

Er würde der Erste sein, den sich die Ärzte heute Morgen vornahmen. Das war gut. Man hatte ihm schon vor einer Stunde, als es noch fast dunkel gewesen war in der Welt vor dem Fenster, eine Tablette gegeben und das Operationshemd hinten am Hals verknotet. Er öffnete die Schublade des Nachttischchens, zog den Brief heraus. Schreiben war nicht leichter als sprechen, das wusste er jetzt.

Er atmete angestrengt, als die Tür aufging. Die Schwester stand dort und lächelte. Ein Pfleger trat ein, der mit einer routinierten Fußbewegung die Bremse an Uwe Bickels Bett löste und es aus dem Raum zu schieben begann.

»Ich habe da einen Brief hingelegt«, sagte er zur Schwester.

Sie nickte.

»Können Sie den einwerfen? Die Marke ist schon drauf.«

Die Schwester lächelte immer noch und sagte: »Nun machen Sie sich mal keine Sorgen, Herr Bickel.« Das Bett wurde schnell gezogen, es war kühl auf dem Flur, und Uwe Bickel lehnte sich zurück.

14

»Alles klar?«, fragte Katja Wielandt, aber Vera Freytag nickte nur. Sie stiegen ins Auto, und Katja startete den Motor. Vera Freytag klappte die Sonnenblende herunter und schaute sich im Spiegel an. Sie musterte sich noch immer, als der Wagen das Gelände verließ, neugierig, fast als sähe sie sich zum ersten Mal. Aber unzufrieden sah sie nicht aus. Die Wielandt sprach in ihr Handy, mit langsamer, müder Stimme, achtete gar nicht auf sie. Vielleicht würde Vera Freytag sich in der nächsten Zeit etwas merkwürdig benehmen. Vielleicht würden die Kollegen beginnen, ihretwegen zu tuscheln. Aber es war ja verständlich. Sie hatte einiges durchgemacht.

Epilog

Sie waren jetzt oft alle beieinander, redeten, gingen miteinander essen und spazieren, so wie heute. Als wollten sie sich aneinander festhalten, sich versichern, dass es sie alle noch gab. Selbst mit Harry und Susanne telefonierten sie oft, Philip ebenso wie seine Mutter. Auch Caro kam immer wieder nach Berlin. Morgen zum Beispiel würde sie da sein. Sie hatte jetzt einen eigenen Wagen, und auf der Autobahn wechselte sie die Spuren geradezu tollkühn. Gerade einmal anderthalb Stunden brauchte sie von Kronstedt bis Berlin. Manchmal lachte Philip darüber, dass er nun vor ihr hier gelandet war, darüber, dass das Leben derartig verrücktspielte und ihn und das, was man mit Fug und Recht seine Familie nennen konnte, so unberechenbar hin und her warf.

Von dort, wo er jetzt mit Morten saß, konnte er das Haus mit der kleinen, schief geschnittenen Wohnung sehen, die er für den Übergang mit seiner Mutter bewohnte. Es stand direkt hinter dem S-Bahnhof, der die Sicht versperrte. Exklusiv war es nicht gerade. Das kleine Badezimmerfenster ließ sich nicht schließen, und statt einer vernünftigen Dusche gab es nur eine Sitzbadewanne, in der er schon mehrmals ausgerutscht war. Es störte ihn kaum. Katja Wielandt hatte ihnen diese Unterkunft besorgt, damit sie immer zur Verfügung standen im Ablauf der Untersuchungen.

Sie waren nur wenige Meter vom Lärm der Straße entfernt, trotzdem war es hier sehr ruhig. Philip ließ die Blicke schweifen. Auf einer der Bänke in der kurzen Allee saß Elisabeth Kujawski neben seiner Mutter. Beide hörten Theodor Kusching zu, der schief in seinem Rollstuhl hockte und beim Sprechen immer wieder erregt die Hände hob. Er hatte sich schon so weit erholt, dass er mit einer Krücke gehen konnte, aber fühlte sich im Rollstuhl sicherer. Man musste jetzt überhaupt sehr viel Geduld haben mit ihm. Die Kujawski, die – ebenfalls für den Übergang – mit ihm in eine Pension gezogen war, konnte ihn in der Regel mit ruhigen Worten besänftigen. Aber nicht immer. Starrköpfig war er. Von Philips Mutter verlangte er, dass sie ihn weiterhin Onkel Richard nannte. Das war absurd, bereitete ihr aber keine Probleme. Er war in sich zusammengefallen, und oft redete er ziemlich wirres Zeug. Immer wieder wurde er vernommen, aber auch wenn es nicht erforderlich war, ließ er sich beinahe täglich in die Trebnitzer Straße zu Katja Wielandt fahren, die die Untersuchung inzwischen komplett übernommen hatte. Müller hatte, wie es hieß, freiwillig seinen Hut genommen. Jedenfalls hatte er mit der ganzen Sache nichts mehr zu tun.

Man ließ den alten Mann in die Zentrale kommen, man befragte ihn, man gab ihm auch manche Informationen, aber nicht viele, und das versetzte ihn nach wie vor in Rage. Das, was er miterlebt hatte, schien ihn stark verstört zu haben. Er redete selten im Zusammenhang davon, aber Philip spürte, dass er Schuldgefühle hatte. »Man hätte rechtzeitig einschreiten müssen«, sagte er oft. »Wir alle haben Zeit vertrödelt.« Vor allem, dass Menschen zu Tode gekommen waren, setzte ihm zu. Ein besonderer Schock war es für ihn gewesen, als er erfahren hatte, dass das Mädchen, das bei einem der Rituale getötet worden war, nicht Bergmanns Tochter, sondern eine junge Obdachlose namens Stephanie Keller gewesen war. Die ominöse Tochter, das hatten Roth und der Amerikaner ausgesagt, sei lange Jahre von ihnen gesucht, aber nie gefunden worden.

Kusching, der jetzt meistens fahl im Gesicht war und dem die Falten tief in die Stirn schnitten, schüttelte den Kopf, wenn das Thema zur Sprache kam, murmelte Unverständliches, und manchmal ballte er seine langen, dünnen Hände zu zornigen Fäusten. »Das hätte nicht geschehen dürfen«, sagte er.

Immerhin: Mit Philip kam er gut zurecht, mit Philip redete er meistens klar. Manchmal drückte er seine Hand, nickte ihm nur zu. Dann wieder brütete er vor sich hin, starrte ins Leere. Manchmal schnalzte er geistesabwesend mit der Zunge. Hin und wieder wurden seine Augen feucht. Er sah jetzt oft sehr alt aus. »Vielleicht haben sie mir nur Theater vorgespielt«, murmelte er einmal, als Philip ihn in seinem Rollstuhl am Landwehrkanal entlangschob. »Sie haben mich benutzt. Vielleicht ist alles noch viel schlimmer. Noch viel schlimmer.« Philip musste über all das nachdenken, wenn er nachts wach lag, und oft auch tagsüber. Es überforderte ihn. Es machte ihm Angst. Die Geschichte war vorüber, das hatte Katja Wielandt ihm und den anderen versichert. Theodor Kusching glaubte das offenbar nicht.

Auch mit Morten saß der Alte lange zusammen, immer wieder. Die beiden trafen sich zu ausführlichen Gesprächen, an denen nicht einmal die Kujawski teilnehmen durfte. Philip vermutete, dass Morten dabei seinen iPod mitlaufen ließ, dass er Material sammelte.

»Habt ihr irgendwas vor?«, fragte Philip. Er saß mit Morten auf einer der steinernen Ufertreppen. Sie tranken dampfende Cappuccino, die sie sich bei einem Spätkauf geholt hatten. Es war Mittag, die Sonne blieb hinter Wolken, das Wasser der Spree war grau. Zwei Schwäne ließen sich auf die große Brücke zutreiben, und am anderen Ufer lagen die beiden Hotel-Schiffe vor Anker.

»Was sollen wir denn vorhaben?«, fragte Morten.

»Ich meine, ihr trefft euch doch so oft. Er erzählt dir alles, oder?«

Morten lächelte. »Er findet, es muss aufgeschrieben werden, es muss veröffentlicht werden. Und zwar komplett, mit allen Details.«

Philip nickte. »Recht hat er. Machst du eine Serie daraus?«

Morten schüttelte den Kopf. »Es muss etwas Größeres sein, in den Zeitungen verpufft das alles zu schnell.«

»Ein Buch?«

»Vielleicht ein Buch.«

Es hatte viel Wirbel gegeben, als vor einigen Wochen Uwe Bickels schriftliches Vermächtnis voller Beschuldigungen und Verschwörungstheorien in den Lokalblättern rund um Welsheim veröffentlicht worden war. Die Welle hatte sich rasch ausgebreitet, war aber viel schneller verebbt, als Philip es für möglich gehalten hätte. Morbus Skuratov war nun keine ganz so unbekannte Krankheit mehr, aber sie war wohl zu speziell, um ähnliche Ängste zu verursachen, wie die Schweine- oder die Vogelgrippe es getan hatten. Letztlich war vieles abgewiegelt worden, angeblich aus Rücksicht auf die Privatsphäre der Betroffenen und ihrer Angehörigen. Mortens Artikel zum Thema waren nur in stark gekürzter Form erschienen.

»Es geht also weiter?«, fragte Philip.

Morten schaute zu dem alten Mann im Rollstuhl und den zwei Frauen hinüber, die sich seine Geschichten geduldig anhörten. »Er meint, es hat nie aufgehört. Es gibt noch viel aufzuarbeiten, viel Recherche nachzuholen – über die Verbindungen der GKT, über den Ritus, an dem er teilgenommen hat, ohne ihn zu verstehen. Er will all das dokumentieren. Ob es der Wielandt und den anderen passt oder nicht.«

»Und das wirst du übernehmen?«

Morten trank von seinem Cappuccino. Er zuckte mit den Schultern. »Vorläufig habe ich nichts anderes zu tun.«

Philip lächelte vor sich hin. Es fühlte sich gut an, hier mit ihm zu sitzen. Der Blick aufs Wasser war schön, der Blick auf den breiten Fluss und auf die Brücke, über die die gelbe S-Bahn rauschte, bevor sie sich in die Kurve legte. Eine Zwischenstation. Weiter nichts. Immer geht es weiter, irgendwohin. Aber, wie es aussah, miteinander.

Barbara Rheinberger erhob sich, und die Kujawski ebenfalls. Bei ihr dauerte es länger, auch sie musste sich immer öfter ausruhen, manchmal nach Luft schnappen. »Kommt ihr?«, rief der alte Mann von seinem Rollstuhl aus zu ihnen herüber.

Morten wandte den Kopf, nickte und hob eine Hand.

»Wenn du Hilfe brauchst bei der Recherche …« Philip unterbrach sich, und Morten schaute ihn an.

»Klar werde ich Hilfe brauchen«, sagte er dann. Philip nickte. Beide lächelten.

»Wann kommt ihr denn nun?«, rief der alte Mann. Er konnte jetzt leicht sehr ungeduldig werden.

* * *

Irgendwann waren alle Möbel entsorgt worden, die Topfpflanzen und die Stiche, die staubigen Kisten und der ausgestopfte Eichelhäher auf seinem Stück Ast. Zwei Tage lang hatte ein großer Container im Starenweg gestanden und sich langsam gefüllt. Die Pappe klebte nicht mehr von innen am Fenster des ehemaligen Antiquariats. Die Scheibe war geputzt worden, aber wenn man bei gutem Licht hindurchschaute, konnte man den Staub noch sehen und einen großen Schimmelfleck an einer der Wände. Ein »Zu Verkaufen«-Schild hing schief im Fenster. Die Telefonnummer eines Maklers stand darauf. Es war sehr still im Starenweg. Aber wenn man stehen blieb und lauschte, konnte man in der Ferne Stimmen hören und Musik. Im Innenhof der Speicherresidenz spielte eine Zwei-Mann-Combo Volkslieder. Wer konnte, sang mit.

VERZEICHNIS EINIGER ZENTRALER PERSONEN

Richard Korff, *Pensionär*
Elisabeth Kujawski, *eine alte Freundin*

Harald Rheinberger, *Unternehmer*
Morten Rheinberger, *sein Sohn aus erster Ehe*
Barbara Rheinberger, geborene Steinert, *seine zweite Frau*
Philip Steinert, *ihr Sohn*
Carolin Hille, *seine Freundin*

Ullrich Müller, *Ermittlungsleiter*
Katja Wielandt, *seine Assistentin*
Vera Freytag
Björn Weidenheim
Martin Plessner
Marko Reichardt, *Mitarbeiter*
Gregor Sentheimer, *Müllers Vorgänger, inzwischen pensioniert*

Hubert Matz
Ferdinand von Reitnitz
Hartmut Illner, *Mitglieder einer in den achtziger Jahren eingerichteten Kommission*

Fred Kormann
Wiebke Rönning
Stephanie Keller, genannt »Brandy«, *drei Obdachlose*

Margret, Karl und Manuel Schneider, *eine Familie*

außerdem The German Girl*, ein Mann namens* Roth, *ein anderer, der sich* Dario *nennt und* einen Kranken *in seiner Obhut hat, sowie ein Amerikaner namens* Stewart Sangster

Zitatquellen:

Euripides: Backchen. Deutsch von Kurt Steinmann. Insel, Frankfurt am Main, 1999

Thomas Mann: Der Zauberberg, Fischer, Frankfurt am Main 1999

Friedrich Nietzsche: Zur Genealogie der Moral (Kritische Studienausgabe) Band 5, dtv, München 1999

Rainer Wieland: Das Buch der Tagebücher, Piper 2010 (Pavese-Zitat)

Adalbert Stifter: Sämtliche Erzählungen nach den Erstdrucken, dtv, München 2005

Rainald Grebe: Brandenburg
Jens Friebe: Rauch ohne Feuer
Ray Parker Jr.: Ghostbusters
Friedrich Rückert/Gustav Mahler: Oft denk ich, sie sind nur ausgegangen (Kindertotenlieder)
The Decemberists: Shanty for the Arethusa

Bruno Mars: Grenade
The Killers: For Reasons Unknown